Die Marketing-Revolution

Kevin J. Clancy, Robert S. Shulman

Die Marketing-Revolution

Vom Wunschdenken zur Rentabilität

Aus dem Englischen von Friedrich Mader

Campus Verlag
Frankfurt/New York

Die amerikanische Ausgabe »The Marketing Revolution« erschien 1991 bei
Harper Business, A Division of Harper Collins Publishers; Inc., New York

Die Deutsche Bibliothek – CIP-Einheitsaufnahme

Clancy, Kevin J.:
Die Marketing-Revolution: Vom Wunschdenken
zur Rentabilität / Kevin J. Clancy; Robert S. Shulman.
Aus dem Engl. von Friedrich Mader. –
Frankfurt/Main; New York: Campus Verlag 1993
Einheitssacht.: The Marketing Revolution <dt.>
ISBN 3-593-34815-2
NE: Shulman, Robert S.:

Umschlaggestaltung: Atelier Warminski, Büdingen
Satz: Fotosatzstudio »Die Letter«, Hausen/Wied
Druck und Bindung: Druckhaus »Thomas Müntzer« GmbH,
Bad Langensalza/Thüringen
Dieses Buch wurde auf säurefreiem Papier gedruckt.
Printed in Germany

Unseren Eltern,
William und Anne Clancy und
Joseph und Doris Shulman

Inhaltsverzeichnis

Danksagung

In einem Brief an Robert Hook vom Februar 1675 schreibt Sir Isaac Newton: »Wenn ich weiter sah, so nur, weil ich auf den Schultern von Riesen stand.« Wenn wir weiter sahen, so nur durch den Einfluß vieler fähiger Köpfe – Lehrer, Forscher und Praktiker. Unser Dank gilt vor allem: Al Achenbaum, Paul Berger, Joe Blackburn, Hubert Blalock, Alice Brennan, Jamie Campbell, Ron Curhan, Thomas Dewey, Tom Dillon, Bruce Dohrenwend, Ted Dunn, Bob Goldberg, Paul Green, Russ Haley, Jim Jordan, Phil Kotler, Paus Lazarsfeld, Ted Levitt, Melanie Lenard, Sy Lieberman, Larry Light, John Little, Herbert Menzel, Tom Nagle, Dan Nimmo, E. E. Norris, Hubert O'Gorman, Al Ossman, Derek Phillips, Alphonso Pinkney, Lew Pringle, Morris Rosenberg, Dan Rossides, Maurice und Charles Saatchi, William Selkirk, Florence Skelly, Arthur White, Dale Wilson und Dan Yankelovich; all unseren Kollegen bei Yankelovich Clancy Shulman, deren Brillanz, Kreativität und Hingabe eine unerschöpfliche Quelle der Inspiration bieten; zu besonderem Dank verpflichtet sind wir Lisa Carter, Doug Haley, Peter Kreig, Tom Lix und Steve Tipps für ihre Beiträge zu den im Buch vorgestellten Modellen und Systemen; und natürlich unseren Kunden, deren anregende Diskussionen und Marketingprobleme unser Denken und Leben bereichert haben. Des weiteren möchten wir uns bedanken bei Wallis (»Wally«) Wood, einem sehr talentierten Autor und Redakteur, der ein Jahr seines Lebens damit zubrachte, unsere Ideen zu einem sinnvollen Ganzen zu bündeln; bei Elinor Clancy für die wunderbaren Schaubilder, die unsere Vorstellungen manchmal sinnfälliger zum Ausdruck bringen als Worte, und bei Robin Shulman, die uns immer wieder ermunterte und unterstützte, wenn wir schon dem Aufgeben nahe waren; schließlich bei Virginia Smith und Katherine Ives, die unserem Manuskript den letzten stilistischen Schliff gaben.

1. Die Marketing-Revolution steht vor der Tür

In den neunziger Jahren wird eine Marketing-Revolution die Geschäftswelt überrollen. Die Topmanager werden die entscheidende Bedeutung des Marketing für die Zukunft ihrer Unternehmen begreifen und dieses neue Denken entsprechend durchsetzen.

Sie werden neue und ungewohnte Dinge von den Marketingleitern verlangen. Sie werden die Marketingabteilungen zum Verzicht auf Aberglauben und Ignoranz zwingen und sie auffordern, zu jeder Marketingentscheidung Hunderte – oder Hunderttausende – von Alternativen zu überdenken, um die optimale Lösung zu finden. Und die Marketingleiter werden für eine meßbare Rendite der Marketinginvestition die Verantwortung tragen.

In einem Aufsatz in der *Marketing Science Institute Review* vom Frühjahr 1991 beschreibt Philip Kotler, Marketingprofessor an der Northwestern University und eine der einflußreichsten Persönlichkeiten im amerikanischen Geschäftsleben, die derzeitige Entwicklung als Paradigmenwechsel: »Ein Paradigmenwechsel tritt ein, wenn die Praktiker nicht zufrieden sind mit den Variablen und dem Umfang der Erklärungsansätze ihres Fachs.«

Die Marketing-Revolution steht vor der Tür, weil Mißerfolge eine deutliche Sprache sprechen und alle Betroffenen – Aktienbesitzer, Geschäftsführer, Vorstandsvorsitzende, Kunden und die Regierung – darüber ungehalten sind, daß das Marketing, das die Geschäfte eigentlich vorantreiben sollte, keine Erfolge vorweisen kann.

Ausgehend von unserer jahrelangen Erfahrung aus Beratertätigkeiten für Produkt- und Dienstleistungsanbieter im Verbraucher- und im Industriebereich vertreten wir die Überzeugung, daß

- das Marketing aus dem Dornröschenschlaf geweckt werden muß;
- die meisten Marketingexperten einschließlich ihrer Chefs keine Ahnung von der Komplexität ihres Fachs haben;

- sich viele Unternehmen momentan mit *Harakiri-Marketing* beschäftigen;
- wahre Datenberge und die nötigen Instrumente, um sie in brauchbare Informationen zu verwandeln, bereits vorhanden sind;
- ein Unternehmen seine Marketingfähigkeit mit diesen Instrumenten drastisch steigern kann. Es bedarf nur der Aufmerksamkeit des Topmanagements, damit sie auch richtig verwendet werden.

Ein Spitzenmanager muß diese Instrumente nicht selbst gebrauchen; er muß lediglich wissen, daß sie zum Einsatz kommen. Aber er muß die richtigen Fragen stellen können, wenn ihm ein Marketingplan vorgelegt wird. In diesem Buch findet man sowohl die entscheidenden Fragen, die man stellen (oder gegebenenfalls auch beantworten) muß, als auch die Informationen, auf die sich die Fragen stützen.

Hin- und Hergeschiebe von Aktivposten bringt kein Wachstum

Wachstum entsteht durch Marketing. »Ein Geschäftsunternehmen verfolgt das Ziel, einen Kundenstamm zu bilden«, schreibt Managementguru Peter F. Drucker, »und deshalb hat es nur zwei wesentliche Funktionen zu erfüllen: Marketing und Innovation. Marketing und Innovation führen zu Erfolgen, alles übrige sind ›Kosten‹.«[1]

Und dennoch verpulverten viele amerikanische Unternehmen in den achtziger Jahren ihre Energie mit Aufkäufen oder mit dem Kampf gegen eine Übernahme. Viele versuchten sich dadurch unverdaulich zu machen, daß sie sich in GmbHs umwandelten, einen Kredit aufnahmen oder sogar beides.

In den neunziger Jahren muß das anders sein. »Das Geld ist genug herumgeschoben worden«, meint John O'Toole, der Präsident der American Association of Advertising Agencies. »Jetzt muß auch mal wieder welches verdient werden.«

Aus der *Fortune*-Liste der fünfhundert erfolgreichsten Unternehmen sahen wir uns die zehn an, die zwischen 1980 und 1990 die größten Umsatzsteigerungen verzeichneten (es kommen daher nur Unternehmen in Frage, die in beiden Listen erschienen). Die Wachstumsergebnisse lagen in der Rangfolge zwischen 34 und 13 Prozent.

---

1 Peter F. Drucker, *The Practice of Management*, New York 1982, S. 37.

1. ConAgra
2. Philip Morris
3. Digital Equipment
4. Hewlett-Packard
5. Unisys
6. Sonoco
7. Sequa
8. Dow Jones
9. Bristol-Myers
10. Anheuser-Busch.

Nach unseren Schätzungen jedoch betrug das organische Wachstum – das Wachstum des ursprünglichen Geschäftsumfangs von 1980 – in einigen Fällen weniger als 5 Prozent.

Nehmen wir den Spitzenreiter ConAgra. Eines der cleversten und erfolgreichsten Unternehmen in den USA. In den achtziger Jahren übernahm es Banquet, Singleton Seafood, Sea-Alaska, Country Pride, Armour Food, Chun King, Morton, Patio, E. A. Miller-Dosenrindfleisch, Monfort, Swift Independent Packing, O'Donnell-Usen, Blue Star und Cook Family Food-Schinken.

Der Tabakriese Philip Morris kaufte 1985 General Foods auf, und der Umsatz stieg um 70 Prozent, obwohl man 1986 Seven-Up verkaufte. 1988 übernahm man Kraft und durfte sich im nächsten Jahr über eine 51prozentige Verkaufssteigerung freuen. Aber wenn das Gesamtwachstum von Philip Morris zwischen 1980 und 1990 bei nahezu 19 Prozent lag, so läßt sich das organische Wachstum des Unternehmens unseren Schätzungen zufolge eher bei 8 Prozent ansiedeln. Immer noch beachtlich, aber bei weitem nicht mehr so spektakulär.

Wir werden den Verdacht nicht los, daß so manche konsolidierte Unternehmensbilanz nur das blamable Geheimnis verschleiert, daß das ausgewiesene Wachstum nur durch die Übernahme anderer Unternehmen zustande kam. Zieht man die Zusammenschlüsse und Aufkäufe ab, dann bleibt ein lahmes Kernunternehmen, das den Hauptzweck eines Unternehmens vernachlässigt.

»Der Zweck eines Unternehmens besteht darin, Kunden zu finden und zu halten«, schreibt Theodore Levitt in *The Marketing Imagination.* »Ohne Kunden können auch die genialsten Ingenieure, die geschicktesten Finanziers und die besten Fertigungsfachleute kein Unternehmen betreiben. Selbst wenn Sie Vakuumröhren mit enorm niedrigen Kosten herstellen und die besten Vertreter haben – ein Angebot, das keiner will, oder nur so wenige, daß damit noch nicht einmal die Gemeinkosten gedeckt sind, kann Sie nicht vor dem Ruin retten. Damit es Ihnen nicht schlechtgeht, sollten Sie zusehen, daß es dem Kunden gutgeht.«

Das Prinzip lautet schlicht und ergreifend: Man muß die Produkte oder Dienstleistungen des Unternehmens entweder an mehr Kunden verkaufen oder mehr an vorhandene Kunden verkaufen oder beides. Hört sich zwar einfach an, ist aber ungeheuer schwierig.

Unser Buch mag vielleicht die Umsetzung dieses Gedankens nicht erleichtern. Aber es wird denjenigen Topmanagern eine Hilfe sein, die ihr Unternehmen in den neunziger Jahren zu neuer Blüte führen und deshalb ihre eigene Marketing-Revolution auslösen wollen. Wir beschreiben sowohl die Probleme als auch die Instrumente, die dem Marketingmanagement zu ihrer Bewältigung zu Gebote stehen. Wir benennen die Fragen, die man an jedes Marketingprogramm richten sollte. Nach unseren Erfahrungen mit Dutzenden von amerikanischen und nichtamerikanischen Firmen scheint die Zeit reif dafür, daß findige Unternehmen die Marketinginstrumente benutzen, die sich in den letzten zehn Jahren in aller Stille herausgebildet haben. Marketing wird sich mehr zur Wissenschaft als zur Kunst entwickeln. Die Unternehmen werden ihre Produktivität nicht durch Kostensenkungen, sondern durch Wertschöpfung steigern. Und dieser Produktivitätszuwachs wird auch zu höheren Gewinnen führen. Wenn die achtziger Jahre das Jahrzehnt der großen Geschäftstransaktionen waren, dann werden die neunziger Jahre zur Dekade des Marketing.

Der momentane Zustand des Marketing: verheerend

Im Laufe der achtziger Jahre äußerten sich die Sprecher bei zahlreichen Marketingtagungen in den höchsten Tönen der Begeisterung und Zuversicht über ihre Disziplin. Viele legten eindrucksvolle Fallstudien zu ihren Erfolgen vor – bisweilen handelte es sich dabei um Produkte, von denen keiner der Anwesenden je etwas gehört hatte – oder gaben farbige Anekdoten über ihre Marketingtriumphe zum besten. Jeder Konferenzteilnehmer, der sich diese Vorträge anhörte und sich mit den Marketingfachleuten im Publikum unterhielt, hätte geschworen, daß das Marketing im allgemeinen nur so vor Gesundheit strotzte und die Marketingmaßnahmen führender Unternehmen im besonderen vernünftige Erfolge erzielten.

Aber das war nur das öffentliche Gesicht, das die Marketingexperten für Tagungen und für die Presse aufsetzten. Die Wahrheit sieht unserer Ansicht nach ganz anders aus: Mit dem Marketing geht es bergab.

Wir werden in Kürze eingehender darauf zu sprechen kommen, daß der Zustand des Marketing alles andere als gesund zu nennen ist. Berichte über Marketingerfolge bei abgepackten Waren, Finanzdienstleistungen und anderen Bereichen sind oft weit und wild übertrieben. In Wirklichkeit führen Marketinganstrengungen in der Praxis nur selten zum Erfolg – *wenn* man Erfolg definiert als den Nachweis einer leidlichen Rendite.

Schließlich kommt es doch nicht darauf an, wieviel man verkauft, sondern wieviel man gewinnbringend verkauft. Unter der Voraussetzung, daß der Ertrag überhaupt gemessen werden kann, deuten nicht nur vereinzelte Indizien, sondern erdrückende Beweise darauf hin, daß die meisten Marketingprogramme keine akzeptable Rendite erzielen. Sie sind außerstande, ihre Umsatz- und Gewinnziele zu erreichen. Der von ihnen gewonnene Marktanteil rechtfertigt nicht einmal ihre Existenz.

Dieser Befund markiert einen Wandel zum Schlechteren. Kürzlich führten wir für die American Marketing Association unter den Marketingspezialisten, Marktforschern und Präsidenten der nach *Fortune* tausend erfolgreichsten Unternehmen eine Umfrage durch. Zwei Drittel der Befragten meinten, daß sich die Einführung eines neuen Produkts heute sehr viel schwieriger gestaltet als noch vor einem Jahrzehnt. Wir erfuhren, daß inzwischen weniger als ein Viertel ihrer neuen Produkte Erfolg haben. Diese Enthüllungen kamen um so unerwarteter, als man normalerweise in einer solchen Untersuchung eher mit beschönigenden Antworten rechnen muß, mit denen sich die Befragten in ein gutes Licht rücken möchten. Obgleich wir dieses Ergebnis nicht auf alle amerikanischen Unternehmen übertragen können, deuten diese Feststellungen doch sehr darauf hin, daß hinter der zufriedenen öffentlichen Marketingfassade einiges im argen liegt.

Wir baten diese Probanden um Stellungnahmen zu verschiedenen Aussagen über Marketing. Auf einer Fünf-Punkte-Skala von »Bin fest vom Gegenteil überzeugt« bis hin zu »Bin fest davon überzeugt« stimmten zwei Drittel mit folgender Aussage überein: »Die Mißerfolgsquote bei neuen Produkten ist in den vergangenen zwei Jahrzehnten angestiegen.« Nur wenig mehr als die Hälfte bekannten sich dagegen zu dieser Aussage: »Marketing in den späten achtziger Jahren ist leistungsfähiger als in den Sechzigern und Siebzigern.« Und nur rund ein Drittel mochte diesem Satz beipflichten: »Die meisten Marketingprogramme führen zu einer passablen Rendite.«

Unsere Befragten sind in vielen Marketingschlachten erprobte Veteranen. Durch ihre Erfahrungen mit der Geschäftswelt mußten sie ihre früheren Marketingüberzeugungen über Bord werfen. Wir stellten ihnen die

Frage: »An welches Hauptprinzip im Marketing glaubten Sie am Anfang Ihrer Karriere, aber jetzt nicht mehr?« Nach ihren Angaben glauben sie nicht mehr, daß

- gutes Marketing ein Produkt verkauft oder verkaufen könnte;
- Marketing eine Wissenschaft und keine Kunst ist, ein Schritt für Schritt präziser Ablauf;
- das beste Produkt den größten Marktanteil erringt;
- Werbung das effektivste Instrument im Marketing-Mix darstellt;
- sich ein Produkt für den Erfolg auf einen Massenmarkt richten muß;
- man über den niedrigsten Preis am meisten verkauft;
- die Marktforschungsergebnisse das Topmanagement beeinflussen oder daß sich die Unternehmen über die Bedeutung von Marktforschung im klaren sind.

Und obgleich sich die Mehrheit der Meinung anschloß, daß »sich eine Sortimentserweiterung leichter einführen läßt als dasselbe Produkt unter einem neuen Markennamen«, bejahten nur vier von zehn, daß »Marketingspezialisten in den kommenden Jahren mehr Gewinne mit dem Management existierender Markenwerte erzielen werden als durch die Schaffung neuer Marken«.

Ein Vorstandsvorsitzender räumte ein: »Wir hätten in den letzten zehn Jahren mehr Geld verdient, wenn wir das für die Schaffung und Einführung neuer Produkte ausgegebene Geld auf der Bank angelegt hätten.« Diese Bemerkung deckt sich mit weitreichenden Analysen zur Rentabilität der von Marken gehaltenen Marktanteile. Die Analysen belegen, daß die Marken in vielen Produktkategorien maßgeblich daran beteiligt sind, wenn annehmbare Renditen oder Gewinnspannen ausbleiben.

Man hört recht oft davon, daß neue abgepackte Güter keinen Erfolg haben. Aber die meisten Vorstandsvorsitzenden verkennen den Ernst der Lage. Wenn man dem Handelsblatt *New Product News* Glauben schenken darf, dann standen die Unternehmen im Jahr 1990 vor einer Mißerfolgsquote neuer Produkte von 80 Prozent. Diese Quote stieg also von 70 Prozent in den sechziger, siebziger und frühen achtziger Jahren um 10 Prozent. Aber trotz der erbärmlichen Erfolgschance führen die Unternehmen auch weiterhin neue Produkte ein. Laut *New Product News* 8042 allein 1986 im US-Markt. Fünf Jahre später waren es bereits 13244 – eine Steigerung um 65 Prozent.

Zwar verdienen nicht alle diese Nahrungsmittel-, Gesundheits-, Schönheits- und Haushaltserzeugnisse die Bezeichnung »neu«, weil dabei auch Sortimentserweiterungen berücksichtigt werden, daß heißt existierende

Marken mit neuem Geschmack, in neuer Farbe oder Größe. Nur 5 bis 10 Prozent der jährlichen Gesamtzahl sind wirklich neu. Aber auch diese verzeichnen nicht gerade berauschende Erfolge.

Nach Untersuchungen von Alvin Achenbaum, dem damaligen Vorstandsvorsitzenden eines New Yorker Beratungsunternehmens, das sich auf Marketingstrategie spezialisiert hatte, erzielten weniger als 200 der in den letzten zehn Jahren eingeführten Produkte Jahresumsätze von mehr als 15 Millionen Dollar, und nur eine Handvoll überstieg die 100-Millionen-Dollar-Grenze. Wie Achenbaum in seinem Beitrag »How to Succeed in New Products« für *Advertising Age* vom 26. 6. 89 feststellt, bedeutet dies, daß »weniger als ein Prozent auch nur nur einen bescheidenen Erfolg aufweisen können«.

Natürlich gibt es nicht nur bei verpackten Waren Reinfälle. Wir sammeln seit über zehn Jahren statistisches Material, und unsere Daten deuten auf eine vergleichbare Fehlschlagsquote bei neuen Finanzprodukten und Dienstleistungen: Kreditkarten, Versicherungssysteme, Maklerdienste. Bei langlebigen Konsumgütern wie Autos, Geräten und Vergnügungselektronik ergibt sich nach unseren Nachforschungen kein wesentlich anderes Bild. Die amerikanische Automobilindustrie stellt zum Beispiel einen einzigen riesigen Marketingflop dar. Es wäre ein leichtes, ein Buch mit dem Titel *Die Autokatastrophe* zu schreiben.

Eine Studie der Wharton School of Business durchleuchtete die Gründe für Marketingmißerfolge. Von den untersuchten Produkten scheiterten 32 Prozent an ungenügender Forschung und Entwicklung, 23 Prozent wegen schlechter zugrundeliegender Ideen, 14 Prozent an unvorhergesehenen Kosten, 13 Prozent aufgrund schlechter Marketingstrategien, 10 Prozent am mangelhaften Zeitplan und 8 Prozent an Konkurrenzaktivitäten. Nach unserer Überzeugung lassen sich alle Fehlschläge bei neuen Produkten vermeiden. Nach der Lektüre dieses Buches werden Sie über das nötige Rüstzeug verfügen, um sich diesen abschreckenden Zahlen zu stellen.

Aber neue Produkte sind nicht das einzige Problem. Die Durchschnittsmarke in der Durchschnittskategorie stirbt einen langsamen Tod. Die Umsätze gehen Jahr für Jahr um rund 0,3 Prozent des Marktanteils zurück. Im Normalfall nimmt das Management diesen Schwund einige Jahre lang ohne Reaktion zur Kenntnis. Was sind schließlich läppische 0,3 Prozent? Vielleicht handelt es sich ja nur um eine statistische Abweichung. Aber wenn man angesichts des Einbruchs nicht mehr einfach zur Tagesordnung übergehen kann und das Unternehmen schließlich doch Maßnahmen ergreifen will, was passiert?

Die Führungsspitze läßt den Marketingleiter antreten und beschwört ihn: »Wir müssen diese sterbende Marke wiederbeleben! Wir müssen sie auf

Vordermann bringen! Sie setzen sich bitte unverzüglich mit der Werbeagentur in Verbindung, damit sie eine neue Kampagne entwirft. Geben Sie ruhig ein paar Dollar mehr dafür aus. Erhöhen Sie unseren Werbeanteil. Lassen Sie sich einen neuen Text einfallen. Wie wär's zum Beispiel mit einer Neugestaltung des Produkts? Gibt's was Neues von der Forschung und Entwicklung? Einen neuen Plan in der Verkaufsförderung? Möbeln Sie das Ganze auf, und holen Sie soviel heraus wie möglich.«

Ein Jahr später und nach einem weiteren Verlust von 0,3 Prozent startet man die neue Kampagne. Das Marketingmanagement lehnt sich zufrieden zurück und wartet auf Resultate. Aber nach unseren fast zwanzigjährigen Erfahrungen tut sich in neun von zehn Fällen überhaupt nichts. Maßnahmen zur Wiederbelebung oder Neupositionierung sterbender Produkte und Dienstleistungen können den negativen Trend nicht umkehren. Selbst in der oben angesprochenen Befragung von Marketingfachleuten, Marktforschern und Vorstandsvorsitzenden (die doch allen Grund hatten, die Leistungen ihres Unternehmens übertrieben rosig darzustellen) vertrat nicht einmal jeder fünfte (17 Prozent) die Ansicht, daß die meisten auf eine Umsatzsteigerung vorhandener Produkte oder Dienstleistungen gerichteten Kampagnen von Erfolg gekrönt sind. Einer solchen Trendwende kann man nicht einmal so viele Chancen einräumen wie der Wiederkehr von Elvis Presley.

Das Versagen von Marketingplänen ist so weit verbreitet, daß unser Unternehmen 1990 eine Werbekampagne unter der Überschrift »Every 7 Minutes Another Marketing Plan Dies« durchführte. Dabei stützten wir uns auf die Schätzung, daß in den USA einschließlich der Feldzüge für Konsumgüter, Investitionsgüter und Nonprofitangebote jährlich 150000 wichtige Marketingprogramme laufen. Selbst wenn nur die Hälfte davon fehlschlagen und keine annehmbare Rendite erzielen – eine Zahl, die wir für zu niedrig halten –, dann scheitert alle sieben Minuten ein bedeutendes Marketingprogramm.

Wählen Sie die beste von 13800000000 Kombinationen

Produkte scheitern an der Komplexität des Marketing. Ob man nun ein neues Produkt einführen oder ein altes wiederbeleben möchte, die meisten Marketingpläne erleiden Schiffbruch, weil die Marketingexperten nicht genügend Alternativen in Erwägung ziehen und so auch nicht die optimale Strategie finden.

Wem das unplausibel erscheint, der sollte sich einmal folgenden Vorgang durch den Kopf gehen lassen. Vor der Einführung eines neuen Produkt- oder Dienstleistungsangebots für den Verbraucher oder für die Industrie müssen die Marketingfachleute mindestens ein Dutzend Schlüsselentscheidungen treffen. Dazu gehören Zielmarkt, Positionierung, Produktdesign, Preisgestaltung, Typ und Ebene des Absatzkanals, Werbeaussage, Medienausgaben, Media-Mix, Medienplanung, Verkaufsförderungs-Mix und Verkaufsförderungsplanung.

Gehen wir der Einfachheit halber davon aus, daß dem Unternehmen für jeden dieser Bereiche nur sieben Alternativen zur Auswahl stehen (s. Tabelle 1.1). Im wirklichen Leben können sich natürlich im einen oder anderen Punkt weniger Möglichkeiten ergeben, aber es können durchaus auch mehr sein. Wenn es also nur sieben Optionen für jeden der zwölf Bestandteile des Marketing-Mix gibt, wie viele Programme sollte ein Marketingmanager entwerfen? Zu welchem Gesamtresultat führen die »eskalierenden« Sieben?

Tabelle 1.1: »Eskalierende Sieben«

1. Zielmarkt (7 Möglichkeiten)
2. Positionierung (7 Möglichkeiten)
3. Werbeaussage (7 Möglichkeiten)
4. Produkt-/Verpackungsdesign (7 Möglichkeiten)
5. Preisgestaltung (7 Möglichkeiten)
6. Typ/Ebene des Absatzkanals (7 Möglichkeiten)
7. Medienausgaben (7 Möglichkeiten)
8. Media-Mix (7 Möglichkeiten)
9. Medienplanung (7 Möglichkeiten)
10. Ausgaben für Verkaufsförderung (7 Möglichkeiten)
11. Verkaufsförderungs-Mix (7 Möglichkeiten)
12. Verkaufsförderungsplanung (7 Möglichkeiten)

Anmerkung: Angenommen wird, daß für jeden Marketingplan zwölf Entscheidungen mit je sieben Möglichkeiten getroffen werden müssen.

Nicht 7 mal 12 gleich 84. Die Antwort lautet 7 *hoch* 12 gleich 13 841 287 201 verschiedene Marketingprogramme. 13,8 Milliarden – eine Zahl, die nur Gott und Computer begreifen.

Von all diesen möglichen Programmen würden natürlich einige zu einem gnadenlosen Fiasko führen. Viele wären weder ein Erfolg noch ein Desaster, aber zumindest nicht ausreichend erfolgreich, um die normalen

Umsatz- und Gewinnziele einzuhalten. Und einige würden einen Erfolg verzeichnen. Wie aus Abbildung 1.1 zu ersehen, handelt es sich bei dieser Verteilung um eine typische Glockenkurve.

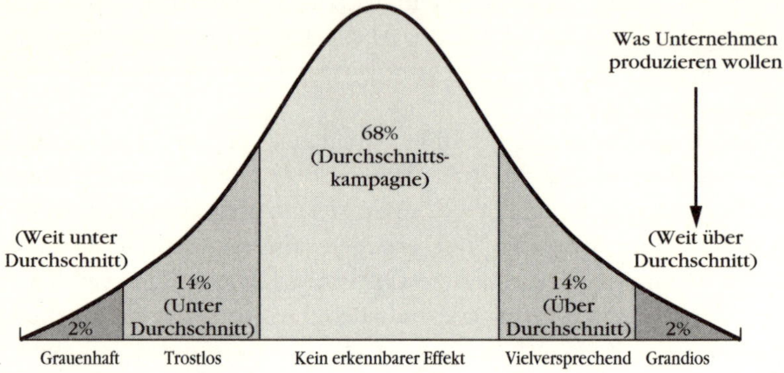

Abbildung 1.1: Glockenkurve

Aber die Chancen, daß ein Marketingmanager einen der wenigen Haupttreffer aus den 13,8 Milliarden Möglichkeiten ziehen wird, stehen denkbar schlecht, auch wenn er noch so viele Überstunden macht. Und damit erklärt sich auch das Scheitern der meisten neu eingeführten oder neupositionierten Produkte. Aber glücklicherweise hat der Wandel der letzten Jahre und Jahrzehnte nicht nur dem traditionellen Marketing den Boden unter den Füßen entzogen, sondern auch neue Instrumente bereitgestellt, die die Erfolgswahrscheinlichkeit erhöhen. Heute beherrschen zwei Entwicklungsstränge das Marketing:

- Die Fähigkeit der Geschäftswelt zur Gewinnung von Informationen und zur Einschätzung des Verbraucherverhaltens ist enorm gewachsen. Es werden mehr Daten über mehr Kunden erfaßt als je zuvor. Was sie im Fernsehen ansehen, was sie lesen, was sie hören und was sie kaufen. Dies ist die *deskriptive* Seite der Gleichung, die auch in Zukunft eine entscheidende Rolle im Marketing spielen wird.
- Gleichzeitig verbesserten die Forscher die Fähigkeit des Marketingfachmanns, Entscheidungen auf diese Informationen zu stützen: die *präskriptive* Seite der Gleichung.

Die meisten großen Unternehmen benutzen mittlerweile ausgefeilte Finanzierungsinstrumente, wenn sie beispielsweise über den Bau einer neuen Fabrik oder eine neue Ölbohrung entscheiden müssen. Sie ziehen Formeln wie den Kapitalwert oder Kapitalertrag zu Rate. Noch vor dem ersten Spatenstich weiß das Management, welche Rendite die Investition für die neue Fabrik abwerfen oder was die neue Ölquelle einbringen sollte.

Aber nur die wenigsten großen oder kleinen Unternehmen stützen sich auf ausgewogene Finanzierungstechniken, wenn sie über die Einführung eines neuen Produkts, die Neugestaltung der Werbung oder ihrer Aussage, die Veränderung der Produktpositionierung oder die Neugestaltung des Produkts zu befinden haben. Die meisten Werbemanager würden nur die Achseln zucken, würde man sie nach dem Ertrag des Werbebudgets fragen. Sie bauen auf Erfahrung, Urteilsvermögen und Intuition, die für sich genommen alle effektiv sein mögen, aber dem mittlerweile erreichten Grad von Komplexität nicht mehr gewachsen sind.

Die unbekannte Rendite der Werbung stellt besonders deswegen einen wunden Punkt dar, weil die Unternehmen soviel Geld dafür ausgeben. Nach unseren Schätzungen flossen 1990 in den USA mehr als 130 Milliarden Dollar in die Werbung (*Advertising Age* errechnete 124 Milliarden Dollar für das Jahr 1989). Dagegen nehmen sich die von der amerikanischen Regierung aufgewendeten 22 Milliarden Dollar für das Bildungswesen und die 5 Milliarden Dollar für die Umwelt eher bescheiden aus. Die Etats der siebzehn US-Unternehmen mit dem größten Werbeaufkommen übersteigen das Gesamtvermögen ganzer Firmen, die in der *Fortune*-500-Liste erscheinen.

Aber eigentlich weiß man nur recht wenig über die Leistungsfähigkeit der Werbung. Christopher Whittle, der Gründer der Whittle Communications, widmete sich diesem Thema mit großer Eloquenz als Hauptredner bei der Jahrestagung der Advertising Research Foundation im April 1991. Er berichtete, daß ihm vor ungefähr zehn Jahren zum ersten Mal etwas Ungewöhnliches an den Untersuchungen zu verschiedenen Werbemaßnahmen auffiel, die sein Unternehmen für andere durchführte.

> Die meisten unserer Untersuchungen hatten Test- und Kontrollcharakter. Es gab lange Diskussionen mit unseren Klienten, ob die Bewegungen in den Testgruppen (die unsere neuen Werbemaßnahmen messen sollten) groß genug waren, aber niemand verlor auch nur ein Wort über die Tatsache, daß die Kontrollzellen (die fast alle anderen Ausgaben repräsentierten) fast immer völlig reglos verharrten.

Zuerst fragte er vorsichtig bei seinen Klienten nach, was sie davon hielten. Machte es ihnen Sorgen, daß die ausgegebenen 20 Millionen Dollar anscheinend keine Veränderungen bewirkten? »Fragen dieser Art lösten jedesmal ein sichtliches Unbehagen aus, und man wechselte unweigerlich das Thema.«

Whittle erkannte dieses Muster in fast allen Studien wieder und wurde immer neugieriger. Eines Tages machte er dann während einer Diskussion über die Reaktionsfreudigkeit der Testgruppen und die Inaktivität der Kontrollgruppen einen Vorschlag: »Warum zahlen Sie uns nicht einfach für unser Abschneiden im Vergleich zu den Kontrollgruppen? Wenn wir besser sind, zahlen Sie uns mehr, und wenn wir schlechter sind, dann weniger.« Niemand zeigte Interesse.

> Ich stellte mir die Frage, weshalb mir in zwanzig Jahren in dieser Branche noch nie jemand ein Forschungsergebnis gezeigt hatte, das die Effektivität von Werbemaßnahmen definitiv bewies – nicht einmal, um die eigene Verhandlungsposition zu stärken. Anfangs dachte ich, daß meine Klienten über solche Informationen verfügen müssen. Wieso sollten sie sonst dauernd soviel Geld ausgeben? Dann kam ich auf die Idee, daß sie wahrscheinlich gar nichts wissen.

Nach jahrelangen Nachforschungen ist Whittle inzwischen der festen Überzeugung, daß solche Informationen fehlen.

Aber die Werbung ist nicht der einzige Bestandteil des Marketing-Mix, dessen Beitrag zum Umsatz und Gewinn in den Sternen steht. Zwei von drei Marketing-Dollars von Herstellern abgepackter Waren fließen heute in den USA in die Verkaufsförderung für Verbraucher und Händler. Was wissen wir über die Rendite von Verkaufsförderung? Unbekannt? Wohl kaum. Sie ist bekanntermaßen negativ: Die meisten Promotionsprogramme sind unrentabel. Mehr darüber später.

Maßnahmen zur Verkaufsförderung bewirken zweierlei: Sie senken den Preis der verkauften Waren und die Markentreue. Und diese bestürzenden Auswirkungen betreffen durchaus nicht nur abgepackte Waren. Gibt es einen Manager einer Fluglinie, der sich nicht nach den Tagen vor den *Frequent-Flyer*-Programmen zurücksehnt (die Absatzmanager nicht mitgerechnet)?

Natürlich sind einige Produkte zum Scheitern verurteilt. Sie sind schwach im Design, billig in der Fertigung, überteuert oder einfach ein Nachahmerprodukt. Aber die meisten Produkte haben deswegen keinen Erfolg, weil das Unternehmen auf Harakiri-Marketing setzt.

Verräterische Anzeichen für Harakiri-Marketing

Unter Harakiri-Marketing verstehen wir alle Anstrengungen von Managern, mit denen sie unbewußt oder nichtsahnend ein Produkt, eine Marke oder mitunter sogar ein ganzes Unternehmen zugrunde richten. Zum Glück muß ein Geschäftsführer kein Marketingprofi sein, um Harakiri-Denken zu erkennen, das sich zum Beispiel in folgenden Symptomen äußern kann:

1. Wesentliche Marketingentscheidungen stützen sich allein auf das Urteilsvermögen der Verantwortlichen. (Wenn es darum so gut bestellt wäre, weshalb sind dann so viele Programme so schlecht?) Oder auf umständliche Ausreden wie: »So haben wir die Entscheidung auch letztes Jahr getroffen.« Typische Fälle von Harakiri-Marketing.

2. Das Unternehmen hält sich an Marktchancen, die es aus einer Analyse der Konkurrenz ableitet. Diese kann jedoch ihrerseits völlig schiefliegen oder sich in einer ganz anderen Situation befinden. Das Beobachten der Konkurrenz als Richtschnur für eigene Maßnahmen ist reines Harakiri-Marketing.

3. Das Führungsmanagement verlangt kurzfristige Marketingresultate. Aber Marketing ist ein Prozeß, dessen Erfolgschancen erst allmählich steigen. Und das braucht im Normalfall eben Zeit, auch wenn man bisweilen recht schnell auf unvorhergesehene Entwicklungen reagieren muß.

4. Weil Marketing immer noch eher als eine Kunst verstanden wird, tendieren die Organisationsstrukturen zu Marketingprogrammen, die innerhalb des Unternehmens konsensfähig sind, sich aber nicht mit echten Lösungen an wirklichen Kundenbedürfnissen orientieren. Viel zu oft wird das zum Marketingprogramm, was intern ankommt. Ein weiterer Fall von Harakiri-Marketing.

5. Der Entscheidungsprozeß berücksichtigt für jeden der oben angesprochenen zwölf Punkte nur fünf oder noch weniger Optionen. Also weniger als fünf Zielgruppen, Positionierungen, Werbeaussagen, Preisniveaus, Medienausgaben, Produkt-/Verpackungsdesigns etc. Auch hier Harakiri-Marketing.

6. Die Analyse dieser Entscheidungsalternativen berücksichtigt in erster Linie, was die Käufer denken, glauben, wollen oder kaufen würden, doch kaum die Rentabilität. Ein klarer Fall von Harakiri-Marketing.

7. Der Marketingplan beruht großenteils oder vollkommen auf Harakiri-Marktforschung wie Fokusgruppen oder kleinen Auswahlgruppen atypischer Käufer (weniger als dreihundert), die zufällig gerade in halb bewußtlosem Zustand durch irgendwelche Kaufhäuser schlendern.

8. Weil die Marketingleiter die Fertigungskosten nicht kennen, können sie auch die Rentabilität eines Marketingprogramms nicht berechnen. Harakiri-Marketing.

9. Das Unternehmen befördert Marketingmanager, noch bevor sie mit den von ihnen ins Leben gerufenen Marken oder Programmen leben mußten. Nicht selten sahen wir Fälle, in denen ein Manager eine Marke einführte, die sich im Markt als Schlag ins Wasser erwies. Aber ausbaden mußte die Sache ein anderer, weil der Anstifter inzwischen schon fünfmal die Treppe hinaufgefallen war. Nur Harakiri-Marketing befördert Manager, ehe sie sich mit ihren Marken bewährt und deren Rentabilität bewiesen haben.

Geben Sie jedem Symptom zehn Punkte. Wenn ein bestimmter Plan fünfzig oder mehr erreicht, dann haben Sie es mit Harakiri-Marketing zu tun. Als besonders heimtückisch an solch mangelhaften Marketingprogrammen erweist sich die Illusion von Information. Was ist schlimmer: überhaupt kein Plan oder Harakiri-Marketing? Wir glauben letzteres, weil man sich von der Scheininformation täuschen läßt. Marketingmanager sind von der Vernunft ihrer Entscheidungen überzeugt, ohne zu ahnen, daß sie auf ein brüchiges Fundament bauen. Wenn man weiß, daß der Schiffskompaß kaputt ist, dann steuert man nach eigenen Berechnungen, nach den Sternen oder der Sonne und erreicht vielleicht heil das Land. Aber wenn man überhaupt nicht weiß, daß der Kompaß nicht mehr funktioniert – und darauf deuten leider die Ergebnisse einer Befragung unter Vorstandsvorsitzenden, die wir kürzlich durchführten –, dann landet man auf den Klippen. Und der Marketingplan landet auf dem Müllhaufen der Statistik.

Ein Radikalmanifest zur Marktdominanz

»Heute wächst die Nachfrage nach vielen Konsumgütern nur noch so langsam wie die Bevölkerung«, verkündete Anfang 1990 die *Business Week*. »Und der technologische Fortschritt hat uns eine Unmenge von Produkten ähnlicher Qualität beschert, so daß sich Unternehmen nur noch sehr schwer profilieren können. Gleichzeitig führte die Preiskonkurrenz zu Schlachten um Marktanteile, bei denen die Gewinne auf der Strecke blieben.« Kein Unternehmen kann solche Gefechte mit Kostensenkungen und den alten Marketingmethoden gewinnen.

Doch auch angesichts der vielen technologischen Neuerungen herrscht in der Geschäftswelt immer noch die stillschweigende Überzeugung vor, daß das Geheimnis des Erfolgs in der Produktion und der Finanzierung liegt. Viel zu viele Unternehmensmanager halten das Marketing immer noch für ein Anhängsel des Verkaufs. Und auch in Unternehmen mit ernsthafter Marketingarbeit sind sich die Manager nicht über grundlegende methodische Fragen einig.

Wir vertreten die Auffassung, die wir in diesem Buch auch reich belegen werden, daß sich ein Unternehmer auch in diesem Umfeld hervortun und mit Hilfe computergestützter Planungstechnologie bereits heute zu vernünftigen Marketingentscheidungen gelangen kann. Aber selbst wenn den Fachleuten damit sehr viel mehr Daten zur Verfügung stehen als früher (inzwischen fast eine Form geistiger Umweltverschmutzung) und selbst wenn die Computerprogramme diese Datenberge viel schneller und billiger bearbeiten können als je zuvor – die Lösung bieten weder die Daten noch die Computer.

Die Marketing-Revolution der neunziger Jahre liegt in der Erkenntnis, daß das Management für jede Entscheidung innerhalb des Marketing-Mix Hunderte, Tausende, Zehntausende, ja sogar Millionen von Alternativen auswerten muß. Und dabei geht es nicht nur um Zugkraft, Nachfrage, Marktanteil, Umsatz oder irgendwelche Ahnungen – die Alternativen müssen im Hinblick auf ihre Gewinnträchtigkeit beurteilt werden.

Wir wollen die Mängel vieler heute weit verbreiteter Marketinginstrumente aufzeigen – Fokusgruppen, Marktlückenanalyse, Positionierungsdiagramme und wie sie alle heißen. Und wir beschreiben die Methoden, mit denen ein Manager Alternativen auswerten kann, um zu rentablen Lösungen für Marketingprobleme zu gelangen.

Die Marketing-Revolution wird allerdings nicht von neuen Daten oder Technologien ausgelöst, obwohl diese zumindest einen wichtigen Beitrag leisten. Topmanagement, Vorstände, Aktienbesitzer und Unternehmensangestellte werden gemeinsam nach dieser Umwälzung rufen. Sie werden den Aberglauben im Marketing nicht mehr hinnehmen. Sie werden sich nicht mehr abfinden mit Harakiri-Marketing und das routinemäßige Versagen des Marketing nicht mehr dulden.

2. Marketingintelligenz jenseits von Aberglauben und Ignoranz

Vielleicht läßt sich das Ausmaß der derzeitigen Marketingkrise am besten an einem Beispiel veranschaulichen. Es handelt sich um unsere Erfahrungen mit dem Marketingplan für ein Deodorant, der ausschließlich auf Marketingmythen beruhte. Dieser Plan enthielt natürlich nicht jeden Aberglauben, auf den wir im Laufe der Jahre gestoßen sind. Aber einige der mehr als zwei Dutzend irrigen Vorstellungen, die wir in diesem Kapitel ansprechen, kamen darin zum Tragen.

Wenn man sich die Verbreitung dieser Mythen vor Augen hält, fragt man sich allen Ernstes, was Vorstandsvorsitzende eigentlich vom Marketing wissen. Wie können Marketingmanager ständig Programme vorlegen, ohne daß sie Fragen beantworten müssen, die die Schwächen dieser Pläne aufdecken? In der zweiten Hälfte dieses Kapitels berichten wir, was wir in einer Untersuchung jüngeren Datums über das Marketingwissen von Vorstandsvorsitzenden in Erfahrung bringen konnten.

Ein übelriechender Marketingplan für ein Deodorant

Im Frühjahr 1988 wohnten wir einer Sitzung bei, in der ein führendes Unternehmen für abgepackte Waren (das aus verständlichen Gründen ungenannt bleiben möchte) einen 25 Millionen Dollar teuren Plan zur Einführung eines neuen Deodorants vorstellte. Wir sollten simulierte Markttests durchführen, um dem Unternehmen schon frühzeitig einen Eindruck vom Umsatz und der Rentabilität des Produkts zu vermitteln.

Der Produktmanager zeigte mit ruckartigen Armbewegungen auf ein Schaubild und präsentierte Hintergrundinformationen. Die Forscher im Unternehmenslabor hatten eine Rezeptur entwickelt, die eine um 37 Prozent höhere Wirkung entfaltete als das marktführende Deodorant. Das neue Produkt bot einen vierundzwanzigstündigen Geruchsschutz. »In einer Reihe von zwölf Fokusgruppen fanden wir heraus, daß sich besonders Frauen wegen Schweiß- und Achselgeruchs Sorgen machen«, verkündete der Produktmanager. »Sie sind mit ihren derzeitigen Produkten nicht ganz zufrieden, und unser neues Produkt möchte diese Lücke schließen.«

Wie sollte der Zielmarkt aussehen? »Wir wenden uns an achtzehn- bis neunundvierzigjährige Frauen, weil diese Gruppe für 62 Prozent der Verkäufe dieses Produkttyps steht.«

Die Produktpositionierung? »Wir wollen es als effektives und bequemes Mittel gegen Schweißgeruch positionieren. In allen Konzepttests fand das Produkt bei den Konsumenten sehr großen Anklang.«

Wie schnitt die neue Rezeptur bei Produkttests ab? »Bei Blindtests zeigte sich ein deutlicher Vorsprung gegenüber führenden Produkten.«

Preispläne? »Wir wollen es im Einzelhandel um zwanzig Cents billiger anbieten als das marktführende Produkt. Nach unserer Meinung werden wir damit den Markt am schnellsten durchdringen. In der Einführungsphase werden wir 50 Millionen Coupons in Zeitungsbeilagen verteilen.«

Werbung? »Wie aus der geplanten Werbekampagne zu ersehen, durchziehen fünf wesentliche Verkaufsaussagen über das Produkt sowohl die Fernsehreklamen als auch die Anzeigen. Diese Aussagen werden die meisten Leute der Zielgruppe ansprechen. Unser Werbeetat läßt sich mit dem des Marktführers vergleichen.«

Es ist bei einer solchen Sitzung nicht unsere Aufgabe, die grundlegenden Voraussetzungen eines Plans in Zweifel zu ziehen. Wir waren eingeladen, weil wir die Einzelheiten des Programms in unsere simulierten Markttests einbeziehen sollten.

Ein knappes halbes Jahr später saßen wir wieder im selben Konferenzraum mit der Prognose, daß sich das Produkt als glatter Fehlschlag erweisen würde. Eine Marketingpleite und finanzielle Katastrophe. Daraufhin sahen wir uns wütenden Attacken des Produktmanagers ausgesetzt: »Vielleicht ist es nicht unbedingt die wunderbarste Lösung für die Geruchsprobleme von Frauen, aber mein Produkt *wird* mit Hilfe der Ressourcen und Erfahrungen des Unternehmens Erfolg haben. Meiner Ansicht nach sollten Sie Ihre Umsatz- und Rentabilitätsschätzungen noch einmal einer ernsthaften Prüfung unterziehen. Sie stimmen einfach nicht! Dieses Produkt wird *viel* besser abschneiden, als Sie voraussagen!«

Dann ging er dazu über, unsere Forschungsmethoden zu kritisieren, das Prognosemodell, die Qualität der Daten und was ihm sonst noch in den Sinn kam. Er stürzte sich auf alles, was Wunsch (seine Hoffnung auf eine glorreiche Zukunftsprognose) und Wirklichkeit (unsere Vorhersagen über die tatsächliche Leistungsfähigkeit des Produkts) voneinander trennen konnte.

Nebenbei bemerkt fragen Marketingmanager praktisch routinemäßig nach etwaigen Umständen, die es uns gestatten würden, unsere Prognosen aus Markttests nach oben zu korrigieren. Noch *nie* hat uns einer darum gebeten, unsere Umsatzvorhersage nach unten zu korrigieren.

Möglichst diplomatisch wiesen wir darauf hin, daß wir uns sorgfältig an die Annahmen des Marketingplans gehalten hatten. Auch zu einer nochmaligen Überprüfung unserer Arbeit erklärten wir uns bereit, aber wenn sich nichts Außergewöhnliches ergäbe, sähen wir uns leider außerstande, die Prognose zu revidieren.

Der Produktmanager steigerte sich in immer größere Erregung und rief: »Wenn dieses Produkt abgewürgt wird, dann habe ich keine Marke mehr.« Aufgrund der Bedeutung dieses Klienten und des augenscheinlich sehr angegriffenen Zustands unseres Gesprächspartners erboten wir uns, noch einmal im Detail (und auf eigene Kosten) die Strategie und die Marktforschungsergebnisse des favorisierten Plans durchzugehen.

Fast einen ganzen Tag studierten wir die Umfrageresultate des Unternehmens und die darauf gestützten Annahmen. Wir kamen zu dem traurigen Schluß, daß die Nachforschungen vom ursprünglichen Produktkonzept bis zum Einführungsplan an jeder Nahtstelle auf Mittelmäßigkeit deuteten. Sehr wahrscheinlich ein Fehlschlag, bestenfalls ein marginaler Erfolg. Das Produkt hatte jedoch allmählich ein Eigenleben angenommen und bereits so viel Fahrt gewonnen, daß auch unsere warnende Vorhersage um fünf vor zwölf die Einführung nicht mehr aufhalten konnte.

Das Unternehmen brachte das Produkt 1990 auf den Markt, aber trotz des Einsatzes aller Ressourcen und Erfahrungen konnte man den kostspieligen Reinfall nicht verhindern.

Ignoranz gepaart mit Aberglauben als Grundlage für Marketingpläne

Wie Sie vielleicht schon bemerkt haben, stützte dieses Unternehmen seinen Marketingplan fast ausschließlich auf Legenden. Aber damit steht es nicht allein. Viele Firmen folgen bei der Erstellung ihres Marketingsplans dem, was man als »unbegründeten und unkritischen Glauben besonders seitens interessierter Gruppen« umschreiben könnte.

Aber welche Glaubenssätze lagen dem Deo-Plan im einzelnen zugrunde? Wir kommen auf insgesamt acht:

1. *Aberglaube*: Da viele Marketingexperten das Marketing bezeichnen als »die Disziplin, die mit Produkten eine rentable Lösung für Probleme von Kunden findet«, suchen sie nach den Problemen, mit denen die Kunden in bestimmten Produktkategorien zu kämpfen haben. Wie so viele andere auch machte dieses Unternehmen *keinen* Versuch, die Kundenprobleme auf wissenschaftliche und verläßliche Weise zu bestimmen.

2. *Aberglaube*: Weil sich die meisten Konsumgüterunternehmen mit ihrer Werbung an achtzehn- bis neunundvierzigjährige Frauen wenden, bilden diese auch eine lukrative Zielgruppe. (Tatsächlich handelt es sich hier um die im Marketing von jeher schon beliebteste Zielgruppe für eine breite Palette von Produktkategorien.)

3. *Aberglaube*: Starke Verbraucher bieten für viele Marketingprogramme im Konsum- und Investitionsgüterbereich das beste Ziel. (Tatsächlich zeigen wir in Kapitel 4, daß starke Verbraucher wie zum Beispiel »achtzehn- bis neunundvierzigjährige Frauen« und andere populäre Gruppen normalerweise ziemlich erbärmliche Zielgruppen sind.)

4. *Aberglaube*: Qualitative Techniken wie zum Beispiel Gespräche in Fokusgruppen sind ernsthafte, hilfreiche Instrumente der Marktforschung.

5. *Aberglaube*: Die meisten weitverbreiteten Marktforschungsinstrumente wie Konzept-, Produkt- und Werbetests haben ihre Zuverlässigkeit und Stichhaltigkeit wiederholt unter Beweis gestellt.

6. *Aberglaube*: Aufgrund des Gewichts der Preisgestaltung innerhalb des Marketing-Mix verfügen die meisten Unternehmen über eine ernsthafte Preisstrategie, die sich auf professionelle Forschung stützt.

7. *Aberglaube*: Je mehr Aussagen man in einen Werbespot oder eine Anzeige packt, desto wirkungsvoller die Werbung.

8. *Aberglaube*: Werbung verbraucht sich schnell und muß ständig aufgefrischt werden.

Der Marketingplan für das Deodorant vereinigte also Legenden über Zielgruppen, Marktforschungsinstrumente, Preisgestaltung und Werbung. Diese acht machen jedoch nur einen Teil des in Unternehmen regelmäßig anzutreffenden Aberglaubens aus. Und das gilt für kleine wie große Firmen und für Unternehmen, die an Verbraucher verkaufen, nicht mehr als für solche, die ihre Produkte und Dienstleistungen anderen Unternehmen anbieten. Wir mußten feststellen, daß Marketingspezialisten – und ihre Chefs – die kuriosesten Auffassungen vertreten.

Die Entlarvung dieser Mythen wollen wir aber fürs erste noch zurückstellen. Im weiteren Verlauf des Buchs werden Sie dann erfahren, weshalb wir von Aberglauben sprechen und was wir für realistische Alternativen oder, anders gesagt, für Marketingintelligenz halten.

Beispielsweise lassen viele Marketingfachleute bei Gesprächen über Zielmärkte folgende Ansichten durchblicken:

1. *Aberglaube*: Der mittlere Markt für Produkte und Dienstleistungen stirbt allmählich. Deshalb müssen die Angebote in der oberen und unteren Preisklasse angesiedelt sein, wenn sie Erfolg haben sollen.

2. *Aberglaube*: Anbieter von Investitions- und Konsumgütern zeigen sich überzeugt davon, daß die besten prospektiven Abnehmer eines Unternehmens, eines Produkts oder einer Dienstleistung ganz den gegenwärtigen Kunden gleichen müssen.

3. *Aberglaube*: Psychographie und Verbraucherverhalten stellen eine brauchbare Grundlage für die Marktsegmentierung dar.

4. *Aberglaube*: Nachfrageorientierte Segmentierungsstrategien (das heißt, die einzelnen Marktsegmente werden aufgrund von Kundenaussagen bestimmt) weisen den rentabelsten Weg zur Segmentierung und zum Verständnis eines Produktmarktes.

Zur Positionierung äußern sie sich folgendermaßen:

1. *Aberglaube*: Positionierungsstrategien, die sich auf Marktlückenanalysen stützen – vielleicht das im Marketing, der Werbung und von Meinungsforschern am häufigsten verwendete Positionierungsinstrument –, werden zum Erfolg führen.

2. *Aberglaube*: Positionierungsdiagramme und Choice Modeling, zwei vielbenutzte High-Tech-Instrumente, eröffnen verbindliche Einsichten, die die Entwicklung verbesserter Marketingstrategien ermöglichen.

Auch die Produktentwicklung hat eigene Glaubenssätze zu bieten:

1. *Aberglaube*: Je attraktiver ein Produkt ist – das heißt, je mehr Leute ihre Kaufabsicht bekunden –, um so wahrscheinlicher wird es auch zum Erfolg.

2. *Aberglaube*: Die meisten Unternehmen treffen ihre Entscheidungen zur Preisgestaltung aufgrund einer klar umrissenen Strategie, die sich aus kompetenten Nachforschungen herleitet.

3. *Aberglaube*: Markenerweiterungen bieten die ungefährlichste Möglichkeit zur Einführung neuer Produkte.

4. *Aberglaube*: Ein Unternehmen muß Qualitätsprodukte mit »null Defekten« bieten. Die Erfolgschancen wachsen mit dem Qualitätsniveau.

Schwarze Magie, Geheimnisse und viele Legenden bestimmen das Bild der Marktforschung:

1. *Aberglaube*: Fokusgruppen und andere Meinungsumfragen unter kleinen, nicht berechenbaren Käufergruppen dürfen als fundierter Ansatz für Marketingentscheidungen gelten.

2. *Aberglaube*: Ein Produkt mit sehr gutem Abschneiden in einem Konzepttest wird auch im Markt zum Renner.

3. *Aberglaube*: Tests zu Werbung, Konzept, Verpackung und Produkt und andere in der Marketingbranche weit verbreitete Methoden haben ihre Zuverlässigkeit (das heißt, bei einem erneuten Test erhielte man das gleiche Ergebnis) und Stichhaltigkeit (das heißt, die Methode mißt, was sie messen soll) wiederholt unter Beweis gestellt.

4. *Aberglaube*: Im allgemeinen läßt sich eine gute Idee für ein neues Produkt, eine Anzeige, das Unternehmensimage und so weiter finden, wenn man einige wenige, sagen wir drei bis fünf, Alternativen überprüft und sich die beste heraussucht.

5. *Aberglaube*: Bei der Entscheidung zwischen Optionen für ein neues Produkt, eine Werbung, eine Produktrezeptur oder dergleichen halten sich die Marktforscher an Rentabilitätskriterien. Die »siegreiche« Option ist also immer gewinnträchtiger als die anderen.

Wieder eine andere Welt des Glaubens hat sich die Werbung aufgebaut:

1. *Aberglaube*: Unzählige Daten demonstrieren die Nützlichkeit von Werbung als Investition. Wie sonst lassen sich jährliche Ausgaben in Höhe von 130 Milliarden Dollar erklären?

2. *Aberglaube*: Es kommt nicht darauf an, ob die Leute die Werbung mögen oder nicht. Es zählt nur, wie einprägsam und überzeugend sie ist.

3. *Aberglaube*: Werbung wirkt am besten in Märkten, in denen es einer Marke schlechtgeht. Hier bietet sich die größte Chance, eine Umsatzsteigerung herbeizuführen.

4. *Aberglaube*: Seit mindestens dreißig Jahren werden die Kosten für die Medien in Einheiten von tausend Zuschauern/Lesern errechnet. Diese Regelung wird auch weiterhin von großem Nutzen sein.

5. *Aberglaube*: Je fesselnder ein Fernsehprogramm für die Zuschauer ist, um so weniger kann man unterstellen, daß sie auf die Werbung achten. Fesselnde Fernsehsendungen führen also zu relativ wirkungslosen Werbungen.

6. *Aberglaube*: Mit ein paar Stichworten erinnern sich die meisten Leute, auch einen Tag nachdem sie ihn gesehen haben, noch an einen Teil eines bestimmten Werbespots.

7. *Aberglaube*: Werbekampagnen mit hohen Anfangskosten (das heißt, ein unverhältnismäßig großer Teil der Medienkosten wird in das erste Viertel des Feldzugs gesteckt) stellen in vielen Produktkategorien eine nützliche Strategie dar.

Auch im Testmarketing gibt man sich nicht konfessionslos:

1. *Aberglaube*: Keine »Laborstudie« in einem Testmarkt für 100 000 Dollar in drei Monaten kann so wertvolle Ergebnisse erzielen wie ein 3 Millionen teurer echter Markttest mit achtzehnmonatiger Laufzeit.

2. *Aberglaube*: Mißerfolg im Testmarkt ist Grund genug, die Einführung eines neuen Produkts zu streichen.

3. *Aberglaube*: Die Verkaufszahlen eines neuen Produkts steigen immer im zweiten Jahr. Wenn also das erste Jahr gute Resultate bringt, dann ist das zweite auch schon so gut wie gelaufen.

4. *Aberglaube*: Mit keiner Technik der Welt kann man Markttestdaten so anwenden, daß aus einem Versager ein Schlager wird.

Was allgemeine Marketingvortellungen angeht, so hätten wir hier noch einige ganz besonders populäre anzubieten:

1. *Aberglaube*: Die meisten Marketingprogramme funktionieren. Auch wenn sie keine klar ersichtliche Rendite erzeugen, erzielen sie doch zumindest eine signifikante Umsatzsteigerung.

2. *Aberglaube*: Ein Unternehmen darf nur *besten* Kundendienst liefern. Je höher das Serviceniveau, desto zufriedener zeigen sich auch die Kunden, und desto mehr Gewinn wird auch das Marketingprogramm abwerfen.

3. *Aberglaube*: Wer die Wertvorstellungen der Verbraucher kennt, kann ihre Tätigkeiten beschreiben, aber er kann nicht voraussagen, wie sie sich in Zukunft verhalten werden.

4. *Aberglaube*: Der Marktanteil ist in allen Branchen ausschlaggebend für die Gewinnträchtigkeit.

5. *Aberglaube*: Künstliche Intelligenz verspricht für die nahe Zukunft kaum Anwendungsmöglichkeiten im Marketing und in der Werbung. Vor dem Jahr 2000 werden bestimmt keine Computer gebaut, die Marketing- und Werbemanager ersetzen können.

Zu guter Letzt:

1. *Aberglaube*: Vorstandsvorsitzende sind in Marketingfragen voll auf dem laufenden. Sie sind in Theorie und Praxis beschlagene Kenner des Marketing. (Tatsächlich haben Vorstandsvorsitzende vom Marketing kaum einen Schimmer, und mit ihren theoretischen und praktischen Kenntnissen werden sie in der Marketing-Revolution der neunziger Jahre nicht weit kommen.)

Wie mißt man den Marketing-IQ von Vorstandsvorsitzenden?

Von einigen rühmlichen Ausnahmen abgesehen verstehen die meisten Vorstandsvorsitzenden nichts vom Marketing. Das hat zum Teil historische Gründe. Vor Jahren dachten die meisten Hersteller nur über die Fertigung nach. Die Geschäftstheorie lautete schlicht und ergreifend: Qualitätsprodukte herstellen und dann nach Käufern dafür suchen.

Aber mit der Zeit änderte sich das Wesen der Geschäftswelt. In den fünfziger Jahren sah man riesige Unternehmen, die nur ein Produkt anboten. Diese wuchsen und kauften mit dem verdienten Geld verwandte und nicht verwandte Unternehmen auf, was zu den Mischkonzernen der sechziger Jahre führte. In den siebzigern hatten die Managements alle Hände voll damit zu tun, ihre Konzerne adäquat zu leiten. Ende der achtziger trennte man sich dann von einigen Geschäftszweigen, weil man erkannt hatte, daß sich die verschiedenartigen Interessen solcher Riesenkonglomerate nicht alle unter einen Hut bringen ließen.

Bedenkt man die Finanzausbildung so vieler Vorstandsvorsitzender, dann kann es kaum verwundern, wenn sie für die Herausforderungen ihres Unternehmens nach Finanzierungslösungen suchten. Wenn man nichts hat als einen Hammer, dann sieht jedes Problem aus wie ein Nagel. Das Finanzwesen bewies wahrscheinlich aufgrund seiner stark quantitativen Ausrichtung besondere Anziehungskraft für viele Nachwuchsmanager. Business-School-Studenten erkannten im Finanzwesen den schnellsten Karriereweg zum Stuhl des Vorstandsvorsitzenden. Nach Angaben des *Digest of Educational Statistics* stieg in den achtziger Jahren sowohl die absolute Zahl als auch der Prozentsatz der Absolventen im Bank- und Finanzwesen stetig an. Dagegen erhielten 1987 weniger Studenten einen Master's Degree im Marketingmanagement und der Marktforschung als 1980.

So sieht die Situation am Fuß der Karrierepyramide aus. Was passiert nun in den neunziger Jahren an der Spitze? Aus den in der *Business Week* wiedergegebenen Kurzbiographien von tausend Vorstandsvorsitzenden im Jahr 1990 geht hervor, daß die mit 31 Prozent größte Gruppe ihre Position über das Finanz-/Rechnungswesen erreichte. Weitere 27 Prozent erklommen den Gipfel über Verkauf/Marketing. Und 20 Prozent hatten es über die technische/Konstruktionsabteilung geschafft (andere Karrierewege nahmen ihren Ausgang von der Produktion, der Herstellung oder der Rechtsabteilung).

Um in den neunziger Jahren Schritt halten zu können, müssen die meisten Vorstandsvorsitzenden noch einiges über das Marketing dazulernen. Wir wollten etwas über den jetzigen Kenntnisstand der Führungsspitze herausfinden und befragten deshalb 1 003 Topmanager in US-Unternehmen mit einem Jahresumsatz von 500 000 Dollar oder mehr. In Unternehmen mit einem Verkaufsvolumen unter 50 Millionen Dollar wandten wir uns an den Vorstandsvorsitzenden oder den Besitzer. In Unternehmen mit einem Umsatz zwischen 50 und 100 Millionen interviewten wir den Vorstandsvorsitzenden und seinen Stellvertreter, sofern sich ihre Verantwortung für Gewinne und Verluste auf die ganze Firma erstreckte. In Unternehmen mit über 100 Millionen Dollar Jahresumsatz baten wir auch noch einige hochrangige Führungskräfte dazu, falls Gewinne und Verluste der gesamten Firma in ihren Verantwortungsbereich fielen.

Der Einfachheit halber formulierten wir fünfzig Aussagen, die man beantworten konnte mit: »Unbedingt wahr«, »wahrscheinlich wahr«, »weiß nicht«, »wahrscheinlich falsch« und »unbedingt falsch«. Die Hälfte unserer Sätze war korrekt, also lautete die richtige Antwort: »Unbedingt wahr«. Die andere Hälfte war verkehrt, und die richtige Antwort mußte heißen: »Unbedingt falsch«.

Die Marketingaussagen befaßten sich mit Theorie (weithin anerkannte Vorstellungen), Methodik (Marktforschungsmethoden), Tatsachen (Marketingwissen), Praxisnähe (weitverbreitete Ideen und Ansätze) und Persönlichkeiten (die Arbeiten führender Marketingakademiker und -berater). Sie deckten sieben Fachgebiete ab: Marketingstrategie, Werbung, Marktsegmentierung, Preisgestaltung, Distribution, Entwicklung neuer Produkte und Dienstleistungen sowie Marktforschung.

Zur Bewertung griffen wir auf das Modell zur Messung des Intelligenzquotienten zurück, in dem 100 Punkte den Durchschnittsmenschen und 160 Punkte das Genie ausweisen. Mit korrekten Antworten erzielt man also 160. Das heißt, jeder Vorstandsvorsitzende, der »unbedingt wahr« bzw. »unbedingt falsch« sagte, wenn die Aussage korrekt bzw. verkehrt war, erhielt 160 Punkte. Für teilweise korrekte Antworten vergaben wir 120, das heißt, wenn die Antwort auf eine korrekte Aussage »wahrscheinlich wahr« lautete. 80 bekam man für »weiß nicht«-Antworten, 40 für großenteils falsche Antworten und schließlich 0 für offensichtlich verkehrte Angaben.

Aus dem Durchschnittswert für alle fünfzig Behauptungen des Fragebogens ergibt sich der Marketing-IQ des betreffenden Vorstandsvorsitzenden, der zwischen 0 (ein Dummkopf, der immer die falschen Antworten gibt) und 160 (jemand mit beeindruckend umfassenden Marketingkenntnissen) liegt.

Wie sieht der Marketing-IQ des amerikanischen Spitzenmanagements aus?

Ehe wir die Ergebnisse vorstellen – Ergebnisse, die wir für ziemlich bedenklich halten –, möchten wir ein paar beruhigende Worte vorausschikken. Die Befragten nahmen diesen Test sehr ernst. Sie antworteten nicht auf gut Glück »wahr« oder »falsch« und kreuzten auch nicht »weiß nicht« wahllos an. Sie nahmen sich Zeit zum Nachdenken und beantworteten die Fragen nach bestem Wissen. Und wenn sie etwas nicht wußten, dann gaben sie das auch zu.

Eine Aussage lautete beispielsweise: »Professor Theodore Levitt ist bekannt für seine Ansichten zur *Marketingkurzsichtigkeit*.« Obwohl der Herausgeber der *Harvard Business Revue* und Professor im Fach Betriebswirtschaft an der Harvard Business School einer der meistgelesenen und anerkanntesten Marketingautoren ist, kreuzten 85 Prozent unserer Befragten »weiß nicht« an.

Wenn sie die Antwort zu kennen glaubten, dann äußerten sie sich auch entsprechend. Nehmen wir beispielsweise den Punkt: »Die meisten Preisentscheidungen werden ohne ernsthafte, formale Marktforschung getroffen.« Das Ergebnis in Prozentzahlen:

Unbedingt wahr	*Wahrscheinlich wahr*	*Weiß nicht*	*Wahrscheinlich falsch*	*Unbedingt falsch*
14,6 %	31,2 %	3,9 %	40,6 %	9,7 %

In diesem Fall ist die Aussage korrekt, also hatten ungefähr die Hälfte der Topmanager (45,8 %) recht, aber man kann auch erkennen, daß praktisch jeder zu diesem Punkt eine Vorstellung hatte.

Bei einigen Aussagen wußten die Befragten die richtige Antwort. Zum Beispiel in diesem Fall: »Den Prozentanteil aller Haushalte mit Fernsehgerät, die ein bestimmtes Programm oder eine bestimmte Sendung zu einer bestimmten Zeit ansehen, bezeichnet man als ›Einschaltquote‹.« Die Antworten:

Unbedingt wahr	*Wahrscheinlich wahr*	*Weiß nicht*	*Wahrscheinlich falsch*	*Unbedingt falsch*
37,5 %	42,6 %	10,1 %	4,3 %	5,5 %

Da die Aussage stimmt, lag die überwältigende Mehrheit hier richtig.

Bei der folgenden Aussage schnitten sie nicht so gut ab: »Die meisten Leute, die im Fernsehen eine Werbesendung sehen, können sich am nächsten Tag noch ein wenig daran erinnern, wenn ihnen ein Interviewer genügend Stichworte liefert.« Die Antworten:

Unbedingt wahr	*Wahrscheinlich wahr*	*Weiß nicht*	*Wahrscheinlich falsch*	*Unbedingt falsch*
7,1 %	54,4 %	15,0 %	21,1 %	2,4 %

Die Mehrheit hatte unrecht. Die meisten Leute können sich nicht an die kleinste Einzelheit einer am Vortag gesehenen Reklamesendung erinnern.

In manchen der Aussagen erschienen die oben aufgelisteten abergläubischen Vorstellungen. Wir erhielten die Bestätigung für unsere Meinung, daß viele der Befragten an sie glauben. Zum Beispiel: »In den meisten Produktkategorien bieten die starken Verbraucher einen überaus gewinnträchtigen Zielmarkt.« Die Antworten:

Unbedingt wahr	*Wahrscheinlich wahr*	*Weiß nicht*	*Wahrscheinlich falsch*	*Unbedingt falsch*
16,2 %	50,3 %	18,9 %	13,4 %	1,2 %

Ein Aberglaube, wie wir in Kapitel 4 nachweisen werden, den aber zwei Drittel unserer Befragten für wahr hielten.

Ein weiteres Beispiel: »Meistens erhält man mit Gesprächen in Fokusgruppen genauo präzise und nützliche Informationen wie mit normalen Marktumfragen – nur um mehr als die Hälfte billiger.« Die Antworten:

Unbedingt wahr	*Wahrscheinlich wahr*	*Weiß nicht*	*Wahrscheinlich falsch*	*Unbedingt falsch*
4,9 %	36,3 %	40,1 %	13,4 %	5,3 %

Mit Fokusgruppen lassen sich weder so präzise noch so nützliche Ergebnisse erzielen wie mit Umfragen. (Mehr darüber in Kapitel 5.) Die Kostenfrage spielt daher überhaupt keine Rolle. Wenn Sie einen Bauplan für Ihr neues Haus brauchen und ein korrekter Plan 500 Dollar kostet, was nützt Ihnen dann ein fehlerhafter für 200 Dollar?

Aber dennoch kaprizieren sich die Unternehmen auf Fokusgruppen. Wir fragten die Topmanager nach ihrer Meinung zu folgender Behauptung: »Im allgemeinen *sollte kein* Unternehmen einen großen Teil seines Forschungsetats für Gespräche mit Fokusgruppen ansetzen.« Die Antworten:

Unbedingt wahr	*Wahrscheinlich wahr*	*Weiß nicht*	*Wahrscheinlich falsch*	*Unbedingt falsch*
4,1 %	27,0 %	40,7 %	26,0 %	2,2 %

Dies entspricht fast einer Zufallsverteilung. Richtige und falsche Antworten auf diese wahre Aussage hielten sich nahezu die Waage, wobei sich allerdings der größte Prozentsatz vollkommen unsicher war.

Bei folgender Aussage gerieten die Spitzenkräfte ins Schleudern: »Um herauszufinden, gegen welchen Konkurrenten man am schärfsten zu Felde ziehen soll, muß man eine Untersuchung über die Verteilung der Marktanteile durchführen.« Die Antworten:

Unbedingt wahr	*Wahrscheinlich wahr*	*Weiß nicht*	*Wahrscheinlich falsch*	*Unbedingt falsch*
16,2 %	55,8 %	13,6 %	12,2 %	2,2 %

Mehr als zwei Drittel der Spitzenunternehmer lagen hier falsch.

Noch schlechter schnitten sie bei dieser Aussage ab: »Die *besten* potentiellen Kunden für etablierte Produkte oder Dienstleistungen sind Leute, die den derzeitigen Kunden sehr stark *gleichen*.« Die Antworten:

Unbedingt wahr	*Wahrscheinlich wahr*	*Weiß nicht*	*Wahrscheinlich falsch*	*Unbedingt falsch*
25,0 %	63,7 %	4,0 %	5,9 %	1,4 %

Wie wir in Kapitel 11 zeigen wollen, sind ähnliche Leute oft *nicht* die besten potentiellen Kunden für eingeführte Produkte oder Dienstleistungen. Doch nur 1,4 % der Manager fanden die richtige und nur weitere 5,9 % eine annähernd richtige Antwort.

Aber wir haben ja auch nur acht von fünfzig Punkten vorgestellt. Wie schnitt das Führungsmanagement insgesamt ab? Wenn der Durchschnitts-IQ bei 100 liegt, wie sieht es dann mit dem durchschnittlichen Marketing-IQ amerikanischer Topmanager aus? Wenn sie gute Ergebnisse erzielen, dann muß man die Schuld für den desolaten Zustand vieler heutiger Marketingprogramme woanders suchen. Vielleicht liegt die Schuld ja bei den Designeranzügen in der Marketingabteilung oder der Werbeabteilung.

Keine Bange. Der Hund liegt da begraben, wo er beerdigt worden ist. Vorstandsvorsitzende und ihr Stab scheinen vom Marketing keine große Ahnung zu haben. Ihr durchschnittlicher Marketing-IQ liegt bei 79. Ein ernüchterndes Ergebnis, wenn man bedenkt, daß man nur mit »Weiß nicht«-Antworten schon auf 80 Punkte gekommen wäre.

Dabei mag es immerhin als kleiner Trost erscheinen, daß die Punktzahlen mit dem Umfang des Unternehmens steigen. Größere Firmen werden von Leuten mit mehr Marketinggrips geleitet. *Aber nicht ein einziger Topmanager eines führenden Unternehmens bewies einen Marketing-IQ von über 120.*

Vielleicht wird hier ein Wandel zum Besseren eintreten, wenn mehr Leute aus dem Marketing Führungspositionen übernehmen. Die Führungspersonalagentur Korn/Ferry International berichtete Mitte 1990, daß 60 Prozent der von ihr in den letzten fünf Jahren vermittelten Positionen als Vorstandsvorsitzender von Managern mit Marketingausbildung übernommen wurden. Gary Silverman, der Geschäftsführer der Chicagoer Niederlassung von Korn/Ferry, meint dazu: »Besonders verschuldete Unternehmen legen hohen Wert auf Marketingwissen. Der Geschäftsumfang ist auf das lebensnotwendige Minimum reduziert worden, und jetzt wollen sie etwas Neues aufbauen. Für diesen Neuanfang eignen sich Marketingfachleute am besten.« Dieser Trend freut uns. Ein gutes Zeichen, aber nur, wenn diese neuen Vorstandsvorsitzenden unter Marketing nicht Harakiri-Marketing verstehen.

Marketing ist keine Kunst mehr, sondern eine Wissenschaft

Wie hebt man seinen Marketing-IQ? Bestimmt kein unmögliches Unterfangen, weil man sich größeres Wissen und Gespür fürs Marketing und die zugehörige Technologie durchaus aneignen kann. »Die immer weitere Verbreitung von Technologien hat den ökonomischen Wandel beschleunigt, die Märkte weltweit näher zusammengerückt und ungeahnte Möglichkeiten eröffnet«, sagt David L. Birch, der Gründer und Vorstandsvorsitzende des Wirtschaftsforschungs- und Beratungsinstituts Cognetics Inc. in Cambridge, Massachusetts. Aber auch unvorhergesehene Konkurrenz wurde dadurch auf den Plan gerufen. »Man muß klüger sein, weil man sein geistiges Kapital rascher verausgaben muß als je zuvor.«

Unter geistigem Kapital versteht man den Vorrat an Spezialwissen oder Know-how, mit dessen Hilfe oftmals ein Unternehmen gegründet wird. Aber eine der großen Herausforderungen für Vorstandsvorsitzende besteht darin, die intellektuellen Ressourcen wieder aufzufüllen, auch wenn sie noch so sehr mit der Bewältigung von Verwaltungsaufgaben, der Einhaltung von Umsatzzielen und dem Löschen von Bränden zu kämpfen haben. »Man muß immer eine Nasenspitze voraus sein, sonst kommt einem ein anderer zuvor«, meint Birch. »Man muß ständig neues geistiges Kapital hervorbringen.« In den neunziger Jahren müssen die Vorstandsvorsitzenden ihre intellektuellen Mittel durch Verständnis und Verbesserung der Marketingtätigkeit auffrischen.

Neue Marketingtechnologie heißt, daß die Unternehmen über bessere Werkzeuge zur Ermittlung von Kundenproblemen und zur Entwicklung entsprechender Lösungen verfügen. Darüber hinaus können sie mit diesen Mitteln auch die potentiellen Kunden besser erreichen und von neuen Entwicklungen in Kenntnis setzen. Mittlerweile kann man so viel über den Markt in Erfahrung bringen, daß die Daten das menschliche Auffassungsvermögen übersteigen. Marktforschungsunternehmen haben neue Informationen und Methoden zur Verarbeitung dieser Datenberge gefunden.

Kleine Beispiele:

Ein Markenmanager des kaffeeproduzierenden Unternehmens Folger's kann sich am Montagmorgen an seinen Computer setzen und erfahren, wie sich Kaffee in der vergangenen Woche in den USA verkauft hat. Der Computer zeigt die Stückzahlen und die Preise auf den jeweiligen Märkten. Er gibt die Märkte an, in denen Folger's überdurchschnittlich oder unterdurchschnittlich abgeschnitten hat. Was macht die Konkurrenz? Der Computer meldet jede auffällige Marktaktivität wie Preisnachlässe, Couponaktionen oder Werbekampagnen.

Allein durch die Aufzeichnung von Autokennzeichen auf dem Geschäftsparkplatz kann man erfahren, wo die Kunden wohnen, aber auch, um was für Leute es sich handelt, welche Medien sie bevorzugen, wieviel sie in etwa verdienen und welchen Lebensstil sie pflegen.

Ausgehend vom Profil einer Auswahlgruppe einträglicher Kunden lassen sich Namen und Adressen aller ähnlichen Personen im ganzen Land eruieren. Man kann also von einer relativ kleinen Kundengruppe eine Verbindung zu praktisch jeder anderen Person herstellen, die als Kunde für bestimmte Produkte oder Dienstleistungen in Betracht kommt.

Aber wohlgemerkt: Wir treten nicht für Marktforschung um ihrer selbst willen ein. Wir wollen nicht darauf hinaus, daß man sich hinter den Forschungsergebnissen verschanzt und niemals eine Entscheidung trifft. Marktforschung stellt einen unverzichtbaren Bestandteil im Entscheidungsprozeß dar. Mit ihr findet der Kunde innerhalb der Gleichung Berücksichtigung. Wenn sie fehlt, dann kann sich der Kunde nicht zu Wort melden. Die Manager sprechen für ihn, wenn sie sich nur auf ihr eigenes Urteil verlassen. Manchmal kann das zum Beispiel in einem kleinen Unternehmen gutgehen, wenn man engen Kontakt zum Kunden hält. Aber im Normalfall sind Manager eigentlich nicht in der Lage, Produkte oder Dienstleistungen aus der Sicht des Kunden zu betrachten.

In Zukunft wird jeder gegen kleinere und effizientere Konkurrenten kämpfen müssen. Frühere Divisionen oder Tochtergesellschaften größerer Organisationen kommen dafür in Frage. Managementteams übernehmen hochverschuldete Unternehmen, die einsehen mußten, wie bedrohlich es ist, wenn man sich zu sehr in verschiedene Aktivitäten verzettelt. Diese Teams werden sich für ihre Geschäftstätigkeit einen sehr engen Rahmen stecken, und nur mit Hilfe von Marketing werden sie überleben.

Das heißt, die Vorstandsvorsitzenden müssen strenge Maßstäbe an die Marketingarbeit anlegen. Unserer Auffassung nach sollten sie sich auf etwas einstellen, das wir in Analogie zur Null-Basis-Budgetierung als *Tabula-rasa-Marketing* bezeichnen möchten. Keine ungeprüften Annahmen über das Umfeld oder den Verbraucher. Der im Unternehmen vorherrschende Aberglaube muß auf den Tisch und in Frage gestellt werden. Der Marketingkreislauf muß wie in Abbildung 2.1 dargestellt in die Planungen des Unternehmens Eingang finden. Die eigene Marketing-Revolution muß mit einer Umweltanalyse in Gang gesetzt werden.

Abbildung 2.1 zeigt, daß sich die Marketingplanung in einem Vier-Stufen-Prozeß, aber auch in einem endlosen Kreislauf vollzieht. Wenn man Grundlagenforschung betrieben hat und so zu einem klaren Verständnis des Umfelds gelangt ist, kann man in sechs computergestützten Schritten den Marketingverlauf optimieren. Dies führt zu einer Verfeinerung des Testmarketing. Danach wird der Prozeß einer genauen Bewertung unterzogen, womit man wieder beim Umfeld angelangt wäre, das sich durch die Marketingmaßnahmen des Unternehmens mittlerweile verändert hat.

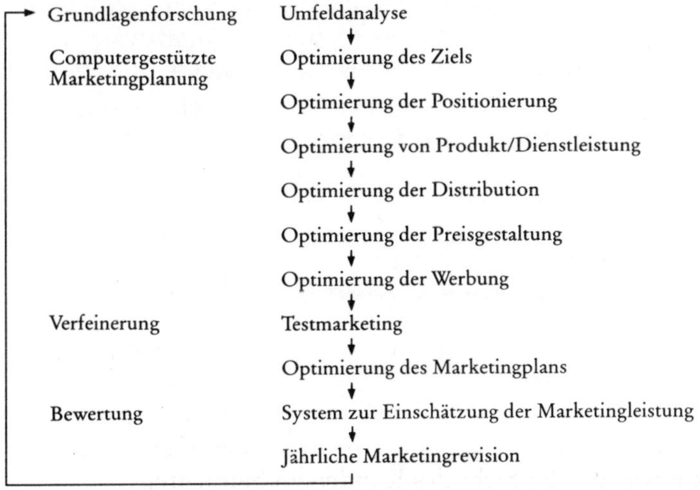

Abbildung 2.1: Ein revolutionäres Modell zur Marketingplanung, das sich auf Marketingintelligenz stützt

3. Hätten die Dinosaurier eine Umfeldanalyse durchgeführt, wären sie nicht ausgestorben.

Die erfolgreiche Vermarktung eines Produkts oder einer Dienstleistung, ob für Konsumtion oder Investition, setzt voraus, daß man mehrere Stufen durchläuft:

1. Das Umfeld des Unternehmens beurteilen.
2. Den Wandel der Verbraucherwerte verfolgen.
3. Verstehen, wie sich dieser Wandel auf die Produkte und Dienstleistungen des Unternehmens auswirkt.

Aufgrund unserer Forschungserkenntnisse sehen wir zum Beispiel für die neunziger Jahre grundlegende Umwälzungen im Kaufverhalten und in der Nutzung von Produkten und Dienstleistungen voraus. Nur Unternehmen, die diese Veränderungen erfassen und darauf reagieren, werden florieren.

Welche Fragen zum Marketingumfeld muß ein Vorstandsvorsitzender an jeden Marketingvorschlag richten? Oder von der anderen Seite des Konferenztisches gefragt: Auf welche Fragen muß das Marketingmanagement vorbereitet sein? Der Katalog wird in etwa folgendermaßen aussehen:

Die Kernpunkte:
Was ein Vorstandsvorsitzender wissen will

1. Sind wir uns des Wandels in unserem geschäftlichen Umfeld bewußt?
2. Wie erkunden wir diese Veränderungen?
3. Wie verändern sich die Werte unserer gegenwärtigen und potentiellen Kunden? Wie werden sich diese Umwälzungen auf ihre Entscheidungen als Verbraucher bzw. als Käufer von Investitionsgütern auswirken?

4. Was bedeuten diese Veränderungen für unser Geschäftsgebaren? Inwiefern berücksichtigen unsere Marketingplanungen neue Trends?
5. Wie schlagen sich diese Trends in den Marketingplänen nieder, die vor der Umsetzung stehen?
6. Was sollten wir in Zukunft anders machen, um mit diesen neuen Entwicklungen fertig zu werden?

Eine Umfeldanalyse heißt nicht, daß man blindlings Entscheidungen trifft

Mit dem Umfeld ändert sich das Kaufverhalten – wenn beispielsweise das Interesse der Verbraucher an Fitneß und Lebensstil erwacht, dann werden mehr Sportschuhe verkauft. Im nachhinein erscheint das als Selbstverständlichkeit. (Aber im nachhinein weiß man es ja immer besser.) Aber Paul Fireman, der Präsident von Reebok, erkannte schon 1981 das enorme Potential der Aerobic-Welle und entwarf den charakteristischen weißen Ledersportschuh des Unternehmens.

Es war das richtige Produkt zum richtigen Zeitpunkt. Der Jahresumsatz von Reebok, der 1981 bei 1,3 Millionen Dollar lag, verdoppelte, verdreifachte und verfünffachte sich schließlich zwei Jahre hintereinander, ehe er sich 1986 wieder verdreifachte. 1987 betrug der Umsatz 1,4 Milliarden Dollar und zwei Jahre später 1,8 Milliarden Dollar.

Nicht einmal die Brancheninsider zogen die Verbindung zwischen Sportschuhen und dem wachsenden Fitneßinteresse. Bei Nike hätte man den Trend erkennen müssen, aber das Management versteifte sich auf die Produktion von Joggingschuhen, wie sie die Verbraucher in den siebziger Jahren als passende Fußbekleidung zu Bluejeans kennen- und schätzengelernt hatten. Nike-Sprecher Kevin Brown äußerte sich gegenüber der *Financial World*: »Wir hielten Aerobic für eine Modeerscheinung und nicht für einen Sport, aber wir lernten dazu. Wir haben Reebok groß gemacht.« Eine Umfeldanalyse zur rechten Zeit hätte Nikes Einsicht in die Bedeutung von Aerobic sicherlich beschleunigt.

Neueste Erkenntnisse des *Yankelovich Monitor*, auf die wir gleich ausführlicher zurückkommen werden, deuten auf einen neuerlichen Wandel im Marketingumfeld. Die Fitneßwelle ebbt allmählich ab. Fitneß ist nicht mehr so wichtig wie vor zehn Jahren, und ihre Bedeutung wird im nächsten Jahrzehnt weiter abnehmen. Und wir fragen uns, was sich in der Sportschuhbranche tun wird.

Um Mißverständnisse zu vermeiden: Unter einer Analyse des Marketingumfelds verstehen wir Marktforschung, die sich zum großen Teil auf sekundäre Quellen stützt. Einige primäre Nachforschungen können hinzukommen, aber in jedem Fall hilft die Analyse, um zu einem genauen Verständnis des Unternehmensumfelds zu gelangen.

Das soziale, politische und ökonomische Milieu, in dem die Unternehmen ihren Geschäften nachgehen, ändert sich mit dem rasanten technologischen Fortschritt immer schneller, und die Welt wird immer kleiner. Die Leute *können* nicht nur mehr wissen über das Weltgeschehen und ökonomische Gegebenheiten, über Produkte und die Umwelt und über alles andere, sie wissen auch *tatsächlich* mehr. Es ist nicht von der Hand zu weisen, daß sich die jüngsten Umwälzungen in Osteuropa deshalb vollzogen, weil genügend Menschen den Unterschied zwischen ihrer Lage und der des Westens erkannt hatten und nicht mehr gewillt waren, die offizielle Version der Wirklichkeit in ihrem Land zu dulden.

Die Geschäftsführung eines Unternehmens muß über Veränderungen und deren Konsequenzen auf dem laufenden sein, sonst geht es ihr womöglich wie Darryl F. Zanuck, der 1946 als Präsident der 20th Century Fox meinte: »Fernsehen wird sich auf keinem Markt länger als ein halbes Jahr halten. Die Leute werden es bald satt haben, jeden Abend in eine Furnierholzschachtel zu starren.«

Eine Umfeldanalyse berücksichtigt alles, was für ein genaues Verständnis des Marktes und der Marktlage des Unternehmens notwendig ist. Auf der Grundlage einer solchen Analyse wird sich der Vorstandsvorsitzende nicht mehr gezwungen sehen, blindlings Entscheidungen zu treffen. Er kann damit die nach menschlichem Ermessen wahrscheinlichen Zukunftsentwicklungen mit größtmöglicher Genauigkeit voraussehen.

Doch die Zukunft bleibt leider nicht stehen. Nicht nur die Entscheidungen des Unternehmens wirken sich auf die Zukunft aus, sondern auch die Entscheidungen aller anderen Menschen: die von anderen Vorstandsvorsitzenden, von Regierungsbeamten, Verbrauchern und so weiter. Das aber heißt, daß kein Unternehmen eine Analyse erstellen und sich die nächsten zehn Jahre darauf verlassen kann. Man sollte jedes Jahr eine durchführen oder immer, wenn sich eine Veränderung im Umfeld des Unternehmens abzeichnet.

Natürlich ist das kein besonders radikaler oder revolutionärer Vorschlag. Die meisten Vorstandsvorsitzenden machen sich durchaus Gedanken über den Schauplatz, auf dem das eigene Unternehmen zum Wettkampf antritt. Vielleicht nicht unbedingt planmäßig und streng methodisch, aber zumindest tun sie nicht so, als ob sie das Weltgeschehen überhaupt nichts anginge.

Der Unternehmensberater Richard De Vane aus Washington berichtet, daß sich in der Vergangenheit die schlecht geführten Unternehmen ausschließlich auf ihr Geschäft konzentrierten und die besser geleiteten Unternehmen wenigstens die allgemeinen Branchenbedingungen verstanden. Aber heute reicht auch das nicht mehr. Mit den Worten von Richard De Vane: »Angesichts der stetig wachsenden Tragweite von Investitions- und anderen bedeutenden Strategieentscheidungen muß sich der Vorstandsvorsitzende noch weiter aus dem Gefüge seines Unternehmens hervorwagen und alle die Branche betreffenden Trends ins Kalkül ziehen, gleich ob es sich um verwaltungstechnische, technologische, demographische oder allgemeine gesellschaftliche und kulturelle Entwicklungen handelt.«

Obgleich das Management gut geführter Unternehmen nach De Vanes Erfahrungen sehr wohl weiß, daß man das Unternehmensumfeld berücksichtigen muß, beachtet man doch im Normalfall nicht alle relevanten Trends und auch nicht die Auswirkungen der verschiedenen Entwicklungen aufeinander. Wie wirkt sich zum Beispiel die Informationstechnologie auf die Größe der schrumpfenden Arbeitsreserve aus? Auch wenn ein Unternehmen die Entwicklung der Informationstechnologie und der Arbeitsreserve beachtet, so wird es doch selten den Auswirkungen der beiden Faktoren aufeinander Rechnung tragen.

Ein Unternehmen unterliegt dem Einfluß vielfältiger Umstände, die in eine umfassende Umfeldanalyse allesamt Eingang finden sollten. Jeden von ihnen muß die Führungsspitze verstehen und ihr besonderes Augenmerk auf aktuelle Trends und deren Folgen für das Unternehmen richten.

Auf den nächsten Seiten wollen wir uns in der Beschreibung einer solchen Umfeldanalyse vor allem auf den Wandel im Lebensstil und Wertgefüge der Verbraucher konzentrieren. Wir möchten ansprechen, welche Beziehungen zwischen diesen Werten und dem Marketing bestehen und welche Verbraucherfragen wir in den neunziger Jahren für Einflußfaktoren im Marketing halten. Dabei wird natürlich auch ausreichend zur Sprache kommen, in welchem Zusammenhang all dies mit der Wirklichkeit des Geschäftslebens steht.

Der Umfang einer Analyse des Marketingumfelds

Viele Faktoren wirken auf ein Unternehmen ein:

- *Ökonomische Faktoren*, national wie international. Wie verläuft die Entwicklung des Unternehmens? Wie steht es mit den Zinssätzen, Beschäftigungszahlen, Rohstoffpreisen, Wechselkursen? Diese Zahlen kann man sich aus der allgemeinen Wirtschaftspresse, aus Regierungsberichten und von privaten Prognostikern beschaffen. In den USA verfolgen das *Wall Street Journal* und die *Business Week* regelmäßig das Wirtschaftsgeschehen. Das Office of Business Analysis and Economic Affairs des US-Handelsministeriums bietet jedem Besitzer eines PCs die Informationen des *Economic Bulletin Board* und veröffentlicht jeden Dezember den *United States Industrial Outlook*.
- *Verbraucherdemographie*. Wie verändern sich Alter, Zusammensetzung, Geburtsraten und Bildungsniveau der Bevölkerung? Wenn auch weiterhin immer weniger gelesen wird, wie wird sich das Unternehmen mit seinen Werbemaßnahmen, Gebrauchsanweisungen und Etiketten darauf einstellen? Wie werden sich die Kaufgewohnheiten der Babyboomgeneration verändern, wenn sie sich auf die mittleren Jahre zubewegt?

Demographische Trends können sich mehr oder weniger stark auf Produkte oder Dienstleistungen auswirken. Wie? Vor fünfundzwanzig Jahren war die Kaffeeindustrie eine der führenden Branchen in den USA. Aber heute steht der Kaffeekonsum wie auch der Kauf amerikanischer Autos im Zeichen abnehmender Kundengruppen, sprich der älteren Bevölkerung mit niedrigem Einkommen, und schwindender gesellschaftlicher Akzeptanz. Die Fitneßwelle ist abgeflaut, das Gesundheitsinteresse tritt immer mehr in den Vordergrund. Und mit dem wachsenden Gesundheitsbewußtsein nimmt auch der Kaffeekonsum ab. So kann es nicht verwundern, wenn der Kaffeeumsatz in den USA eine Talfahrt durchmacht.

Ein weiteres demographisches Beispiel: Vor fünfzehn Jahren gab American Express bei uns eine Wachstumsprognose in Auftrag. Wie viele Kreditkarten des Unternehmens würden sich in zehn Jahren im Umlauf befinden? Es gibt viele verschiedene Methoden zur Umsatzprognostik: Regressionsanalyse, Wachstumsplanung auf Jahresbasis mit anschließender Hochrechnung auf die Zukunft und so weiter. Da die Aufzeichnungen des Unternehmens über seine Kreditkarten jedoch nur fünfzehn Jahre zurückreichten, ließ sich mit diesem Datenmaterial nach unserer Auffassung keine vernünftige Zehn-Jahres-Prognose erstellen.

Da der Besitz einer American Express-Karte in deutlichem Zusammenhang zur Bevölkerungsentwicklung steht, richteten wir eine Tabelle mit dreißig wichtigen demographischen Zellen ein. So unterteilten wir die Bevölkerung in jung, mittelalt, älter; höhere, mittlere und niedrige Schulbildung; Einkommen etc. Wir baten Demographen von der University of Pennsylvania um Angaben über den Bevölkerungsanteil, den jede der dreißig Zellen repräsentierte. Demographische Modelle bieten im allgemeinen größere Genauigkeit als ökonomische, weil Bevölkerungsentwicklungen nicht so vergänglich sind wie fiskalische Trends. Wir baten also die Demographen um Vorhersagen über die Zahl von Menschen, die sich 1980, 1985 und 1990 in den einzelnen Zellen befinden würden.

Wir gingen von der Annahme aus, daß der Anteil von American Express-Card-Besitzern von 1975 in den Jahren 1980, 1985 und 1990 unverändert und damit die Marktdurchdringung konstant bleiben würde. Wir unterstellten also, daß sich das Wachstum in dieser Branche nur aus Entwicklungen in der Bevölkerung ergeben würde. Wenn die Demographen für eine der Zellen keine Veränderung innerhalb von fünfzehn Jahren vorhersagten, dann prognostizierten wir auch keine Veränderung des Kaufverhaltens. Aber wir hatten mit relativ einfacher Arithmetik eine überzeugende Prognose gefunden. Und als wir uns zehn Jahre später die tatsächlichen Daten ansahen, zeigte sich, daß fast alle Veränderungen im Leistungsprofil der American Express-Karte auf demographische Entwicklungen zurückgingen. Die Marktdurchdringung erwies sich als relativ beständig, und die meisten Kartenbesitzer stellten jene Gruppen, die über die Jahre hinweg gewachsen waren.

Wer das Marketingumfeld überprüft und erfährt, daß in seiner Branche bestimmte demographische und psychographische Daten in Verbindung stehen mit dem Verbrauch, der muß auch wissen, ob er auf einer aufsteigenden oder einer abflauenden Welle schwimmt. Amerikanische Autos sind zum Beispiel, wie aus dem untenstehenden Kasten zu ersehen, verknüpft mit abnehmenden und unattraktiven demographischen und psychographischen Merkmalen.

Um diese Informationen zu gewinnen, werteten wir die Daten aus dem *Yankelovich Monitor* statistisch aus. Damit konnten wir diejenigen Merkmale ermitteln, die die Besitzer von US-Autos am besten von den Fahrern nichtamerikanischer Marken unterscheiden. Die meisten Fahrer von amerikanischen *und* ausländischen Fabrikaten stammen zum Beispiel aus der Mittelschicht. Eine unverhältnismäßig höhere Zahl der Käufer amerikanischer Autos hingegen gehört der unteren Mittelschicht an, während überproportional viele Besitzer ausländischer Fabrikate zur oberen Mittelschicht zu rechnen sind. Da immer mehr von ihnen Hochschulabsolventen mit Angestelltenberuf sind, denen es bei einem Auto vor allem auf Zweckmäßigkeit ankommt, kann man nichtamerikanischen Fabrikaten eine glänzende Zukunft in den USA vorhersagen.

Das Profil von Autobesitzern

Wesentliche Unterscheidungsmerkmale	*Besitzer amerikanischer Autos*	*Besitzer nichtamerikanischer Autos*
Alter	50 und älter	Unter 50
Ehestand	Verheiratet	Ledig
Bildung	Mittlere Schulbildung	Hochschulabsolvent
Beruf	Arbeiter	Angestellter
Vorherrschende Region	Süden	Westen
Soziographie	Untere Mittelschicht	Obere Mittelschicht
Psychographie	Einstellung: »Amerikanisch kaufen«	Einstellung: »Qualität kaufen«
Verbindung zu Autos	Emotional	Pragmatisch

Quelle: Yankelovich Monitor

Wenn sich ein Unternehmen auf dem absteigenden Ast befindet und etwas dagegen unternehmen will, dann muß es sich nach einer Bevölkerungsgruppe mit anderen Merkmalen umsehen, neue Produkte entwickeln oder beides. Das ändert jedoch nichts an dem Sachverhalt, daß die Analyse des Marketingumfelds dem Management die nötigen Informationen an die Hand gibt, um den Entscheidungsprozeß einzuleiten.

Wer sich in den USA über demographische Veränderungen informieren will, der kann sich an das Bureau of the Census wenden. Andere Quellen liefern regelmäßig Anregungen zu den möglichen Auswirkungen solcher Veränderungen auf das Marktgeschehen. Besonders hervorheben möchten wir das Magazin *American Demographics*, aber es gibt natürlich auch noch andere einschlägige Publikationen. Um den Wandel in der Psychographie des Verbrauchers kümmern sich zum Beispiel der *Yankelovich Monitor* und der General Social Survey des National Opinion Research Center an der University of Chicago.

- *Lebensstil der Verbraucher.* Wie werden die im Wandel begriffenen Einstellungen, Anschauungen und Werte der Verbraucher die Unternehmen, ihre Produkte und ihre Geschäftspraktiken verändern? Mehrere Beraterfirmen dokumentieren in jährlichen Studien die fundamentalen Umwälzungen des gesellschaftlichen Lebens. Unser *Yankelovich Monitor* verfolgt die gesellschaftlichen Werte und den Lebensstil samt ihren Auswirkungen auf Marketingentscheidungen. Diese jährliche Meinungsumfrage unter 2500 amerikanischen Verbrauchern über sechzehn erfaßt Veränderungen der sozialen Wertvorstellungen in achtzehn Kern- und sechsunddreißig Nebengebieten. Jedes Jahr wird eine andere Gruppe befragt, und die landesweit übertragbaren Ergebnisse können Jahr für Jahr miteinander verglichen werden.

  Gesellschaftliche Werte üben einen fast noch größeren Einfluß auf das Kaufverhalten aus als Einkommen, Bildung, Alter oder die anderen von Marketingstrategen regelmäßig überprüften Faktoren (s. Abbildung 3.1). Diese jährlichen Befragungen finden in der Wohnung des Probanden statt und dauern zwei Stunden. Daher können wir uns beim Vergleich gesellschaftlicher Werte mit dem tatsächlichen Marktgeschehen auf eine über zwanzigjährige Erfahrung stützen. Im weiteren Verlauf unseres Buchs wollen wir zeigen, wie diese Einstellungen, Anschauungen und Werte die Marktakteure der neunziger Jahre beeinflussen werden.

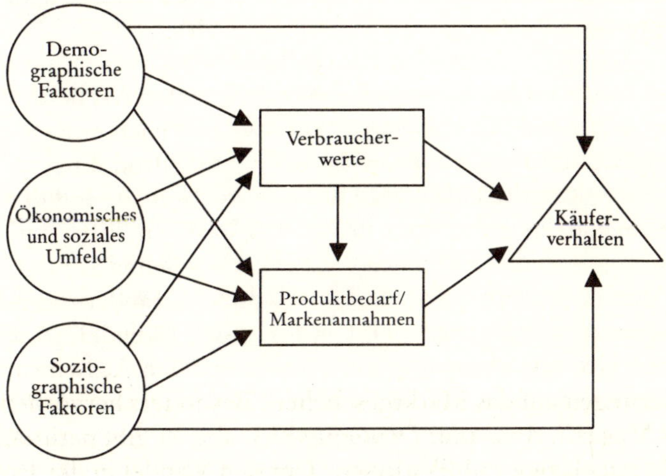

Abbildung 3.1: Ein Modell des Verbraucherverhaltens

- *Industrietrends.* Diese Trends erfassen Kosten, Produktionsumfang, Eintritts- und Austrittsbarrieren. Was passiert bei den Konkurrenten, die sich als Bedrohung für das Unternehmen erweisen können? Kann man so etwas als Produktvorteil verkaufen? Antworten auf solche Fragen bieten Jahresberichte, Handelsblätter, Wirtschaftsverbände, aber auch Vertreter, Lieferanten und Zulieferer.
- *Absatzkanäle.* Wie ergeht es den Wiederverkäufern und Einzelhändlern des Unternehmens? Firmenzusammenschlüsse? Neue Konkurrenten? Eröffnen sich neue Absatzkanäle?
- *Neue Technologie.* Welche neuen Erfindungen, Verfahren oder Werkstoffe werden sich auf die Produkte des Unternehmens auswirken? Und auf die Zulieferer? Wie steht es mit Ersatzprodukten? Diese Fragen müssen die Leute aus der Forschung und Entwicklung beantworten, und wenn das Unternehmen keine eigene Abteilung dafür hat (weil ja immer mehr Firmen ihre Forschungsaufgaben nach auswärts vergeben), dann sollten zumindest die Experten für neue Produkte etwas damit anfangen können.
- *Belegschaft und Zulieferer.* Was passiert mit der Arbeitsreserve? Welche Verhandlungen stehen auf dem Plan? Wie werden sich vorgeschlagene Veränderungen auf die Tarifverträge auswirken? Wie wird die Belegschaft auf das neue Produkt, die neue Werbung, das neue Fertigungssystem reagieren? Mit Human Relations kann man ein ganzes Buch bestreiten, und es gibt ja auch ganze Regalwände voll mit Büchern zu diesem Thema.
- *Unternehmensimage.* Wie sehen Kunden und Nichtkunden, Mitarbeiter, Meinungsführer, Regierungsbeamte und neutrale Beobachter das Unternehmen im Vergleich zur Konkurrenz? Was wissen sie über uns? Was gefällt ihnen? Was nicht? Würden sie die Produkte oder Dienstleistungen kaufen, das Unternehmen an potentielle Arbeitskräfte weiterempfehlen, Aktien kaufen oder es in einer Proxy-Auseinandersetzung unterstützen? Informationen dieser Art kann man normalerweise gegen Gebühren bei führenden Marktforschungsinstituten einholen.
- *Veränderungen der Politik und der staatlichen Bestimmungen.* Sind neue Gesetze und Verordnungen in Kraft getreten? Hat sich die Politik der Regierung geändert? Die beste Quelle für solche Informationen bieten die Wirtschaftsverbände des Unternehmens, aber man kann sich als Manager durchaus auch bei Landes- oder Bundesabgeordneten nach anstehenden Gesetzesänderungen erkundigen.
- *Hauptakteure in der Produktkategorie.* Wer sind sie? Wo liegen ihre Stärken, Schwächen und offensichtlichen Ziele? Wie steht es mit ihrem Markt- und mit ihrem Werbeanteil, und wie haben sich beide in jüngster Zeit entwickelt?

Wer sich über solche Fragen und ihren Einfluß auf das Unternehmen und die Branche kundig machen will, der kann sich an eine Reihe von Quellen halten, von denen wir schon einige genannt haben. Hier handelt es sich zum größten Teil um Sekundärforschung, das heißt um bereits veröffentlichtes Material. Die Aufgabe in den neunziger Jahren wird selten darin bestehen, Informationen aufzuspüren. Es wird vielmehr darauf ankommen, wirklich Nützliches vom lediglich Interessanten zu unterscheiden. Die meisten Unternehmen haben in ihren Reihen Leute, die einzelne Fragen erschöpfend recherchieren können. Daher erscheint es uns überflüssig, für diese Nachforschungen ein außenstehendes Unternehmen einzuschalten. Aber solche selbständigen Marktforschungsagenturen gibt es natürlich. Wenn sich ein Vorstandsvorsitzender die benötigte Analyse des Marketingumfelds nur so verschaffen kann, dann sollte er die Kosten nicht scheuen.

Einige Punkte wie die Ökonomie ändern sich so rasch, andere wie neue Technologien oder Personalfragen sind so branchen- oder unternehmensspezifisch, daß wir sie hier nicht en détail erörtern können.

Ein Wandel im Lebensstil betrifft hingegen so gut wie alle Anbieter von Produkten oder Dienstleistungen, daher werden wir auch sehr ausführlich darauf eingehen. Diese Verschiebungen innerhalb der Verbraucherwerte werden den Unternehmen die einschneidendsten Veränderungen der neunziger Jahre bescheren. Daher kann man die folgenden Darlegungen getrost als eine begrenzte und sehr allgemeine Analyse des Marketingumfelds betrachten. Und mit diesen Einblicken in die im Wandel begriffene Gesellschaft können sich für einen Vorstandsvorsitzenden durchaus Möglichkeiten zur Verbesserung der Marketingarbeit seines Unternehmens abzeichnen.

Seismologie der Gesellschaft: der Wandel der Verbraucherwerte

Wenn man sich – wie wir im Zuge unserer Berufsausübung – viele verschiedene Marketingpläne ansieht, dann erkennt man nach einiger Zeit, was sie normalerweise enthalten und was sie vermissen lassen. Folgendermaßen könnte eine Skizze dessen aussehen, was man in hundert typischen Plänen findet:

Was ein typischer Marketingplan bietet und was er nicht bietet

Faktoren	In Marketingplänen vorherrschend	Erschöpfende Abdeckung wenn vorhanden	Entscheidend für Erfolg wenn fehlend
Demographie	90 %	50 %	40 %
Ermittlung des Marktanteils	90 %	80 %	10 %
Konkurrenzanalyse	90 %	90 %	50 %
Verbraucherbedürfnisse und -wünsche	80 %	40 %	80 %
Lebensstil und Werte der Verbraucher	20 %	10 %	70 %
Politik und Ökonomie	10 %	20 %	25 %

Die Zahlen (die zusammen nicht 100 Prozent ergeben, weil alle Zeilen und Spalten unabhängig sind) belegen, daß praktisch alle uns vorgelegten Marketingpläne demographische Angaben, eine Ermittlung des Marktanteils und eine Analyse der Konkurrenz aufweisen. Fast genauso viele enthalten Verbraucherbedürfnisse und -wünsche. Aber nur wenige beachten Lebensstil und Werte der Verbraucher oder politische und ökonomische Faktoren.

Von den Plänen, die demographische Daten berücksichtigen, decken das Thema etwa die Hälfte erschöpfend ab (zweite Spalte), aber es wäre auch nicht weiter tragisch, wenn das Thema ganz fehlen würde (dritte Spalte). Andererseits erscheint uns eine Analyse von Lebensstil und Werten der Verbraucher als entscheidend für den Erfolg des Marketingplans. Aber nur 10 Prozent der uns vorgelegten Pläne, die zu dieser Frage Stellung nehmen, behandeln sie auch erschöpfend.

Die letzte Spalte gibt unsere Auffassung über die Bedeutung eventueller Versäumnisse wieder. Die einzelnen Faktoren haben durchaus nicht alle das gleiche Gewicht. Wenn einem Auto der Rücksitz fehlt, dann ist das zwar ein Problem, aber für den Betrieb des Wagens nicht entscheidend. Aber wenn einem Auto das Steuerrad fehlt, dann ist das nicht nur ein Problem, sondern auch ein entscheidendes. Falls also der Marketingplan die politischen Faktoren außer acht läßt, dann kommt dem wahrscheinlich in den meisten Branchen keine lebenswichtige Bedeutung zu. Falls sich der Plan allerdings auch um Lebensstil und Werte der Verbraucher nicht kümmert, dann erweist sich das für die meisten Unternehmen als sehr bedrohliche Unterlassungssünde.

Wie haben sich also die Verbraucherwerte entwickelt? Seit dem Zweiten Weltkrieg erlebten die Amerikaner folgenschwere Umwälzungen.[1] Zweimal veränderten sie ihre Vorstellungen über die richtige Lebensform und Organisation der Gesellschaft. Die erste klar erkennbare Wende vollzog sich in den sechziger Jahren. Die zweite in den frühen achtziger Jahren verlief ruhiger, hat aber das Leben sowie die Entscheidungen im Leben und im Markt genauso nachhaltig beeinflußt wie die erste.

Diese massiven Umwälzungen scheinen geradezu Hegels Auffassung vom dialektischen Prozeß zu bestätigen. Hegel äußerte als erster die Überzeugung, daß im Verlauf der Geschichte immer einer These eine Antithese gegenübersteht. Aus beiden geht dann eine Synthese hervor, die zur neuen These wird.

In unserem Fall ist die These die Ansammlung traditioneller Werte, zu denen sich zwischen 1945 und 1960 die meisten Leute bekannten. In den nächsten fünf Jahren in etwa vollzog sich eine Revolution der Werte, und bis 1965 hatte sich eine Antithese herausgebildet: neue Werte, die ungefähr bis 1979 Gültigkeit hatten. Mitte der sechziger Jahre kamen die ersten Babyboomer ins College. Sie hielten den wirtschaftlichen Erfolg der USA für selbstverständlich und begannen sich kritisch mit der nach ihrer Ansicht allzu materialistischen Lebensweise auseinanderzusetzen. Gleichzeitig fanden sie aber auch allmählich Geschmack daran. Sie wollten um jeden Preis Erfahrungen sammeln, und dazu gehörte einfach alles, sei es nun ein Drei-Sterne-Restaurant, Drachenfliegen oder Reisen.

Die Babyboom-Generation veränderte praktisch alle Werte

Im Jahre 1970 hatten sage und schreibe 80 Prozent der Amerikaner so ziemlich alle Heiligtümer der fünfziger Jahre ausrangiert. Die erfahrungsbesessenen Babyboomer eröffneten die »Ego«-Dekade. Am stärksten veränderten sich die Frauen, die ins Berufsleben drängten, wieder auf die Schule gingen und den Haushalt aufgaben. Lebensmittelanbieter, nur um ein Beispiel für die Auswirkungen dieser Umwälzungen zu benennen, nahmen sich jeder Laune an und gehorchten der Faszination des Neuen und der schnel-

1 Die folgenden Ausführungen stützen sich stark auf die Arbeit von Susan Hayward, der geschäftsführenden Vizepräsidentin von Yankelovich Clancy Shulman, der die Autoren hiermit ihren Dank aussprechen.

len Zubereitung. Es gab Angebote für Familien, für einzelne und Geschmacksrichtungen des Monats. Jello hatte allein sechs verschiedene Schokoladepuddings im Programm, von den zehn anderen Sorten ganz zu schweigen.

Die traditionellen Werte hatten den Weg zum Erfolg in der Befolgung der »Regeln« protestantischer Ethik ausgemacht: harte Arbeit, Disziplin und Selbstverleugnung, Verpflichtung und Verantwortung für das Wohlbefinden der Gruppe, Anpassung an die Erwartungen anderer und Orientierung an der Zukunft auf Kosten der Gegenwart. Die neuen Werte der Sechziger betonten dagegen das Individuum: Selbsterfüllung, Selbsterforschung, Selbstbestimmung und die Freiheit des einzelnen. Mit der Verbreitung dieser Anschauungen begannen die Amerikaner, alles – von der Bekleidung bis zur Politik, von der Zahncreme bis zum Krieg – aus einer persönlichen Perspektive zu betrachten.

Gegen Ende der siebziger Jahre spürten jedoch auch die optimistischsten Verbraucher allmählich, daß nicht mehr alles nach Wunsch lief. Die Ökonomie, das soziale Umfeld und selbst die persönliche Lage des Verbrauchers zeigten deutliche Abnutzungserscheinungen. Gesamtwirtschaftliche Sorgen wie Inflation und internationale Konkurrenz machten sich im Alltagsleben und seinen Erwartungen bemerkbar. Schlimmer noch, der einzelne hatte keinen Einfluß darauf. Die sozialen Sicherheitsnetze der sechziger Jahre erwiesen sich mit einemmal als ziemlich löchrig. Obgleich die Gesellschaft enorme Mengen Geld und Energie ausgegeben hatte, waren der Krieg gegen die Armut nicht gewonnen, die Umweltverschmutzung nicht eingedämmt und die Frauen- und Rassendiskriminierung nicht aufgehalten worden. Und sogar die in früheren Jahren so freudig begrüßte Wahl des eigenen Lebensstils brachte letztlich Nachteile mit sich. Der Widerstand gegen die Ehe führte dazu, daß viele Frauen und Männer vereinsamten und ohne die Unterstützung eines Familienverbands auskommen mußten. Das Recht der Frauen auf Arbeit und oft auch die Notwendigkeit dazu ließen die Zahl der Schlüsselkinder sprunghaft ansteigen.

Die Reaktion der Verbraucher auf diese neue Welt hing zum Teil vom Alter und den Erfahrungen ab. Voller Erleichterung kehrten die Älteren im wesentlichen zu ihren traditionellen Gewohnheiten zurück und stellten sich wie gehabt auf schwere Zeiten ein.

Die Jüngeren, die Notzeiten nur vom Hörensagen kannten, befanden sich plötzlich in einem Dilemma. Sie wußten zwar, daß sie ihr Verhalten und ihre Erwartungen den neuen Gegebenheiten anpassen mußten, aber die Fähigkeit dazu fehlte ihnen. Sie ließen die hedonistische Attitüde des

»Alles ist machbar« fallen und fingen damit an, sich die nötigen Fähigkeiten für den Umgang mit der veränderten Situation insbesondere des Marktes anzueignen. Dem Vorbild der Wohlhabenden und Gebildeten folgend erwarb sich die amerikanische Bevölkerung allmählich einen sehr pragmatischen Sinn für die Kriterien lohnender Entscheidungen. In den späten siebziger und frühen achtziger Jahren leitete sich das Selbstwertgefühl der Verbraucher vor allem aus ihrer Fähigkeit ab, zu »gewinnen«, das heißt, aus jeder Situation das Bestmögliche herauszuholen. Strategisches Einkaufen war angesagt.

Mit dem Alter ändern sich die Werte

Mitte der Achtziger hatten die Verbraucher die Lektion gelernt, und die neuen Einkaufsfähigkeiten waren ihnen zur Gewohnheit geworden. Ungefähr zu dieser Zeit begann es vielen von ihnen zu dämmern, daß das Leben eigentlich ein bißchen mehr bieten sollte als die Gelegenheit, sich als reifer Konsument zu beweisen. Es fehlte etwas. Diese Übergangsperiode von ca. 1980 bis 1985 bezeichnete das Ende der Antithese zu den neuen Werten und den Anfang der Synthese, die wir als *neotraditionelle Werte* bezeichnen möchten.

Diese setzen weder die Werte der Siebziger fort noch greifen sie die der Fünfziger wieder auf. Sie sind nicht vollkommen neuartig oder gar revolutionär, sondern enthalten Elemente aus beiden vorausgegangenen Formen der Lebenseinstellung. Jeder neotraditionelle Wert stellt eine neue Lösung zu einer grundlegenden Frage der Menschheit dar. Einige Fragen bleiben natürlich, und die Verbraucher verändern sich ja auch immer weiter. Doch sechs Werte scheinen sich fürs erste verbindlich etabliert zu haben. Jeder einzelne von ihnen steht für sich selbst als Programm für die neunziger Jahre. Im Folgenden stellen wir die sechs Werte den vergleichbaren Vorstellungen aus der traditionellen Epoche der Fünfziger und der neuen Ära der Sechziger gegenüber.

Wertewandel in Amerika

Traditionell (Späte Vierziger bis späte Sechziger)	*Vorübergehend (Späte Sechziger bis späte Achtziger)*	*Neotraditionell (Späte Achtziger bis ?)*
Beständigkeit	Vergänglichkeit	Substanz
Einfachheit	Komplexität	Rationalismus
Sicherheit	Freiheit	Risikobewältigung
Disziplin	Genußfreude	Selbstbeherrschung
Verpflichtung	Anspruchsdenken	Rechenschaftspflicht
Anpassung	Individualität	Persönlicher Stil

Wir werden diese sechs neotraditionellen Werte ausführlich beschreiben und auf einige Konsequenzen für Marketingfachleute verweisen. Zunächst einmal jedoch möchten wir ausdrücklich erwähnen, daß die meisten erwachsenen Amerikaner diese Werte auf die eine oder andere Weise vertreten. Es handelt sich dabei um neue Ansätze zu einigen Kernfragen menschlichen Daseins wie zum Beispiel Arbeit, Wandel, Familie, Beziehungen zu anderen, Ausdruck der eigenen Persönlichkeit und die Einteilung und Verwaltung der Zeit. Natürlich hat sich nicht jeder Verbraucher Klarheit über diese Fragen verschafft, aber unsere Nachforschungen deuten darauf hin, daß über diese sechs Kernpunkte weitgehende Einigkeit herrscht.

Neotraditionelle Werte: ein Programm für die neunziger Jahre

Die Beschreibung der sechs neotraditionellen Werte mag stellenweise so schwammig klingen wie ein Horoskop. Aber momentan können wir einfach noch keine spezifischeren Angaben machen, ohne uns auf Spekulationen einzulassen, die unsere Forschungsergebnisse nicht rechtfertigen. Wir können jedoch zumindest fallweise andeuten, wie sich die allgemeinen Beschreibungen auf besondere Situationen übertragen lassen.

1. *Substanz* betont Relevanz und Bedeutung. Sie umfaßt Zuverlässigkeit, Einfachheit und Klarheit. Sie konnotiert weder Spießigkeit noch Schwerfälligkeit, sondern eher das Verlangen nach einer Ordnung, in der die Dinge sind, was sie scheinen, und nach einem echten Ziel, sei es nun ernst oder oberflächlich. Ironie ist out, Aufrichtigkeit ist in.

Substanz vereinigt die Werte der fünfziger Jahre wie Beständigkeit und Haltbarkeit mit den Werten der Sechziger wie Vergänglichkeit und Modebewußtsein. Die Synthese erzeugt beim Verbraucher Interesse an langfristigen Zielen und an Beziehungen, Produkten und Unternehmen, die vertrauenswürdig sind und Qualität, Dauerhaftigkeit, Authentizität und Wert bieten, Merkmale, die sowohl materiell als auch ideell sein können. Dennoch spielen natürlich auch persönliche Wahl und Launen eine Rolle.

2. *Rationalismus* spiegelt das Bedürfnis des Kunden, die knappen Ressourcen in einer immer komplexeren Umwelt richtig einzusetzen. Das verlangt, daß man Prioritäten setzt und sich von Dingen losmacht, die zwar attraktiv, aber nicht so notwendig erscheinen. Rationalität fordert auch Vertrauen in die eigene Improvisationsgabe, wenn unvorhergesehene Mängel oder Probleme auftreten. *Rationalismus* darf man nicht gleichsetzen mit *Kompromißbereitschaft*, weil diese impliziert, daß man eine Sache aufgeben muß, um eine andere zu bekommen. Rationalismus deutet vielmehr auf Zufriedenheit mit dem Machbaren.

Rationalismus bringt die Einfachheit und Ordnung traditioneller Werte mit der Komplexität und Beliebigkeit der neuen unter einen Hut. Er betont das gleichbleibende Streben nach Bequemlichkeit, Vereinfachungen, Delegierung von Aufgaben und die Bereitschaft, Dinge zu akzeptieren, die »gut genug« sind: nicht billig oder untauglich, aber auch nicht das Feinste vom Feinsten. Im zunehmenden Rationalismus sehen wir einen Grund für den wachsenden mittleren Markt der neunziger Jahre, eine Entwicklung, auf die wir später noch genauer eingehen werden.

3. *Risikobewältigung* beschreibt die Bereitschaft, ein Risiko einzugehen, dessen negative Folgen aber gleichzeitig möglichst eingegrenzt werden. Diese Wertvorstellung deutet auf ein Bedürfnis des Verbrauchers nach Informationen, mit denen sich das Risiko einschätzen und die negativen Folgen kontrollieren oder verringern lassen. Das schließt natürlich auch das Verlangen nach Schutz vor unfreiwilligen Gefahren in Bereichen ein, die der einzelne nicht persönlich überwachen kann. Besonders gilt das für Fragen der Technologie und des Marketingumfelds. Ein Unternehmen, das, wenn auch unabsichtlich, durch schlampige Konstruktion oder Schädigung der Umwelt Verbraucher oder ihre Kinder gefährdet, wird dies unweigerlich zu spüren bekommen. Man denke nur an die Ölkatastrophe vor Alaska, die der Tanker *Valdez* des Ölkonzerns Exxon verursachte.

Risikomanagement verbindet das Streben nach Sicherheit und das Vermeiden von Gefahren der früheren traditionellen Auffassungen mit dem nachdrücklichen Freiheitsverlangen und der Tendenz, Risiken zu ignorieren, die sich in den neueren Werten der Sechziger und Siebziger äußerten. Nach wie vor gibt es ein reges Interesse am strategischen Konsum, an Produktgarantien und am »sicheren Abenteuer«. Auch in Zukunft wird man sich auf Bewährtes einlassen – auf Dinge, von denen man weiß, sie funktionieren.

4. *Rechenschaftspflicht* repräsentiert die neotraditionelle Sicht der Verantwortlichkeit. Wer schuldet wem was? Die Botschaft lautet, daß jeder für seine Handlungen Rechenschaft ablegen und je nachdem Lob oder Tadel einstecken muß. Besonders ausgeprägt erscheint dabei die Vorstellung, daß jemand, der einem anderen Schaden zufügt, die Sache auch wieder in Ordnung bringen muß. Rechenschaftspflicht bietet einen Mittelweg zwischen der Fünfziger-Auffassung von der überragenden Bedeutung gesellschaftlicher Institutionen wie Unternehmen, Regierung, Schule und Kirche, die die Aufmerksamkeit und die Loyalität des einzelnen für sich beanspruchen durften, und der Umkehrung dieser Position in den Sechzigern und Siebzigern, als man die Verantwortung allein der Gesellschaft zuschob, der gegenüber der einzelne seine berechtigten Ansprüche geltend machte.

Diese neue Wertauffassung hat weitreichende Konsequenzen für das Verhältnis zwischen Anbieter und Verbraucher. Nach wenigen Jahren in den frühen Achtzigern, als sich die Verbraucher auf eine gleichberechtigte Partnerschaft mit der Wirtschaft einzustellen schienen, sehen sie heute den größeren Teil der Verantwortung bei den Anbietern. Natürlich verkennen sie nicht, daß sie ebenfalls Verantwortung tragen, aber dennoch muß ein Unternehmen, das florieren möchte, ehrlich, kompetent und zuverlässig auf seine Kunden eingehen. Und zwar noch mehr als in der Vergangenheit. Schlechte Nachrichten verbreiten sich wie ein Lauffeuer, und mit der modernen Kommunikationstechnologie verbreiten sie sich sogar noch schneller. Verbraucher, die von Audi keine Ahnung hatten, wußten zumindest – oder glaubten zu wissen –, daß das Auto unter Umständen ohne Vorwarnung beschleunigte. Konsequenz: Der Umsatz von Audi fiel in den Keller. (Interessanterweise entstanden Audis Probleme nur durch die Darstellung in den Medien. »Unbeabsichtigte Beschleunigung« existiert ebensowenig wie der Äther aus der Vorstellungswelt des neunzehnten Jahrhunderts, auf den wir später noch einmal zurückkommen werden.)

5. *Selbstbeherrschung* stellt ein Gleichgewicht dar zwischen den Extremen Disziplin und Genußfreude. Der neotraditionelle Verbraucher weiß, daß zur Vermeidung von Chaos ein Minimum an Disziplin nötig ist. Er weiß aber auch, daß es durchaus legitim und wünschenswert ist, sich ab und zu etwas Schönes zu gönnen. Wer zum Beispiel in der Einhaltung einer Diät,

eines Zeitplans oder eines Budgets etwas Disziplin übt, der verringert sein potentielles Risiko, wenn er doch einmal fünf gerade sein läßt und sich amüsiert. Disziplin wird hier nicht zum strengen Selbstzweck, vielmehr bietet sie ein Sicherheitsnetz. Diese Disziplin legt man sich in Selbstverantwortung auf, sie kann nicht von außen diktiert werden. Man freut sich ohne Schuldgefühle am Genuß.

Den Marketingexperten bietet diese scheinbar paradoxe Mischung aus »guten« und »schlechten« Regungen große Chancen. Sie können beide gleichzeitig unterstützen. Neotraditionelle Verbraucher lassen sich auch von komplexen Angeboten nicht aus der Fassung bringen: Speisen, die einerseits gesund sind und andererseits gut schmecken; Kreditinstitute, die einmalige Sparmöglichkeiten verheißen und gleichzeitig mit einem Traumurlaub winken; Autos, die hohe Sicherheit und Leistung zugleich versprechen.

6. *Persönlicher Stil* meint die Frage nach dem Ausdruck der eigenen Persönlichkeit, den Zwiespalt zwischen Individualität und Anpassung. Der neotraditionelle Verbraucher will mit seinem Stil eine persönliche Aussage machen, aber dabei nicht auf das Verständnis und die Akzeptanz der Menschen verzichten, deren Meinung und guten Willen er schätzt. Das Ich muß auf eine Weise hervorgekehrt werden, die in der Gruppe Billigung findet und Bewunderung erregt. Diese Verhaltensnorm wirkt sich auf die Zusammenstellung des Selbstbildes in all seinen Formen aus – vom Lebensstil über die Kleidung bis hin zu Sprechgewohnheiten.

Sinn für persönlichen Stil ist das äußere Zeichen für das Vertrauen auf die eigenen Entscheidungen und die Achtung vor der Meinung anderer. Man verändert sich nicht einfach um der Veränderung willen, nur um irgendeiner Vorschrift zum richtigen Benehmen zu entsprechen oder mit den jüngsten Modeentwicklungen Schritt zu halten. Persönlicher Stil bringt ein sicheres Selbstbild zum Ausdruck: »Ich bin, wie ich bin, und wie ich bin, ist in Ordnung.«

Angesichts dieser Wertauffassungen sollten sich die Anbieter vor schnellen und unvermittelten Veränderungen in Stil oder Inhalt von Produkten oder Dienstleistungen hüten, die man neotraditionellen Verbrauchern offeriert. Konsequenz und Sinn fürs Angemessene werden die Verbraucherentscheidungen prägen. Der Kunde wird seine Vielseitigkeit und Individualität in der Kombination vertrauter Grundelemente entfalten, um seinen eigenen maßgerechten Stil zu finden.

In den neunziger Jahren wird alles anders

Innerhalb von drei Jahrzehnten entwickelten sich die Amerikaner vom gegängelten zum unberechenbaren und schließlich zum kompetenten Käufer. Sie suchen nach neuen Maßstäben und überprüfen vor allem im Hinblick auf die wirtschaftliche Lage ihre Vorstellungen von der Wichtigkeit und dem Wert von Konsumgütern. Zum ersten Mal seit vielen Jahren kehren die Amerikaner zu den Grundlagen zurück. Die Familie zählt, eine gute Arbeit, Freundschaft und die Freude am Leben. Ein neuer realistischer Geist herrscht vor. Man findet heraus, welche Ziele erreichbar und lohnenswert sind. Und nur wer diese neue Denkweise begriffen hat, wird als Unternehmen Erfolge erzielen.

Unsere Forschungsergebnisse lassen darauf schließen, daß die Verbraucher in den neunziger Jahren weniger ausgeben werden. Und das liegt nicht nur an der momentanen Wirtschaftslage, sondern auch an einer grundlegenden Wende in der Einstellung der Verbraucher.

Man nimmt Abschied von den Exzessen und Obsessionen der achtziger Jahre. Die Leute achten weniger als in der Vergangenheit auf den Konsum, und sie interessieren sich immer weniger für neue Alternativen, neue Produkte, neue Botschaften. Auch der Status hat einen Großteil seiner Wirkung als Konsumhebel eingebüßt. Im Gefolge des wachsenden Umweltbewußtseins wird man immer mehr Dinge wiederverwerten. Man wird Papier, Glas und Aluminiumdosen recyclen und wenn möglich alle Produkte länger benutzen.

Nichts deutet nach unseren Erkenntnissen darauf hin, daß diesem Wandel ökonomische Ängste zugrunde liegen. Es gibt keine Anzeichen besonderer Sparsamkeit und auch kein gestiegenes Interesse an Spareinlagen. Allerdings kann die wirtschaftliche Situtation den Trend zur Ausgabeneinschränkung durchaus noch forcieren.

Es zeichnet sich ab, daß viele Frauen dem Zusammenbruch nahe sind. Die Belastung durch die zahlreichen Aufgaben als Ehefrau, Mutter, Karrierefrau, Köchin, Krankenschwester, Chauffeuse usw. hat ständig zugenommen, und es besteht keine Aussicht auf Besserung. Viele Frauen widmen sich inzwischen wieder weniger dem Beruf und mehr der Familie und dem Privatleben. Sie wollen weniger Zeiteinteilung und mehr Zeit für sich. Diese Rückbesinnung auf die Familie und das Privatleben ist natürlich auch auf den Wunsch nach persönlicher Erfüllung und auf Schuldgefühle gegenüber den Kindern zurückzuführen.

Dennoch spricht nichts dafür, daß sich die Frauen aus der Welt der Arbeit verabschieden, wenn sie auch nicht in erster Linie zur Selbstverwirklichung, sondern wegen des Geldes arbeiten. Geld bleibt ein wesentlicher Faktor. Die fortgesetzte Teilnahme der Frauen am Arbeitsleben wird nach unserer Auffassung Veränderungen erzwingen, die denen der frühen siebziger Jahre gleichen.

Auch die Männer stehen in den neunziger Jahren unter Druck. Sie müssen sich um die Kinder kümmern und Aufgaben im Haushalt übernehmen. Einerseits scheuen sie vor Frauenrollen zurück, andererseits tragen sie schwer an der ausschließlichen finanziellen Verantwortung für die Familie. Sie haben Angst davor, die Lebensqualität nicht halten zu können.

Unsere Forschungsanstrengungen zeigen uns eine neue Priorität: das Interesse an emotionaler Erfüllung. Die Verbraucher treten in der Arbeit kürzer und stecken sich weniger ehrgeizige Ziele, um sich statt dessen echte Freuden und Gefühle zu leisten. Daher werden sie besonderes Augenmerk auf die Lebensqualität richten und weniger auf den Lebensstil. Sie werden nach wesentlichen Dingen suchen, nach Befriedigung, Geborgenheit und einfachen Freuden. Sie werden mehr als in der jüngsten Vergangenheit Verbindungen knüpfen: mit der Familie, den Kindern, Freunden und Gruppen. Sie sehen die Freizeit als Gegengewicht zur Arbeit und zu dem Gefühl, ständig kontrolliert zu werden. Sie suchen nach Freude, ohne die Verantwortung zu vergessen, nach Genuß ohne Reue. Sie wollen Phantasie, Romantik, Humor und Spaß.

Die Definition von persönlichem Erfolg und Status hat einen grundlegenden Wandel durchgemacht. Für die Verbraucher zählen nicht mehr in erster Linie Äußerlichkeiten, Leistung oder »was man hat«, sondern eher innere Werte, Glück und »was man ist«. Sie werden weniger Interesse an der Perfektionierung ihrer Fähigkeiten als kompetente Käufer zeigen und mehr nach Zufriedenheit und Lebensfreude streben. Sowohl Männer als auch Frauen sind darum bemüht, ihrem Leben wieder etwas Geheimnisvolles und Abenteuerliches zu verleihen.

Betrachtet man die Verbrauchereinstellung zu Gesundheit und körperlicher Fitneß, so zeigt sich, daß diese Fragen immer mehr Routinecharakter annehmen. Individuelle Diätprogramme weichen einer ganzheitlichen Anschauung, und die Verbraucher sehen Fitneßübungen aus einer anderen Perspektive. Sie denken langfristiger und richten ihr Augenmerk weniger auf rasche Erfolge als auf die zukünftige Gesamtentwicklung. Auch die Haltung zum äußeren Erscheinungsbild verändert sich. Man will auf längere Sicht gut und gepflegt aussehen, ohne sich dabei besonders anzustrengen. Es deutet einiges darauf hin, daß sich die Verbraucher vom Modeperfektionismus abwenden. Man achtet weniger auf jüngste Modetrends und will nicht mehr um jeden Preis die anderen ausstechen. Wichtig ist, daß man sich körperlich und geistig wohl fühlt.

Eine Anzeige in einem neueren Katalog des Modehauses »Spiegel« illustriert diesen Wandel:

> Früher lautete die Frage: »Ist es gut für Sie?« Jetzt heißt es: »Tut es Ihnen gut?« Sie könnten eine Radtour machen und die Kilometer nicht zählen. Schwimmen gehen und die Meter nicht zählen. Sie könnten aufhören mit dem Zählen von Kalorien, Minuten, Milligrammen. Sie könnten überhaupt aufhören mit dem Zählen. Und einfach genießen. Eine Radfahrt mit einem Freund. Den Spaziergang mit dem Hund. Ein ausgiebiges, heißes Bad. Wir sprechen von einer Art des Fitneßtrainings, bei der man nicht immer nur die Zähne zusammenbeißen muß, sondern sich auch mal freuen darf. Mit dem Ziel, nicht nur den Körper zu formen, sondern das ganze Leben.

Die grüne Bewegung ist ein Trend und keine Modeerscheinung

Aber wenn sich die Verbraucher mittlerweile weniger Sorgen um ihre eigene Verfassung machen, dann um so mehr um die der Umwelt. Die Sorge um die Umwelt hat sich laut öffentlichen Meinungsumfragen in den letzten drei Jahren verdoppelt. Man sieht die zunehmende Umweltverschmutzung als Bedrohung für die persönliche, gesellschaftliche und weltweite Lebensqualität. Diese Haltung wird noch bestärkt durch ein wiedererwachtes positives Interesse an der Natur. Aber die Verbraucher zeigen sich nicht nur betroffen, sondern sie wollen auch handeln und Opfer bringen. Sie glauben an den Einfluß des einzelnen. Und sie erwarten auch von den Unternehmen und der Regierung Taten, wenn auch zur Zeit noch eher in freiwilligem Rahmen als durch gesetzlichen Druck.

Die Verbraucher sind über die vielfach auftretenden Umweltprobleme und die Lösungsansätze besser informiert. Besonders betroffen zeigen sie sich von Umweltgefahren, über die der einzelne wenig oder gar keine Kontrolle ausübt. Man will nichts mehr wissen von schnellen Provisorien und wendet sich grundlegenderen Lösungen zu. Recycling, Wiederverwertung und geringerer Konsum stehen höher im Kurs als der Kauf »abbaubarer« oder »umweltverträglicher« Produkte. Fast zwei Drittel aller Verbraucher gaben an, daß sie 10 bis 15 Prozent mehr für Produkte bezahlen würden, wenn sie garantiert nicht umweltschädlich wären.

Und die Hersteller reagieren bereits auf diese Sorgen. Nur ein Beispiel: ICD Products hat unter dem Namen ›Today's Choice‹ »umweltfreundliche« Damenbinden auf den Markt gebracht. Auf dem Verpackungskarton aus 100 Prozent Altpapier stand zu lesen: »Die meisten Frauen wissen nicht, daß die saugfähigen Stoffe in vielen Produkten der Frauenhygiene chlorgebleicht sind. Dieser Prozeß wird mittlerweile mit Dioxinen verglichen, die zu einer starken Belastung von Meeren und Flüssen geführt haben. Wir sind stolz, Ihnen heute eine nicht chlorgebleichte Binde anbieten zu können.« Wir könnten hier Beispiel an Beispiel reihen. Hersteller von Konsumgütern sollten sich besser Gedanken über die Auswirkungen ihres Angebots auf die Umwelt machen. Wir haben sogar einen Klienten, der ernsthaft mit dem Gedanken an die Einführung eines Sortiments mit umweltverträglichen Autos spielt.

Und dennoch können nur die wenigsten Manager die Bedeutung von Umweltverantwortung richtig einschätzen. Dabei deuten alle Zeichen auf ein zunehmendes Umweltbewußtsein in der Bevölkerung. Die Steuerzahler des Ortes Martha's Vineyard beauftragten Wissenschaftler mit der Überwachung der Wasserqualität des Hafens Edgartown. Es ist strengstens untersagt, Abwasser in den Hafen zu pumpen, und Schiffe, die im Edgartown-Hafen vor Anker gehen, müssen ihren Müll in sechs verschiedenen Behältern sammeln.

Die Menschen machen sich Sorgen um die Umwelt und wollen einen Beitrag zu ihrer Entlastung leisten. McDonald's sah sich scharfen Angriffen ausgesetzt, weil das Unternehmen einerseits für sich eine Vorreiterrolle in der Umweltbewegung beanspruchte, aber andererseits nichtabbaubare Plastikbecher benutzte, obwohl mit einem Schriftzug ausdrücklich auf ihre Abbaubarkeit hingewiesen wurde. Seit Herbst 1990 verzichtet das Unternehmen auf die Hamburger-Schachteln aus Plastikschaum, weil man sie für umweltschädlich hielt.

Vor nicht allzu langer Zeit stellt der *Economist* fest, daß nicht mehr als zweihundert Unternehmen in der ganzen Welt die Umwelt als einen der Hauptbestimmungsfaktoren für ihr Geschäft betrachteten. Richard De Vane meint dazu: »Die meisten Unternehmen haben sich noch nicht auf Umweltentwicklungen eingestellt. Sie halten sie weder für relevant noch für meßbar.« Umweltentwicklungen sind natürlich beides, und sie werden bestimmt nicht nur die zweihundert Unternehmen maßgeblich beeinflussen, die sich bereits mit diesen Problemen auseinandersetzen.

Als eine Konsequenz aus dem wachsenden ernsthaften Umweltbewußtsein der Verbraucher könnte sich ergeben, daß Lippenbekenntnisse der Unternehmen in Umweltfragen zum Bumerang werden.

Das Mißtrauen der Verbraucher gegenüber den Anbietern wächst

Nach unseren Erkenntnissen wächst das Mißtrauen der Verbraucher gegenüber den Unternehmen ständig. Eine Schlüsselrolle fällt hier immer noch dem Kundendienst und der Reaktionsfähigkeit zu, aber auch die Produktqualität gewinnt immer mehr an Bedeutung. Die Verbraucher ziehen die Motive, die Integrität und das Verantwortungsbewußtsein der Anbieter in Zweifel. Nach ihrem Empfinden sind die Unternehmen viel zu groß und anonym. Man weiß nicht, wohin man sich mit einer Beschwerde oder Anfrage wenden soll, und selbst wenn man es herausfindet, ist es normalerweise Zeitverschwendung, sich bei einem großen Unternehmen wegen mangelhafter Produkte oder Dienstleistungen zu beklagen.

Immer mehr Verbraucher lehnen übertreibende Produktdarstellungen ab und betrachten aufschneiderische Werbung und Auslassungen als Lügen. Sie wollen, daß die Karten auf den Tisch gelegt werden. Die Schuld an Mißständen suchen sie bei Management und Arbeiterschaft gleichermaßen – zumindest ein kleiner Trost. Weiteren Anlaß für Unzufriedenheit bietet die jüngste Welle von Übernahmen und Fusionen. Die meisten Leute sind der Ansicht, daß von fremdfinanzierten Übernahmen nur die Aktionäre und die Manager profitieren und die Verbraucher, Arbeiter und Steuerzahler die Geprellten sind.

Der Verbraucher steht für Unternehmen ganz oben auf der Liste ungelöster Probleme, und wer für Lösungen offen sein will, der darf seine Handlungsfähigkeit nicht einschränken. Unsere Nachforschungen deuten auf eine wachsende Unzufriedenheit mit den Unternehmen. Sie ist stärker als in den siebziger Jahren und wächst immer noch. Weshalb?

Weil die Verbraucher in den achtziger Jahren neue ökonomische Spielregeln lernen mußten, um zu überleben. Sie lernten sie von den Anbietern und zogen ihrerseits den Schluß, daß die Anbieter nicht richtig aufpassen. Sie hören einfach nicht zu. Also treffen die Verbraucher selbständig ihre Entscheidungen und lassen die Anbieter im eigenen Saft schmoren.

Beispiel: Frauen sind nicht besonders erbaut darüber, wie sie beim Autohändler behandelt werden.

Beispiel: Nur die wenigsten Hotelketten oder Urlaubsorte wissen, wieviel Zeit die Mitglieder einer Familie auf Urlaub zusammen verbringen möchten und wieviel allein.

Beispiel: Was denken sich Verbraucher, wenn sie erfahren, daß ein von ihnen gekauftes Fertiggericht den Geschmacksverstärker Glutamat enthält? Die Hersteller sind nicht dazu verpflichtet, auf dem Etikett auf den

Glutamatgehalt des Fertiggerichts hinzuweisen, aber damit lassen sich die Verbraucher nicht abspeisen. Und sie denken sich ihren Teil.

Der mittlere Markt: Es muß nicht unbedingt das Beste sein

Als eine Folge dieser Verbraucherentwicklung wird der mittlere Markt an Bedeutung gewinnen.

Wie Feldherren aus der Welt des Klischees führen die Marktakteure oft einen neuen Krieg mit den Waffen und der Taktik des letzten. Zum besseren Verständnis der Veränderungen auf dem Schlachtfeld ein kleiner geschichtlicher Rückblick. In den siebziger Jahren war es für ein Unternehmen zweckmäßig, einen endlosen Strom von Produkten und Marken auf den Markt zu werfen. Damals verlangten die Verbraucher Individualität, Neuheiten und Abwechslung um ihrer selbst willen. Aber irgendwann gegen Ende der Siebziger änderte sich das grundlegend.

Dieser Wandel vollzog sich zum Teil aufgrund von zwei wichtigen Verbrauchertrends, die in den achtziger Jahren hervortraten: strategisches Einkaufen und das Erscheinen des Yuppie-Workaholics. Mit strategischem Konsum reagierte man auf sich abzeichnende Einschränkungen. Nach einem Jahrzehnt der Sofortbefriedigung mit Hilfe der Kreditkarte sahen die Verbraucher allmählich ein, daß ihnen Zeit, Geld und Kraft nur in begrenzten Mengen zur Verfügung stehen. Nach und nach stellten sie sich auf die neue Situation ein und entwickelten ein Gespür für vernünftigere Kaufentscheidungen. Man sammelte Informationen und benutzte sie auch, verglich Preise, las Etiketten und Garantien, wartete auf Sonderverkäufe.

Wohlhabende Verbraucher gingen mit gutem Beispiel voran und rissen damit im Markt die Barrieren zwischen den Gesellschaftsschichten ein. Reiche Leute durften genauso mit ihren Schnäppchen angeben wie alle anderen. Die Vorliebe der Verbraucher für gute Geschäfte und Gelegenheitskäufe löste bei den Anbietern eine Reihe von Reaktionen aus wie Gattungsprodukte, Händlermarken, Discountläden, ständige Sonderverkäufe und Vergünstigungen und so weiter und so fort.

Den anderen wichtigen Trend im Kaufverhalten bildete der stereotype Yuppie, obwohl sich dahinter manchmal nur der strategische Verbraucher in anderer Verkleidung verbarg. Die Konsumenten der achtziger Jahre mußten nicht nur ihre Ausgaben in den Griff bekommen und ihre Ressourcen besser einteilen. Sie standen auch vor der Erkenntnis, daß die Welt nicht von Hilfsbereitschaft, sondern von Konkurrenz bestimmt wird. Wer auf der Gewinnerseite stehen will, der muß sich einsetzen und sein Vorgehen planen.

Um sich und anderen zu beweisen, daß sie auch tatsächlich auf der Gewinnerseite standen, brauchten die Verbraucher eine Methode zum Zählen – und die hieß Geld. Der Text eines Autoaufklebers brachte es auf den Punkt: »Wer mit den meisten Spielsachen stirbt, hat gewonnen.« Die Gewinner in der Reagan-Ära der achtziger Jahre waren jene, die durch harte Arbeit oder clevere Geschäfte (oder beides) jede Menge Geld verdienten und es unter Zurschaustellung ihres Reichtums wieder ausgaben. Auch der Markt reagierte auf ziemlich auffällige Art: Luxussportwagen, Urlaubsreisen in exotische Länder, sündhaft teure importierte Käse und Weine, elektronische Terminkalender, Gourmet-Diners mit Kerzen und Blumen zum Mitnehmen und edle Wodkas mit silbernen Etiketten.

Obwohl das Bedürfnis nach Kontrolle und Erfolg auch noch für die neunziger Jahre Gültigkeit hat, wendet sich das Verbraucherinteresse zusehends ab vom Prozeß (wie man die Fähigkeit erlernt, gut zu leben) und richtet sich mehr auf die Substanz (was es bedeutet, gut zu leben). Den Verbrauchern geht es heute mehr um eine Verbesserung der Lebensqualität als darum, sich anhand ihres Konsumgeschicks als Gewinner im Markt und im Leben zu präsentieren.

Die Konsequenzen für das Marketing der neunziger Jahre

Die Spielregeln haben sich verändert. Nur die Unternehmen werden in den neunziger Jahren gedeihen, die sich voller Begeisterung in die Marketing-Revolution stürzen. Und sie werden sich dabei nicht an die Taktiken und Strategien von gestern halten. Folgende Punkte werden in den Neunzigern Schlüssel zum Erfolg im Marketing sein:

- Wahrung der Kundentreue und Behauptung des Marktanteils.
- Überwindung ausdauernden Widerstands gegen neue Produkte und Marken.
- Betonung von Name und Image der Marke oder des Unternehmens statt von Mätzchen und Verkaufsförderung.
- Erkundung von Gelegenheiten im mittleren Markt.
- Kombination von Massenmarktprodukten mit Taktiken aus dem Nischenmarketing.

- Hervorhebung des Kundendienstes, der sich als praktische Effizienz definiert.
- Verpackung als Differenzierungsmöglichkeit.
- Rasches und entschlossenes Anpacken von Umweltfragen.

Der Verbraucher der neunziger Jahre wird für auffallendes Konsumverhalten, zwanghaftes Geldausgeben, immer neue Produkte und Marktgeschrei wenig übrig haben. Er wird sich also weniger für Coupons, Preisnachlässe, Lotterien, Tagesaktionen und andere verkaufsfördernde Tricks interessieren.

Die Verbraucher werden sich stärker oder wieder auf die Lebensqualität besinnen, auf Verbindungen und Beziehungen, auf das Wesentliche und die Wirklichkeit. Gleichzeitig werden sie vom Leben Freude und Spaß erwarten, Phantasie und Gefühl. Der Konsum der neunziger Jahre wird sich in regelmäßigeren Bahnen vollziehen und nicht mehr in plötzlichen Sprüngen, denen dann wieder strengste Sparmaßnahmen folgen. Man wird die Kehrseite der Hochtechnologie konstatieren und sich umweltbewußt verhalten, und sei es nur, daß man sich mit seinem Geld für Produkte ausspricht, die Umweltverträglichkeit versprechen. Trotzdem werden sich die Verbraucher nach wie vor auf Altbewährtes verlassen.

Sie werden sich auch weiterhin um Ausgeglichenheit, Rationalismus und Einfachheit bemühen, um Selbstbeherrschung und Selbständigkeit, Risikobewältigung und persönlichen Stil. In der letzten Dekade unseres Jahrhunderts werden diese Werte immer stärkeres Gewicht gewinnen.

Etablierte Unternehmen können vom dauerhaften Vertrauen in ihre Marken profitieren. Die vertraute Wahl ist sicher, einfach, schnell und bringt keine verborgenen Probleme mit sich. Andererseits richtet sich die Markentreue eher nach zweckmäßigen als nach emotionalen Kriterien, so daß sie einem Unternehmen sehr schnell entzogen werden kann, wenn seine Leistungen nachlassen oder eine überlegene Alternative auf dem Markt erscheint. Marken aus dem »zweiten Glied« können sich in diesem Umfeld ebenfalls über gute Chancen freuen. Einerseits sind sie bekannt genug, und andererseits wollen die Verbraucher nicht mehr unbedingt allerhöchste Qualität. Sie sind mit solider Qualität zufrieden, vorausgesetzt, das Produkt erfüllt ihre Bedürfnisse.

Die erfolgreichen Unternehmen der neunziger Jahre werden sich wieder auf die Substanz einer Marke konzentrieren, auf ihren wesentlichen Nutzen. Die Konsumenten wollen Lösungen und akzeptieren keine Kompromisse. Dieser Grundnutzen kann sehr konkret sein wie die Funktion, Qualität oder Haltbarkeit eines Produkts oder emotional wie die Freude, das

Prestige oder das sensuelle Empfinden im Umgang mit dem Produkt. Auch eine Kombination von beidem ist natürlich möglich.

Die Unternehmen sollten sich nicht mehr auf Einbahnstraßen-Marketing einlassen, weil man mit Phrasen keine Marken differenziert. Schlagwörter wie die folgenden haben mittlerweile auch das letzte Quentchen an Bedeutung verloren: *High-Tech*, *biologisch abbaubar*, *Luxus*, *natürlich*, *rein*. In den neunziger Jahren steht man vor der Aufgabe, ein differenzierendes Profil zu schaffen, das das Besondere der Marke und nicht der Kategorie herausstreicht und sich gegenüber Manövern der Konkurrenz behauptet.

Auch Dienstleistungsunternehmen werden in den Neunzigern weiterhin davon profitieren, daß unter Zeitdruck stehende Kunden Arbeiten gegen Bezahlung delegieren. Aber Dienstleistungen werden für alle Unternehmen zentrale Bedeutung annehmen, da die Kunden nach Produkten suchen, mit denen sie ihr Leben effizienter und einfacher gestalten können. Mehr als je zuvor werden die Kunden nach Informationen verlangen. Sie wollen Produkte, die Probleme entweder verhindern oder lösen. Erfolgreiche Unternehmen werden echte und erkennbare Dienstleistungen erbringen, mit denen sie Kunden anlocken und an sich binden können.

Die Preisempfindlichkeit wird ein wenig zugunsten des Wunsches nach Qualität zurückgehen, die der Kunde jedoch über Leistung, Funktionstauglichkeit und Grundvorteile und nicht unbedingt als teuren Luxus definiert. Der hohe Informationsstand der Kunden bewirkt, daß das Verhältnis zwischen Qualität und Preis den Wert bestimmt. Aber die Einschätzungen der Kunden über den Wert können sich auch durchaus verändern. Sie legen eine persönliche Preisobergrenze fest. Auch wenn sie es sich leisten können, verzichten sie auf bestimmte Waren, weil der Preis im Vergleich zum angenommenen Wert zu hoch liegt. Ganz ähnlich ziehen sie eine Qualitätsuntergrenze. Bestimmte Produkte kaufen sie auch bei niedrigsten Preisen nicht, weil die Qualität einfach zu schlecht ist.

Unternehmen der Neunziger müssen sich ehrlich und verantwortungsbewußt zeigen, zuverlässig, berechenbar und sensibel gegenüber Fragen des Umweltschutzes. Das klingt vielleicht, als wollten wir offene Türen einrennen. Die wenigsten Vorstandsvorsitzenden werden ihren Organisationen offenen Auges Unehrlichkeit oder Verantwortungslosigkeit, Unberechenbarkeit oder Unzuverlässigkeit durchgehen lassen. Aber eine Analyse des Marketingumfelds wird ebendeshalb in Auftrag gegeben, weil man Problembereiche aufdecken und abstellen will, in denen sich das Unternehmen solche oder ähnliche Blößen gibt.

Erfolgreiche Unternehmen werden eine Punktliste erstellen, mit der sie neue Ideen, Produkte und Kampagnen im Hinblick auf zehn anhaltende, neue und voraussichtliche Schlüsseltrends bewerten können:

Punktliste mit zehn Schlüsseltrends

Anhaltende Trends:

- Betonung der rationalen Gestaltung aller Lebensaspekte.
- Steigendes Bedürfnis nach Selbstbestimmung im persönlichen Bereich und in der Arbeit.

Relativ neue Trends:

- Umweltbewußtsein
- Wachsendes Mißtrauen gegenüber Unternehmen.
- Schwindendes Interesse an Wissenschaft und Technik im Alltagsleben.
- Stärker werdender Wunsch, die emotionale Leere im eigenen Leben auszufüllen.

Voraussichtliche Trends:

- Zunehmende Gelegenheiten im mittleren Markt.
- Große Bedeutung der Dienstleistungen.
- Wiederkehrende Markentreue, aber mit Fallstricken.
- Rückbesinnung auf die Familie und abnehmende Bedeutung des Karrieredenkens.

Auch das Unternehmen setzt sich für die neunziger Jahre zentrale Ziele:

- Bindung des vorhandenen Kundenstamms.
- Ausnutzung der Vitalität im mittleren Markt.
- Beachtung ökonomischer und demographischer Gegebenheiten.
- Vermeidung von gesetzgeberischem Druck durch Kundenvertrauen.
- Unterstützung existierender Marken.
- Bindung und Anziehung von talentierten Mitarbeitern mit sinnvollen Unterstützungssystemen.
- Werbegestaltung mit dem Ziel, Verbraucherträgheit zu überwinden.

Die Bindung und Anlockung von Mitarbeitern würde den Rahmen dieses Buches sprengen. Doch alle anderen aufgeführten Punkte werden in den folgenden Kapiteln zur Sprache kommen. Dabei werden wir für den Umgang mit diesen Herausforderungen auch Lösungsvorschläge unterbreiten.

Bevor ein Vorstandsvorsitzender eine Entscheidung trifft und Hunderttausende oder Millionen von Dollar in ein neues Marketingprogramm, ein neues Produkt oder eine neue Werbekampagne steckt, sollte er die Konsequenzen seiner Entscheidung so genau wie irgend möglich verstehen. Den Ausgangspunkt dafür bildet nach unserer Auffassung eine Analyse des Marketingumfelds.

Anhand eines solchen Berichts kann der Vorstandsvorsitzende mögliche Probleme erkennen, ehe sie sich zu Krisen oder echten Katastrophen auswachsen. Eine Umfeldanalyse zeigt dem Unternehmen seinen Standort im Markt und in der Welt. Sie skizziert sein Verhältnis zu Konkurrenten, Zulieferern und zur Regierung. Die zentrale Bedeutung einer solchen Analyse liegt jedoch in ihrer Beschreibung des Käufers, von dem ja schließlich alles abhängt.

Aber wenn man nun den Käufer und das im Wandel begriffene Umfeld versteht, wie sucht man sich dann den richtigen Zielmarkt aus?

Eine Überprüfung des Marketingklimas

Zur Vermarktung von Produkten oder Dienstleistungen muß man das Marketingklima verstehen. Eine Umfeldanalyse kann sich hier als hilfreich erweisen.

- Informieren Sie sich über ökonomische, gesellschaftliche und politische Veränderungen des Geschäftsumfelds.
- Durchleuchten Sie Ihre Konkurrenz, ihre Strategien und Taktiken.
- Analysieren Sie demographische Entwicklungen und ihre Auswirkungen auf Ihre Geschäftstätigkeit.
- Erkunden Sie das weltweite Marktgeschehen und seine Folgen für Ihre Produkte und Dienstleistungen.

Ihre besondere Aufmerksamkeit muß den Veränderungen gesellschaftlicher Werte gelten, die in Marketingplanungen gern übersehen werden.

- Erstellen Sie eine Punktliste zur Bewertung neuer Ideen, Produkte und Kampagnen im Hinblick auf gesellschaftliche Entwicklungen wie rationale Lebensgestaltung, das Bedürfnis nach Selbstbestimmung, Umweltbewußtsein, wachsendes Mißtrauen gegenüber Unternehmen, das abnehmende Interesse an Wissenschaft und Technik und das Verlangen, die emotionale Leere im Alltagsleben zu füllen.
- Taxieren Sie die Chancen Ihres Unternehmens im mittleren Markt und die Gelegenheiten durch die Betonung von Dienstleistungen, die Wiederkehr der Markentreue und das schwindende Karrieredenken.

Mit solch einem Bericht können Vorstandsvorsitzende Probleme erkennen, lange bevor sie entstehen. Eine Umfeldanalyse korrigiert Ihre Sehschärfe, damit Sie auch den richtigen Zielmarkt ins Visier nehmen.

4. Starke Verbraucher sind nicht die besten potentiellen Kunden, auch wenn sich die Agentur noch so sehr darauf versteift

Gehen wir davon aus, daß das Unternehmen das Umfeld analysiert hat und sich jetzt nach einem Zielmarkt umsehen kann.

Wie bereits erwähnt, hängen Marketingexperten und ihre Chefs an vielen abergläubischen Vorstellungen über Zielgruppen. Am tiefsten verwurzelt ist wahrscheinlich die Meinung, daß achtzehn- bis neunundvierzigjährige Frauen und starke Verbraucher die besten Ziele bieten. Wir werden zeigen, daß das nicht stimmt, aber zuerst müssen wir uns auf ein paar Prämissen einigen:

1. Käufer sind individuelle Persönlichkeiten mit unterschiedlichen Bedürfnissen und Wünschen.
2. Man kann nicht mehr alle Leute mit ein und demselben Produkt ansprechen.
3. Wenn wir unsere Zielgruppe zu kennen glauben, dann täuschen wir uns wahrscheinlich, weil wir uns viel zu sehr auf unsere Intuition verlassen.
4. Eine Zielgruppe ergibt nur dann einen Sinn, wenn das Unternehmen mit ihr Geld verdienen kann.
5. Zur Entwicklung einer rentablen Zielplanung bedarf es einer erschöpfenden Marktstudie.

Ein Unternehmen muß den Markt nach sehr vielen Kriterien wie Demographie, Psychographie, Bedürfnissen usw. segmentieren.

Nach der Ermittlung aller relevanten Segmente muß man eine repräsentative Auswahl von potentiellen Kunden befragen, um zu erfahren, welche Segmentierungsmethode für bestimmte Produkte oder Dienstleistungen die besten Erfolgsaussichten bietet. Eine solche Umfrage ist unabdingbar, weil man die aussichtsreichste Segmentierungsart nicht von vornherein kennen kann.

Schließlich muß man aufgrund der Umfrageergebnisse die Gewinnträchtigkeit jeder potentiellen Zielgruppe errechnen, um das rentabelste Segment zu bestimmen.

Wenn ein Vorstandsvorsitzender auf der Basis von Tabula-rasa-Marketing arbeitet, welche Fragen zum Zielmarkt muß er dann stellen? Fragen wie die folgenden sollte das Marketingmanagement beantworten können:

Die Kernpunkte:
Was ein Vorstandsvorsitzender wissen will

1. Hat sich unsere Zielgruppe in den letzten Jahren geändert? Wenden wir uns an dasselbe Segment wie immer?
2. Nach welchen Grundkriterien haben wir diese Zielgruppe ausgewählt? Nach welcher Logik?
3. Was zeichnet diesen Zielmarkt aus? Mit welchem Verfahren sind wir auf ihn gestoßen?
4. Können wir die Rentabilität unserer Zielgruppe nachweisen? Können wir zeigen, daß wir mit diesem Segment in der Vergangenheit Geld verdient haben oder in Zukunft verdienen werden?
5. Bieten sich andere Zielgruppen an, die vielleicht noch rentabler sind?

Es dürfte auf der Hand liegen, daß die richtigen Antworten hier heißen müssen: ja, nein, »Lassen Sie mich die Logik erklären«, »Lassen Sie mich das Verfahren erklären«, ja, ja und schließlich nein.

Vielleicht ist es an manchen Stellen nicht ganz einfach, unseren Ausführungen zu folgen, aber wir versprechen, daß sich die Anstrengung lohnt.

Wie Unternehmen ihre Zielmärkte verfehlen

Es gibt so viele verschiedene Arten, sein Ziel zu verfehlen, wie Unternehmen und Märkte. Wir möchten uns mit drei Beispielen begnügen.

1. Das Versandunternehmen Federal Express warb anfangs in Handelsblättern mit Anzeigen, die sich an die Versandleiter wandten. Man wollte die Unternehmen zum Kauf einer Dienstleistung bewegen, die sie noch nie ins Auge gefaßt hatten. Federal Express mußte bald einsehen, daß man zwar das Ziel erreichte, aber den Markt verfehlte. Man ging zu Fernsehwerbung

über, um alle am Versandprozeß Beteiligten zu erreichen – von der Sekretärin, die das Paket beschriftet, bis hin zum Vorstandsvorsitzenden, der das Budget billigt. Die Kampagne mit dem Slogan »When it absolutely, positively has to be there overnight« (»Wenn es unbedingt und zwingend am nächsten Tag ankommen muß«) wurde ein voller Erfolg, weil sie sich auf das dringendste Bedürfnis der echten Zielgruppe konzentrierte, ein Bedürfnis, von dessen Existenz die Versandleiter gar nichts wußten.

2. Obwohl Kinder und Halbwüchsige die stärksten Konsumenten von Cola-Getränken sind, entdeckte Pepsi Cola, daß einundzwanzig- bis neunundvierzigjährige Frauen eine gewinnträchtigere Zielgruppe boten. Und warum? Weil die meisten alkoholfreien Getränke für den Verbrauch zu Hause von Frauen gekauft werden. Sie treffen im Supermarkt die Entscheidung zwischen Coca Cola und Pepsi. Kinder haben auf diese Wahl kaum Einfluß. Außerdem kostete es auch weniger, die Mütter mit der Werbung zu erreichen. Die stärksten Verbraucher waren nicht die optimale Zielgruppe.

3. Nachforschungen von Colgate-Palmolive ergaben, daß zwar die Hälfte aller Frauen in den USA wieder zur Arbeit gingen, daß aber 70 Prozent von ihnen immer noch für die Familienwäsche zuständig waren und 80 Prozent drei verschiedene Waschmittelprodukte benutzten: ein Waschmittel, ein Bleichmittel und einen Weichspüler. »Diese Frauen brauchen eine bequeme Lösung«, meinte ein Colgate-Sprecher. Das Unternehmen wandte sich im Hinblick auf diesen Bedarf mit dem neuen Erzeugnis Fab 1 Shot an große Familien, die einen Großteil des Waschmittelumsatzes ausmachen. Diese Päckchen enthielten Waschmittel und Weichspüler für eine Wäsche. Da jede Wäsche so jedoch rund fünfundzwanzig Cents kostete, war das Produkt für Familien alles andere als preisgünstig. Außerdem konnten die Verbraucher die Waschmittelmenge nicht mehr kontrollieren. Das Produkt erfreute sich nicht gerade großer Beliebtheit. Colgate wandte sich nie an die Gruppen, denen es am meisten auf Bequemlichkeit ankommt: Studenten, Alleinstehende und Leute, die in kleinen Wohnungen leben. Nach dem Anfangsrummel fielen die Verkaufszahlen von Fab 1 Shot in den Keller.

Die meisten Unternehmen legen sich keine Rechenschaft über ihre Fehler bei der Zielplanung ab. Die wenigen, die etwas merken, begraben die mangelhaften Programme in aller Stille, so daß niemand wirklich über das Ausmaß an solchen Mißgriffen Bescheid weiß. Wenn man bedenkt, auf welche Weise die Unternehmen sich normalerweise ihre Zielmärkte aussuchen, dann kann man unterstellen, daß Fehlplanungen an der Tagesordnung sind.

Aber in den neunziger Jahren werden sich die Marketingspezialisten mehr als in der Vergangenheit ins Zeug legen müssen, wenn sie die Leute ermitteln, an die sich das Unternehmen mit seiner Marketingkampagne wenden sollte. Die geeigneten Instrumente dafür gibt es bereits, und kein Unternehmen ist so reich, daß es auch weiterhin dem falschen Markt nachjagen könnte. Nach der Marketing-Revolution werden die Unternehmen regelmäßig Hunderte oder eher Tausende von potentiellen Zielgruppen beurteilen, um die rentabelste ausfindig zu machen.

Aber wie kommen die Unternehmen überhaupt zu solchen Fehlplanungen? Was ist an ihrem Vorgehen so falsch? Was sollten sie statt dessen machen?

Die Unternehmen beurteilen zuwenig Zielmärkte

Jeder uns bekannte Marketingplan benannte am Anfang seine Vorhaben und Ziele und sprach dann sofort den ersten strategischen Punkt an: den Zielmarkt. In Kapitel 1 erwähnten wir die eskalierenden Sieben und gingen von nur sieben möglichen Zielgruppen aus. Aber diese Annahme ist natürlich alles andere als realistisch.

Jedem Produkt und jeder Dienstleistung bieten sich zumindest zehntausend und vielleicht sogar hunderttausend oder noch mehr mögliche Zielmärkte. Man könnte sogar argumentieren, daß die Zahl der Verbraucher und die der Zielmärkte miteinander identisch sind. In den meisten Fällen jedoch – aber durchaus nicht immer – wird sich ein Unternehmen um größere Zielgruppen bemühen. Wie für die meisten in diesem Buch erörterten Marketingfragen gilt auch für die Zielgruppen die Standardglockenkurve aus Abbildung 1.1. Einige Zielmärkte bieten grandiose, manche einfach grauenhafte Möglichkeiten, und die meisten liegen irgendwo dazwischen.

Und wie bei den meisten anderen Marketingproblemen lassen sich auch hier die hunderttausend möglichen Zielmärkte beurteilen, um die wenigen hervorragenden herauszufinden. Ein Großteil dieses Kapitels möchte zeigen, wie man eine solche Beurteilung vornimmt.

Aber wie viele Marketingmanager werten auch nur sieben mögliche Zielgruppen streng formal aus? Sehr, sehr wenige. Uns liegen regelmäßig Marketingpläne vor, die in der Reihenfolge ihrer Bedeutung drei oder vier Zielmärkte aufführen. Wenn wir nach der Auswahl und der Reihenfolge fragen, hören wir normalerweise etwas über die Verkaufszahlen. Als beste Zielgruppe wird das Segment genannt, das am meisten kauft, oder bei einem neuen Produkt die Verbraucher, die am meisten kaufen würden, wenn sie das Produkt kennen und es im Laden finden würden. Und wenn der Marketingfachmann für einen Anbieter abgepackter Waren arbeitet, dann reduzieren sich die Auswahlmöglichkeiten aller Wahrscheinlichkeit nach auf nur eine Zielgruppe: die der achtzehn- bis neunundvierzigjährigen Frauen.

Warum? Die unvermeidliche Antwort der Unternehmen lautet, daß dieses Segment mehr Produkte konsumiert als alle anderen Gruppen. Aber angenommen, jemand verbraucht im Jahr zehn Packungen Waschmittel, und der Durchschnitt liegt bei fünf. Ist diese Person ein gutes Ziel für ein Waschmittel? Nicht wenn sie das billigste im Regal kauft und unseres teuer ist. Nicht wenn es ihr nur um die Waschkraft geht und unser Produkt desinfizierend wirkt. Nicht wenn sie ihrer seit neun Jahren benutzten Marke so treu ist, daß sie lieber den Laden als die Marke wechselt.

Wenn sich einem Unternehmen 10000 mögliche Zielgruppen bieten (wir wollen die eigentlich realistischere Zahl von 100000 erst einmal zurückstellen) und man sucht sich einfach *eine* beliebige aus, an die sich ausgerechnet auch alle anderen Anbieter abgepackter Waren wenden, wie stehen dann wohl die Chancen, daß man in dem Bereich »hervorragend/rentabel/erfolgreich« der Glockenkurve landet? Die Chancen stehen, jeder weiß es, denkbar schlecht.

Dennoch entscheiden sich die meisten Unternehmen in ihren Zielplanungen für eine von zwei beliebten Vorgehensweisen: den »Kniereflexansatz« und den »azerebralen Ansatz«.

Der Kniereflexansatz zur Zielplanung

Wer schon einmal von seinem Arzt einen sanften Schlag aufs Knie erhalten und das unwillkürliche Zucken seines Beins beobachtet hat, der weiß, was ein Reflex ist. Nicht das Gehirn, sondern das vegetative Nervenystem steuert die Reaktion. Statt auf Reflexion setzen viele Unternehmen bei der Auswahl ihrer Zielgruppen einfach auf ihre Reflexe. Wir brauchen einen Zielmarkt! Wumm! Zuck! Da hätten wir doch schon einen: achtzehn- bis neunundvierzigjährige Frauen!

Oder man springt auf einen fahrenden Zug: die Babyboomer!

Oder man versucht es mit einer noch jüngeren Mode: die Grauen Panther, die wohlhabenden, intelligenten akademischen Rentner, die Eltern der Yuppies!

Oder die starken Verbraucher, die 10 bis 20 Prozent der Bevölkerung, die für den Löwenanteil des Umsatzes in der Produktkategorie stehen!

Die gedankenlose Hinwendung zu starken Verbrauchern läßt sich zurückverfolgen bis zu dem Marktforscher Dik Warren Twedt, der in einem Artikel des *Journal of Marketing* von 1964 die Phrase »heavy-half« (»starke Hälfte«) prägte, um das Marktsegment zu beschreiben, das einen stark überproportionalen Anteil am Gesamtumsatz ausmachte. Für die meisten Verkäufe in vielen Produktkategorien ist nur ein kleiner Teil der Bevölkerung verantwortlich. Das allgegenwärtige 80/20-Gesetz im Marketing.

Meistens jedoch sind die starken Verbraucher wie auch die achtzehn- bis neunundvierzigjährigen Frauen genauso heterogen wie alle anderen Kunden im Hinblick auf Produktbedürfnisse, Medienbegegnungen oder andere Marketingmaßstäbe. Also unterscheiden sich Frauen, die beispielsweise viel Fertig-Spaghettisauce kaufen, nur dadurch von Frauen, die nicht soviel davon kaufen, daß sie eben viel Spaghettisauce kaufen. Sie unterscheiden sich nicht im Einkommen, Bildungsgrad, Alter und nicht in ihren bevorzugten Fernsehsendungen und Zeitschriften und auch nicht in ihrer Einstellung zum Kochen.

Paradoxerweise und aus Gründen, die wir gleich darlegen werden, fährt ein Unternehmen mit starken Verbrauchern praktisch nie so gut wie mit Normalverbrauchern.

Einen weiteren Kniereflexansatz finden wir in der Theorie vom aktuellen Benutzer, ein Axiom, das die Suche nach neuen Kunden im Direktmarketing weitgehend dominiert. Die Theorie besagt, daß die besten prospektiven Kunden eines Unternehmens den aktuellen sehr stark ähneln müssen. (Erinnern Sie sich noch an den Aberglauben aus Kapitel 2?) Das Unternehmen muß nur soviel wie möglich über seine aktuellen Kunden in Erfahrung bringen und dann noch mehr Leute wie sie finden. Die technischen Voraussetzungen für beides sind gegeben.

Dieses Vorgehen *kann* durchaus angemessen sein, aber es kann genausogut in eine völlig verkehrte Richtung führen, je nach der besonderen Situation. Nehmen wir American Express. Die Kunden des Unternehmens haben ein hohes Einkommen und reisen viel geschäftlich oder zum Vergnügen. Da kann es nicht verwundern, daß sich das Unternehmen mit seinem Angebot vor allem an betuchte Reisende wendet.

Aus diesem Grund allein könnte man Leute, die wie Besitzer von American Express-Karten aussehen und trotzdem keine haben, für ziemlich ungewöhnlich halten. Seit Jahren werden sie mit Werbung und Sonderaktionen förmlich bombardiert. Sie wissen, daß die »Mitgliedschaft ihre Privilegien hat« (»Membership has its privileges«). Sie besuchen regelmäßig Restaurants und holen sich Flugkarten ab, Gelegenheiten, bei denen sie jedesmal ihre Kreditkarte zücken. Vielleicht wurden sie von American Express irgendwann vor den Kopf gestoßen, oder sie sind ganz einfach zufrieden mit einer Alternative wie Visa Gold, MasterCard, Diner's Club oder Discover.

Oder BMW. Potentielle BMW-Käufer in den USA haben ein Einkommen von 50 000 Dollar oder mehr pro Jahr, sind über fünfunddreißig, leben an der Ost- oder Westküste und zeigen alle anderen Merkmale aktueller BMW-Besitzer. Darf man daraus wirklich schließen, daß sie heiße Kandidaten für den Kauf eines BMWs sind? Wenn wir diese Leute aufspüren und sie haben derzeit keinen BMW, dann liegt das unserer Ansicht nach entweder an ihrer »Kauf-amerikanisch«-Haltung oder daran, daß sie gute Erfahrungen mit einem anderen Importwagen gemacht haben – mit einem Mercedes, Lexus oder Infiniti – und daher von einem BMW nichts wissen wollen.

Nach unserer Auffassung muß ein Unternehmen seine Zielgruppe erschöpfend untersuchen, wenn es seine besten potentiellen Kunden ausfindig machen möchte. Ein Marketingfachmann kann nicht einfach seine besten Interessenten als die Gruppe der achtzehn- bis neunundvierzigjährigen Frauen, der starken Verbraucher oder der Leute identifizieren, die den aktuellen Kunden ähneln. Das ist ein Kniereflexansatz und ein Schritt, der wieder einmal zu einem Marketingdesaster führt.

Der azerebrale Ansatz zur Zielplanung

Viele Marketingmanager stützen sich bei der Bestimmung ihrer Zielgruppe nicht auf den Kniereflexansatz. Sie halten es eher mit dem von uns so benannten azerebralen Ansatz. Wenn zerebral »den kreativen Einsatz des Intellekts« meint, dann bedeutet azerebral das genaue Gegenteil davon, auch wenn der Begriff nicht im Wörterbuch steht.

Diese Manager suchen sich ihre Ziel*gruppe* nicht in gedankenlosem Reflex, sondern wählen zwanghaft bestimmte *Kriterien* der Segmentierung, um den Markt zu beschreiben. Diese Kriterien könnten sich auf Persönlichkeitsmerkmale beziehen, auf Werte, demographische Daten, Eigenschaften oder Vorzüge, Werte aus einer multiplen Trade-off-Analyse oder andere Möglichkeiten. Nachdem sie sich für die Kriterien entschieden haben – und manche Unternehmen wählen ohne ersichtlichen Grund immer wieder die gleichen –, bestimmen sie mit Hilfe einer Analyse, wie viele Leute in jedes Segment »fallen«. 35 Prozent sind also beispielsweise neurotisch, 12 Prozent psychotisch, 17 Prozent manisch-depressiv etc. Zuletzt legen sie sich dank ihres Urteilsvermögens auf ein Segment für das Produkt oder die Dienstleistung fest. Das Projekt ist abgeschlossen, wenn der Markenmanager die »Neurotiker« als bevorzugten Zielmarkt für das im Laden verkaufte Schmerzmittel bezeichnet.

Mit dem Kniereflexansatz entscheiden sich die Unternehmen von vornherein für eine bestimmte Zielgruppe wie zum Beispiel achtzehn- bis neunundvierzigjährige Frauen. Der azerebrale Ansatz dagegen bestimmt von vornherein die Segmentierungskriterien wie zum Beispiel die Persönlichkeitsmerkmale, aber *das Unternehmen entscheidet sich für einen Zielmarkt und stützt sich dabei auf scheinbare Forschungsergebnisse und das eigene Urteilsvermögen.*

Auf diese Vorgehensweise stößt man, wenn jemand in einem Unternehmen, vielleicht gerade geschieden, auf die Idee verfällt, der Markt lasse sich am besten anhand von Persönlichkeitszügen segmentieren. Frei nach dem Motto: »Wenn wir unsere Charaktereigenschaften besser gekannt hätten, dann wäre das alles nicht passiert.« Also stellt ein Psychologe eine lange Liste mit Persönlichkeitskriterien zusammen. Marktforscher setzen diese Liste in einer Repräsentativumfrage von tausend Menschen um. Und die Statistiker führen verschiedene statistische Analysen – oft Clusteranalysen – durch, um diese Leute diversen Persönlichkeitstypen zuzuordnen.

Wir möchten uns an dieser Stelle einen kleinen Exkurs zur Beschreibung der *Clusteranalyse* erlauben, weil wir auf dieses statistische Verfahren immer wieder zu sprechen kommen. Marktforscher wenden es zur Ermittlung bestimmter Muster sehr oft an. In der Clusteranalyse werden die Leute in Gruppen eingeordnet, die nach den für den jeweiligen Untersuchungszweck relevanten Kriterien Ähnlichkeiten aufweisen. Solche Kriterien können Käuferbedürfnisse sein, Einstellung zur Marke, Annahmen über die Marke, psychographische oder soziographische Merkmale, Verbraucherwerte oder Lebensstil oder das Kaufverhalten.

Meistens teilen die Marketingforscher die Leute mit Hilfe der Clusteranalyse nach Persönlichkeitsmerkmalen oder nach den Eigenschaften und Vorzügen ein, die die Verbraucher von einer bestimmten Produktkategorie erwarten. Je größer die Zahl der Faktoren, desto schwieriger gestaltet sich auch die Analyse, aber heutzutage macht der Computer auch eine solche Untersuchung zu einer relativ einfachen Angelegenheit.

Die Zahl der mittels einer Studie gewonnenen Segmente hängt einesteils von den Computerergebnissen ab, da die Befragten ein sehr unterschiedliches Profil zeigen können, andernteils aber auch von den engen Vorgaben der Marktforscher. Vom praktischen Standpunkt gesehen lassen sich mehr als zehn Segmente nicht mehr bewältigen. Also rechnet der Computer normalerweise mit dem Vorbehalt, daß er die Leute in mindestens zwei und höchstens acht Segmente zwängen soll. Innerhalb dieses Spielraums ermittelt er dann die beste Lösung. Mit Hilfe der Clusteranalyse kann der Marktforscher Muster in der ansonsten scheinbar homogenen Bevölkerung ausmachen.

Die Unterteilung der Leute in Persönlichkeitstypen ist eine faszinierende Aufgabe. Menschen sind immer interessant. Leider haben die Ergebnisse für die Wirklichkeit nur einen sehr beschränkten Wert, allein schon weil die Persönlichkeit für sich genommen nichts oder kaum etwas mit dem Marktverhalten zu tun hat. Schon vor über zwanzig Jahren wiesen William F. Massy von der Stanford University, Ronald E. Frank von der University of Pennsylvania und Thomas Lodahl von der Cornell University in ihrem gemeinsamen Buch *Purchasing Behavior and Personal Attributes* nach, daß die Persönlichkeit eines Menschen nicht erklärt, was er kauft. Die Autoren kommen zu folgendem Schluß: »Sollte unsere Untersuchung den Anschein erwecken, daß wir mit Kanonen auf einen Spatzen [das Kaufverhalten] geschossen haben, so können wir uns wenigstens mit der Erkenntnis trösten, daß der Spatz schwerer zu fassen ist als ursprünglich angenommen... Die beste Kanone moderner multivariabler Statistik traf nur 7 Prozent der Spatzen.« Das heißt also, mit Persönlichkeitszügen lassen sich bestenfalls 7 Prozent des Kaufverhaltens erklären. Dieser niederschmetternde Befund wurde in der akademischen und angewandten Marketingliteratur der letzten zwanzig Jahre immer wieder bestätigt, aber allem Anschein nach hat er sich bei vielen Marketingexperten noch nicht herumgesprochen.

Segmentierung mittels Psychographie

Ein Beispiel psychographischer Segmentierung finden wir in einer Studie, die im *Journal of Advertising Research* vom April 1971 veröffentlicht wurde. Mit Hilfe dieser Untersuchung wollte man in Erfahrung bringen, ob sich eine Klassifizierung nach psychographischen Gesichtspunkten auf den Ladenverkauf von Medikamenten anwenden ließ. Die Werbeagentur Benton & Bowles bat 1600 Hausfrauen um ihre Meinung zu 214 Aussagen über die Lebenseinstellung. Gleichzeitig sollten sie Auskunft geben über ihren Produktgebrauch von neunundsechzig Erzeugnissen und ihren Markengebrauch von achtunddreißig Produkten. Unter den Aussagen zur Lebenseinstellung fanden sich Sätze wie »Wenn ein Grippevirus umgeht, dann fange ich ihn mir bestimmt ein« und »Wenn man eine Erkältung erst hat, dann kann man kaum mehr was dagegen machen«.

Mit einer Clusteranalyse leiteten die Forscher sechs Gruppen aus den Antworten ab:

Optimistinnen. Diese Gruppe umfaßte 32 Prozent der Befragten und wurde definiert als: »kontaktfreudig, innovativ, gemeinschaftsorientiert, mit positiver Einstellung zur Gepflegtheit, weder von zarter Gesundheit noch von Verdauungsstörungen behindert und auch nicht besonders besorgt wegen Bakterien und Hygiene«.

Die Gewissenhaften. Diese 28 Prozent umfassende Gruppe ist »wachsam, streng, peinlich genau, mit starker Orientierung gegen Krankheitserreger und besonders ausgeprägtem Sinn für Hygiene sowie vernünftiger Einstellung zum Essen. Sie sind stolz auf ihre Kochkünste, achten genau auf ihre Einkünfte und legen keinen besonderen Wert auf Bequemlichkeit.«

Weitere Gruppen bildeten mit 14 Prozent die *Gleichgültigen*; mit 13 Prozent die *Bequemen*; mit 8 Prozent die *Selbstzufriedenen* und mit 5 Prozent die *Besorgten.* Die Mitglieder der letzten Gruppe zeigen sich »reizbar, besorgt um Gesundheit, Krankheitserreger und Hygiene, negativ gegenüber Gepflegtheit und Frühstück, aber gleichzeitig auch bequem und ohne Sinn für Sparsamkeit«.

An sich handelt es sich hier um durchaus interessante Ergebnisse, aber als sich die Werbeagentur den Produktgebrauch in den sechs verschiedenen Segmenten vornahm, zeigte sich nirgends eine bedeutsame Abweichung. Zum Beispiel benutzten 32 Prozent der Selbstzufriedenen und 65 Prozent der Besorgten Medikamente gegen Unwohlsein. Die anderen lagen zwischen den beiden Extremen. Diese Zahlen mögen ansehnlich erscheinen, aber sobald man 32 Prozent mit den 8 Prozent Zufriedenen multipliziert und 65 Prozent mit den 5 Prozent Besorgten, schmilzt der Unterschied im tatsächlichen Produktgebrauch beider Gruppen fast zu nichts zusammen.

Noch deutlicher zeigt sich das am Gebrauch von Schmerzmitteln. 91 Prozent der Bequemlichen und 81 Prozent der Selbstzufriedenen benutzten solche Medikamente. Die anderen vier Gruppen lagen dazwischen. Daraus läßt sich ersehen, daß man die Bevölkerung zwar in psychographische Segmente unterteilen kann, daß sich jedoch oft kein praktischer Nutzen daraus ergibt.

Einen weiteren azerebralen Ansatz zur Marktsegmentierung stellte 1978 SRI International mit seinem Values and Lifestyles (VALS)-Programm vor. Mit dem ursprünglichen VALS-Verfahren wurde die Bevölkerung nach psychologischen Gesichtspunkten in vier Persönlichkeitsgruppen eingeteilt, die ihrerseits jeweils neun Lebensstilmerkmale aufwiesen. Übriggebliebene etwa sind nach diesem Modell alte, sehr arme und ängstliche Eigenbrötler, während Zugehörige ältere Herrschaften mit traditionellen, höchst patriotischen und sentimentalen Vorstellungen sind. Diese Erkenntnisse verkauft SRI immer noch, »um die Leistungsfähigkeit Ihrer Positionierungsmaßnahmen, neu eingeführten Produkte, Verkaufs- und Sonderaktionen, Werbekampagnen und der Auswahl von Befragten zu erhöhen«.

Viele Marketingmanager hatten jedoch Probleme, als sie die Segmente verwenden wollten. »Es ist völlig unmöglich, die Kunden so zu klassifizieren, daß eine Gruppe für alle Einkäufe steht«, meinte ein Marktforschungsleiter von General Mills. Noch deutlichere Worte fand Gerald Schoenfeld, der Präsident der gleichnamigen Beratungsagentur für die Entwicklung neuer Produkte, gegenüber *Adweek's Marketing Week*: »VALS benutze ich nie, und ich kenne auch niemanden, der jemals schon irgendeinen Nutzen daraus gezogen hat. Es spielt doch keinen Rolle, ob der Fahrer einer bestimmten Wagenmarke eine böse Mutter hatte oder nicht. Wer glaubt, daß man die Psyche der Leute in den Griff kriegen und sie dann manipulieren kann, damit sie ein bestimmtes Produkt kaufen, der ist in meinen Augen einfach arrogant.«

1989 führte SRI ein neues VALS-Segmentierungsprogramm ein. Diese Version unterteilt die Verbraucher in drei große Gruppen, die wiederum in jeweils acht Segmente zerfallen. *Grundsatzorientierte* Verbraucher »streben nach Einklang zwischen ihrem Verhalten und ihren Anschauungen über die Welt«. *Statusorientierte* Konsumenten »haben oder suchen einen sicheren Platz in einem geschätzten gesellschaftlichen Umfeld«. *Handlungsorientierte* Verbraucher schließlich »möchten ihre Umgebung auf spürbare Weise beeinflussen«.

Statusorientierte Menschen verfügen über die größten materiellen Ressourcen und bilden das Leistungssegment: »erfolgsgewohnte Leute, die Karriere und Arbeit betonen und dabei das Gefühl haben, ihr Leben zu beherrschen. Sie schätzen Strukturen, Berechenbarkeit und Stabilität höher ein als Risiko, Intimität und Selbsterfahrung... Als Konsumenten bevorzugen sie eingeführte Produkte und Dienstleistungen, die sich im Vergleich zu anderen durchgesetzt haben.«

Wir wagen die Behauptung, daß ein Segmentierungsprogramm ohne konkreten Angebotsbezug einer im Hinblick auf bestimmte Produkte oder Dienstleistungen maßgeschneiderten Segmentierung nie das Wasser reichen kann. Vielleicht läßt sich mit VALS die Welt in kleine Stücke zergliedern, aber ob diese Stücke auch nur zu einer Marke in einem signifikanten Verhältnis stehen, darf bezweifelt werden.

Sicherlich konnten einige Werbeagenturen psychographische Definitionen für ihre kreative Arbeit verwenden. Und natürlich hilft es einem Texter oder Art-director, wenn er weiß, daß sich die Werbung an handlungsorientierte Verbraucher richtet, die »erfolgreich, anspruchsvoll, aktiv und ›Herr der Lage‹ sind, eine hohe Meinung von sich haben und über reichliche Ressourcen verfügen«. Aber solche Definitionen erleichtern bestimmt nicht die Suche nach einem passenden, *gewinnträchtigen* Zielmarkt.

Segmentierung nach Bedürfnissen und Wünschen

Einen wichtigen Schritt in der Marktsegmentierung vollzog in den späten sechziger Jahren Dr. Russell Haley, der ehemalige Marktforschungsleiter bei Grey Advertising, später einer der Gründer von AHF Research und zur Zeit Professor für Marketing an der University of New Hampshire. Haley zeigte, daß die Segmentierung im Hinblick auf Konsumentenbedürfnisse der Unterteilung mittels psychographischer Merkmale weit überlegen war. Mit seinem wegweisenden 1968 im *Journal of Marketing* erschienenen Aufsatz legte Haley den Grundstein für die spätere Vorzugssegmentierung.

Verschiedene Menschen, so Haley, erwarten sich auch unterschiedliche Dinge von einem Produkt. Bei einer Zahncreme interessieren sich einige Leute für Kariesvorsorge, manchen geht es um strahlend weiße Zähne, andere suchen etwas gegen Mundgeruch, und wieder andere schielen nur nach dem Preis.

Haley ließ eine große Repräsentativgruppe von Käufern fünfzig bis hundert Vorzüge (z. B. verhindert Karies) und Eigenschaften (z. B. schmeckt super) einer Zahncreme hinsichtlich ihrer Bedeutung bewerten. Dann unterteilte er die Leute mittels Clusteranalyse in Vorzugssegmente, das heißt Käufergruppen, die von einem Produkt verschiedene Vorzüge erwarten. Die Logik dieses Ansatzes erschien zwingend, zumal er sich auf jede Form von Geschäftstätigkeit anwenden ließ: auf Produkte wie Dienstleistungen, auf Investitionsgüter nicht weniger als auf Konsumgüter.

Im nachhinein kann es kaum verwundern, daß diese Methodik als beliebteste Form der Segmentierung fast zwei Jahrzehnte lang das Marketinggeschehen bestimmte. Vorzugssegmente wurden enthüllt und untersucht in so verschiedenen Produktkategorien wie Flugreisen, alkoholische Getränke, Kreditkarten, Computer-Software, Gefriergerichte für die Mikrowelle, Schwerindustrieausrüstung, Rasenmäher, Büroausstattung, kleine Segelboote, Limonaden, Fernmeldetechnik und Traktoren.

Was an diesen Ansätzen nicht stimmt

Wir behaupten, daß all diese Kniereflex- und azerebralen Ansätze zumindest vier Problembereiche aufweisen.

1. *Die Homogenitätsfrage* oder eigentlich der Mangel an Homogenität stellt eine gravierende Beeinträchtigung dar. Die meisten Zielgruppen, seien es achtzehn- bis neunundvierzigjährige Frauen, starke Verbraucher, Babyboomer, Graue Panther, Zugehörige, Erfolgstypen oder Leute, die eine gutschmeckende Zahncreme wollen, zeigen viel mehr Heterogenität als Homogenität. Hinter einem oberflächlichen Schleier der Ähnlichkeit verbergen sich bedeutsame Unterschiede.

Wenn ein Unternehmen solch ein Segment unter die Lupe nimmt, fragt es eigentlich, ob sich diese Zielgruppe auch noch in anderer Hinsicht abhebt als nur durch die Variable, die sie definiert. Aber die Antwort lautet oft nein. Starke Verbraucher zum Beispiel gleichen sich in so gut wie nichts anderem als in ihrem Konsumverhalten und vielleicht noch in ihrer Familiengröße.

2. *Die Unterscheidungsanforderung*. Ein Unternehmen sollte sich die Frage stellen, ob diese Gruppen von beispielsweise geschmacksbewußten oder preisbewußten Verbrauchern im Supermarkt auffallen. Man fragt also nach dem Verhalten und nicht nach demographischen, psychologischen oder geographischen Merkmalen. Das Unternehmen kann natürlich in Erfahrung bringen, daß die starken Verbraucher von Spaghettisauce mehr davon kaufen als die schwachen Konsumenten. Aber damit ist man keinen Schritt weitergekommen. Die Manager müßten eigentlich herausfinden, welche schwachen Verbraucher man zu einem verstärkten Konsum der Fertigspaghettisauce bewegen kann.

Leider erweisen sich die Resultate einer Untersuchung demographischer, psychographischer oder geographischer Gruppen im Hinblick auf Markenvorlieben oder, besser noch, besonderes Kaufverhalten allesamt als deprimierend. Nur selten erklärt eine Segmentierung mehr als 10 Prozent der Abweichung. Demographische Verbrauchermerkmale *könnten* also bis zu 10 Prozent des Umsatzes von Fertigspaghettisauce erklären. Wenn jemand auch nur 15 Prozent der Abweichung erklären könnte, dann würde man ihn auf den Schultern in die Ruhmeshalle der Marktforschung tragen.

3. *Die Rentabilitätsfrage*. Die meisten Marketingmanager und Marktforscher würden sich zumindest in der Theorie der Aussage anschließen, daß man bei der Wahl eines Zielmarktes die Rentabilität der potentiellen Kun-

den berücksichtigen sollte. In der Praxis sieht es jedoch so aus, daß sie die Gewinnträchtigkeit fast immer ignorieren. Öfter als es dem Unternehmen lieb sein kann, entscheiden sie sich für eine Zielgruppe nur aufgrund ihrer Ausstrahlung. Sie erscheint als eine logische und überzeugende Alternative (wenn nicht für den Marketingfachmann, so zumindest für seinen Chef).

Starker Tobak, mag sein, aber wir befragten Beratungsunternehmen, die erst jüngst Segmentierungsuntersuchungen durchgeführt hatten, und stellten fest, daß sich die Marktforscher ungelogen aus Gründen wie den folgenden lieber für die eine als die andere Gruppe entschieden:

- Die beste Zielgruppe bot die stärksten Verbraucher.
- Diese Leute suchen nach Produktvorzügen, die die Marke unseres Klienten bieten kann.
- In diesem Segment befinden sich mehr achtzehn- bis vierunddreißigjährige Frauen als in allen anderen, und an diese Gruppe hat sich der Klient ja schon immer gewandt.

Manager, die sich reflexartig für achtzehn- bis vierunddreißigjährige Frauen entscheiden oder sich völlig azerebral auf Erfolgstypen festlegen, verschwenden keinen Gedanken an die Rentabilität.

Die meisten Marketingfachleute und Marktforscher vernachlässigen bei der Bestimmung des Zielmarktes die Gewinnträchtigkeit. Nach unserer Überzeugung liegt das daran, daß nur die wenigsten von ihnen die Ergebnisse der sehr umfangreichen Repräsentativumfragen, wie sie von den meisten Werbeagenturen zu Segmentierungszwecken durchgeführt werden, so in den Computer eingeben können, daß sie eine Antwort auf die Frage nach der besten Zielgruppe erhalten.

Dies stellt besonders für die Segmentierung nach Vorzügen ein heikles Problem dar, weil die Methode zum einen solche Popularität genießt und zum anderen auf den ersten Blick sehr sinnvoll erscheint. Versetzen wir uns einen Augenblick in die Lage von Managern bei der Fluggesellschaft United Airlines, die gerade eine solche Studie abgeschlossen haben. Ein Segment sticht uns besonders ins Auge: die »zeitbewußten« Kunden, denen mehr als allen anderen an Pünktlichkeit liegt. Diese Fluggäste machen 37 Prozent aller Geschäftsreisenden und 51 Prozent des Umsatzes im Flugverkehr aus. Klingt doch aufregend, oder?

Was uns die Vorzugssegmentierung leider verschweigt – es sei denn, wir fangen mit einer wirklich gründlichen Analyse der Daten an –, ist, daß diese Reisenden am liebsten mit den Linien American und Northwest fliegen und mit der Pünktlichkeit beider Gesellschaften hoch zufrieden sind.

Die United könnte also den beiden Konkurrenten kaum einen Kunden abjagen. Schlimmer noch, bei United steckt man das Geld gern in Fernsehwerbung, doch die zeitbewußten Reisenden sind sehr anspruchsvoll und sehen kaum fern. Ein Frontalangriff auf dieses oberflächlich betrachtet sehr attraktive Segment würde sich also wegen der falschen Botschaft und Medienstrategie sehr wahrscheinlich als Reinfall erweisen.

4. *Das Leistungsproblem.* Unternehmen benehmen sich manchmal so, als ginge sie ein Marketingplan nach seiner Umsetzung nichts mehr an. So erstaunlich das klingen mag, die Marketingabteilung muß dem Führungsmanagement keine Rechenschaft ablegen. Es fehlt einfach an einem geeigneten Erfolgsmaßstab. Wir wissen, daß aktuelle Ansätze im Marketing oft zu enttäuschenden, wenn nicht gar deprimierenden Verkaufsresultaten führen. Die Unternehmen suchen sich ihre Zielmärkte ohne großen Denkaufwand aus, und die Programme spiegeln das natürlich wider. Wir haben Kampagnen erlebt, die die schwachen Konsumenten mehr bewegten als die eigentlich gemeinten starken Verbraucher. Und wir haben Eigenschafts- und Vorzugskampagnen gesehen, die die Leute außerhalb der Zielgruppe mehr ansprachen als die in ihr. Die Marketingmaßnahmen erzielten zwar Ergebnisse, aber nicht die eigentlich erwarteten. Und gemessen daran waren sie einfach Fehlschläge.

Wir können es recht gut verstehen, wenn ein Markenmanager oder eine Werbeagentur dem leitenden Management solch ein Fiasko verschweigt. Dem Topmanagement kommt es nur auf Resultate an, nicht wodurch diese Resultate erzielt oder vielmehr nicht erzielt wurden. Deshalb kann man diese Mängel in der Kampagne als etwas anderes ausgeben, wenn nicht sogar als Erfolg. Aber weil die Unternehmen aus solchen Flops nichts lernen wollen, machen sie einfach so weiter wie immer – und verschwenden ihr Geld.

Dabei lassen sich diese Schwächen mit Händen greifen. Marketingexperten sollten sich fragen:

- Welche Methode ist zur Segmentierung meines Marktes am geeignetsten?
- Wie kann ich nach der Segmentierung die beste Zielgruppe finden?
- Was wird der ergiebigste und gewinnträchtigste Zielmarkt sein?

Wie man den optimalen Zielmarkt findet

Zur Beantwortung dieser Frage wollen wir ein neues Produkt erfinden und den Prozeß beschreiben, der zur Ermittlung des finanziell optimalen Zielmarkts für dieses Produkt führt. Unsere Ausführungen stützen sich auf einen Fall aus der Wirklichkeit. Wir haben ihn jedoch sorgfältig getarnt, um einen mittlerweile bekehrten Klienten zu schützen, der die schlechte Angewohnheit hatte, seine Entscheidungen zur Zielplanung ständig per Knierereflex, sprich: völlig falsch, zu treffen.

Unsere hypothetische Kreditkarte mit dem Namen »Sesam-öffne-dich-Urlaubskarte« wendet sich an Reisende und bietet die folgenden Leistungen und Vorzüge: einen hohen Kreditrahmen, mit dem der Kunde einen teuren Urlaub in Übersee buchen kann; Preisnachlässe für Kreuzfahrten, Hotels und Autovermietungen; Rückzahlung in kleinen Monatsraten oder als Gesamtbetrag; niedrige Kreditzinsen; kostenlose Reiseschecks; kostenlose Versicherung für den Fall einer Reisestornierung; und internationale medizinische Versorgung.

Unterstellen wir einfach, daß sich die Sesam-öffne-dich-Urlaubskarte verwirklichen ließe. Wie sähe der Markt für dieses Angebot aus?

Potentielle und aktuelle Kunden

Da es sich hier um ein neues Produkt handelt, muß zuerst der Unterschied zwischen *potentiellen* und *aktuellen* Kunden klargestellt werden. Potentielle Kunden eines Unternehmens haben ein bestimmtes Produkt noch nie gekauft, die aktuellen Kunden hingegen schon. Besonderes Gewicht kommt dieser Frage in Produktkategorien zu, in denen die Leute nur zwei oder drei verschiedene Marken benutzen und die Markentreue an erster Stelle steht. Beispielsweise verwenden die industriellen Kunden von Computerunternehmen höchstens drei verschiedene Computersysteme. Sie benutzen vielleicht viele verschiedene Kopierer- und Faxmarken, aber bestimmt keine zwanzig Computersysteme. Selbst bei manchen Konsumgütern wie Zigaretten, Abführmitteln, Medikamenten, 35 mm-Filmen und Zahncreme zeigen viele Menschen eine erstaunliche Markentreue.

Dies steht in krassem Gegensatz zu Produkten wie Papierhandtüchern, Knabbergebäck, Scheuerpulver, Plastikmülltüten und Gesichtstüchern, denen der Kunde praktisch überhaupt nicht die Treue hält. Durchaus möglich, daß er sich bei jedem Supermarkteinkauf wieder für eine andere Marke entscheidet.

Für Kategorien, in denen die Leute nur ein, zwei oder höchstens drei Marken kaufen, steht die Markentreue im Vordergrund, und in diesem Fall ist der aktuelle Kunde auch der beste zukünftige Kunde. Außerdem ist es in vielen Produktkategorien wie Kreditkarten, Versicherungen oder Zeitschriftenabonnements viel billiger, die vorhandenen Kunden zu halten, als neue zu finden.

Für unser Planspiel Sesam-öffne-dich-Urlaubskarte wollen wir jedoch von einem neuen Produkt ausgehen. Das Unternehmen sucht also nach potentiellen Kunden. Als ersten Schritt listet man Merkmale auf, die die Segmentierung einzelner Gruppen im Hinblick auf die Sesam-Karte ermöglichen. Zur Bestimmung dieser Merkmale hält das Unternehmen Brainstorming-Sitzungen ab, richtet Fokusgruppen ein und versucht mit allen zu Gebote stehenden Mitteln, die Marktdimensionen der Karte festzulegen. Basierend auf diesen Dimensionen verfaßt man einen Fragebogen, und die Marktforscher führen Heimgespräche mit einer Repräsentativauswahl potentieller Kunden. Der Interviewer legt jedem Befragten eine Liste von Aussagen vor, die sich mit der Einstellung zum Reisen, zu Interessen, Hobbys und dergleichen befassen. Die Befragten bewerten jede Aussage daraufhin, wie treffend sie die eigene Haltung wiedergibt. Dazu steht ihnen eine Skala von fünf Kriterien zur Verfügung: »Unbedingt«; »sehr stark«; »ein wenig«; »kaum«; oder »überhaupt nicht«. Die Aussagen können zum Beispiel so aussehen:

- Ich bin ein Mensch, der sich gerne so richtig vergnügt.
- Ich bin ein Mensch, der lieber auf eine Party geht als zu Hause ein Buch liest.
- Ich bin ein Mensch, der keine fünf Minuten still sitzen kann.
- Wenn ich in eine neue Stadt komme, dann gehe ich sofort ins Museum.
- Ich sehe mir meistens lieber ausländische Filme an als inländische.

Aber nachdem man all diese interessanten Daten gesammelt hat, übernimmt das vegetative Nervensystem das Ruder, und der Produktmanager sieht sich dem unerbittlichen Sog einer vorläufigen Entscheidung zur Zielplanung ausgesetzt. Er kommt zu dem Ergebnis – zugegebenermaßen ein logisch scheinender Schluß –, daß die zwei Schüsselvariablen Einkommen und Einstellung zum Kredit sind. Je günstiger das Abschneiden einer Person in *beiden* Fragen, desto attraktiver ist sie auch als potentieller Kunde.

Zum Beweis seiner Argumentation ließ unser Produktmanager die Untersuchungsdaten in die unten aufgeführten neun Zellen unterteilen.

Ertragspotential der Befragten pro Zelle

	Einkommen		
Einstellung zum Kredit	*Niedrig*	*Mittelmäßig*	*Hoch*
Ablehnend	$ 16	$ 50	$ 75
Gleichgültig	$ 41	$ 90	$ 205
Bejahend	$ 110	$ 225	$ 290

Die Tabelle entspricht so ziemlich unseren Erwartungen: Leute mit niedrigem Einkommen und ablehnender Haltung zum Kredit sind keine grandiosen potentiellen Kunden für die Sesam-öffne-dich-Urlaubskarte. Sie bringen jeweils nur 16 Dollar an potentiellem Jahresertrag. Betuchte Leute mit bejahender Einstellung zum Kredit machen da schon einen viel gewinnträchtigeren Eindruck. Mit ihnen lassen sich pro Person und Jahr immerhin 290 Dollar verdienen.

Die neun Zellen fassen wir in drei »Zielgruppen« zusammen: »heiß«, »warm« und »kalt«. In diesem Fall finden wir die primäre Zielgruppe der »heißen« Kandidaten in den drei Bereichen unten rechts. Die mittelmäßige/bejahende Gruppe mit einem potentiellen Jahresertrag von 225 Dollar; die hohe/gleichgültige Gruppe mit 205 Dollar und die hohe/bejahende Gruppe mit 290 Dollar. Diese drei machen 45 Prozent des Ertragspotentials, aber nur 20 Prozent der Leute aus.

Die sekundäre Zielgruppe der »warmen« Kandidaten verläuft in der Diagonale von niedrig/bejahend über mittelmäßig/gleichgültig bis zu hoch/ablehnend. Sie repräsentieren 45 Prozent der Befragten, aber nur 35 Prozent des Ertragspotentials.

Die »kalte« dritte Gruppe der Leute in den drei Bereichen oben links macht 35 Prozent der Bevölkerung, aber nur 20 Prozent des möglichen Ertrags aus. Es ergibt sich folgende Verteilung:

Unterteilung des Produktmanagers

	Heiße Kandidaten	*Warme Kandidaten*	*Kalte Kandidaten*
Prozentsatz der Bevölkerung	20%	45%	35%
Prozentsatz der Ausgaben	45%	35%	20%

Ganz aufgeregt über seine »Entdeckung« verkündet der Produktmanager: »Die Suche nach dem neuen Zielmarkt ist vorbei. Wir haben die besten potentiellen Kunden gefunden.« Wieder ein Marketinggeneral, der die Truppen seines Unternehmens ins Verderben stürzt. Und leider Gottes muß man sagen, daß so etwas an der Tagesordnung ist.

Ein anderes Unternehmen würde den Markt vielleicht lieber azerebral segmentieren und sich besonders an die beliebtesten Urlaubsbeschäftigungen der Leute halten wie Campen, Kreuzfahrten oder Klettern. Dieses Unternehmen sucht sich seine Zielgruppe automatisch im Hinblick auf das Verhalten der Leute aus.

Aber an welchen Kandidaten sollte sich das Unternehmen nach der mühsamen Segmentierung des Marktes orientieren? An der größten Gruppe? An der Gruppe, die den größen Marktanteil ausmacht? An der kleinen, aber starken Verbrauchergruppe? Leider entscheiden sich viel zu viele Marketingmanager an dieser Stelle für die Gruppe, die am meisten Umsatz verspricht. Die »heißen« Kandidaten behalten fast immer die Oberhand.

Umsatz ist nicht gleich Gewinn

Die Wahl der umsatzträchtigsten Gruppe mag auf den ersten Blick vernünftig erscheinen, aber sie ignoriert die Frage der Rentabilität. Oder der Marketingfachmann unterstellt, daß der Umsatz auch die Gewinne nach sich zieht. Noch wahrscheinlicher ist jedoch, daß die Leistungen der Marketingabteilungen an den Verkaufszahlen gemessen werden.

Aber um eine echte Wirkung zu erzielen, muß der Marketingexperte viele verschiedene Möglichkeiten der Marktsegmentierung ins Auge fassen und gleichzeitig ihre Rentabilität taxieren. Er muß alles ins Kalkül ziehen, von einfachen demographischen Daten bis hin zu komplexen psychographischen Angaben und Clusteranalysen zur Verbrauchereinstellung. Dazu gehören Ansatzpunkte wie Persönlichkeitszüge, soziale Werte, Kategorieverbundenheit, Gebrauchsverhalten und die vom potentiellen Kunden erwünschten Eigenschaften oder Vorzüge.

Ein Unternehmen muß all diese Möglichkeiten unter die Lupe nehmen, denn, so argumentierte Daniel Yankelovich schon vor mehr als dreißig Jahren:

Vor der Erkundung des Marktes wissen wir nicht, welche Segmentierungsmethoden für bestimmte Produkte oder Dienstleistungen die besten sind. Wir sollten uns nicht den Horizont verstellen, ehe wir nicht alle Alternativen überprüft haben.

Die wenigsten Marketingspezialisten würden abstreiten, daß man den Markt auf sehr verschiedene Weise segmentieren kann. Einige würden vielleicht sogar unserer Behauptung zustimmen, daß man die beste Segmentierungsmöglichkeit nicht von vornherein kennen kann. Dennoch tun viele von ihnen so, als hätten sie das einzig richtige Segment für ein bestimmtes Produkt auch ohne Untersuchungen oder Meinungsforschung in der Tasche. Sie würzen ihre Ansichten zur Sache mit Aussagen wie: »Ich bin schon seit zehn/fünfzehn/vierzig Jahren in diesem Geschäft, und ich *weiß* einfach, wer das Produkt kaufen wird...«; oder: »Ich war zehn Jahre im Außendienst/in einer Zweigstelle/im Einzelhandel, und unsere Kunden...«

Diese Marketingmanager erliegen einem Trugschluß. Sie mögen zwar ihre eigenen Erfahrungen genau wiedergeben (obwohl nicht einmal das gesichert ist), aber sie können daraus keine verallgemeinernden Schlüsse auf die neue Situation ziehen. Wer so handelt, der verfolgt in der Zielplanung einen Kniereflex- oder einen azerebralen Ansatz. Erinnern wir uns: Ein Unternehmen muß zur Wahl des rentabelsten Zielmarkts Tausende von Optionen beurteilen. Und trotzdem entscheiden sich Marketingmanager Tag für Tag gedankenlos für einen Zielmarkt oder ein Segmentierungskriterium und sabotieren damit, ohne es zu wollen, ihre eigenen Anstrengungen und ihr Unternehmen. Der umsichtige Marketingmanager dagegen bedient sich zur Segmentierung der verschiedensten Methoden, einfacher und komplexer, die sich auf Theorien und vorliegende Forschungsergebnisse stützen. Die so ermittelten Segmente geht er dann einzeln und anhand von vernünftigen und *gewinnorientierten* Kriterien durch. Würden alle Marketingfachleute so verfahren, dann käme es zu einer Marketing-Revolution.

Der Auftakt zur Suche nach dem Zielmarkt

Wenn ein Unternehmen nach einem Zielmarkt für die Sesam-öffne-dich-Urlaubskarte suchen würde, wie viele Faktoren hätte man zu berücksichtigen? Zwanzig? Fünfzig? Wir fanden sehr viel mehr, als wir einem Unternehmen für Finanzdienstleistungen bei einem sehr ähnlichen Produkt mit einem Optimierungsansatz beratend zur Seite standen.[1]

---

1 Für ihren Beitrag zu diesen Darlegungen bedanken sich die Autoren bei Professor Mary Lou Roberts (University of Massachusetts in Boston) und Professor Melanie Lenard (School of Management, Boston University).

Die Segmentierung vollzieht sich in einem fünfstufigen Prozeß.

1. *In der ersten Phase der »Hypothesenentwicklung« überprüften wir zurückliegende Nachforschungen des Unternehmens.* Wir werteten sekundäre Quellen aus – gemeinsame Marktforschung, veröffentlichte Artikel, Aufsätze und so weiter –, um uns über den Erkenntnisstand anderer Unternehmen über den Kreditkartenmarkt zu informieren. Zur Erzeugung von Ideen hielten wir auf den verschiedenen Managmentebenen des Unternehmens wie Marketing, Finanzabteilung und Geschäftsbetrieb eingehende Beratungen ab und führten ein Dutzend Fokusgruppengespräche mit Leuten, die die Zahlungsmittel des Unternehmens entweder benutzten oder nicht.

All diese Bemühungen bescherten uns eine lange Liste von Faktoren und Variablen, die sich nach unserer Auffassung und der unseres Klienten auf den Besitz und Umgang mit Kreditkarten und anderen Zahlungsmitteln auswirken. Natürlich standen auch Einkommen und Einstellung zu Krediten auf unserer Liste. Einige Faktoren wie zum Beispiel Religion mögen seltsam anmuten, aber selbst in den achtziger Jahren, als wir diese Studie durchführten, hatten Religion und Religiosität sehr viel damit zu tun, wie die Leute mit Krediten umgingen. Auch die relative Einkommenshöhe, also das Haushaltseinkommen des Befragten im Vergleich zu dem seiner Nachbarn, erwies sich als bedeutsam. Wenn eine Familie 150000 DM im Jahr verdient und die Nachbarn verfügen alle über 300000 DM, dann ist die Familie *relativ gesehen* arm. Die relative Einkommenshöhe wirkt sich genauso nachhaltig auf das Verhalten der Familie aus wie die absolute.

2. *Nach der Ermittlung all dieser Faktoren entwarfen wir eine Reihe von Fragen für Meinungserhebungen.* Diese Fragen unterwarfen wir einem vorläufigen Test, um zuverlässige und gültige Maßstäbe zu erhalten. Wir legten zum Beispiel denselben Leuten bestimmte Fragen zu verschiedenen Zeitpunkten vor. Wenn wir innerhalb eines engen Abweichungsspielraums von ± 3 Prozent die gleichen Antworten erhielten, dann stuften wir die Fragen als *zuverlässig* ein. Darüber hinaus bot eine sorgsame Formulierung der Fragen und Auswertung der Antworten die Gewähr dafür, daß wir durch die gewonnenen Daten Aufschlüsse über den Gegenstand unseres Interesses erhielten. Die Fragen durften daher auch *Gültigkeit* für sich in Anspruch nehmen.

Dieser Punkt ist von zentraler Bedeutung. Wir können nicht einfach fragen: »Wie wichtig ist Ihnen Kultur?«, weil praktisch jeder antworten wird: »Sehr wichtig.« Marktforscher müssen also Fragen stellen wie: »Wie oft gehen Sie ins Museum?« Oder sie benutzen eine »Trifft-auf-mich-zu«-/

»trifft-nicht-auf-mich-zu«-Skala mit Aussagen wie »Ich besuche gerne Museen in fremden Ländern« oder »ich interessiere mich sehr fürs Theater«. Um einen Faktor zuverlässig und gültig zu messen, benutzt ein sorgfältiger Meinungsforscher mehrere Fragen, die in die gleiche Richtung zielen, und berechnet daraus den Durchschnitt. Je mehr Fragen sich auf einen Faktor beziehen, desto genauer fällt auch das Ergebnis aus.

3. *Nach der Entwicklung und dem vorläufigen Test der Fragen befragte unser Unternehmen eine repräsentative Gruppe* von 2800 Amerikanern mit einem Jahreseinkommen von mindestens 10000 Dollar in ihren Wohnungen. Wir unternahmen also keinen Versuch der Marktsegmentierung, der sich nur auf zwölf Fokusgruppen, hundertfünfzig zufällige Besucher eines Einkaufszentrums oder die erstbesten dreihundert Leute stützte, die sich dazu bereit fanden, unsere Fragen am Telefon zu beantworten.

4. *Aus den Umfrageergebnissen gewannen wir sechsundfünfzig verschiedene Segmentierungskriterien.* Wir leiteten diese Variablen auf unterschiedliche Weise her. Einige stützten sich auf recht einfache, direkte Fragen wie: »Wie alt sind Sie ungefähr?«; andere beriefen sich auf Informationen über die Befragten, die wir schon vor der Erhebung hatten, wie zum Beispiel ihr Wohnort. Viele Kriterien erwiesen sich jedoch als äußerst komplex und gingen aus von:

- *Multivariablen statistischen Analysen.* Zum Beispiel untersuchte der Computer in einer Clusteranalyse alle Antworten, um die Leute in ähnliche Gruppen zu unterteilen.
- *Arithmetischer Berechnung einfacher Variablen.* Zum Beispiel berechneten wir den Marktanteil des Unternehmens am Kreditumsatz. Dazu nahmen wir die gesamten Kreditkartenbuchungen jedes einzelnen Befragten und teilten sie durch den Anteil des Unternehmens daran. Wenn sich also die jährlichen Kreditkartenbuchungen einer Person auf 3000 Dollar beliefen und 1000 Dollar davon auf die Kreditkarte des Unternehmens entfielen, dann lag der Marktanteil des Unternehmens bei 33,3 Prozent.
- *Gemischten Analyseebenen.* Wir ermittelten beispielsweise die relative Einkommenshöhe als Prozentsatz des angegebenen Durchschnittseinkommens der Befragten in derselben Gegend.
- *Kombinierten Gesichtspunkten.* Diese Variablen entwickelten wir aus der Verbindung von Angaben zu verschiedenen Fragen. Zum Beispiel definierten wir den sozioökonomischen Status als Kombination des Haushaltseinkommens, des Bildungsniveaus und der beruflichen Tätigkeit des Haushaltsvorstands.

Potentielle Segmentierungsvariablen

Demographische Variablen

- Alter
- Beruf (des Befragten und des Haushaltsvorstands)

Berufsstatus (des Befragten und des Haushaltsvorstands)

Region

Derzeitiger Wohnort (Stadt, Vorstadt, Land)

Derzeitiger Wohnort (Einwohnerzahl)

Politische Orientierung

Besitzstand

- Religion und Religiosität
- Bildung

Geographische Mobilität

- Geschlecht
- Einkommen (eigenes und das des Haushalts)

Einkommen (relativ)

Vergleichbarkeit mit anderen Karteninhabern[a]

Soziale Mobilität

- Lebensabschnitt[b]
- Sozioökonomischer Status[c]
- Sozioökonomischer Status II[d]

Ehestand

Kreditkartenvariablen

Aktueller Betrag der Kreditkartengebühren

Alter beim Erwerb einer Kreditkarte

Flugreiseversicherung

In Anspruch genommene Bankdienstleistungen

- Kreditkarte zum erstenmal erworben
- Besitz einer Kreditkarte

Inlands- oder Auslandsreisen

- Lebensstilaktivitäten[e]
- Medienbegegnungen

Prozentsatz des Kreditgebrauchs[f]

Gebrauch der Karten des Klienten und der Konkurrenz in und außerhalb der Stadt

- Gebrauch durch Verkaufsmanager für persönliche/geschäftliche Zwecke

Andere Verhaltensvariablen

Medienbegegnungen

- Beziehungen zum Unternehmen des Klienten[g]

Gebührenanteil[h]

- Gebührenanteil/Besitzanteil
- Besitzanteil[i]

Gebrauchsanteil/Besitzanteil

Gebrauchsanteil/Transaktionen

- Reisehäufigkeit

In welcher Umgebung aufgewachsen

Gebrauch der Finanzdienstleistungen des Klienten

- Urlaubsreisen

Einstellungsvariablen

- Einstellung zum Klienten

Vertrautheit mit Kreditkarten[e]

- Einstellung zum Kredit[e]

Vertrautheit mit führenden Kreditkarten

Einstellung zum Reisen

Einschätzung des Familieneinkommens

- Ansicht/Einstellung zu Zahlungsmitteln

Einschätzung der persönlichen finanziellen Lage[e]

- Vorzüge der Zahlungsmitteldienstleistungen[e]
- Reise- und Speisefragen[e]
- Kreditkarte, die als erstes einfällt

Bevorzugte Kreditkarte (d. h. beste Karte)

Die Gesamtliste aller sechsundfünfzig Variablen folgt später. Da sich viele dieser Punkte aus mehr als einem Segmentierungskriterium zusammensetzen, sind es ingesamt eigentlich hundertdreißig. Eine Reihe dieser Variablen errechneten wir für jede einzelne der sechs führenden Kreditkarten.

Auch wenn wir diese Variablen speziell für eine Kreditkarte entwickelten, ist der *Prozeß* selbst bei allen Produkten und Dienstleistungen der gleiche. Festzuhalten ist in diesem Zusammenhang, daß weder Marketingmanager noch Marktforscher vor der Durchführung der Erhebungen wissen können, welche potentiellen Segmentierungskriterien für ein bestimmtes Produkt eine wichtige Rolle spielen werden.

Anmerkung: Bei einigen dieser Punkte beschränkten wir uns nicht nur auf eine Segmentierungsmethode. Unter den Einstellungsvariablen berechneten wir beispielsweise die Vorzüge der Zahlungsmitteldienstleistungen für jede einzelne der sechs führenden Kreditkarten.

Die fünfundzwanzig Faktoren, die am deutlichsten Aufschluß über den möglichen Gebrauch der Sesam-öffne-dich-Urlaubskarte geben, haben wir mit einem vorangestellten Punkt gekennzeichnet. All diese Faktoren besitzen hohe Unterscheidungskraft.

a. Wir errechneten standardisierte Bewertungen für Alter, persönliches Einkommen und Reisehäufigkeit und ermittelten daraus einen Durchschnitt; auf dieser Grundlage konnten wir jeden potentiellen Kunden mit dem Durchschnitt aller Kartenbesitzer vergleichen.

b. Jung und ledig, jung und verheiratet ohne Kinder; verheiratet mit jungen Kindern (unter dreizehn); verheiratet mit älteren Kindern (zwischen dreizehn und siebzehn); verheiratet mit erwachsenen Kindern (achtzehn und älter); älter, verwitwet, geschieden, keine Kinder; geschieden, junge Kinder; geschieden, ältere Kinder.

c. Wir wählten eine Kombination aus Haushaltseinkommen, Beruf des Haushaltsvorstands und Bildungsniveau des Befragten, um den sozioökonomischen Status zu messen.

d. Eine Bewertung des persönlichen Einkommens, Berufs- und Bildungsniveaus.

e. Hergeleitet aus Clusteranalysen. Für jedes der angezeigten Segmentierungskriterien bildeten und überprüften wir Clusteranalyse-Gruppen. Zum Beispiel zogen wir für die Vorzüge des Zahlungsmittels drei verschiedene Segmentierungen heran.

f. Von allen Finanztransaktionen des vergangenen Jahres der auf die Kreditkarte entfallende Prozensatz.

g. Eine einfache Bewertung, die sich darauf stützt, ob der Befragte derzeit eine Karte des Klienten besitzt, früher eine hatte oder noch nie eine besessen hat.

h. Von allen angegebenen Kartenbuchungen der auf Produkte des Klienten entfallende Prozentsatz.

i. Von allen Karten im Umlauf der auf den Klienten entfallende Prozentsatz.

---

5. *Nachdem wir zu all diesen hundertdreißig Variablen Daten ermittelt hatten, analysierten wir sie und zusätzlich noch alle möglichen Zweier-Kombinationen.* Beispielsweise haben wir die beiden Variablen Geschlecht und Alter. Beide zusammen ergeben wie im Fall der achtzehn- bis neunundvierzigjährigen Frauen ein neues Kriterium. Da diese Frauen die beliebteste Zielgruppe im amerikanischen Marketing darstellen, mit der die meisten Marktforscher, Marketingmanager und Topmanager vertraut sind, benutzen wir Zweier-Kombinationen, um uns mit aktuellen Vorgehensweisen im Marketing abzustimmen. Aber nirgendwo steht geschrieben, daß man sich in einer solchen Analyse auf Zweier-Kombinationen beschränken muß. Genausogut könnte man Kombinationen aus drei oder mehr Faktoren benutzen, auch wenn die Zahl der so gewonnenen Variablen sehr schnell ins Unermeßliche steigt.

Aber zurück zur Sesam-öffne-dich-Urlaubskarte. Mit den von uns gefundenen 130 Variablen und sämtlichen Zweier-Kombinationen kommen wir auf 8515 verschiedene Möglichkeiten zur Marktsegmentierung. Mit allen Dreier-Kombinationen hätte die Gesamtzahl unser Auffassungsvermögen überstiegen.

Und jede dieser Variablen weist eine Reihe von Kategorien auf. In unserer Tabelle weiter oben zerfällt zum Beispiel das Einkommen in die drei Kategorien niedrig, mittelmäßig und hoch. Aber bei den Regionen oder auch im Fall einiger Clusteranalysen untersuchten wir wesentlich mehr Untergruppen. Im Durchschnitt kamen auf jede der 8515 Möglichkeiten zur Marktsegmentierung fünf Untergruppen. Insgesamt ergaben sich also 42575 mögliche Zielmärkte. Und damit sind wir himmelweit davon entfernt, uns nur auf starke Verbraucher, achtzehn- bis neunundvierzigjährige Frauen oder betuchte, kreditbejahende Leute einzustellen.

Jetzt können wir uns anhand von quantitativen, gewinnbezogenen Gesichtspunkten jede der 42575 Zielgruppen ansehen. Diese Kriterien werden von Marketingexperten oft übersehen, wenn sie alternative Zielmärkte auswerten.

Auch wenn die Ermittlung ihrer Auswirkungen auf jede einzelne Zielgruppe komplexe Berechnungen verlangt – diese Faktoren können den Unterschied ausmachen zwischen einem rentablen und einem nur mittelmäßigen Zielmarkt. Es handelt sich um die folgenden fünf Kriterien:

- *Zugänglichkeit.* Je zugänglicher sich eine Zielgruppe den Marketingmaßnahmen eines Unternehmens zeigt, desto größer ist auch ihr Wert für das Unternehmen.

- *Umsatzpotential.* Ähnliches gilt auch für das Kaufverhalten. Eine Zielgruppe, die mehr von einem Produkt des Unternehmens kauft oder verbraucht, ist natürlich wertvoller als eine Gruppe, die nicht soviel kauft.
- *Wachstumspotential.* Eine wachsende Zielgruppe bietet größere Vorteile als eine stagnierende oder schrumpfende Gruppe.
- *Entscheidungsbefugnis.* Je mehr Verantwortung für Kaufentscheidungen beim potentiellen Kunden liegt, desto bedeutsamer ist er auch für das Unternehmen.
- *Medienbegegnungen und -kosten.* Diese Faktoren müssen wir ebenfalls in Erwägung ziehen, weil die Definition eines durch Medien unerreichbaren Zielmarktes ziemlich weltfremd wäre.

Wir wollen noch einmal zu unserer Sesam-Karte zurückkehren, um den sinnvollen Einsatz dieser gewinnbezogenen Kriterien zu demonstrieren. Der Einfachheit halber wollen wir uns aber auf drei Kriterien beschränken: Zugänglichkeit, Umsatzpotential und Medienbegegnungen und -kosten.

- Wie viele Leute in jeder Gruppe haben Probleme mit der Annahme ihrer Karte? Das heißt, ihre Karte wird vielerorts nicht akzeptiert, wo unsere Sesam-Karte sehr wohl angenommen würde. Je größer die Annahmeprobleme einer Person sind, desto wahrscheinlicher würde sie sich auch zugänglich erweisen gegenüber den Marketingmaßnahmen des Unternehmens.
- Wie viele Leute zeigen eine positive Einstellung gegenüber dem Unternehmen und würden einem Sesam-Marketingprogramm mit Aufgeschlossenheit begegnen?
- Wie viele Kunden mit größerer Zugänglichkeit aufgrund von Annahmeproblemen und positiver Einstellung würden die Karte kaufen und daher welchen Prozentsatz des potentiellen Gesamtertrags ausmachen?
- Was würde es kosten, die einzelnen Gruppen zu erreichen? Wir drücken diese Kosten als Kosten pro tausend (KPT) und in Bruttobewertungspunkten (BBP) aus. Diese Zahlen ermittelt im wirklichen Leben die Werbeagentur des Unternehmens. In unserem hypothetischen, aber durchaus realistischen Fall ist es viel teurer, die Gruppe der heißen Kandidaten zu erreichen als die der kalten Kandidaten.

Wenn man die Daten in den Computer eingibt, erhält man folgende Zahlen:

Einordnung potentieller Kunden

Vom Produktmanager ausgemachte Zielgruppe	*Größe*	*Ertragspotential*	*Annahmeproblem*	*Positive Einstellung*	*Potentieller Wechsel*	*KPT*
Heiße Kandid.	20 %	45 %	50 %	50 %	11,25 %	$ 78
Warme Kandid.	45 %	35 %	70 %	80 %	19,60 %	$ 35
Kalte Kandid.	35 %	20 %	50 %	60 %	6,00 %	$ 26,40

Während also die heißen Kandidaten nur 20 Prozent des Gesamtmarkts ausmachen, repräsentieren sie 45 Prozent des Ertragspotentials. Die Hälfte dieser Gruppe kämpft mit Annahmeproblemen, und wieder die Hälfte zeigt eine positive Einstellung zur Sesam-öffne-dich-Urlaubskarte. Zusammen deutet das auf einen potentiellen Wechsel von 11,25 Prozent oder, anders gesagt, den Ertragsanteil in gleicher Höhe, den die neue Karte erzielen kann. Um zu dieser Zahl zu gelangen, muß man den potentiellen Gesamtertrag von 45 Prozent mit der Zahl der Leute mit Annahmeproblemen, also 50 Prozent, und das so erhaltene Resultat mit dem 50prozentigen Anteil von Leuten mit positiver Einstellung multiplizieren: 45 % × 50 % = 22,5 %; 22,5 % × 50 % = 11,25 %. (In dieser einfachen Veranschaulichung führen wir diese Berechnungen für die Gesamtgruppe durch. In der Praxis empfiehlt es sich jedoch, solche Berechnungen für jeden einzelnen Befragten anzustellen.)

Die sogenannten heißen Kandidaten zeigen sich dem Unternehmen weniger gewogen als die warmen Kandidaten, *und* es kostet viel mehr, sie zu erreichen. Welches ist nun die bessere Gruppe potentieller Kunden? Wo sind die *wirklich* heißen Kandidaten?

Um das herauszufinden, müssen wir die zu erwartende Rentabilität aller drei Zielgruppen errechnen. In diesem Fall benutzen wir die Zahlen aus der vorhergehenden Tabelle und Schätzungen über die Kosten eines kompletten Werbefeldzugs. Wir unterstellen dabei einen Stamm von 10 Millionen potentiellen Kunden und ein Ertragspotential in Höhe von 800 Millionen Dollar. Diese Zahlen sollten sich in der Praxis auf die Marktforschung des Unternehmens stützen.

Anhand dieser Zahlen prognostizieren wir den Ertrag und das maximale Gewinnpotential (Ertrag abzüglich der Werbekosten) jeder Zielgruppe.

Bewertung der Werbung

Vom Produktmanager ausgemachte Zielgruppe	*Größe*	*Zahl der potentiellen Kunden*	*KPT*	*Kosten für 10 000 BBPs*[a]
Heiße Kandidaten	20 %	2 000 000	$ 78	$ 15 600 000
Warme Kandidaten	45 %	4 500 000	$ 35	$ 15 750 000
Kalte Kandidaten	35 %	3 500 000	$ 26,40	$ 9 240 000
	100 %	10 000 000		

a. Um das BBP-Ergebnis zu erhalten, multipliziert man die Kosten pro tausend mit der Anzahl potentieller Kunden geteilt durch tausend, im Fall der heißen Kandidaten also $ 117 × 2000; diese Zahl wiederum multipliziert man mit 100, um 10 000 Bruttobewertungspunkte zu erhalten.

Wir erkennen jetzt, daß die heißen Kandidaten zwar 360 Millionen Dollar vom Gesamtertrag ausmachen, aber nur 90 Millionen Dollar vom prognostizierten Ertrag oder 11,25 % von 800 Millionen Dollar repräsentieren. Diese Zahl liegt unter der der warmen Kandidaten, deren Gesamtertrag zwar kleiner ist, die aber ein wesentlich höheres Wechselpotential aufweisen.

Das maximale Gewinnpotential der warmen Kandidaten liegt daher mit 141 Millionen Dollar weit über dem der heißen Kandidaten mit 74,4 Millionen Dollar. Man muß also unbedingt berücksichtigen, daß der Gesamtmarkt zwar vielleicht 800 Millionen Dollar ausmacht, daß sich aber kein Unternehmen der Hoffnung hingeben kann, den ganzen Markt zu übernehmen. Außerdem sollte man bedenken, daß manche Zielgruppen nur mit einem ungleich höheren finanziellen Einsatz zu erreichen sind.

Bewertung des Gewinnpotentials

Vom Produktmanager ausgemachte Zielgruppe	*Anteil Ertragspotential*	*Gesamtertrag*	*Wechselpotential*	*Prognostizierter Ertrag*	*Maximales Gewinnpotential*
Heiße Kandidaten	45 %	$ 360 000 000	11,25 %	$ 90 000 000	$ 74 400 000
Warme Kandidaten	35 %	$ 280 000 000	19,60 %	$ 156 800 000	$ 141 050 000
Kalte Kandidaten	20 %	$ 160 000 000	6,00 %	$ 48 000 000	$ 38 760 000
	100 %	$ 800 000 000			

Nach diesen Zahlen *erweisen sich die warmen und nicht die heißen Kandidaten als hauptsächlicher Zielmarkt für unsere Sesam-öffne-dich-Urlaubskarte.* Aber dies ist natürlich nur eine Analyse, und wir müssen noch ungefähr 42 572 weitere durchführen. Glücklicherweise nimmt uns der Computer diese Arbeit ab, und so können wir tatsächlich alle Variablen und Variablenkombinationen überprüfen und bewerten, bis wir unseren Kunden schließlich eine einzige Empfehlung geben können.

Auch mit dem Computer ist das eine langwierige und zähe Aufgabe. Von der ersten Datensammlung bis zur Präsentation dauert ein Projekt wie dieses drei Monate und kostet mehr als 100 000 Dollar für Analysezeit und Computergebühren. Und auch wenn das Unternehmen mit seinem Produkt große Erfolge erzielt hat, steht immer noch eine schnellere und weniger teure Methode zur Verfügung, mit der man den gleichen Zweck erreichen kann.

Diese schnellere Lösung gewinnt jedoch nur langsam an Ansehen, weil die Leute von dem gerade beschriebenen Ansatz, den sie gut verstehen, nicht lassen wollen. Die Vorstellung, mit einem Optimierungsmodell Millionen von Möglichkeiten auf ihre Brauchbarkeit abzuklopfen, versetzt viele Manager in Angst und Schrecken. Die meisten Unternehmen wollen von neuen Ansätzen ohnehin nichts wissen. Und diese Technik löst bei den meisten Marketing- und Werbemanagern Unbehagen aus.

Vor mehr als einem Jahrzehnt zum Beispiel brachte eine New Yorker Werbeagentur eine Software für Medienabteilungen heraus. Ausgehend von den Zielvorstellungen des Medienprogramms spielt diese Millionen von Kombinationen durch, um dem Unternehmen die geeigneten Medien anzuzeigen. In einem ersten Test der Werbeagentur erzielten die Empfehlungen der Mediensoftware um 22 Prozent mehr Wirkung als die der Medienplaner. Das Programm schlug die Planer regelmäßig um mindestens 10 Prozent und wurde trotzdem nicht übernommen. Inzwischen ist es von der Werbeagentur aufgegeben worden, weil es als unorthodox und unheimlich empfunden wurde – von den Leuten, die Marketing für eine Kunst und keine Wissenschaft halten.

Ein besserer Ansatz zur Zielplanung

Der Prozeß, den wir am Beispiel der Sesam-Karte veranschaulichten, ist zwar umfassend, aber auch zeitaufwendig und teuer. Es gibt eine andere Möglichkeit. Mit diesem Ansatz lassen sich Fragen der Zielplanung binnen Stunden und mit ungleich geringeren Kosten beantworten.

Betrachten wir die folgende Tabelle. Sie zeigt das Verhältnis zwischen der Fähigkeit eines Unternehmens zur Bestimmung der Merkmale einer Zielgruppe und deren Größe.

Matrix zum Massen-/Direktmarketing

		Größe der Zielgruppe	
		Groß	*Klein*
Fähigkeit zur Bestimmung der Merkmale einer Zielgruppe	Niedrig	Massen	–
	Hoch	–	Direkt

Wenn einerseits die Fähigkeit eines Unternehmens zur Bestimmung der Merkmale einer Zielgruppe niedrig ist und somit die potentiellen Kunden so gut wie keine typischen Kennzeichen aufweisen und wenn andererseits die Zielgruppe sehr groß ist und praktisch jeder im Land als Kunde in Frage kommt, dann kann das Unternehmen mit Techniken des Massenmarketing große Erfolge erzielen. Falls das Unternehmen hingegen die Merkmale des Zielmarktes sehr genau bestimmen kann und dieser relativ klein ist, dann bieten sich Techniken des Direktmarketing an.

Je konzentrierter und kleiner ein Zielmarkt ist und je klarer sich die einzelnen potentiellen Kunden ermitteln lassen, desto billiger wird Direktmarketing durch Briefe, Telefon oder persönliche Verkaufsgespräche. Mit einer steigenden Zahl potentieller Kunden jedoch nimmt die Effizienz des Direktmarketing wegen der wachsenden Kosten immer mehr ab.

Im allgemeinen sind die Marketingmaßnahmen um so erfolgreicher, je genauer ein Unternehmen seine Zielmärkte bestimmen kann. Bei ansonsten gleichen Voraussetzungen kommt es darauf an, möglichst wenig Geld für das Erreichen von Leuten auszugeben, die nie und nimmer zu potentiellen Kunden werden. Die damit eingesparten Mittel kann man wieder in die Marketingarbeit gegenüber wirklich in Frage kommenden Kunden stekken.

Zu diesem Zweck beginnt das Unternehmen bei jedem Befragten einzeln und taxiert anhand der oben erörterten Kriterien seine Rentabilität. Der Marktforscher gibt diese Daten in ein nichtlineares Computerprogramm ein, das gleichzeitig das Umsatzpotential, die Entscheidungsbefugnis, die Zugänglichkeit gegenüber einem bestimmten Produkt und seiner Positionierung, die Medienbegegnungen und die Medienkosten ermittelt.

Im Hinblick auf den Umfang dieser Aufgabe ist das Programm an eine große Datenbank angeschlossen, die entweder exakt auf die Bedürfnisse des Unternehmens zugeschnitten oder von bereits zugänglichen Daten hergeleitet ist. Wir haben mit dem Simmons Market Research Bureau (SMRB) an einer Anwendung des Programms gearbeitet, aber man kann auch auf Mediamark Research oder andere Anbieter zurückgreifen.

Eine erfolgreiche Anwendung dieses Ansatzes setzt allerdings voraus, daß das Marketingmanagement den Marktforschern genaue Hintergrundinformationen wie zum Beispiel über den Umsatz der Produktkategorie in Stückzahlen und Dollar mitteilt. Man muß Fragen beantworten wie: »Welche Größenordnung hat das maximal mögliche Werbebudget?« und: »Welche minimale Zielgruppengröße oder Medienreichweite halten Sie für gerade noch vertretbar?« Mehr darüber im folgenden Kasten.

Optimierung der Zielgruppe

Managementzwänge	
Größe des Marktes für Urlaubskredit	Jede Größe (in unserem Beispiel 800 Millionen Dollar)
Größe des Werbeetats	Jede Größe von 1 Million bis 200 Millionen Dollar
Geschäftsbereich	Alle Typen von Dienstleistungen oder Kombinationen von Geschäftstätigkeiten (z. B. Hotels und Restaurants)
Geschäftsquelle	Alle Gewinnströme (Ankauf, Produkterhaltung und Portfolio-Erweiterung) oder Kombinationen von Quellen
Mindestreichweite des Werbeplans	Mindestanteil der Zielgruppe, die der Werbung zumindest einmal begegnet (z. B. 80 %)
Mindestgröße der optimalen Zielgruppe	Mindestprozentsatz der Angesprochenen, der als optimale Zielgruppe noch akzeptabel ist (z. B. 10 %)

Darüber hinaus muß das Management auch Marktforschungsdaten aus Studien über Produkte oder Dienstleistungen zur Verfügung stellen. Mit Hilfe dieser Datenbank kann das Programm das ökonomische Potential jedes Käufers ermitteln. Dazu wird der von einem Kunden erwartete Umsatz multipliziert mit dem Ausmaß seiner Entscheidungsbefugnis und mit einem Wachstumsfaktorindex, wenn der Käufertyp im Zu- oder Abnehmen begriffen ist. Außerdem benötigt das Programm weitere Informationen aus der Umfragedatenbank:

- Angaben über die Zugänglichkeit des Käufers für das Produkt oder neue Produktkonzept des Unternehmens, weil man im Normalfall unterstellen kann, daß man sich nicht gerade an Verbraucher wenden sollte, die nichts von der Sache halten.
- Informationen über die Zugänglichkeit des Käufers für bis zu zehn verschiedene Positionierungsstrategien des Produkts.
- Daten über die Medienbegegnungen jedes Käufers, das heißt, welche Zeitschriften und Zeitungen er liest und welche Fernseh- und Radiosendungen er verfolgt.
- Angaben über die Kosten von Begegnungen mit den einzelnen Medien und zumindest annähernde Werte über deren unterschiedliche Wirkung.

Modellinformationen für das Marktforschungsprogramm

Typ	Quelle
Einzelne Befragte	
Ökonomisches Potential Zugänglichkeit für Produktkonzept Zugänglichkeit für zehn alternative Positionierungen Medienbegegnungen (37 Arten)	Marktsegmentierungsstudie
Medienkosten	
Kosten einer Einzelbegegnung für jedes der 37 Medien	Klient und Werbeagentur
Medienwirkung	
Werte über die verschiedene Wirksamkeit der 37 Medien	Normen der Agentur oder des Beratungsunternehmens

Durch die Untersuchung von Milliarden von Möglichkeiten erstellt der Computer eine Beschreibung des »optimalen« Zielmarktes. Nach unseren Erfahrungen haben sich bei jedem Vergleich der prognostizierten Rentabilität zwischen der vom Management als »heiße« Kandidaten gehandelten und der optimalen Zielgruppe auffallende Unterschiede ergeben. Das Optimierungsmodell hat immer die Nase vorn, und das bedeutet aber auch, daß sich der Erfolg auf die Wirklichkeit überträgt und die Zielgruppe ein Verhalten zeigt, das den Vorhersagen des Computers entspricht.

Im Fall der Sesam-Karte ermittelte das Programm gleichzeitig eine Gruppe von Leuten, die 34 Prozent des potentiellen Markts ausmachte, die geeignete Positionierungsstrategie und die effizienteste Medienplanung. Keine andere Zielgruppe wies eine höhere Gewinnträchtigkeit auf als diese. Danach liefert das Programm eine konventionelle Beschreibung des »optimalen« Zielmarkts mit psychographischen, soziographischen und demographischen Angaben. Zum Beispiel:

Die optimale Lösung für die Urlaubskarte

Positionierung	*Ein preiswerter Urlaub in Übersee*
Größe der Zielgruppe	*34 % aller potentiellen Kunden*
Reichweite	*88 %*
Bruttobewertungspunkte	*6197*
Budget	*$ 21 870 000*

Medienplanung

Medienträger	*% Budget*	*BBP*
Spätnachrichten im Fernsehen	33	1285
Hauptsendezeit im Fernsehen	21	862
Führende Tageszeitungen	15	632
Radiosendungen in der Stoßzeit	13	1808
Wöchentlich erscheinende Nachrichtenmagazine	10	400
Wöchentlich erscheinende Wirtschaftsmagazine	8	1210

Die Fähigkeit des Computers zur Sichtung aller möglichen Alternativen, um die rentabelste zu ermitteln, stellt nur ein Beispiel für die Veränderungen dar, die die Computertechnik dem Marketing von morgen bescheren wird. Marketingexperten können und sollten wieder bei Null anfangen und jeden Konsum- oder Industriegütermarkt nach Tausenden von Gesichtspunkten segmentieren, denn sie haben tatsächlich die Auswahl aus Tausenden, wenn nicht sogar Hunderttausenden von Zielmärkten.

Viele Marketingexperten machen leider den Fehler, nur eine relativ kleine Zahl von Zielmärkten auszuwerten – wenn sie überhaupt eine Bewertung vornehmen. Die Rentabilität lassen sie dabei so gut wie immer unberücksichtigt. So erklärt es sich, daß sie sich immer wieder für eigentlich ungeeignete Zielgruppen entscheiden und ihren Marketingplan auf ein Fundament aus Sand bauen.

Auch wenn der Computer den Marketingfachleuten hilft, Analysen wie die von uns beschriebenen schneller und preiswerter als je zuvor durchzuführen, ist er doch nicht selbst der Schlüssel zu gewinnträchtigem Marketing. Das Revolutionäre unseres Ansatzes besteht darin, daß wir uns nicht auf eine bestimmte Zielgruppe festlegen, weil sie Produkte verbraucht. Wir treffen nicht von vornherein eine Entscheidung über die Segmentierung des Marktes, sondern werten Tausende von Möglichkeiten aus, die wir alle auf ihre Rentabilität überprüfen.

Die oben gezeigten Schritte führen uns zu einem ansehnlichen, gewinnträchtigen und vertretbaren Zielmarkt. Es erfüllt mit Genugtuung, wenn man die eigenen Maßnahmen wirklich erklären kann, denn dann muß man sich nicht immer auf Intuition, Traditionen oder Erfahrung berufen nach dem Motto: »Ich bin mir ziemlich sicher, das klappt«, »Wir machen das immer so« oder »Ich mache das immer so«.

Aber wenn wir den rentablen Zielmarkt einmal gefunden haben, wie positionieren wir dann unsere Produkte oder Dienstleistungen gegenüber diesen potentiellen Kunden?

Ermittlung des optimalen Zielmarktes

1. Als erstes sollte man Abschied nehmen von »Kniereflex-« und »azerebralen« Ansätzen. Sie funktionieren nicht.
2. Dann muß man Hunderte, Tausende oder Hundertausende alternativer Zielgruppen unter die Lupe nehmen. Dazu stützt man sich auf hypothetische Variablen, die über die Rentabilität in der betreffenden Produktkategorie entscheiden.
3. Man bewertet jede Zielgruppe anhand von gewinnbezogenen Kriterien:

- *Ausgaben in der Kategorie*: Je mehr eine Zielgruppe kauft oder verbraucht, desto höher liegt ihr Wert.
- *Entscheidungsbefugnis*: Je mehr Entscheidungsverantwortung für Einkäufe eine Zielgruppe trägt, desto höher ist ihr Wert.
- *Zugänglichkeit für die Marke*: Je zugänglicher sich eine Zielgruppe für die Werbemitteilungen eines Unternehmens zeigt, desto größer ist ihr Wert.
- *Wachstumspotential*: Je mehr eine Zielgruppe wächst, desto mehr steigt ihr Wert.
- *Erreichbarkeit*: Je leichter oder kostengünstiger sich eine Zielgruppe mit Werbemaßnahmen erreichen läßt, desto wertvoller ist sie.

4. Man wählt einen optimalen Zielmarkt aus und entwickelt dafür ein erfolgreiches Marketingprogramm.

5. Die Schlacht um das Bewußtsein ist oft schon vor dem ersten Schlag verloren

Positionierung beginnt bei einem Produkt, einer Dienstleistung, einem Unternehmen, einer Institution, einer Person, einem Land oder was auch immer, aber man darf es nicht als einen ausschließlich das Produkt betreffenden Vorgang mißverstehen. Al Ries und Jack Trout formulieren das in ihrem Buch *Positioning: The Battle for Your Mind* so: »Positionierung ist das, was mit dem Bewußtsein des potentiellen Kunden geschieht. Das heißt, man positioniert das Produkt in seinem Bewußtsein.«

Der Vorgang der Positionierung verleiht dem Produkt eine Bedeutung, die es von anderen Produkten abhebt und die Leute zum Kauf anregt. Die Positionierung muß mit dem gesellschaftlichen Gesamtkontext in Einklang stehen. Es hätte wenig Sinn, in einer auf Rationalität und Vereinfachung bedachten Kultur ein Produkt einzuführen, das mit seiner Multifunktionalität prahlt und ein daumendickes Anleitungsbuch erfordert. Und man muß wissen, wessen Bewußtsein man beeindrucken will. Man muß die Zielgruppe kennen.

Wenn man also etwas bewegen möchte, muß man folgende Voraussetzungen erfüllen:

- Die Positionierung muß sich auf eine bestimmte Zielgruppe richten.
- Man muß genau verstehen, was die Menschen zu ihren Einkäufen in der Produktkategorie anregt; mit einem Wort, was ihr Verhalten erklärt.
- Man muß wissen, in welchem Umfang das Produkt die Bedürfnisse der Zielgruppe erfüllt.
- Man muß wissen, wie die Konkurrenz angesichts dieser Bedürfnisse abschneidet.

Idealerweise will man ein Bedürfnis finden, das in den Augen des Verbrauchers eine große Rolle spielt, das das eigene Produkt erfüllt und dem die Konkurrenz nicht so gut entsprechen kann. Gehen wir zum Beispiel davon aus, daß es den Kunden einer Telefongesellschaft für Ferngespräche besonders auf die Klarheit der Verbindung ankommt. Und unsere Leitung ist völlig störungsfrei. Trotzdem können wir unsere Positionierung nur dann darauf aufbauen, wenn sie deutlich klarer ist als die Verbindung anderer Ferngesprächsanbieter. Falls praktisch kein Unterschied zwischen unserer Verbindung und der aller anderen besteht, dann sollten wir unsere Positionierung anders orientieren.

Leider kann man die Positionierung nicht aus den von Verbrauchern geäußerten Bedürfnissen ableiten, entweder weil sie sie selbst nicht kennen oder weil sie sie nicht artikulieren können oder wollen. Aber es gibt Möglichkeiten, mit denen sich die Bedürfnisse der Menschen herausfinden lassen.

Wenn Vorstandsvorsitzende auf der Grundlage von Tabula-rasa-Marketing arbeiten, welche Fragen zur Positionierung müssen sie dann stellen? Auf welche Fragen sollte sich das Marketingmanagement gefaßt machen?

Die Kernpunkte: Was ein Vorstandsvorsitzender wissen will

1. Haben wir uns eine klare Positionierungsstrategie für unser Unternehmen und seine Produkte zurechtgelegt?
2. Haben wir ein breites Spektrum möglicher Positionierungen entworfen und überprüft, d. h. eine zufällig ausgewählte Querschnittsgruppe (aber keine Fokusgruppe) damit konfrontiert?
3. Zielt unsere Positionierung auf die von uns ermittelten wesentlichen Motivationsfaktoren des Marktes?
4. Stützt sich die Positionierung auf etwas, das unser Unternehmen oder unsere Marke wirklich bieten kann?
5. Hebt uns die Positionierung tatsächlich von der Konkurrenz ab?

Ein Fall erfolgreicher Positionierung

Der amerikanische Mietautomarkt ist schon von jeher stark umkämpft. Auch wenn er immer noch von Hertz und Avis beherrscht wird, so sind doch einigen kleineren Unternehmen auf der Basis niedrigerer Tarife entscheidende Einbrüche gelungen. Viele dieser Unternehmen bieten neben niedrigen Preisen auch noch verbesserten Kundendienst. Das hat dazu geführt, daß die Leihwagenbranche und ihre Werbung sich immer mehr am Gebrauch orientiert und meistens der Preis über Vertragsabschlüsse entscheidet.

1987 hielt Avis zwar immer noch den zweiten Platz hinter Hertz, aber der Abstand war auf 6 Prozent des Marktanteils angewachsen. Hertz gab durchweg 20 Prozent mehr für Werbung aus als Avis. Die Verbraucherannahmen über Hertz und Avis sahen ziemlich ähnlich aus. Beide boten gute Dienste, aber zu einem hohen Preis.

Da die Autovermietung eine Dienstleistungsbranche ist, konnte Avis seine höheren Preise nur durch bessere Dienstleistungen rechtfertigen. Nicht nur daß man dieses hohe Kundendienstniveau halten mußte, die Erfahrung hatte auch gezeigt, daß die damit erlangten Wettbewerbsvorteile sehr kurzlebig waren, weil die Konkurrenz leicht nachziehen konnte. Solche Innovationen waren daher als Grundlage für eine langfristige Positionierungsstrategie denkbar ungeeignet. Obwohl sich die Verbraucher noch recht gut an die Jahre zurückliegende Avis-Werbung mit dem Slogan »We Try Harder« erinnerten, bezogen sie sie nicht mehr auf das heutige Unternehmen. Man stand also vor der Herausforderung, eine völlig neue Positionierung zu entwickeln. Diese mußte das Qualitätsimage von Avis stärken, das Preisimage verbessern, das Unternehmen von Hertz und anderen differenzieren und in der landesweiten Imagewerbung genauso ankommen wie in der lokalen, bei den eigenen Mitarbeitern nicht weniger als in der Tourismusbranche.

Kurz nachdem man Backer Spielvogel Bates mit der Werbung für Avis betraut hatte, übernahmen die Avis-Mitarbeiter im Oktober 1987 mit einem Belegschaftsaktiensystem das Unternehmen. Als die Werbeagentur strategische Nachforschungen über die Bedeutung solch eines Besitzwechsels anstellte, zeigte sich, daß die Avis-Mitarbeiter durch ihre Beteiligung am Unternehmen zu noch größerer Leistungsbereitschaft angespornt wurden. Man wollte die Konkurrenten spürbar übertreffen. Der logische Zusammenhang zwischen Eigentumsbeteiligung und verstärktem Arbeitseinsatz strahlte solche Überzeugungskraft aus, daß ihn Backer Spielvogel Bates ummünzen konnte in das erneuerte Werbeversprechen: »Now we're trying harder than ever«.

Nach zweijähriger Laufzeit der Kampagne erreichte Avis 1990 mit 28,5 Prozent den höchsten Marktanteil seiner Geschichte und konnte die Lücke zum Marktführer Hertz mit 31,2 Prozent fast schließen. Das mit dem Unternehmen assoziierte Persönlichkeitsimage zeigt eine anhaltend positive Entwicklung, und auch die Motivation der Mitarbeiter hat sich deutlich verbessert. Positionierung wirkt.

Positionierung wirkt im Bewußtsein des Verbrauchers

Man kann sich Positionierung als die Nabe eines Rades vorstellen, von der als Speichen Zielplanung, Produktdesign, Werbestrategie, Medienselektion und Preisgestaltung ausgehen. Jede Speiche sollte die grundlegende Positionierung festigen und zum Ausdruck bringen.

Niemand würde die Bedeutung der Positionierung abstreiten, aber es herrscht weitgehend Uneinigkeit darüber, was man in der Praxis darunter zu verstehen hat. Werbetheroetiker argumentieren wie der Richter, der behauptet: »Ich kann Pornographie nicht definieren, aber wenn ich sie sehe, dann erkenne ich sie.« Aus der Stilisierung einer Werbung erkennen wir, wenn ein Auto als Luxussportwagen, ein anderes als sparsames Familienfahrzeug und ein drittes als leistungsfähiges Sportauto dargestellt wird. Alle drei sind Autos, aber mit einer jeweils deutlich verschiedenen Positionierung. Einem Unternehmen muß es darauf ankommen, für sein Produkt eine starke, glaubwürdige und angemessene Positionierung zu finden.

Theodore Levitt weist uns darauf hin, daß die Leute keine Produkte kaufen, sondern Lösungen. Daher bietet sich als eine Positionierungsmöglichkeit die Suche nach einem Verbraucher*problem* an, das von einem Produkt oder einer Dienstleistung gelöst werden kann.

Ein milliardenschweres Unternehmen mahnt seine Mitarbeiter: »Marketing ist die Disziplin, die mit Produkten eine rentable Lösung für Probleme von Kunden findet.«

Klingt beeindruckend – zumindest solange man nicht wie wir nachhakt: »Wie finden Sie die Probleme der Leute heraus?«

Verlegenes Gemurmel und Wechsel des Themas. Es stellt sich heraus, daß dieser Marketingriese – ein führendes amerikanisches Unternehmen – über kein formales Konzept zur Ermittlung von Verbraucherproblemen verfügt. Neue Produkte werden entwickelt wie andernorts auch. Die Mitarbeiter aus der Forschung und Entwicklung bringen eine neue Rezeptur, die die Reinigungskraft des aktuellen Erzeugnisses um 13 Prozent übertrifft. Oder aber das Marketingmanagement regt Fokusgruppen oder andere Nachforschungen an, die neue Anstöße geben sollen.

Nach unserer Auffassung muß sich das Marketingmanagement zuallererst um die Erkundung von Käuferproblemen kümmern. Wenn das Problem erkannt ist, dann kann man Forschung und Entwicklung um neue Lösungen, Produktgestalter um neue Verpackungen und die Werbeagentur um eine neue Kampagne bitten oder weitere gewinnorientierte Marketingmaßnahmen treffen.

Zur Bestimmung von Verbraucherproblemen bieten sich drei Techniken an. Wir nennen sie: die befremdliche, die bedenkliche und die beispielhafte. In den Bereich des Befremdlichen gehören Fokusgruppen, Wichtigkeitsbewertungen und Positionierungsdiagramme; in die Kategorie des Bedenklichen fallen Problemerkennung, Marktlückenanalyse, Choice-Modeling und Quadrantenanalyse; die nach unserer Auffassung beispielhafte Lösung, auf die wir später noch eingehend zu sprechen kommen werden, heißt strategische Kubenanalyse. Marketingspezialisten setzen einige dieser Techniken völlig verkehrt ein und erwarten sich Resultate, die sich damit gar nicht erzielen lassen, oder sie stützen sich immer noch auf eine alte Methode, die von einer neuen schon längst überholt worden ist. Wir glauben, daß die Marketing-Revolution die Unternehmen dazu zwingen wird, diese alten Methoden auf den Müll zu werfen und endlich Positionierungsentscheidungen zu treffen, die ihr Produkt wirklich differenzieren und die Käufer von Konkurrenzerzeugnissen zum Wechsel bewegen.

Fokusgruppen ergeben verschwommene Daten

Die beliebteste Form befremdlicher Marktforschung ist das allgegenwärtige Gespräch in der Fokusgruppe.

In einer Fokusgruppe kreist das Gespräch einer Handvoll Leute unter der Leitung eines Moderators um ein bestimmtes Thema, ein Produkt oder eine Produktkategorie. Sie beschreiben, wie sie ein Produkt verwenden, was sie zum Kauf veranlaßt hat und was sie davon halten. Fokusgruppen verbreiten sich wie eine Epidemie in den verschiedensten Branchen, von abgepackten Waren über Finanzdienstleistungen, haltbaren Konsumgütern bis hin zu Investitionsgütern. Nach Angaben von Thomas L. Greenbaum, dem Vizepräsidenten der Clarion Marketing Communications, wurden sie in den achtziger Jahren zum meistbenutzten Instrument der Marktforschung.

Fokusgruppen stoßen bei Marketingfachleuten auf großen Anklang, weil sie einfach und billig sind und manchmal an interessanten Orten durchgeführt werden. Eine erstaunlich hohe Zahl von Fokusgruppensitzungen findet in der näheren Umgebung von Las Vegas und Disneyland statt. Vielen Marketingkräften und Marktforschern bieten sie wohl Gelegenheit zu einer kleinen Vergnügungsreise auf Kosten des Unternehmens.

Unternehmen suchen mit Fokusgruppen nach Antworten auf zu viele Marketingfragen. Erinnern Sie sich noch an den Aberglauben? »Qualitative Techniken wie zum Beispiel Gespräche in Fokusgruppen sind ernsthafte, hilfreiche Instrumente der Marktforschung.« Und an den Punkt aus dem Fragebogen für Vorstandsvorsitzende? »Meistens erhält man mit Gesprächen in Fokusgruppen genauso präzise und nützliche Informationen wie mit normalen Marktumfragen – nur um mehr als die Hälfte billiger.«

Aber leider sind Fokusgruppen nicht geeignet, andere, im allgemeinen teurere und verläßlichere Marktforschungstechniken zu ersetzen. Fokusgruppen geben keine Auskunft über die tatsächlichen Reaktionen der Leute auf ein Produkt, eine neue Positionierung oder eine neue Werbekampagne, obwohl genau das von ihnen erwartet wird.

Stellen wir die Frage doch einmal in einem anderen Kontext. Weshalb benutzen die Meinungsforschungsinstitute keine Fokusgruppen zur Vorhersage von Wahlergebnissen? Bei den Präsidentschaftswahlen in den USA suchen sich beide politischen Parteien Kandidaten aus, die eine Mehrheit von mehr als 50 Prozent der Wählerschaft von ihren überlegenen Qualitäten überzeugen sollen. Um die Genauigkeit ihrer Vorabumfragen zu gewährleisten, wenden sich die Meinungsforscher im Normalfall an eine repräsentative Gruppe von 600 bis 1200 Leuten. Mit einer solchen Untersuchung können sie dann zu dem Schluß kommen, daß Kandidat Wintergreen 55 Prozent der Wählerstimmen plus minus drei oder vier Prozentpunkte auf sich vereinigt. Aber warum lassen sich solche Resultate nicht auch mit Fokusgruppen erzielen?

1. *Unbeständige Ergebnisse*. Eine typische Fokusgruppe besteht aus acht bis zehn Mitgliedern. Im Normalfall hält ein Unternehmen vier Fokusgruppen zu einem bestimmten Themenkomplex ab. Die Zahl der Befragten beläuft sich also auf zweiunddreißig bis vierzig. Diese Auswahl ist zu klein, um stabile Werte zu ermitteln. Wer die Befragung mit einer anderen Gruppe wiederholt, erhält unter Umständen ganz andere Ergebnisse.

Wenn ein Marktforschungsinstitut vier Fokusgruppensitzungen abhält, dann zieht es eventuell den Schluß, daß Produkt X, Positionierung Y oder Verkaufsförderung Z am besten ankommt. Doch ein anderes Institut kann unter gleichen Voraussetzungen und mit derselben Methode durchaus zu dem Ergebnis gelangen, daß Produkt A, Positionierung B oder Verkaufsförderung C in der Gunst der Verbraucher am besten abschneidet. Diese Unbeständigkeit der Forschungserkenntnisse kann zu einem Fiasko führen.

2. *Die Ergebnisse sind nicht nur schwankend, sie sind auch für keinen Teil der Bevölkerung repräsentativ.* Wenn ein angesehenes Meinungsforschungsinstitut eine Erhebung durchführt, dann trägt es dafür Sorge, daß die Auswahl der Befragten ein repräsentatives Abbild der Gesamtbevölkerung darstellt. Wenn also 20,7 Prozent der erwachsenen Bevölkerung in einer bestimmten Region leben, dann müssen auch ungefähr 20,7 Prozent der Befragten aus dieser Gegend stammen. Politische Meinungsforscher bemühen sich um geographische, städtische, geschlechtliche und bisweilen auch religiöse Stimmigkeit ihrer Untersuchungen, weil sich all diese Faktoren auf die Ergebnisse niederschlagen können.

Niemand hat eine Ahnung, wie repräsentativ eine bestimmte Fokusgruppe ist. Auch wenn ein Unternehmen hundert Fokusgruppen mit insgesamt tausend Leuten abhält – zugegeben, eine verrückte Idee –, darf man nicht vergessen, daß die Organisatoren von Fokusgruppen keine Repräsentativauswahl treffen. Viele Marktforscher suchen sich ihre Fokusgruppen in vorstädtischen Einkaufszentren zusammen. Im ersten Kapitel bemerkten wir halb im Scherz, daß sich die meisten Fokusgruppen aus Leuten zusammensetzen, die zufällig gerade Zeit haben und in halb bewußtlosem Zustand durch irgendwelche Kaufhäuser schlendern. Und denen kommt eine Abwechslung in Gestalt einer attraktiven Frau, die ihnen 15 Dollar für die Teilnahme an einer Gruppensitzung bietet, gerade recht. Repräsentativ? Bestimmt nicht.

3. *Dominante Stimmen beeinflussen die Gruppe.* Selbst die Durchführung vieler Fokusgruppen mit wirklich repräsentativer Zusammensetzung könnte nicht verhindern, daß die Gruppe von einigen wenigen und oft nur einer einzigen Stimme völlig dominiert wird. Die so gewonnenen Erkenntnisse geben nicht die Meinung vieler, sondern nur relativ weniger Probanden wieder, deren Auffassungen auf die Äußerungen der anderen abfärben.

Außerdem sagen die Leute in einem Gruppenzusammenhang und vor Fremden nicht unbedingt das gleiche wie gegenüber einem einzelnen Gesprächspartner zu Hause, im Kaufhaus oder am Telefon. Viele Menschen schweigen sich in Gruppen mit einer oder mehreren dominanten Stimmen über ihre Anschauungen zu Themen aus, über die sie noch nie nachgedacht haben, die sie in Verlegenheit bringen oder die sie für vertraulich halten. Einige Leute reden also zuviel und andere zuwenig.

4. *Die Fähigkeiten, Interessen, Neigungen und Vorurteile des Moderators beeinflussen und schwächen die Reaktionen der Gruppe ab.* Jeder Moderator entlockt einer Gruppe andere Meinungsäußerungen.

Erst kürzlich beobachteten wir für einen Klienten einige Gruppen unter der Leitung von drei verschiedenen Moderatoren. Man kam zu drei verschiedenen Schlußfolgerungen. Schwer zu sagen, woran es lag. Vielleicht war die Gruppe zu klein oder nicht repräsentativ. Oder sie wurde von einer Meinung dominiert. Aber auf jeden Fall verfolgte einer der Moderatoren einen psychoanalytischen Ansatz, der zweite orientierte sich am Verbraucherverhalten, und der dritte war schlicht ein Dummkopf. Jeder von ihnen gelangte aufgrund seiner Orientierung, Ausbildung und Erfahrung zu anderen Ergebnissen.

5. *Verschiedene Beobachter interpretieren dieselbe Gruppe oft ganz unterschiedlich.* Vor einigen Jahren entschied sich einer unserer Klienten, ein führendes Unternehmen für abgepackte Waren, aufgrund überschüssiger Kapazitäten in der Kartoffelchipsabteilung für die Entwicklung und den Test von Kartoffelchips mit Fruchtgeschmack: Chips mit Kirschgeschmack, mit Limonengeschmack, mit Zitronengeschmack usw. Der Leiter der Marktforschung gab eine große Zahl von Fokusgruppen in Auftrag, deren Mitglieder zunächst über das Konzept sprechen und dann Proben kosten sollten. Er nahm an einigen Sitzungen teil, und nach zwei oder drei hatte er schon genug gesehen. Das Konzept war ein totaler Reinfall. Schon wenn sie über das Konzept redeten, wurden die Leute grün im Gesicht, und wenn sie das Produkt probierten, wurden sie noch grüner.

Der Marktforschungsleiter wollte seinen Augen nicht trauen, als ihm ungefähr drei Wochen später das Memo seines Stellvertreters auf den Tisch flatterte. Nach dessen Auffassung ließ der Verlauf der Fokusgruppen durchaus darauf schließen, daß das Konzept der Kartoffelchips mit Fruchtgeschmack sehr gut ankam und Großes erwarten ließ. Die Leute fanden nicht nur Gefallen an dem Konzept, sondern äußerten auch die Absicht, das von ihnen gekostete Produkt zu kaufen.

Der Marktforschungsleiter zitierte seinen Stellvertreter zu sich und sagte ihm die Meinung.

> Das ist doch völlig hirnverbrannt. Ich war selbst in ein paar von diesen Fokusgruppen, und die Leute konnten mit dem Konzept überhaupt nichts anfangen. Ich weiß nicht, wie Sie zu Ihrer Einschätzung gelangt sind, aber ich möchte, daß Sie alle Meinungsäußerungen transkribieren. Die Transkripte gehen Sie bitte mit einem roten und einem grünen Filzstift durch, und jedesmal, wenn jemand was Negatives über das Produkt oder das Konzept sagt, unterstreichen Sie es rot, und

wenn Sie was Positives finden, dann unterstreichen Sie es grün. Zählen Sie die negativen und positiven Kommentare zusammen, dann werden Sie schon sehen, daß wir mit dieser Sache nur unsere Zeit verschwenden.

Nach einer Woche kam der Stellvertreter mit der interessanten Nachricht, daß sich die Zahl der »roten« und der »grünen« Kommentare in allen Gruppen so ziemlich die Waage hielten.

Vermutlich sahen die Marktforschungsleiter und sein Stellvertreter nur, was sie sehen wollten, und hörten nur, was sie hören wollten. Sie ließen sich durch einen Prozeß selektiver Wahrnehmung lediglich ihre Vorurteile bestätigen. Vor solchen Fallstricken müssen sich allerdings nicht nur Marktforscher hüten, sondern jeder von uns.

In unserer zwanzigjährigen Erfahrung mit Fokusgruppen haben wir wahrscheinlich keine zehn Mal etwas Bedeutsames daraus gelernt. Normalerweise erbringen Fokusgruppen nichts anderes, als was die Analysen von Behauptungen in Werbetexten, die Ideen der Texter oder die eingehende Erörterung mit dem Unternehmensmanagement ohnehin schon zutage gefördert haben. Wir können uns nicht an einen einzigen Fall erinnern, in dem einer unserer Klienten »Enthüllungen« aus einer Fokusgruppe schließlich in etwas Verwertbares umgemünzt hätte.

Fokusgruppen können sich als hilfreich erweisen, wenn ein Unternehmen ein Thema erkunden, einige (wilde) Anregungen erhalten oder Meinungsäußerungen auslösen will. Auch zur Sprache der Verbraucher und ihrer Art, über verschiedene Dinge zu reden, bieten Fokusgruppen interessantes Anschauungsmaterial. Aber für wirkliche Schlußfolgerungen zum Verbraucherverhalten und entsprechende Unternehmensentscheidungen sind sie denkbar ungeeignet. Und wir finden es erschreckend, wie viele Unternehmen sich heute dennoch darauf einlassen.

Wichtigkeitsbewertungen belegen nur Selbstverständlichkeiten

Die eigenschafts- und vorzugsorientierte Marktforschung, die Positionierungs- und Werbestrategien entwickeln möchte, kann mittlerweile auf eine fünfzigjährige Geschichte zurückblicken. In den vierziger Jahren fragte man die Leute normalerweise: »Was ist wichtig?« Und die Verbraucher bewerteten eine lange Liste von Produktmerkmalen auf einer Fünf-Punkte-Skala. Die Punkte, die sie für die wichtigsten hielten, landeten schließlich in der Positionierungsaussage und in der Werbung.

Also zeichnete sich jedes Bier, jede Zigarette und jede Limonade im Land durch »hevorragenden Geschmack« aus. Die Leute gaben eben auf Befragen an, daß sie »hervorragenden Geschmack« für sehr wichtig hielten. Jedes Kopfschmerzmittel »wirkte schnell«, jede Zahncreme machte die Zähne »strahlend sauber«, und jedes Abführmittel verwies auf seine »Sanftheit«. Wer in letzter Zeit einige Zeit vor dem Fernseher verbracht hat, wird bestätigen können, daß sich dieser Ansatz zur Positionierung und Werbung immer noch ungebrochener Beliebtheit erfreut.

Wichtigkeitsbewertungen stammen aus der Befragung von Leuten, die um Äußerungen zur Wichtigkeit bestimmter Produktmerkmale und -vorzüge gebeten werden. Befragt man zum Beispiel Autokäufer, dann nennen 96 Prozent als wichtigen Autobestandteil das Steuerrad (die anderen 4 Prozent wissen nicht, daß George Bush der Präsident der USA ist), 94 Prozent sagen, daß es vier Räder haben muß, und 90 Prozent wollen auch auf Sitze, am besten vorne und hinten, nicht verzichten.

Das mag zwar albern klingen, aber viele kleinere und weniger anspruchsvolle Anbieter treffen ihre Marketingentscheidungen auf diese Weise. Sie sagen sich: »Fragen wir doch den Mann von der Straße, was wichtig ist.« Dieser Ansatz leidet jedoch an einigen Schwächen.

1. *Die Frage nach dem Verbraucherverhalten hat zwei Seiten: Was wollen sie, und was kriegen sie?* Die Situation, in der der Verbraucher die gewünschte Eigenschaft bekommt, unterscheidet sich grundlegend von einer, in der er sie nicht bekommt.

2. *Die Frage nach wichtigen Punkten erzwingt praktisch vernünftige, nachvollziehbare Antworten.* Nur die wenigsten werden zugeben, daß sie ihren Mercedes gekauft haben, um die Nachbarn zu beeindrucken, oder daß sie sich einen roten Sportwagen zugelegt haben, weil sie sich dann fühlen wie ein junger Playboy. Statt dessen sagen die Leute Dinge wie: »Ich habe mir einen Mercedes gekauft, weil seine Leistungsfähigkeit in der Automobilindustrie unerreicht ist«, oder: »Ich habe mich für einen Miata entschieden, weil Mazdas so zuverlässig sind.«

Doch wir alle wissen, daß sich die Leute Waren aus irrationalen, schwer faßbaren Gründen kaufen. Wenn ein Unternehmen seine Positionierung und Werbung ausschließlich auf Wichtigkeitsbewertungen stützt, dann zielt es unter Umständen weit neben das Ziel.

Verirrt in einem Positionierungsdiagramm

Zur Veranschaulichung von Positionierungsdiagrammen ein Bild: Unterstellen wir, wir würden nur die Entfernungen zwischen den großen amerikanischen Städten kennen, nicht aber ihre Lage. Wir wissen also, daß New York 4471 km von Los Angeles, 4661 km von Seattle und 760 km von Cleveland entfernt ist; daß Miami 4448 km von Los Angeles, 5429 km von Seattle und 2026 km von Cleveland entfernt ist usw. Wenn wir alle Entfernungen zwischen Städten in ein Positionierungsdiagramm übertragen würden, dann könnte der Computer eine annähernde Karte der Vereinigten Staaten zeichnen.

Was ist im Bereich der Marken das Gegenstück zu Straßenentfernungen zwischen Städten? Grob gesprochen handelt es sich dabei um die von Verbrauchern zwischen den einzelnen Marken angenommenen Unterschiede. Wenn sie die eine Marke für teuer und eine andere für billig halten, dann liegt zwischen beiden eine große Entfernung. Sehen sie beide als teuer an, dann ist der Abstand nur gering. In einem Positionierungsdiagramm geben die Verbraucher Bewertungen darüber ab, wohin die verschiedenen Marken nach ihrer Überzeugung im Modell gehören. Eine besonders scharfsinnige Technik zur Abbildung der Autoindustrie läßt die Befragten Miniautos auf einem imaginären Parkplatz abstellen. Das Schaubild auf Seite 116 gibt an den Enden der beiden Achsen nähere Beschreibungen der Autotypen.

Um dieses Modell zu erstellen, mußten die Befragten verschiedene Automobilhersteller in fünfzehn Imagekategorien wie Qualität, Sportlichkeit und technische Fortschrittlichkeit beurteilen und die entsprechenden Autos in dem Modell plazieren. Nach Auffassung des Marktforschers, der das Modell vorstellte, sehen die Leute Autos zwischen den Dimensionen »erschwingliches Auto für junge Leute« und »luxuriöses, komfortables Auto für ältere Leute« sowie »technisch fortgeschritten« und »Familienauto«. Aber man hätte sich genausogut auch auf andere Dimensionsachsen festlegen können wie zum Beispiel »billig« und »teuer« sowie »altmodisch« und »zeitgenössisch«.

Wo findet ein Honda Civic seinen Platz in einem solchen Modell? Ein Mercedes? Ein Chevrolet Beretta? Besonders fiel uns eine Untersuchung auf, in der ein Saab relativ einsam auf dem Parkplatz stand, weil die Leute einfach nicht wußten, wo sie ihn hinstellen sollten. Ein Importauto, aber nicht aus der oberen Preisklasse wie ein mittelgroßer BMW oder Mercedes. Aber auch nicht unbedingt ein Sportwagen wie ein Porsche, ein Miata oder ein Nissan 300 ZX. Kein Auto stand von den anderen so weit entfernt wie der Saab.

Positionierungsdiagramm der Autobranche

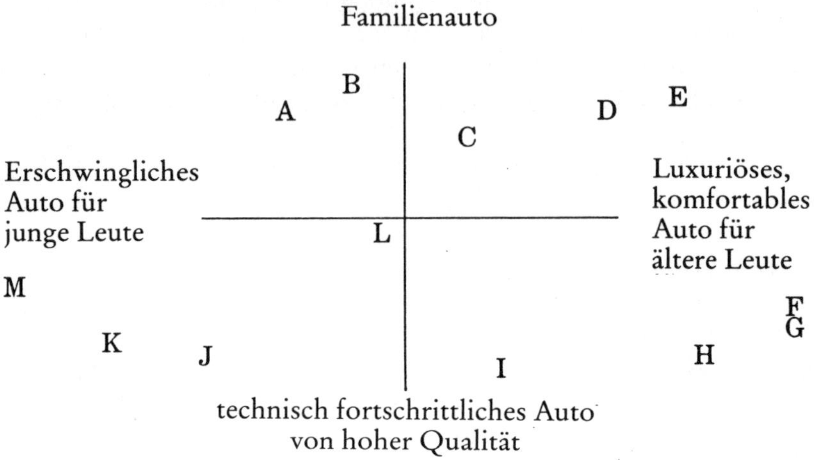

Marktforscher zeigen Marketingmanagern gern Positionierungsdiagramme. Sie sind leicht verständlich. Zwei Achsen, und alle Fahrzeuge fallen notwendigerweise in einen von vier Quadranten. Was könnte attraktiver sein? Aber wir stellen den Wert von Positionierungsdiagrammen in Frage, inbesondere dann, wenn sich ein Unternehmen damit einer Positionierungsstrategie verschreibt.

Das erste Manko dieser Methode besteht darin, daß die Endpunkte der Pole keinen wirklichen Gegensatz bilden. Ein erschwinglicher Wagen für junge Menschen ist nicht das Gegenteil eines Luxusautos für ältere Herrschaften. Und ein Familienauto steht nicht in scharfem Kontrast zu einem technisch fortschrittlichen Qualitätswagen. Daher sind auch Interpretationen der Daten innerhalb der vier Pole völlig wertlos.

Das zweite Problem liegt in der unbewiesenen Unterstellung, daß verschiedene Menschen ziemlich genau die gleichen Annahmen über bestimmte Marken und Produkte hegen. Man geht einfach davon aus, daß fünfzig Positonierungsdiagramme von fünfzig verschiedenen Befragten aufeinandergelegt praktisch keine Abweichungen aufweisen. Eine technische Unterstellung.

Aber es gibt keinerlei Beweis für ihre Haltbarkeit. Sie widerspricht allen anderen Formen der Marktforschung, die von der Verschiedenartigkeit der Menschen ausgehen. Wenn diese Unterstellung wirklich zuträfe, dann müßte man ja auch keine Positionierungsdiagramme mit großen Gruppen durchführen. Und so glauben viele Anhänger des Modells an die Richtigkeit der Unterstellung und rechtfertigen damit den kleinen Rahmen ihrer Nachforschungen mit fünfzehn, zwanzig oder dreißig Leuten. Sie argumentieren einfach, daß sie keine größeren Gruppen brauchen. Sie bewegen sich in einem wahren Teufelskreis: »Ich glaube, es stimmt, deshalb handle ich aufgrund meiner Überzeugung, daß es stimmt... und wenn dann die Ergebnisse vorliegen, sage ich, daß sie stimmen.«

Aber das sind nicht die einzigen Probleme von Positonierungsdiagrammen.

Frage: Weshalb gibt es nur zwei Dimensionen?

Antwort: Um sich den in der Mathematik solcher Modelle nicht besonders beschlagenen Marketingmanagern verständlich zu machen, müssen die Marktforscher auf diese vereinfachte Darstellungsweise zurückgreifen. Die Modellabbildung wird komplexer, wenn die Marken in drei Dimensionen gezeigt werden. Und wenn eine getreue Wiedergabe sogar vier, fünf oder sechs Dimensionen erfordert, dann reagieren die meisten Manager nur noch mit fassungslosem Kopfschütteln.

Aber oft stellen die Marktforscher bei der Verfassung des Abschlußberichts zu einer Positionierungsdiagrammstudie fest, daß sie für die exakte Erklärung unterschiedlicher Verbraucherannahmen zu einzelnen Produkten eigentlich fünf oder sechs Dimensionen brauchen würden. Da sie jedoch das Marketingmanagement nicht mit unverständlichen Ergebnissen vor den Kopf stoßen wollen, behalten sie ihr Wissen für sich und gestalten die Daten so – manche würden sagen: bis zur Unkenntlichkeit – um, daß alles in ein zweidimensionales Schema gepreßt wird. Eigentlich ja auch begreiflich. Zwei Dimensionen lassen sich bei einer Präsentation auf einem Blatt Papier oder einem Bildschirm eben leichter verkaufen.

Frage: Können solche zusammengepreßten Dimensionen überhaupt interpretiert werden?

Antwort: In manchen Fällen vielleicht schon, aber in anderen überhaupt nicht. Manchmal wissen nicht einmal die Marktforscher, wie sie die Daten auslegen sollen. Wir führten einmal für eine führende Brauerei eine Erhebung bei starken Biertrinkern durch. Als wir die Untersuchung abschlossen, hatten wir zwar das von der Großbrauerei gewünschte Positionierungsdiagramm, aber wir konnten nichts damit anfangen. In unserer Verzweiflung bauten wir ein Spielzeugmodell der Bierbranche und hielten an vier aufeinanderfolgenden Abenden Fokusgruppen mit starken Biertrinkern ab. Die ganze Woche mußten wir nach der Arbeit herumsitzen, Sandwiches essen, Bier trinken, das Modell anstarren und die Biertrinker dazu

Stellung nehmen lassen. Das einzige, was dabei herauskam, war, daß ungefähr vierzig Biertrinker nicht mehr fahrtüchtig waren. Nach den Sitzungen wußten wir weniger über die Bedeutung des Modells als zuvor.

Frage: Gibt es Beweise für eine Umsatzsteigerung durch einen Positionierungswechsel, der sich auf eine Positionierungsdiagrammstudie stützte?
Antwort: Nicht die geringsten, trotz fünfundzwanzigjähriger Erfahrung mit dem Modell.

Für ein Unternehmen können sich mit einem Positionierungsdiagramm durchaus wertvolle Einsichten über die Verbraucherbewertung eines Produkts und sein Verhältnis zu anderen Marken eröffnen. Aber dabei handelt es sich um interessante *beschreibende* Informationen. Trotz seiner vielen Mängel, die eine Verallgemeinerung der Ergebnisse verbieten, ist ein solches Modell als Beschreibung der Annahmen zu konkurrierenden Marken nicht völlig wertlos. Aber kein vernünftiges Management sollte seine Marketingentscheidungen darauf stützen. *Beschreibende* Daten sind eine Sache, aber Erkenntnisse, die bestimmte Maßnahmen zwingend *vorschreiben*, sind eine andere.

Wenn ein Unternehmen Positionierungsdiagramme als *Vorschrift* auffaßt und irgendwelche Konsequenzen für sein zukünftiges Vorgehen daraus zieht, können sich die Folgen als katastrophal erweisen. Wer weiß, wo sich eine Marke im Augenblick befindet, der weiß noch lange nicht, wo sie sich befinden sollte.

Problemerkennung erkennt nicht alle Probleme

Zur Überwindung der Fokusgruppen, Wichtigkeitsbewertungen und Positionierungsdiagrammen innewohnenden Probleme haben sich die Marktforscher um die Entwicklung neuer Techniken bemüht, mit denen sich die wirklichen Verbraucherbedürfnisse ermitteln lassen.

Die Werbeagentur Batton, Barton, Durstin & Osborne (heute: BBDO International und Teil von Omnicon) stellte Mitte der sechziger Jahre ihr einfaches und effektvolles Credo vor: den potentiellen Kunden kennen; seine Probleme kennen; wissen, inwiefern man mit dem eigenen Produkt auf diese Probleme eingehen kann; und die Barriere der Langeweile niederreißen.

Aber bis ungefähr 1970 verfügte BBDO genausowenig wie jede andere Werbeagentur über eine geeignete Methode zur Ermittlung und Bewältigung der Probleme potentieller Kunden. Wie so viele andere Werbeplatitüden auch war das Unternehmenscredo nur nettes und interessantes Wunschdenken, das sich leider Gottes nicht in die Tat umsetzen ließ.

In den frühen siebziger Jahren entwickelte BBDO eine neue Methode mit dem Namen »Problemerkennung«, mit deren Hilfe man die Verbraucherprobleme herausfinden wollte. Die Agentur vertrat und vertritt immer noch die Auffassung, daß sich eine auf Wichtigkeitsbewertungen gestützte Positionierung mehreren Gefahren aussetzt.

Fragen nach Eigenschaften und Vorzügen führen fast immer auf die wesentliche Funktion eines Produkts zurück, also zu den Merkmalen, die die Existenzberechtigung der Produktkategorie ausmachen und die Maßstäbe repräsentieren, denen jedes Produkt der Kategorie in den Augen des Kunden entsprechen muß. Ein Schmerzmittel muß gegen Schmerzen helfen; ein Kühlschrank muß Nahrungsmittel vor dem Verderb schützen; ein Fernsehgerät muß ein Sendebild zeigen; und eine Zahncreme muß die Zähne säubern. Mit solchen Behauptungen kann man bestimmt niemand zu einem Markenwechsel bewegen, da die Positionierung keine Eigenschaften oder Vorteile aufweist, die die aktuelle Marke des Verbrauchers nicht auch zu bieten hat.

Außerdem plappern die nach wichtigen Produkteigenschaften und -vorzügen befragten Verbraucher oft nur nach, was sie in der Werbung gesehen oder gehört haben. Man muß nur genügend Zahncremekäufer um Äußerungen bitten, wenn man eine komplette Liste der Werbeaussagen aller Konkurrenzmarken erhalten will. Weder von Fokusgruppen noch von Fragen nach wichtigen Produkteigenschaften darf man aufschlußreiche Einsichten erwarten. Nur selten kommen die Verbraucher auf Ideen, die die Marketing- und Werbefachleute noch nicht kennen.

Aber die Konsumenten können den Spezialisten sehr wohl von ihren Problemen berichten – Probleme mit dem Produkttyp oder einer bestimmten Marke.

1970 entwickelte BBDO seine Marktforschungmethode zur Ermittlung von Verbraucherproblemen mit bestimmten Produkten, und innerhalb von wenigen Jahren hatte sich die neue Technik weltweit durchgesetzt. Die Agentur definierte das *Problem* als eine Quelle für häufig wiederkehrende Unzufriedenheit. Im Idealfall erarbeitet die Agentur eine Lösung für das Problem, die Konkurrenzmarken vom Markt ausschließt. Das heißt, Konkurrenzmarken können diese neue Lösung nicht anbieten, oder sie können es zumindest in den Augen der Verbraucher nicht.

Die Problemerkennung setzt bei einer umfassenden Liste möglicher Schwierigkeiten an. Dieser ersten Phase kommt eine entscheidende Bedeutung zu, da man wirklich eine möglichst lange Liste aufstellen muß. Je länger die Liste, desto besser die Untersuchung. Ein Unternehmen kann Probleme bei Einzelhändlern, Großhändlern, der Werbeagentur, den Marktforschern und den eigenen Mitarbeitern erfragen. Oft kommen dazu noch Fokusgruppen oder lange Einzelgespräche mit Verbrauchern, in denen diese mit ihren eigenen Worten die ganze Bandbreite von Mängeln eines Produkts schildern (und ihrem Frust Luft machen) können. Diese Phase mündet in eine Liste von mindestens sechzig bis achtzig, aber oft auch hundertfünfzig bis zweihundert Problemen.

Der nächste Schritt dient der Ermittlung der für die wesentlichen potentiellen Kunden wirklich entscheidenden Probleme, die dem Unternehmen echte Marktchancen bieten. Um diese sensiblen Bereiche zu eruieren, werden zweihundert oder mehr potentielle Kunden zu jedem Problem befragt.

- Wie oft taucht es auf? (Häufigkeit)
- Wie sehr stört es Sie, wenn es auftritt? (Lästigkeit)
- Auf welche dieser Vorzüge oder Eigenschaften berufen sich nach Ihrer Meinung bereits andere Marken oder Produkte in ihrer Werbung? (Ausschließlichkeit)

Anhand einer Verbindung der drei Ergebnisse beurteilen die Marktforscher die Wertigkeit der einzelnen Probleme. Je besser das Gesamtabschneiden, desto höher die Marktchance.

Wir wollen das Vorgehen an einem abgekürzten Beispiel von BBDO erläutern. Es handelt sich um die Produktkategorie Hundefutter. Die Agentur erfragte Eigenschaften und Probleme in zwei verschiedenen Verfahren. Wir haben die wichtigsten Ergebnisse aus den Fragebogen zusammengefaßt und in der Reihenfolge ihrer Wichtigkeit für die Verbraucher aufgelistet:

Hundefuttermerkmale: Bewertung nach Eigenschaften

Wichtigste Eigenschaft	*Reihenfolge aufgrund von Wichtigkeitsbewertungen*	*Reihenfolge aufgrund von Problemerkennung*
Ausgeglichene Kost	1	18
Nährwert	2	20
Vitamingehalt	3	23
Hund muß Geschmack mögen	4	14
Leichte Zubereitung	5	26

Diese fünf Eigenschaften sind allen Hundefuttersorten eigen und werden normalerweise in allen Werbungen betont. Ein Unternehmen, das diese fünf wichtigen Merkmale in den Mittelpunkt seiner Werbekampagne stellt, differenziert seine Marken nicht von anderen. Obwohl die Verbraucher von Hundenahrung ausgeglichene Kost erwarten, bewerten sie diesen Faktor doch nicht als wichtiges Problem. Außerdem sind die Eigenschaften mit positiver Bewertung nur aus Sicht des Hundes gut. Aber Hunde kaufen kein Hundefutter.

Mit dem Ansatz der Problemerkennung konnte die Werbeagentur dagegen Probleme ausmachen, die nicht den Hund, sondern seinen Besitzer betrafen. Die Liste mit den Ergebnissen sieht folgendermaßen aus:

Hundefuttermerkmale: Bewertung nach Problemen

Wichtigste Eigenschaft	*Reihenfolge aufgrund von Wichtigkeits-bewertungen*	*Reihenfolge aufgrund von Problem-erkennung*
Zu teuer	19	1
Riecht widerlich	16	2
Keine geeigneten Mengen	34	3
Die Zähne des Hundes sind schmutzig	17	4
Hund hat nichts zu kauen	40	5

Diese Probleme ermöglichen die Differenzierung einer Marke von anderen und können unter Umständen auch neue Produkte oder Sortimentserweiterungen anregen. Eine auf einer oder mehreren dieser Eigenschaften fußende Positionierung wie zum Beispiel niedriger Preis oder angenehmer Geruch gibt dem Verbraucher einen Grund, die Marke vorzuziehen.

Nach Beendigung einer Problemerkennungsstudie kann der Marketingexperte genau sagen, vor welchen Hauptproblemen der Zielmarkt des Unternehmens steht. Er wertet das Problem mit der höchsten Punktzahl aus und auch noch die nächsten zehn oder zwanzig wichtigsten Schwierigkeiten. Anschließend untersucht er das Produkt des Unternehmens im Hinblick auf die Frage, ob es solche Probleme lösen oder zu diesem Zweck modifiziert werden kann.

Die Methode der Problemerkennung hilft sicherlich für die Bestimmung von Problemen im Zusammenhang mit den rationalen Merkmalen eines

Produkts. Aber sie weist zwei grundsätzliche Schwächen auf. Zum einen unterschätzt sie vollkommen das Gewicht schwer faßbarer, irrationaler Eigenschaften und Vorzüge. Einige Unternehmen machten schmerzliche Erfahrungen mit dem Manko dieser Technik, als sie sich damit an Produktstrategien wie Soft Drinks, Parfüm, Zigaretten und alkoholische Getränke versuchten, die von emotionalen Werbeaussagen beherrscht werden. Die Problemerkennung scheitert kläglich, wenn es gilt, den wahren Kern irrationaler Positionierungsstrategien zu erfassen.

Zum anderen vernachlässigt diese Methode sträflich jene Positionierungsfaktoren, die man als »Eintrittspreis« in eine Produktkategorie bezeichnen könnte. Gemeint sind die Mindestleistungen, ohne die eine Marke einfach nicht ernst genommen wird. Ein neues Hundefutter muß beispielsweise leidlich ausgeglichene Kost und guten Geschmack bieten, um überhaupt gekauft zu werden. Wenn die neue Marke diese Anforderungen noch übertrifft, dann ist das wunderbar. Aber die Problemerkennung konzentriert sich in den meisten Fällen nur auf die »netten« Nebensächlichkeiten und ignoriert die unverzichtbaren Faktoren.

Choice-Modeling: Ein Rückschritt in die Vergangenheit

Der letzte Schrei in der Marktforschung heißt Choice-Modeling. Es handelt sich dabei um ein Modellverfahren zur Vorhersage von Markenpräferenzen. Wie die meisten Moden in der Branche wird auch diese verschwinden, sobald die Marktexperten herausgefunden haben, daß die Methode nicht funktioniert. Solch ein Verfahren beginnt damit, daß ein neuer Marketingprofessor ins Schwärmen gerät über ein neues statistisches Modell, das angeblich die Markenwahl der Verbraucher voraussagen kann.

Angefeuert von dieser guten Nachricht, interviewen die Marktforscher eine Repräsentativgruppe von Verbrauchern. Diese sind angehalten, alle konkurrierenden Marken einer Produktkategorie anhand einer Liste von acht bis zwanzig verschiedenen Eigenschaften und Vorzügen zu bewerten. Das Modell (mit dem klangvollen Namen *multinomiale Logitanalyse*) ermittelt dann die für die Markenwahl einflußreichsten Eigenschaften und Vorzüge. Diese gelangen damit natürlich in den Rang heißer Anwärter für eine Positionierungsstrategie.

Dieser Ansatz kann sich allerdings sehr schnell als Schritt in die »Harakiri«-Richtung erweisen.

Der erste Schwachpunkt des Choice-Modeling liegt darin, daß es wie die Problemerkennung von rationalen Verbraucherentscheidungen ausgeht. Angenommen, der Verbraucher kauft in einem von drei Supermärkten ein. A&P ist eineinhalb Kilometer von der Wohnung entfernt, hat das größte Warensortiment, aber im allgemeinen auch die höchsten Preise. Von der Wohnung bis zu Kroger's sind es acht Kilometer, und dort findet man zu maßvollen Preisen die beste Qualität von Fleisch- und Agrarerzeugnissen. Pathmark liegt fünfzehn Kilomter entfernt und bietet zu niedrigsten Preisen ein Durchschnittssortiment von mittelmäßiger Qualität. Wo wird der Verbraucher also einkaufen?

Natürlich eine nicht beantwortbare Frage, es sei denn, die Antwort lautet: »Das hängt davon ab.« Doch wenn man sie in einem Marktforschungsprojekt stellt, dann wird angestrengt nach einer Antwort gesucht. Aber diese Frage setzt schon voraus, daß der Verbraucher vor dem Einkauf genau die Faktoren Entfernung, Preise, Auswahl, Qualität gegeneinander abwägt.

Choice-Modeling unterstellt ein hochmotiviertes Kaufverhalten. In einem leicht veränderten Kontext geht diese Technik davon aus, daß die Leute in der Schlange vor der Kasse einen Kompromiß zwischen Kaugummi und Schokolade schließen. Dabei treffen doch bekanntlich die meisten Leute ihre Entscheidungen fast impulsiv. Einige kaufen bei A&P, weil dort schon ihre Mutter eingekauft hat. Oder sie halten dem Grand Union die Treue, weil es auf dem Weg zur Bank liegt.

Schon der Prozeß, der den Verbrauchern Wahlalternativen einräumt, ist auf eine rationale Entscheidung des Kunden ausgerichtet. Aber die Wirklichkeit sieht meist anders aus. Die wenigsten sind sich über alle Alternativen im klaren, und selbst wenn, dann setzen sie sich gedanklich nicht damit auseinander. Sie treffen ihre Wahl, ohne die Vor- und Nachteile jeder Möglichkeit abzuwägen. Kunden treffen ihre Kaufentscheidungen nicht rational. Daher muß jeder Marktforschungsansatz, der rationale Antworten erzwingt, zu Trugschlüssen führen.

Eine zweite Fehlerquelle des Choice-Modeling ergibt sich aus der stillschweigend vorausgesetzten Komplettheit seiner Faktorenliste. Die aufgeführten Eigenschaften und Vorzüge sollen die ganze Palette von greifbaren und emotionalen Kaufgründen abdecken, die die Markenpräferenz erklären. Etwaige andere Faktoren werden einfach unter den Teppich gekehrt. Darüber hinaus geht man einfach davon aus, daß die Käufer die weniger rationalen, gefühlsmäßigen Merkmale mit der gleichen Zuverlässigkeit und Gültigkeit bewerten wie die rein rationalen Faktoren.

Der Kerndefekt dieses Summierungsansatzes besteht darin, daß er zwischen den Eigenschafts- und Vorzugsbewertungen und der Markenwahl statt eines nur zufälligen einen *ursächlichen* Zusammenhang vermutet. Diese Annahme wurde jedoch von den meisten Marktforschern schon vor mehr als einem Jahrzehnt zurückgewiesen. Die Technik riecht immer verdächtiger nach radikalem Empirismus, wenn solche Korrelationen *präskriptives* Gewicht erhalten und für eine verbindliche Zukunftsprognose eingesetzt werden.

Bestenfalls ist die Choice-Modeling-Methode ein als völlig neuer Durchbruch getarnter Rückfall in die Technik der »postdiktiven Regression« der sechziger Jahre, mit der man damals die Vergangenheit rekonstruieren wollte. Deshalb nennen wir sie auch einen Rückschritt in die Vergangenheit.

Große Lücken in der Marktlückenanalyse

Jüngst statteten wir einer führenden Großstadtzeitung einen Besuch ab, bei der sich eine starke redaktionelle Umwälzung vollzog. Layout, Artikellänge, Verbreitung und Organisation sollten grundlegend verändert werden. Der Marktforschungsleiter der Zeitung ließ uns wissen, daß es sich um die einschneidendsten Veränderungen in der hundertjährigen Geschichte der Zeitung handelte.

»Interessant«, antworteten wir, »und worauf stützen Sie diese Umstrukturierung?«

»Wir haben uns mehr als ein Jahr Zeit gelassen und mehr als 100000 Dollar für eine umfassende Marktlückenanalyse bei Lesern und Nichtlesern ausgegeben. Wir kennen jetzt jede Lücke im Markt«, teilte uns der Marktforschungsleiter voller Stolz mit.

Wir brachten es nicht über uns, ihn darüber aufzuklären, daß er mit seinen 100000 Dollar höchstens durch Zufall auf irgendwelche Marktlücken gestoßen sein konnte und mit der Umstrukturierung vielleicht mehr Leser verlieren als dazugewinnen würde. Was es mit der Marktlückenanalyse auf sich hat und weshalb man daraus nur durch Zufall richtige Schlußfolgerungen ziehen kann, wollen wir im folgenden erläutern.[1]

Die Marktlückenanalyse setzt bei einer Liste von ausschlaggebenden Eigenschaften an, die den Kunden zum Kauf einer bestimmten Marke bewegen. Ausschlaggebend ist eine Eigenschaft dann, wenn sie der Kunde

1 Für ihren Beitrag zur Darstellung der Marktlückenanalyse möchten sich die Autoren bei Dr. Kathryn Britney bedanken.

für wichtig hält *und* wenn sie angeboten wird. Vor den ersten mit Airbags ausgestatteten Wagen spielte es keine Rolle, ob die Verbraucher Airbags für einen wichtigen Sicherheitsfaktor hielten. Die Verbraucher erkannten ganz richtig, daß keine der Alternativen im Hinblick auf diese Ausstattung eine Differenzierung aufwies. Trotz ihrer Bedeutung konnte diese Eigenschaft die Wahl des Verbrauchers nicht entscheidend beeinflussen.

Sobald die Automobilhersteller die ersten Modelle mit Airbags auf den Markt brachten, hatten potentielle Kunden beim Autokauf die Möglichkeit, sich im Sinne ihrer Sicherheitsvorstellungen zu entscheiden. Wenn dieses Merkmal eine Kaufentscheidung tatsächlich beeinflußte, dann erwies es sich für diese Kunden als ausschlaggebende Eigenschaft.

Die Marktlückenanalyse fragt:

- Welche Eigenschaften und Vorzüge wünschen oder brauchen die Verbraucher nach eigenen Angaben von bestimmten Produkten oder Dienstleistungen?
- Wie gut erfüllen die derzeit im Gebrauch befindlichen Produkte oder Dienstleistungen diesen Bedarf?
- Gibt es irgendwelche Lücken zwischen den Bedürfnissen der Leute und ihrer Zufriedenheit mit den derzeit benutzten Produkten? Solch eine Lücke kann laut Theorie eine Chance eröffnen für die Neupositionierung eines eingeführten oder die Schaffung eines neuen Produkts, das diesen Bedürfnissen genauer entspricht.

Zur Bestimmung der Marktlücken erstellen die Marktforscher zunächst eine Liste mit Produktmerkmalen, die für existierende oder potentielle Kunden oder beide eine wichtige Rolle spielen könnten. Ein besonders verbreitetes Modell dient der Ermittlung von Merkmalen im Zusammenhang mit rationalen und irrationalen Eigenschaften. Es folgt ein Beispiel für die Merkmale, die in einer Untersuchung über einen neuen Sportwagen Berücksichtigung finden könnten:

Eigenschaften und Vorteile eines neuen Sportwagens

	Eigenschaften	Vorteile
Rational	*abmontierbares Verdeck*	*Wie zwei Autos in einem*
	Fünfgangsportgetriebe	*Höhere Leistungskraft des Motors*
	Zweisitzer	*Mehr Fahrvergnügen*
	Verdeckhülle	*Wetterschutz für das Wageninnere*
	Heckspoiler	*Erzielt aerodynamische Leistung*
	Lautsprecher in Nackenstützen	*Besserer Stereosound*
Emotional	*Hersteller bekannt für Qualität*	*Auto ist nicht reparaturanfällig*
	Zum »Auto des Jahres« gewählt	*Man hat einen guten Griff getan*
	Auffälliges Design	*Jeder wird den Fahrer beneiden*
	Rennauto in Indianapolis	*Man fühlt sich wie ein Rennfahrer*
	Sportliches, jugendliches Design	*Man fühlt sich in die Jugend zurückversetzt*
	Sieht teurer aus, als er ist	*Man gönnt sich etwas, ohne pleite zu gehen*

Je nach Art der untersuchten Produkte oder Dienstleistungen stellen die Marktforscher eine Liste von zwanzig bis zweihundert rationalen und emotionalen Eigenschaften und Vorzügen zusammen. Die Liste muß alle Faktoren enthalten, die in den Augen der Verbraucher eine wichtige Rolle spielen. Zur Ermittlung aller für die Marktlückenanalyse relevanten Merkmale führen die Marktforscher oft eingehende Einzel- oder Fokusgruppengespräche mit vorhandenen oder potentiellen Kunden.

Daraus geht dann ein Fragebogen hervor, der sämtliche möglichen Eigenschaften und Vorteile auflistet wie zum Beispiel:

- Guter Gegenwert für den Preis
- Sportliches Aussehen
- Airbag auf der Fahrerseite
- Fünfgangsportgetriebe
- Garantie für 3 Jahre/80 000 km

Und so weiter und so fort.

Die Befragten äußern sich zum Wichtigkeitsgrad der einzelnen Eigenschaften und Vorzüge und zur Leistungsfähigkeit ihres derzeit benutzten Produkts hinsichtlich dieser Faktoren.

Im Normalfall verwendet man in der Marktlückenanalyse den Durchschnitt oder den Prozentsatz der Befragten, die auf einer Bewertungsskala mit fünf Punkten an die jeweiligen Eigenschaften und Vorzüge fünf (»am wichtigsten«) oder vier Punkte vergeben. Es folgt ein typisches, wenn auch stark gekürztes Tabellenbeispiel, wie man es mit einer solchen Technik erhalten würde. (Die Eigenschaften und Zahlen sind in diesem Fall erfunden, aber das Verfahren ist authentisch.)

Durchschnittliche Wichtigkeit und Leistung eines Sportwagens

Eigenschaften	*Wichtigkeits-punkte*	*Leistungs-punkte*	*Markt-lücke*
Steuerrad	4,8	4,7	0,1
Nackenstützen-lautsprecher	4,5	4,0	0,5
Abmontierbares Verdeck	4,3	2,0	2,3
ABS	2,5	2,5	0,0
Verdeckhülle	2,0	1,0	1,0

Diese Tabelle zeigt, daß die Leute einem Steuerrad mit einer durchschnittlichen Punktzahl von 4,8 große Bedeutung beimessen, aber auch, daß das Steuerrad ihres derzeitigen Autos mit einer durchschnittlichen Punktzahl von 4,7 praktisch nichts zu wünschen übrigläßt.

Die Marktlücken ermittelt man einfach, indem man die Leistungsbewertung von der Wichtigkeitsbewertung abzieht. Je größer der Unterschied, desto größer auch die Marktchance.

Auf die Gefahr, uns zu wiederholen, hier eine weitere Version mit denselben Informationen:

Wichtigkeit und Leistung eines Sportwagens in Prozentzahlen

Eigenschaften	*Wichtigkeits-punkte*	*Leistungs-punkte*	*Markt-lücke*
Steuerrad	96 %	95 %	1 %
Nackenstützen-lautsprecher	82 %	75 %	7 %
Abmontierbares Verdeck	80 %	60 %	20 %
ABS	50 %	50 %	0 %
Verdeckhülle	30 %	15 %	15 %

In dieser Tabelle geben die Wichtigkeitspunkte den Prozentsatz der Befragten wieder, die die Eigenschaften als »extrem« oder »sehr» wichtig bezeichnen. Die Leistungsbewertung zeigt den Anteil der Befragten, die die Leistungen ihrer derzeitigen Marke als »hervorragend« oder »sehr gut« einstufen.

In der traditionellen Marktlückenanalyse verweist die dritte Spalte auf die existierenden Marktlücken. In unseren beiden Tabellen tun sich die größten Lücken beim abmontierbaren Verdeck mit 2,3 oder 20 Prozent, der Verdeckhülle mit 1,0 oder 15 Prozent und den Kopfstützenlautsprechern mit 0,5 oder 7 Prozent auf. *ABS hingegen bietet keine Marktlücke.*

Zu diesem Zeitpunkt würden die Marktforscher wohl eine Sitzung anberaumen, um dem Marketingmanagement ihre Erkenntnisse mitzuteilen, nach denen sich die besten Chancen für ein neues Produkt oder eine Neupositionierung bei einem abmontierbaren Verdeck ergeben. Auch Verdeckhülle und Kopfstützenlautsprecher bieten noch gewisse Möglichkeiten, aber Steuerräder und ABS nicht die geringsten.

Leider sind solche Schlußfolgerungen nur manchmal statthaft. Schlimmer noch, man kann nicht wissen, in welchem Fall sie zutreffen.

Die der Technik der Marktlückenanalyse zugrunde liegende Schwäche, die in der Marktforschung insgesamt weit verbreitet ist, liegt darin, daß sie Daten über *Einzel*personen in *Gesamt*zahlen umwandelt. Sie zählt diese Daten zusammen und zieht dann mit Hilfe der Durchschnitts- oder Prozentzahlen wiederum Rückschlüsse über *Einzel*menschen. Der Gesamtdurchschnitt oder prozentuale Anteil wird nicht immer individuellem Verhalten gerecht. Es liegt keine zwingende Entsprechung der beiden vor.

Sehen wir uns an, wie sich dieser Trugschluß in unserem Beispiel auswirken kann. Unterstellen wir für die vierte Eigenschaft, ABS, folgende zwei Punkte:

- Jeder, der ABS von einem Sportwagen erwartet, weiß natürlich auch, daß sein aktuelles Auto über kein solches System verfügt.
- Jeder, dessen Auto ABS hat, hält das Merkmal nicht für wichtig. (Obwohl wir hier ein wenig übertreiben, um unsere Argumentation zu stützen, ist das Beispiel auch nicht völlig aus der Luft gegriffen.)

Die Tabelle stellt diese Situation dar.

Einzelpersonen mit verschiedener Wertung zu Wichtigkeit und Leistung von ABS

Leistungspunkte des derzeitigen Produkts	*Wichtigkeitspunkte*		
	Äußerst oder sehr	*Neutral oder gar nicht*	*Übrige*
Gut, recht gut oder schlecht	50 % (Quadrant 1)	0 % (Quadrant 2)	50 %
Hervorragend oder sehr gut	0 % (Quadrant 3)	50 % (Quadrant 4)	50 %
Übrige	50 %	50 %	100 %

Die Tabelle zeigt, daß genau die Hälfte der Befragten ABS in einem Sportwagen für wichtig halten und mit ihrem derzeitigen Modell in dieser Hinsicht unzufrieden sind. Dies sind die Leute in Quadrant 1. (Die als »Übrige« ausgewiesenen Zahlen sollen nur belegen, daß alle Befragten in die Tabelle eingegangen sind.)

Die 50 Prozent, die ABS in einem Sportwagen für unwichtig halten, sind mit ihrem derzeitigen Modell in dieser Hinsicht zufrieden. Sie sind in Quadrant 4 ausgewiesen.

Diese Tabelle deutet auf eine bedeutende Marktlücke im Bereich Sicherheit. Das Unternehmen bietet zur Zeit eine sicherheitsrelevante Produkteigenschaft, die der halbe Markt für wichtig hält, überhaupt nicht an. Eine auffälligere Marktchance läßt sich kaum denken. Aber die traditionelle Marktlückenanalyse verschleiert diese Chance, da sie keine Lücke erkennen kann. In unserem Fall, der durchaus nicht so weit hergeholt ist, wie es auf den ersten Blick scheinen mag, hätten sich die aus der Marktlückenanalyse abgeleiteten Marktchancen wie abmontierbares Verdeck, Verdeckhülle und Kopfstützenlautsprecher als vollkommen irreführend erwiesen.

Aber nicht nur darin kann sich die Analyse täuschen. Die herkömmliche Verfahrensweise würde bei einer Verdeckhülle nur geringe Verbesserungschancen konstatieren, da sie nur von 30 Prozent der Befragten für wichtig gehalten wird und 15 Prozent in dieser Hinsicht mit ihrem derzeitigen Modell zufrieden sind. Die Wahrheit könnte folgendermaßen aussehen:

Einzelpersonen mit verschiedener Wertung zu Wichtigkeit und Leistung einer Verdeckhülle

Leistungspunkte des derzeitigen Produkts	*Wichtigkeitspunkte*		
	Äußerst oder sehr	*Neutral oder gar nicht*	*Übrige*
Gut, recht gut oder schlecht	30 % (Quadrant 1)	55 % (Quadrant 2)	85 %
Hervorragend oder sehr gut	0 % (Quadrant 3)	15 % (Quadrant 4)	15 %
Übrige	30 %	70 %	100 %

Diese Tabelle enthüllt eine viel größere potentielle Marktchance als die Gesamtanalyse. Die 30 Prozent der Befragten in Quadrant 1, die eine Verdeckhülle für wichtig halten, fahren alle zur Zeit ein Modell, das so eine Leistung nicht bietet.

Die 15 Prozent der Befragten in Quadrant 4, die mit der Verdeckhülle ihres derzeitgen Autos allesamt zufrieden sind, halten dieses Merkmal nicht für wichtig und reduzieren die Marktlücke mit ihrer Antwort auf 15 Prozent.

Die wahre Größenordnung der Marktchance läßt sich anhand der Marktlückenanalyse nicht erkennen. Hätte es feste Managementvorgaben gegeben wie: »Alles, was unter 17,5 Prozent liegt, interessiert uns nicht«, wäre eine eingehende Untersuchung der Marktchance von Verdeckhüllen vielleicht völlig unterblieben. Dagegen wird wohl fast jedes Management umgehend Maßnahmen ergreifen, wenn es von einer Produkteigenschaft erfährt, die von 30 Prozent der potentiellen Kunden für wichtig gehalten wird und ihnen fehlt.

Manager versprechen sich von außerordentlich kleinen Marktlücken kein besonderes Geschäft. Dabei ändert sich der Ausschlußpunkt je nach

Branche. Ein an einer neuen Zigarette interessiertes Tabakunternehmen wäre über eine 17,5prozentige Marktlücke hoch erfreut, weil in der Zigarettenkategorie ein Marktanteil von 1 Prozent bereits sehr großen Erfolg bedeutet.

Aber würde sich Coca Cola mit einem 28prozentigen Marktanteil auf eine 17,5prozentige Marktlücke stürzen, dann wäre das wie bei einer politischen Partei, die trotz der Sympathien von zwei Dritteln der Wählerschaft die Wahl verliert, weil sie sich partout an einen Wählerkreis wenden muß, der kleiner als 50 Prozent ist.

Marktforscher, die Gesamtdaten mit Hilfe der Marktlückenanalyse ermitteln, ziehen vernünftige Schlußfolgerungen nur aus Zufall. Manchmal haben sie recht, manchmal auch unrecht, aber nie kann man sich wirklich sicher sein.

Je stärker sich die Gesamtzahlen der Wichtigkeitspunkte von den Extremen, also von 1 % oder 100 % entfernen und auf mittlere Werte zubewegen, desto mehr steigt die Gefahr, daß die Marktlückenanalyse zu Fehlern führt. Der fatalste Fall wäre wohl der, wenn genau die Hälfte der potentiellen Kunden eine Eigenschaft wünscht und die andere Hälfte schon versorgt ist: eine Null-Lücke. Und das, obwohl sich mit der Nachfrage der halben potentiellen Kundschaft nach einem Merkmal, das ihr bisher nicht zur Verfügung steht, eine riesige Marktchance eröffnet. Wer hier nicht zugreift, der überläßt das Feld praktisch ohne Gegenwehr der Konkurrenz.

Quadrantenanalyse: besser, aber immer noch ungenügend

Zur Überwindung der Mängel von Problemerkennung und Marktlückenanalyse und zur Ermittlung schlagkräftiger Positionierungsaussagen entwickelten wir Mitte der siebziger Jahre den Ansatz der *Quadrantenanalyse*.

Diese Form der Untersuchung erforscht das Verhältnis zwischen den nach Aussagen der Verbraucher wichtigen Punkten und der Bewertung ihrer bevorzugten oder regelmäßig benutzten Produkte oder Dienstleistungen. Die Analyse berücksichtigt jeden Einzelbefragten zugleich in den Dimensionen Wichtigkeit und Leistung. Normalerweise untersucht man zwanzig bis hundert verschiedene Eigenschaften und Vorzüge und unterteilt die Aussagen in große versus geringe Wichtigkeit bzw. Leistung.

So erhält man jeweils vier Quadranten für die einzelnen Eigenschaften und Vorzüge und die zugehörigen Prozentzahlen. In unserem Sportwagenbeispiel ergäbe das für jede Eigenschaft vom Steuerrad bis zum abmontierbaren Verdeck eine Kreuztabelle. Für das abmontierbare Verdeck sieht die Tabelle folgendermaßen aus:

Quadrantenanalyse für ein abmontierbares Verdeck

Leistungspunkte des derzeitigen Produkts	*Wichtigkeitspunkte*	
	Äußerst oder sehr	*Ein wenig bis gar nicht*
Gut, recht gut oder schlecht	Hauptproblem (Quadrant 1)	Kleines Problem (Quadrant 2)
Hervorragend oder sehr gut	Mäßiges Problem (Quadrant 3)	Kein Problem (Quadrant 4)

Diese Tabelle zeigt, daß die Leute aus Quadrant 1 ein abmontierbares Verdeck für »äußerst« oder »sehr wichtig« halten und der Meinung sind, daß ihr derzeitiges Auto in dieser Eigenschaft nur »gut«, »recht gut« oder »schlecht« abschneidet. Die Verbraucher in Quadrant 4 halten die Eigenschaft für »ein wenig« oder »gar nicht« wichtig und sehen außerdem in dieser Hinsicht die Leistungen ihres aktuellen Wagens als »hervorragend« oder zumindest »sehr gut« an.

Gestützt auf Tabellen für jede Eigenschaft geht man im nächsten Schritt an die Bestimmung eventueller Marktlücken, die auf Marktchancen für neue Produkte oder Dienstleistungen oder auf Schwächen der aktuellen Positionierung deuten. Eine Möglichkeit besteht darin, eine Rangfolge der Eigenschaften nach dem Prozentsatz von Aussagen in Quadrant 1 zu erstellen. Das heißt, man ordnet die Eigenschaften nach dem Anteil der Befragten, die eine von ihrer aktuellen Marke nicht gebotene Eigenschaft für wichtig halten.

Man kann diesen Quadranten als den Verbraucheranteil auffassen, der seine Probleme angibt. In dieser Hinsicht führen die zwei methodisch verschiedenen Verfahren Quadrantenanalyse und Problemerkennung zu ähnlichen Ergebnissen.

Wenn eine Untersuchung über Hundefutter ergibt, daß übelriechendes Futter ein Riesenproblem darstellt, dann zeigt auch eine Quadrantenanalyse derselben Leute, daß große Teile der Verbraucher kein anständig riechendes Futter bekommen, obwohl sie es sich wünschen. Tatsächlich liegt nach unseren Erfahrungen bei der Messung rationaler Probleme zwischen diesen beiden Techniken oft eine Entsprechung von 0,9 und höher vor, das heißt, sie führen zu nahezu deckungsgleichen Ergebnissen.

Im nächsten Schritt der Quadrantenanalyse werden die Reaktionen des potentiellen Marktes auf Produkte oder Dienstleistungen getestet, die die vielversprechenden Eigenschaften aufweisen. Dies geschieht normalerweise mit Konzepttests, die die aufgrund der Verbraucheraussagen ermittelten Marktlücken bestätigen oder widerlegen sollen. Anhand von Konzepttests kann man auch den Umfang potentieller Verbraucherreaktionen erfahren für den Fall, daß das Unternehmen das Problem mit einem neuen Produkt oder einer Neupositionierung eines aktuellen Produkts in den Griff bekommt.

Zur Durchführung eines solchen Tests wird den Befragten der ursprünglichen Untersuchung eine Konzeptaussage vorgelegt. Auch die Befragung einer neuen Gruppe ist denkbar, die die Fragen der ersten Studie beantworten muß. Berücksichtigung finden wieder nur die in Quadrant 1 klassifizierten Konsumenten. Die Konzeptaussage beschreibt das Produkt oder die Dienstleistung und weist natürlich die getestete Eigenschaft auf.

Auf einer »Kaufabsicht«-Skala mit elf Punkten (die wir im nächsten Kapitel näher erläutern) bezeugen die Befragten ihre Marktreaktion. Normalerweise würde man im Quadranten 1 den höchsten Prozentsatz von Leuten erwarten, die eine starke Kaufabsicht äußern. Schließlich sind sie es doch, die die Wichtigkeit dieser Eigenschaft betonten und ihre Unzufriedenheit beklagten.

Andererseits würde man im Quadranten 4 den geringsten Anteil von Verbrauchern vermuten, die auf das Konzept des neuen Produkts positiv reagieren. Diese Befragten hielten die Eigenschaft für unwichtig und äußerten sich zufrieden über ihre derzeitige Versorgung.

Genau dies können wir der Abbildung 5.1 entnehmen. Die Kurvenlinie deutet darauf, daß mit der wachsenden Größe des Problems in den Augen des Verbrauchers auch seine Kaufabsicht drastisch ansteigt. Genau wie man es erwarten würde. Nach unseren Erfahrungen verläuft die Marktreaktion in einer stetig, aber nicht gleichmäßig ansteigenden Kurve. Die empirischen Belege stammen aus vierundzwanzig Testuntersuchungen, in denen wir den Platz der Leute in einem der vier Quadranten mit der angegebenen Kaufwahrscheinlichkeit bei einem neuen oder neupositionierten Produkt verglichen. Es überrascht nicht, daß mit dem Problem auch die Marktreaktion anstieg.

Durchaus erstaunlich jedoch ist der in ähnlichen Analysen immer wieder konstatierte kleine Unterschied der Marktreaktion zwischen den Kategorien gering im Quadranten 3 und mäßig im Quadranten 4.

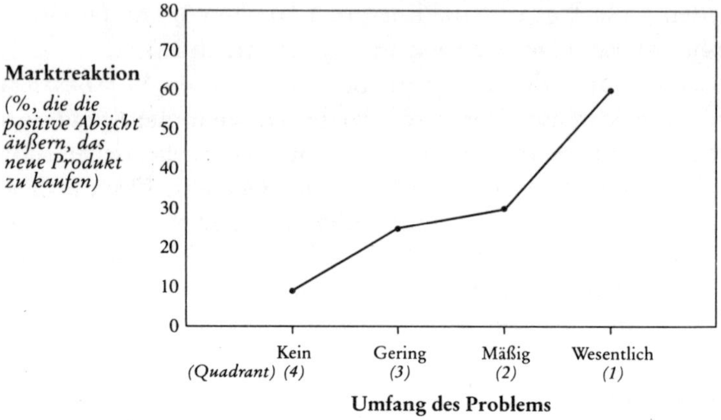

Abbildung 5.1: Kurve zur erwarteten Marktreaktion auf das Konzept eines neuen Produkts

Grundsätzlich stellten wir fest, daß »sehr« oder »äußerst« stark an einer bestimmten Produkteigenschaft interessierte Verbraucher, die in dieser Hinsicht mit ihrem derzeitigen Produkt sehr oder äußerst zufrieden sind, einem neuen Produkt, das eine bessere Lösung für das Problem verspricht, immer noch größeres Interesse entgegenbringen als Kunden, die zwar unzufrieden sind, denen aber auch nicht besonders viel an diesem Produktvorzug liegt.

Wenn also die Verbraucher vor einem großen bislang ungelösten Problem stehen, dann wird ein Abhilfe versprechendes Produkt diesen Markt erobern. Wenn die Verbraucher hingegen einen Bedarf haben, der von ihrem derzeitigen Produkt gedeckt wird, dann *kann* ein Produkt, das eine wirksamere Lösung verheißt, den Markt erobern. Natürlich läuft das unter Umständen lediglich auf eine Neupositionierung eines existierenden Produkts hinaus, die einen bereits vorhandenen Produktvorzug besonders herausstreicht.

Vorausgesetzt, die Leute kaufen Produkte zur Lösung von Problemen, dann steigen mit dem Umfang des Problems auch die Chancen auf ein einträgliches Geschäft. Je besser die Techniken sind, die einem Unternehmen für die Aufdeckung von Problemen zur Verfügung stehen, desto wahrscheinlicher sollte man auch in der Lage sein, zukünftiges Verbraucherverhalten vorherzusehen.

Trotz ihres einfachen Ansatzes und ihrer weiten Verbreitung in der Branche hat die Quadrantenanalyse leider einen Schönheitsfehler. Wie die Problemerkennung kann auch sie die Kraft wesentlicher emotionaler Eigenschaften und Vorzüge nicht aufzeigen.

Weiter oben erörterten wir die Probleme von Wichtigkeitsbewertungen. Diese Probleme verschwinden nicht, wenn wir sie in der Quadrantenanalyse mit Leistungsbewertungen verknüpfen. Die Verbraucher schweigen sich über das Gewicht emotionaler Faktoren meist aus. Wenn man sie nach der Bedeutung einer Fünfjahresgarantie für 80000 Kilometer fragt, dann werden sie sie als sehr wichtig einstufen. Fragt man sie dagegen, wie wichtig es ihnen ist, mit dem neuen Wagen vor den Nachbarn anzugeben, dann werden nur die wenigsten zugeben, darin einen bedeutenden Punkt zu sehen.

Diese an der Wichtigkeitsbewertung orientierte Komponente der Quadrantenanalyse unterschätzt die starke Motivationskraft schwer faßbarer, emotionaler Eigenschaften und Vorzüge und wird daher deren wahren Wert kaum bestimmen können. Ohne diese Faktoren jedoch verpaßt man unter Umständen die großartigsten Positionierungschancen.

Da die Quadrantenanalyse nicht alle Fragen zur Zufriedenheit beantworten kann, muß eine noch bessere Technik zur Ermittlung der optimalen Produktpositionierung gefunden werden.

Der strategische Würfel führt zu den emotionalen Faktoren

Die Kubenanalyse bringt nach unserer Auffassung die Antwort im Tabula-rasa-Marketing. Mit Hilfe des Würfels lassen sich rationale Produktmerkmale noch besser bestimmen als mit der Quadrantenanalyse. Aber gleichzeitig neigt er viel weniger zur Unterschätzung starker emotionaler Faktoren.

Eine strategische Kubenanalyse beginnt wieder mit einer Überprüfung rationaler und emotionaler Eigenschaften und Vorzüge, wie sie auf Seite 126 gezeigt wird. Je mehr, desto besser. Man braucht eine erschöpfende Liste, die weit über die so populären Nachahmerstrategien hinausgeht. Im Idealfall bietet die Liste kreative, anregende, innovative Eigenschaften und Vorzüge wie das »tiefe Brummen des Motors«, »Fünfgangsportgetriebe«, »Vierrad-Querlenkung«, »rasiermesserscharfes Handling« und »Garantie von Stoßstange zu Stoßstange ohne Abzug«.

Mit einer solchen Liste sieht sich ein Unternehmen ausnahmsweise vor einem angenehmen Problem: Man hat zu viele verheißungsvolle Ideen. Mit

Hilfe des strategischen Würfels läßt sich die Zahl der Eigenschaften und Vorzüge auf ein handhabbares Maß reduzieren. Eine strategische Kubenanalyse bewertet die Motivationskraft von fünfundsiebzig bis hundert verschiedenen rationalen und emotionalen Faktoren.

Die Methode ermittelt die hochmotivierenden, überzeugenden Merkmale, die sich auch gegenüber der Konkurrenz behaupten lassen.

Diese Technik bewältigt die Probleme im Zusammenhang mit den von uns beschriebenen traditionellen Ansätzen. Im Gegensatz zu Wichtigkeitsbewertungen zum Beispiel überschätzt der strategische Würfel nicht die Bedeutung gattungsspezifischer und rationaler Merkmale.

Die strategische Kubenanalyse veranschaulicht die einzelnen Eigenschaften und Vorzüge mit einem visuellen Stimulus wie einem Foto und fragt die Leute nach der Erwünschtheit jedes Merkmals. Die Psychologen nennen so etwas eine *affektive Beurteilung*. Die Marktforschung wird abgerundet durch zwei weitere Analysemethoden. Die *kognitive Beurteilung* stützt sich auf die Lücke zwischen Erwünschtheit von Eigenschaften und Vorzügen und der Leistungsfähigkeit derzeitiger Marken. Die *Verhaltensbeurteilung* durchleuchtet den Zusammenhang zwischen den jeweiligen Eigenschaftsbewertungen und den tatsächlichen Produktpräferenzen. Damit läßt sich die Motivationskraft in ihrem vollem Umfang erfassen. Die dreifache Stoßrichtung dieses Ansatzes möchte also erkunden, was dem Verbraucher wünschenswert scheint, ob die derzeit benutzten Produkte diese Wünsche erfüllen und ob diese Eigenschaften und Vorzüge einhergehen mit einer Bevorzugung bestimmter Produkte.

Die Untersuchung betrachtet alle Motivationsdimensionen, das heißt die affektiven, kognitiven und Verhaltensaspekte sowie die Annahmen über Produkt- und Konkurrenzleistung gleichzeitig und für jeden Befragten einzeln. In einer strategischen Kubenanalyse sollen zweihundert oder mehr potentielle Kunden einer bestimmten Produktkategorie auf einer Neun-Punkte-Skala der Erwünschtheit Bewertungen zu ungefähr fünfzig bis hundert visuellen und verbalen Stimuli aussprechen.

Erwünschtheitsskala

9. Äußerst wünschenswert
8. Sehr wünschenswert
7. Ein wenig wünschenswert
6. Kaum wünschenswert
5. Weder erwünscht noch unerwünscht
4. Kaum unerwünscht
3. Ein wenig unerwünscht
2. Sehr unerwünscht
1. Äußerst unerwünscht

Bisher war nur von Fünf-Punkte-Skalen die Rede, wie sie zum Beispiel in der Marktlückenanalyse vorherrschen, und hier treffen wir auf einmal auf eine Skala mit neun Punkten (nicht zu verwechseln mit der aus elf Punkten bestehenden Skala zur Kaufwahrscheinlichkeit). In Wirklichkeit ist die Neun-Punkte-Skala mit der Fünf-Punkte-Skala natürlich identisch, nur daß wir mit den Punkten 1 bis 4 noch die negativen Möglichkeiten hinzugenommen haben. Wir tun dies, um auch Eigenschaften und Vorzüge messen zu können, die sich negativ motivierend auswirken.

Eine in der Marktforschung nicht gerade übliche Praxis. Marktforscher benutzen nur selten eine Skala mit Negativangaben und kommen so zu Ergebnissen, die die Wirklichkeit stark verkürzt widerspiegeln. Manche Verbraucher fühlen sich vielleicht von der geringen Größe eines zweisitzigen Miata-Sportwagens abgestoßen. Mit einer traditionellen Studie aus fünf Punkten hätte Mazda in diesem Fall lediglich herausfinden können, daß die Zweisitzergröße des Miata nicht besonders motivierend wirkt, da die negativste Angabe »nicht erwünscht« lautet. In einer Neun-Punkte-Skala dagegen hätten sich vielleicht einige Konsumenten für die Wertung »äußerst unerwünscht« entschieden. (Wir wissen nicht, ob Mazda solche Untersuchungen durchgeführt hat; der Miata dient nur zur Veranschaulichung.)

Für eine Untersuchung, in der die Merkmale bei den Befragten nur verschiedene Abstufungen positiver Affekte auslösen sollen, benutzen wir natürlich auch die einfache Skala. Aber wenn es sich um eine Produktkategorie handelt, in der die von einigen Leuten erwünschten Eigenschaften andere abstoßen können, dann brauchen wir ein Bewertungsinstrument, das beide Reaktionen erfaßt. Ein Auto, das in weniger als acht Sekunden auf hundert Stundenkilometer beschleunigen kann, mag für einige noch so erfreulich sein, für andere ist es ein Alptraum. Und die Untersuchung sollte nicht die einen zugunsten der anderen vernachlässigen.

Weshalb eine Erwünschtheitsskala und keine Wichtigkeitsbewertung? Fragt man nach der Erwünschtheit und nicht nach der Wichtigkeit bestimmter Faktoren, sind die Probanden eher bereit, den Einfluß emotionaler Eigenschaften und Vorzüge einzuräumen. Wer fragt: »Wie wichtig ist es Ihnen, daß Sie mit Ihrem nächsten Auto Ihren Schwager beeindrukken?«, der erhält aller Wahrscheinlichkeit nach zur Antwort, daß solche Erwägungen kaum eine Rolle spielen. Fragt man dagegen: »Wie wünschenswert ist es für Sie, daß Sie mit Ihrem nächsten Auto Ihren Schwager beeindrucken?«, dann werden einige Leute zumindest »ein wenig« antworten. Zusammen mit einem Bild lautet die Antwort dann vielleicht schon: »Sehr wünschenswert«.

Wichtigkeit (und verbale Stimuli) implizieren Rationalität. Die Befragten suchen nach der plausibelsten Antwort. Sie wollen die Antwort geben, die der Marktforscher allem Anschein nach erwartet, um in seinen Augen intelligent zu erscheinen. *Erwünschtheit* ist ein weniger vorbelasteter Begriff. Zusammen mit einem Bild vermittelt er dem Befragten den Eindruck, daß er sich völlig frei und ungeniert äußern kann.

Für die Untersuchung einer Produktkategorie wie Kugellager würde es wohl keine große Rolle spielen, ob man eine Wichtigkeits- oder eine Erwünschtheitsskala verwendet. Doch auch wenn der Verkauf von Investitionsgütern normalerweise durch mehr Rationalität gekennzeichnet ist, sollte man die verschiedenen emotionalen Faktoren nicht außer acht lassen. Die Persönlichkeit des Vertreters, das Vertrauen des Kunden zum Vertreter, der offensichtliche Enthusiasmus des Kundendienstes, das hohe Ansehen, das man mit Hilfe der Kundenbetreuung beim Chef erhält: All dies sind emotionale Faktoren, die sich auf die Auswahl vieler Investitionsgüter auswirken.

Aber in stark marketingorientierten Produktkategorien, die von rationalen wie emotionalen Faktoren bestimmt werden, bringen eine Erwünschtheitsskala und visuelle Stimuli auf jeden Fall brauchbarere Ergebnisse als Wichtigkeitsbewertungen. Die symmetrische Skala ist auch insofern einer nur positiv ausgerichteten Skala vorzuziehen, als manche Faktoren dem einen Verbraucher als Pluspunkte und dem anderen als Minuspunkte erscheinen.

Nach der Bewertung der fünfundsiebzig bis hundert Eigenschaften und Vorzüge auf der Erwünschtheitsskala geben die Verbraucher zu den jeweils gleichen Faktoren eine Beurteilung über die Leistungsfähigkeit der Unternehmens- und der Konkurrenzprodukte ab. Hierzu verwenden sie folgende Fünf-Punkte-Skala, in deren Leerräume die Produktkategorien eingetragen werden:

Leistungs-/Imageskala

5. Beschreibt ______________ vollkommen.
4. Beschreibt ______________ sehr gut.
3. Beschreibt ______________ einigermaßen.
2. Beschreibt ______________ kaum.
1. Beschreibt ______________ gar nicht.

Die daraus resultierende Beurteilung der Motivationskraft stützt sich auf die affektive, die kognitive und die verhaltensmäßige Einstellungsdimension (siehe Abb. 5.2). Die affektive Komponente umschreibt dabei einfach, wie wünschenswert einem bestimmten Befragten die eine oder andere Eigenschaft erscheint.

Die kognitive Komponente belegt die Lücke zwischen Kundenwünschen und Produktleistung.

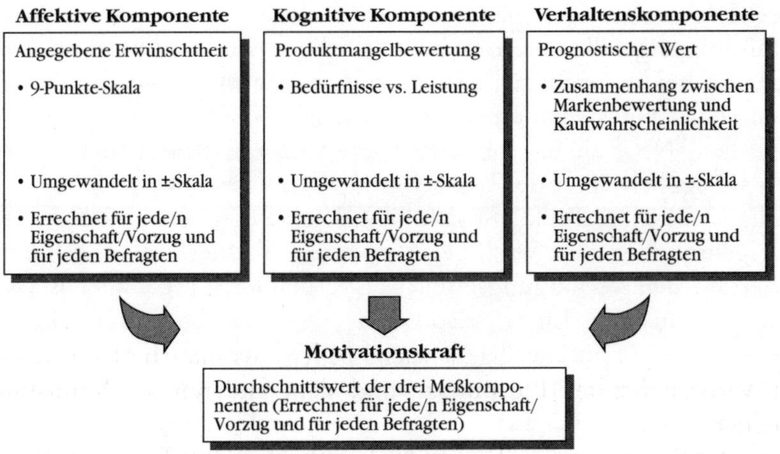

Abbildung 5.2: Dreidimensionales Modell der Motivation

Aber wir bemühen uns auch darum, über die Angaben der Befragten hinauszugehen und die wirklichen Wünsche unter der Oberfläche zu erforschen. Dieser Analyseschritt stellt den Zusammenhang her zwischen Marken- und Imagemerkmalen und dem Konsumverhalten jedes Befragten und erkundet so die Verhaltenskomponente.

Eine Studie mit achthundert Befragten und sechzig Eigenschaften und Vorzügen erfordert demnach 48000 Analysen. Der Computer rechnet die Ergebnisse der positiven Motivation in eine Skala von 0 bis + 100 und die der Negativmotivation in eine Skala von 0 bis – 100 um. Aus den drei Messungen ermittelt der Computer zuletzt für *jedes* Merkmal und *jeden* Befragten ein Gesamtmaß der Motivationkraft.

Zur Veranschaulichung möglicher Anwendungen für diesen Maßstab der Motivationskraft wollen wir einen Blick auf Beispiele aus der Automobilbranche werfen:

Motivationskraft von Automerkmalen

Auswirkung	*Beispiel*
Stark positiv	»Das Auto gibt Ihnen ein jugendliches Gefühl.«
Schwach positiv	»Das Auto ist sparsam im Verbrauch.«
Neutral	»Auto mit Airbag auf der Fahrerseite.«
Schwach negativ	»Auto mit Vierzylindermotor.«
Stark negativ	»Auto steht im Ruf der Unzuverlässigkeit.«

In der strategischen Kubenanalyse werden die zwei »starken« Auswirkungen zusammengefaßt in der Rubrik »starker« Motivationskraft. Ähnlich bilden die beiden »schwachen« Auswirkungen eine Einheit, die wir in Ermangelung eines schillernderen Ausdrucks »mäßig« motivierend nennen wollen. Neutrale Eigenschaften, die weder anziehen noch abstoßen, laufen schließlich unter der Bezeichnung »schwach« motivierend.

Anhand dieser Technik läßt sich für jeden Befragten der Wert der einzelnen Eigenschaften und Vorzüge überprüfen. Vorzug 2 in Abbildung 5.3 etwa erfaßt den Verjüngungseffekt: er verheißt ein jugendliches Gefühl. Sehen wir uns ein Einzelbeispiel an. Beim siebenundfünfzigjährigen George T. Jones erweckt dies »starke« Motivationskraft, einen »starken« Eindruck von der Leistungsfähigkeit unseres Klienten und einen »schwachen« Eindruck von der Leistungsfähigkeit der Konkurrenz.

Der strategische Würfel stellt einerseits ein Mittel zur Untersuchung von Eigenschaften und Vorzügen einer Produktkategorie dar und andererseits

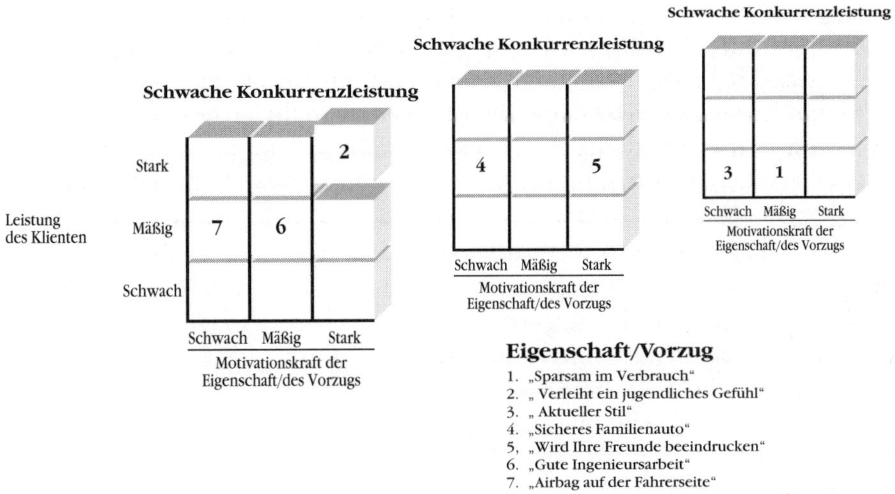

Abbildung 5.3: Mikroebenenanalyse: Der siebenundfünfzigjährige Befragte George T. Jones

eine Meßmethode. Mit der gleichzeitig auf das Produkt des Unternehmens und die Erzeugnisse der Konkurrenz gerichteten Überprüfung von Motivationskraft und Verbraucherannahmen zeigt der strategische Würfel Möglichkeiten für verheißungsvolle Positionierungsstrategien auf. Eigenschaften und Vorzüge, die das Produkt des Unternehmens als stark motivierend und den Konkurrenzerzeugnissen überlegen ausweisen, bieten einmalige Chancen für schlagkräftige Positionierungs- und Werbestrategien.

Die Verbraucher sind immer weniger imstande, konkurrierende Marken in einer Produktkategorie durch Funktion und Image voneinander zu unterscheiden. Die Unternehmen sehen sich dadurch mit einem Positionierungsproblem konfrontiert. Hauptsächlich liegt das daran, daß immer mehr Marken mit der gleichen Positionierung arbeiten, so daß man sie einfach nicht mehr voneinander trennen kann. Wenn man die Werbung von Pepsi Cola nähme und Coca Cola darauf schriebe, wer würde den Unterschied erkennen? Niemand, darauf können Sie wetten. Übrigens ein interessanter Test, den man auf fast alle Produktkategorien anwenden könnte.

Schlimmer steht es um Marken, die sich in ihrem Bemühen um Differenzierung immer weiter vom Kern ihrer Positionierung, der sie groß gemacht hat, entfernen und sich statt dessen auf zweit- oder drittrangige Punkte kaprizieren. Statt vom Lasagne-Gefriergericht, das nach dem Mama-Italiano-Familienrezept gekocht wird, ist die Rede von der Zauberuhr, die anzeigt, wann das Gericht fertig ist. Eigentlich interessieren sich die Leute viel mehr für das berühmte Rezept, aber das wird kaum mehr erwähnt, und man spricht lieber von Nebensächlichkeiten wie der Verpackung.

Da sich die Positionierung mit der Verpackung, dem Vertrieb, der Preisgestaltung, der Werbung, dem Verkaufsort und überhaupt mit allem befaßt, was mit dem Produkt in Zusammenhang steht, stellt sich die Kernfrage: Was will ein Unternehmen seinen potentiellen Kunden über das Produkt mitteilen, das heißt nicht nur den Endabnehmern, sondern auch den Zwischenhändlern, die das Produkt auf Lager haben, den Einzelhändlern, die es verkaufen, und den Kunden? Wenn Marketingmanager an Positionierung denken, dann fällt ihnen meistens nur Werbung dazu ein. Aber das ist natürlich eine viel zu beschränkte Perspektive.

Am Ende einer Positionierungsstudie sollte sich für das Unternehmen ein Aktionsplan nach Art des in Abbildung 5.4 illustrierten abzeichnen. Die Motivationskraft erstreckt sich von schwach zu stark, und die Leistung des Klienten gegenüber der der Konkurrenz reicht von überlegen bis unterlegen.

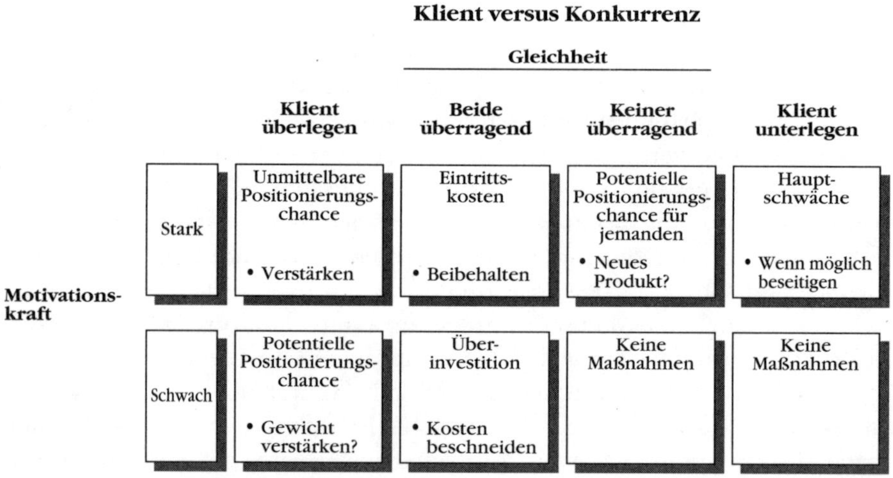

Abbildung 5.4: Aktionsplan

Idealerweise befindet man sich im Kasten links oben, der eine unmittelbare Positionierungschance anzeigt. Das Produkt wirkt nicht nur hoch motivierend – im Stil, im Preis, in der Klarheit, im Geschmack, in der Weichheit, was eben zählt –, es ist auch überlegen. Hier kommt es nur darauf an, diese überlegene Position auszubauen.

Normalerweise landet man eher in einem der zwei mittleren Kästen. Das eigene Produkt und das der Konkurrenz sind beide exzellent, oder beide sind es nicht. Im ersten Fall müssen wir die Positionierung beibehalten, um die Eintrittskosten für potentielle Konkurrenten möglichst hoch zu halten. Im zweiten Fall, wenn also zum Beispiel alle tragbaren Computer mehr als neun Kilogramm wiegen, dann bietet sich eine Gelegenheit für ein neues Produkt.

Wer im Kasten rechts oben landet und beispielsweise zu teure Preise hat oder ein Schlüsselmerkmal überhaupt nicht anbietet, der sollte diese Schwäche beseitigen.

Den interessantesten Ausgangspunkt stellt wohl der Kasten links unten dar. Man verfügt über einen Vorzug mit schwacher Motivationskraft, aber überlegener Leistung. Hier ergibt sich die Chance, das Gewicht des Vorzugs stärker herauszustreichen. Vor dem Erscheinen Frank Perdues hatte der Markenname auf verpackten Hühnchen so gut wie keine Motivationskraft. Das hat sich inzwischen gründlich geändert, und Frank Perdue ist ein reicher Mann.

Aber nur wenn das Unternehmen die Verbraucherprobleme und damit die hochmotivierenden Faktoren erkannt hat, kann es darauf hoffen, hervorragende neue Produkte einzuführen oder ein existierendes Produkt wirkungsvoll zu positionieren. Leider verlassen sich allzu viele Unternehmen noch immer auf unzureichende Techniken wie die allseits beliebte Fokusgruppe, um sich die nötigen Marketinginformationen für die neunziger Jahre zu verschaffen.

Wer im Marketing der Neunziger reinen Tisch machen will, der nimmt Abschied von der Vergangenheit und bedient sich zur Entwicklung eines motivierenden Positionierungsprogramms neuer Techniken wie des strategischen Würfels.

Die Elemente erfolgreicher Positionierung

Alle erfolgreichen neuen oder neuorientierten Produkte oder Dienstleistungen müssen sich auf eine machtvolle, zwingende Positionierung stützen, die aktuelle und potentielle Käufer anlockt und von Konkurrenzmarken abrücken läßt.

Die Entwicklung einer erfolgreichen Positionierungsstrategie setzt Wissen über das Marketingumfeld und den optimalen Zielmarkt voraus.

Als nächsten Schritt muß man sich von Harakiri-Marktforschungstechniken lossagen, die zu Unrecht den Anschein von Nützlichkeit erwecken. Das Verlangen nach Fokusgruppen, Marktlückenanalysen, Positionierungsdiagrammen und anderen fehlgeleiteten Ansätzen muß unterdrückt werden.

Wer seinen Drang nach Dummheiten bezähmt hat, der sollte sich jetzt an ein ernsthaftes strategisches Forschungsprojekt machen, um folgende Punkte aufzudecken:

- Die wesentlichen *Motivationsfaktoren*, die erklären, weshalb die Leute die Produktkategorie kaufen. Unter Motivationsfaktoren verstehen wir die rationalen und emotionalen Eigenschaften und Vorzüge, die das Kaufverhalten wirklich bestimmen.
- Versprechen, die die eigenen Produkte oder Dienstleistungen wirklich erfüllen können; Faktoren oder Dimensionen, in denen das Produkt oder die Dienstleistung *hervorragend abschneidet*.
- Bereiche, in denen die eigenen Produkte oder Dienstleistungen einen *Wettbewerbsvorteil* genießen; Faktoren oder Dimensionen, in denen die eigene Marke besser abschneidet oder abschneiden könnte als die führende Konkurrenz.

6. Das attraktivste Produkt ist immer auch das unrentabelste

Die besten Produkte oder Dienstleistungen sind nicht unbedingt diejenigen, die auch am meisten bei den Verbrauchern ankommen.

Natürlich ist jedes Produkt, das nicht direkt seinen Zielmarkt anspricht, ein reichlich sinnloses Produkt. Das gleiche gilt auch für Produkte, die ihre Positionierung nicht widerspiegeln. Und weshalb? Weil solche Produkte und Dienstleistungen in einem Vakuum angeboten werden.

Wir stoßen immer noch auf Produkte, die trotz der weiten Verbreitung des Gedankenguts aus Theodore Levitts Buch *The Marketing Imagination* nur deswegen existieren, weil sie im Labor eines Unternehmens entwickelt wurden, das sie auch herstellen konnte, aber nicht, weil irgend jemand danach verlangt hätte.

Öfter noch trifft man auf Konsum- oder Investitionsgüter, die ohne Gespür für den größeren gesellschaftlichen oder wirtschaftlichen Rahmen geschaffen wurden. Zum Beispiel packte die Großbrauerei Miller ihren Matilda Bay-Weinkühler erst im September 1987 aus, also nach der Hauptsaison für gekühlten Wein und nachdem die Produktkategorie schon seit einem halben Jahr branchenweite Umsatzeinbußen zu verzeichnen hatte. Außerdem betrat man den Markt zu einer Zeit, in der sich die Branche in starken Nöten befand. Mehr als hundert Kühlermarken waren auf dem Markt, und der langsame Niedergang hatte begonnen. Schon Ende 1989 hatte Miller sein Produkt praktisch aufgegeben.

Wer sein Produkt nicht im Sinne der in den vorangegangenen Kapiteln beschriebenen Maßnahmen zur Umfeldanalyse, zur Zielplanung und zur Positionierung verfeinert, der läuft Gefahr, darauf sitzenzubleiben, auch wenn das Produkt bei seinen Schöpfern noch so große Begeisterung ausgelöst hat.

Auf der Basis eines Tabula-rasa-Ansatzes zum Marketing muß ein Vorstandsvorsitzender auch die richtigen Fragen zur Produktgestaltung stellen, und das Marketingmanagement muß imstande sein, diese Fragen schlüssig zu beantworten.

Die Kernpunkte:
Was ein Vorstandsvorsitzender wissen will

1. Stehen wir im Einklang mit dem Umfeld?
2. Sind die Produkte oder Dienstleistungen im Hinblick auf die gesuchte Zielgruppe und Positionierung mit Marketingintelligenz gestaltet worden?
3. Haben wir eine Konstellation von Alternativen unter die Lupe genommen?
4. Haben wir traditionelle Konzepttests und andere Harakiri-Methoden hinter uns gelassen, mit denen sich die Verkaufszahlen nicht genau bestimmen lassen?
5. Haben wir bei der Rentabilitätsprüfung aller Alternativen auch die Fertigungskosten in ausreichendem Maß berücksichtigt?
6. Haben wir uns für eine finanziell »optimale« Produkt- oder Dienstleistungsgestaltung entschieden?

Auch wenn es noch funktioniert – man sollte es reparieren

Über einige Probleme in der Entwicklung neuer Produkte stolpern wir regelmäßig: das Konzept, das nicht totzukriegen ist, und, noch häufiger, das Konzept, das Hilfe braucht. Daneben gibt es auch noch das Konzept, das sich kein Gehör verschaffen kann.

Gelegentlich stößt ein Produktmanager oder ein Marketingexperte auf eine Produktverbesserung, eine Produktlinienerweiterung oder eine Idee für ein neues Produkt, aber der Chef will davon nichts wissen: »Uns geht's doch gut. Solange es noch funktioniert, muß man es auch nicht reparieren.«

Allerdings erwähnten wir ja schon, daß die meisten Marken längst nicht mehr funktionieren. Sie wissen es nur noch nicht. Die meisten Märkte wachsen nur so schnell wie die Bevölkerung, aber gleichzeitig kommen ständig neue Produkte dazu und schnappen den etablierten Marken Marktanteile weg. Aufgrund dieser Entwicklung verzeichnen inzwischen die meisten eingeführten Marken vom Auto bis zum Frühstücksmüsli einen langsamen, aber stetigen Schwund, der sich in den neunziger Jahren noch beschleunigen wird. »Wieso sollten wir an unserem Erfolg rumdoktern?« Bei dieser überholten Fragestellung sollte sich kein Führungsmanagement mehr aufhalten und sich statt dessen lieber ernsthaft Gedanken über die Zukunft machen: »Wie können wir das Abgleiten in die Bedeutungslosigkeit verhindern? Was sollen wir tun?«

Die Antwort lautet natürlich: Veränderung der Rezeptur oder Einführung einer neuen Form, Verpackung, Farbe, Größe, Funktion oder eines völlig neuen Erzeugnisses.

Aber wie fängt man die Entwicklung eines neuen Produkts oder die Umgestaltung eines existierenden richtig an?

1. Man überlegt sich jede der möglichen Merkmalsalternativen: große Schachtel oder kleine, rotes Etikett oder blaues, Airbag auf der Beifahrer- oder nur auf der Fahrerseite, normales oder beschichtetes Papier.
2. Fast gleichzeitig mit dem dritten Schritt befragt man potentielle Kunden und ermittelt die Marktreaktion auf jedes einzelne Produktmerkmal. Es gilt, die steigende oder sinkende Nachfrage im Zusammenhang mit den einzelnen Möglichkeiten genau zu eruieren.
3. Die Grenzkosten für jedes Merkmal müssen festgestellt werden.
4. Mit computergestütztem Design läßt sich aus diesem Wust von bis zu 10 Millionen Alternativen das finanziell »optimale« Produkt berechnen.

Vor nicht allzu langer Zeit wandte sich eine Fluggesellschaft, die wir hier Globewide Air nennen möchten, mit der Bitte um Rat an uns. Dem Unternehmen ging es recht gut, es machte keine Verluste, aber einige Konkurrenten boten neue Dienstleistungen und fuhren anscheinend ganz gut damit. Besonders ein Hauptkonkurrent schien mit einer bestimmten Dienstleistung im Inlandsmarkt große Erfolge zu verzeichnen. Diese Entwicklung beunruhigte das Management bei Globewide, und man fing an, sich Gedanken über den eigenen Kundendienst zu machen. Was können die, was wir nicht können? Wie können wir unser Revier verteidigen?

Globewide stellte Spekulationen zu einem einheitlichen Service an. Man vermutete, daß eine einzige Klasse den Betriebsablauf erheblich erleichtern würde. Also überlegte man sich verschiedene Spielformen einer einheitlichen Klasse. Erste Klasse oder Touristenklasse und alle möglichen Varianten dazwischen. Weil schon das Angebot eines Zwei-Klassen-Service viele Alternativen kennt, führte man allgemeine Recherchen durch, um die beste Servicekonfiguration zu finden. Schließlich dehnte man die Nachforschungen auch auf den internationalen Markt aus.

Anfangs bestand unsere Aufgabe darin, Globewide auf alle vorhandenen Möglichkeiten aufmerksam zu machen. Für die meisten Klienten kommt dies einer Offenbarung gleich, weil sie nur selten den Überblick über ihre vielen Alternativen haben. Im Falle eines Dienstleistungsbetriebs wie einer Fluggesellschaft oder einer Hotelkette gibt es so viele Optionen, daß man mit ihrer Überprüfung einige Monate lang beschäftigt ist.

Nachdem man bei Globewide das Ausmaß möglicher Alternativen erkannt hatte, begann man sich über das übliche Entscheidungsverfahren Gedanken zu machen.

Bei den meisten Fluglinien werden Entscheidungen aufgrund persönlicher Urteile getroffen. Das bedeutet normalerweise, daß man den Kunden möglichst viele Wahlmöglichkeiten einräumt. Das Angebot wird um immer mehr Vorteile bereichert, weil man glaubt, mit diesem »Mehr« auch die Attraktivität des Produkts zu erhöhen.

Bei Globewide kam erschwerend eine reichlich unüberlegte Preisgestaltung hinzu. Man hatte sich zwar einige andere Dinge durch den Kopf gehen lassen, den Preis jedoch erst ganz zuletzt in Form der Kosten zuzüglich Gewinnspanne berücksichtigt.

Im Laufe dieses Projekts untersuchten wir Tausende von Möglichkeiten einer einheitlichen Klasse und Zehntausende von Alternativen eines Angebots in zwei Klassen. Es stellte sich heraus, daß sich der Ertrag einer einheitlichen Klasse in keinem Fall mit dem eines Zwei-Klassen-Angebots messen konnte. Selbst die attraktivste Form, eine erste Klasse für jedermann, kann höchstens mit dem Ertrag eines durchschnittlichen Zwei-Klassen-Service Schritt halten. Einige Zwei-Klassen-Angebote unterschreiten diesen Ertrag zwar noch, aber die meisten liegen doch deutlich darüber.

Danach sahen wir uns die Kosten an, und die Zahlen belegten, daß die Rentabilität eines einheitlichen Service der eines Zwei-Klassen-Angebots immer hinterherhinkt. Damit hatten wir unsere Aufgabe so weit eingegrenzt, daß wir nur noch über die beste Konfiguration der zwei Klassen entscheiden mußten. In mancher Hinsicht – wie zum Beispiel bei den Mahlzeiten – mußte Globewide sein Angebot auf Vordermann bringen. Aber in anderen Bereichen – wie Dienstleistungen in der Wartehalle und bei der Abfertigung – zog die attraktivste Zusammenstellung keine Gewinne nach sich. Alles in allem wertete der Computer mehr als zwei Millionen Alternativen aus.

Unsere Konfiguration erwies sich als völlig neue und von Globewide bis dahin vernachlässigte Lösung. Wir empfahlen dem Unternehmen eine Zusammenstellung aus Merkmalen und Dienstleistungen, auf die es aufgrund persönlicher Urteile nie gestoßen wäre. Im weiteren Verlauf des

Kapitels wollen wir zeigen, wie man zu einer solch bahnbrechenden und oft der Intuition zuwiderlaufenden Produktgestaltung gelangt.

Kannibalismus ist nicht sinnvoll

Ehe wir jedoch die Entwicklung und den Test von Produktkonzepten erörtern, möchten wir noch auf einen Punkt zu sprechen kommen, dem wir immer wieder begegnen: das Problem, daß ein Erzeugnis in neuer Gestalt, neuem Geschmack oder neuer Farbe den aktuellen Produkten eines Unternehmens Umsätze streitig macht. Diese Schwierigkeit ergibt sich in erster Linie bei Sortimentserweiterungen, mit denen das Unternehmen neue Marktnischen erreichen will.

Die Unternehmensleitung sollte bei einer Sortimentserweiterung unbedingt darauf achten, daß das neue Produkt der aktuellen Marke nicht ins Gehege kommt (Kannibalisierungseffekt). Dies ist natürlich kein Problem, wenn man einen neuen Markt erschließt, aber so mancher Fall aus unserer Praxis spricht eine unmißverständliche Sprache. Wir stoßen regelmäßig auf Sortimentserweiterungen, denen ein Marktanteil von 3 Prozent prophezeit wird. Und diese Zahl klingt nach einem großen Erfolg. Aber wenn wir die Situation dann genauer analysieren, stellt sich heraus, daß 2,5 von den 3 Prozentpunkten zu Lasten der Marke gehen, die das neue Produkt unterstützen sollte, und nur 0,5 Prozent einen echten Geschäftszuwachs bedeuten. Nimmt man die Kosten für die Produktion und das Marketing der Sortimentserweiterung hinzu, dann läßt diese geringfügige Steigerung eine solche Investition nicht gerechtfertigt erscheinen. Und deshalb ist die Vorstellung, eine Sortimentserweiterung biete die risikoloseste Möglichkeit zur Einführung neuer Produkte, ein Aberglaube, von dem man sich verabschieden sollte.

Sicherlich, einige Produktkategorien wie Soft Drinks, Zigaretten und Bier sind so groß und rentabel, daß die Hersteller wahrscheinlich keine Bedenken tragen müssen, ob sie mit neuen Marken die bestehenden gefährden. Solange man der Konkurrenz Marktanteile abjagt – und selbst wenn es sich nur um einen unverhältnismäßig geringen Betrag handelt –, lassen sich damit Gewinne erzielen. Anheuser-Busch muß sich nicht darum kümmern, wenn sich der Markt für Bud Light und Bud Dry mit dem von Budweiser überschneidet, solange man auch Coors, Miller und Stroh Kunden abspenstig macht.

Auch eine Sortimentserweiterung, die die bestehende Marke kannibalisiert, muß nicht unbedingt ein schlechter Schachzug sein. Der Anbieter eines bekannten Kopfschmerzmittels brachte eine Sortimentserweiterung auf den Markt, die auch gegen Erkältungssymptome wirkte. Das Unternehmen versprach sich von dem neuen Erzeugnis eine Ergänzung seines Flaggschiffs. Doch die Verbraucher ließen das alte Produkt links liegen, weil sie in dem neuen ein stärkeres Analgetikum sahen. Da das alte Produkt ohnehin einen langsamen, aber sicheren Tod starb, erwies sich sich die neue Version trotz der Verluste, die sie dem Flaggschiff zufügte, als brillanter strategischer Schachzug zur Verlängerung des Lebens der Marke.

Oft kommen Unternehmen zu uns, die sich mit dem Gedanken an eine Sortimentserweiterung tragen, und wollen von uns wissen, ob sich »davon fünf Millionen Stück absetzen lassen«. Und wir müssen sie regelmäßig darüber aufklären, daß das nicht die entscheidende Frage ist.

Die entscheidende Frage lautet: »Welche Steigerung der Umsatzmenge und der Umsatzerlöse können wir mit diesem Produkt im Vergleich zu unseren aktuellen Produkten erzielen?« Und die anschließende Frage heißt: »Rechtfertigt dieser Geschäftszuwachs die zusätzlichen Kosten?« Erst jüngst gab ein großer Hersteller von Knabbergebäck bei uns Markttests zu neuen Geschmacksrichtungen in Auftrag, deren Einführung man in Erwägung zog. Erst nach umständlichen Erklärungen sahen unsere Gesprächspartner ein, daß wir dazu die Auswirkungen auf die gesamte Produktkategorie untersuchen und nicht nur eine Umsatzprognose für das neue Produkt erstellen mußten.

Ein verwandtes Problem, das wir als Außenstehende oft erkennen, für das aber auch das Topmanagement ein Gespür entwickeln sollte, ist das Patton/Montgomery-Syndrom. Die beiden Generäle Patton und Montgomery hätten während des Zweiten Weltkriegs gerne alle bedeutenden Schlachten in Europa gewonnen. Präsident Eisenhower mußte demgegenüber sicherstellen, daß man das gemeinsame Ziel der Alliierten – den Gewinn des Krieges – nicht aus den Augen verlor. Und dieses übergreifende Ziel entsprach nicht unbedingt den individuellen Wünschen der einzelnen Kommandanten.

In amerikanischen Unternehmen zeigt sich das Syndrom in zweifacher Gestalt. Zum einen würden manche neuen Produktmanager anderen Managern des Unternehmens nur allzu gern Marktanteile abjagen, solange sie deswegen keine Vorwürfe fürchten müssen. Zugeben würde das freilich keiner von ihnen.

Zum anderen kann der Produktmanager der führenden Marke des Unternehmens jeden für sein Revier gefährlichen Ansatz der Nachwuchskräfte schon im Keim ersticken. Er setzt alle Hebel in Bewegung, um neue Produkte oder Sortimentsbewegungen aufzuhalten, die seiner Marke ins

Gehege kommen könnten. Weil seine Marke für das Unternehmen eine so enorm wichtige Rolle spielt, fällt ihm das auch nicht besonders schwer. Aber dabei denkt er weniger an das Wohl des Unternehmens als an seine eigene Jahresprämie.

Der Erfolg von Sortimentserweiterungen läßt sich leicht voraussagen

Nebenbei bemerkt läßt sich der Erfolg einer neuen Dienstleistungsidee weniger leicht voraussagen als der eines neuen Produkts. Und die Nachforschungen zu einem wirklich neuen Produkt bekommt man schwerer in den Griff als die zu einer Sortimentserweiterung. Bei abgepackten Waren zum Beispiel können sich die Leute leicht mit einem Produkt mit geringerem Salzgehalt identifizieren. Oder mit einem neuen Vitaminpräparat, das den gesamten Tagesbedarf abdeckt. Solche Konzepte lassen sich problemlos vermitteln. Die Befragten verstehen sie und können dementsprechend eine Kaufabsicht äußern oder auch nicht. Vorausgesetzt das Produkt hält, was es verspricht, kann das Unternehmen also aufgrund der Verständlichkeit des Konzepts ziemlich genau voraussagen, wie viele Kunden dem Produkt die Treue halten werden. Wenn ein Erzeugnis weniger Salz verspricht und tatsächlich weniger Salz enthält, dann werden sich die Kunden je nach ihrem Geschmack darauf einstellen und zugreifen oder dem Produkt die kalte Schulter zeigen.

Das Konzept einer neuen Dienstleistung hingegen läßt sich oft nur schwer vermitteln. Die Befragten verstehen es vielleicht nicht richtig, und ihre geäußerten Kaufabsichten stellen keinen verläßlichen Hinweis auf die Wirklichkeit dar. Erst wenn man die Dienstleistung wirklich anbietet, erfährt das Unternehmen Genaueres darüber, ob sie beim Verbraucher Anklang findet oder nicht. Der Zusammenhang zwischen einem Konzept für eine Dienstleistung und deren Akzeptanz im wirklichen Leben ist im allgemeinen weniger zwingend als zwischen einem Konzept für abgepackte oder langlebige Artikel und dem tatsächlichen Kaufverhalten.

Ähnlich steht es mit einem neuen Produkt. Manchmal läßt sich der Zweck des Produkts kaum wirkungsvoll darstellen, wenn der potentielle Kunde es nicht wirklich in Händen hält. Aber auch hier gibt es Ausnahmen. Der Videorecorder ließ sich auf Anhieb vermitteln: ein Gerät, mit dem man Filme im Fernsehapparat abspielen und Fernsehsendungen aufnehmen kann, wie man Radiosendungen mit einem Kassettenrecorder aufnimmt. Auch der CD-Player stieß sofort auf Verständnis: Die CD bietet eine ungleich bessere Tonqualität als Kassetten oder Schallplatten.

Im allgemeinen lassen sich neue Produkte oder Dienstleistungen leicht darstellen, wenn ähnliches bereits existiert oder wenn die Verbraucher schon nach einer Lösung ihrer Probleme suchen. Problematischer gestalten sich die Voruntersuchungen, wenn ein Unternehmen ein wirklich revolutionäres neues Produkt auf den Markt bringen will, das keine ähnlichen Vorläufer hat und auch keine klaren Verbraucherwünsche erfüllt.

Mit Hilfe einer Matrix läßt sich erkennen, wie die einzelnen Produkte in dieser Hinsicht abschneiden.

Matrix für Bedarf/Kommunizierbarkeit eines neuen Produkts

	Kommunizierbarkeit		
Verbraucherbedarf	*Schwer*	*Mäßig*	*Leicht*
Hoch	Krankenversicherung	Airbags	Videorecorder
Mäßig	Betriebliche Rentenversicherung	Antibelagmundspülung	TV-Fernbedienung
Gering	Elektrischer Gemüseschäler	Buchclub	Popcorn für Mikrowelle

Der elektrische Gemüseschäler hatte keinen Erfolg, weil nicht nur der Verbraucherbedarf gering, sondern auch die Funktionsweise des Geräts kaum zu vermitteln war. Das Unternehmen sah sich außerstande, die Leute von der Sicherheit seiner Neuentwicklung zu überzeugen. Es besteht zwar kein unumgänglicher Zusammenhang zwischen Bedarf, Kommunizierbarkeit und Umsatz, aber im allgemeinen gilt, daß die Umsatzchancen mit der Höhe des Bedarfs und dem Grad der Kommunizierbarkeit wachsen.

Wir konnten mit zwei Typen entstehender Produktkategorien Erfahrungen sammeln, die wir als Produkte mit *evolutionärem* und mit *revolutionärem* Wachstum bezeichnen möchten. Wenn man weiß, in welche Rubrik das eigene neue Produkt fällt, gewinnt man die nötige Übersicht für die Marketingplanung. Der folgende Kasten zeigt die von uns an diesen beiden Produkttypen beobachteten Merkmale.

Einige besondere Beispiele von Produkten mit evolutionärem und revolutionärem Wachstum werden einander im zweiten Kasten gegenübergestellt.

Merkmale evolutionärer und revolutionärer Produkte

Evolutionäres Wachstum	*Revolutionäres Wachstum*
Kategoriemerkmale (Wachstumstyp)	
Verhalten (10–20 % oder weniger)	Explosiv (30–40 % oder mehr)
Klare neue Subkategorie	Klare neue Kategorie
Niedrige Bedarfsobergrenze	Hohe Bedarfsobergrenze (oft 40 % der Bevölkerung oder mehr)
Mehrfachmarken vergrößern die Kategorie nicht unbedingt	Mehrfachmarken wirken ansteckend, die Kategorie vergrößert sich
Produktmerkmale	
Spricht geringfügige oder mittelschwere Verbraucherprobleme an	Spricht wichtige oder ernste Verbraucherprobleme an
Neue Marken werden als austauschbar gesehen	Neue Marken werden als Ergänzung füreinander gesehen
Wird als weiteres neues Produkt oder Gebrauchsartikel aufgenommen	Wird als bahnbrechende Innovation aufgenommen
Verbrauchermerkmale	
Schwache Verbundenheit	Starke Verbundenheit
Die gesuchten Vorzüge wirken mäßig motivierend	Die gesuchten Vorzüge wirken hoch motivierend
Geringe Markentreue oder Bereitschaft zum Wechsel	Tendenziell Treue zur ersten Marke, wenn sie den Kunden zufriedenstellt
Marketingmerkmale	
Praktisch keine Mundpropaganda und Öffentlichkeit	Mundpropaganda und Öffentlichkeit beschleunigen Nachfrage
Werbung und Verkaufsförderung für die konkurrierenden Marken	Werbung und Verkaufsförderung weniger wichtig, da die Kategorie ein spontanes Wachstum verzeichnet
Schwer zu vermitteln	Leicht zu vermitteln

Beispiele evolutionärer und revolutionärer Produkte

Evolutionäres Wachtum	*Revolutionäres Wachstum*
Verbraucherelektronik	
Transistorradios	Nintendo-Videospiele
Telefone mit Speicherfunktion	Hochgeschwindigkeitsfaxgeräte
Videorecorder	Mobile Telefone
Langlebige Konsumgüter	
Teure japanische Luxuslimousinen in den späten achtziger Jahren (Lexus, Infiniti)	Japanische Autos der niedrigen bis mittleren Preislage in den späten Achzigern (Nissan 200ZX, 300ZX, Mazda Miata)
Fernsehgeräte mit großem Bildschirm in den Siebzigern	Mikrowellenherde in den Siebzigern
Saftmixer in den den Siebzigern	Küchengeräte in den Siebzigern
Abgepackte Waren	
Zahncreme aus dem Spender (z. B. Colgate)	Antibelagmittel (z. B. Plax)
Lebensmittel	
Warmes Müsli mit Haferkleie	Der Haferkleie-Boom
Lagerfähige Gerichte	Gerichte für die Mikrowelle
Getränke mit Nutrasweet	Safttüten

Attraktivität ist nicht alles

Den Anstoß für eine Produktänderung gibt normalerweise die Abteilung für Forschung und Entwicklung oder das Marketingmanagement. Die Leute aus der Forschung und Entwicklung stoßen also zum Beispiel auf eine bequeme neue Verpackung für ein Stärkespray oder eine wunderbare neue Zusammensetzung, die die Steifkraft des aktuellen Produkts um 43 Prozent übertrifft.

Oder das Marketingmanagement reagiert auf einen Verlust an Marktanteilen mit Fokusgruppen oder anderen Forschungsprojekten, um auf neue Ideen, Ansätze oder Produkte zu kommen. In beiden Fällen wird zu einem bestimmten Zeitpunkt ein neues Produktkonzept erstellt, das für den Test bereitsteht.

Manche Unternehmen werfen das Produktkonzept jetzt einfach auf den Testmarkt. Diese Vorgehensweise birgt jedoch große Risiken in sich. Zum einen handelt es sich nämlich nicht unbedingt um das beste Design. Und zum anderen lassen sich Mängel eines bereits im Test befindlichen Produkts ungefähr genauso leicht beheben wie eine Reifenpanne beim Fahren.

Andere Unternehmen entwickeln drei oder mehr – aber höchstens zehn – Versionen eines Produkts und beauftragen dann ein Marktforschungsinstitut mit Konzepttests.

Nach unserer Auffassung können weder Testmarketing noch Konzepttests der computergestützten Produktgestaltung das Wasser reichen, die Hunderte, Tausende oder sogar Millionen von Varianten testet. Die computergestützte Gestaltung führt praktisch immer zu einem einträglicheren Produkt als das anfangs vom Management favorisierte Projekt. Nach unseren Erfahrungen nach Hunderten von Tests erweist sich das bevorzugte Konzept, das das Management am liebsten ohne weitere Untersuchungen auf den Testmarkt gebracht hätte, als nur durchschnittlich attraktiv und unterdurchschnittlich rentabel. Der Abstand zwischen dem optimalen Konzept und dem Lieblingskind des Managements kann mitunter beträchtlich sein. In einer Untersuchung schätzten wir die Gewinnträchtigkeit des optimalen Konzepts sogar achtmal so hoch ein wie die des Managementvorschlags: der Unterschied zwischen einem Verkaufsschlager und einem katastrophalen Fehlschlag.

Das vielleicht interessanteste Ergebnis unserer Untersuchungen lautete, daß das attraktivste Konzept immer auch das unrentabelste ist. Dieser Befund widerlegt den alten Aberglauben, nach dem ein Produkt um so sicherer ein Erfolg wird, je mehr Verbraucher ihre Kaufabsicht kundtun. Doch in Wirklichkeit hat das attraktivste Produkt fatale Ähnlichkeit mit einer Vierfachportion Waffeleis mit Schokoladenstreuseln, die nur einen Groschen kostet. Natürlich würden die Käufer in hellen Scharen herbeiströmen, aber Geld läßt sich mit solch einem Angebot garantiert nicht verdienen.

Zugegeben, das ist ein extremes Beispiel und eines, das alle Manager sofort verstehen werden. Oft sehen sie jedoch nicht ein, daß *ihr* neues oder neupositioniertes Produkt diesem Waffeleis in Attraktivität und Verlustträchtigkeit in nichts nachsteht. Etwas gewöhnlicher ist allerdings noch der Fall, daß das Produkt zwar nicht zu Verlusten führt, aber auch den Rahmen der Möglichkeiten bei weitem nicht ausschöpft.

Neue Produkte und Dienstleistungen, Sortimentserweiterungen und Neupositionierungen scheitern regelmäßig daran, daß sie kein Interesse beim Verbraucher erwecken. Neue Konzepte beleben Markenmanager (was ja auch in Ordnung ist), aber sie langweilen die meisten potentiellen Kunden. Und trotzdem geben die Unternehmen Jahr für Jahr Tausende von Dollar für Konzepttests aus. Für den Markt ausgewählt werden die Produkte, Verpackungen und Größen, die die besten Noten erhalten. Dann lehnen sich die Manager zufrieden zurück, bis sie schockiert erkennen, daß die Produkte die hohen Erwartungen nicht erfüllen. Nach zwei Jahren und enormen Ausgaben ziehen sie sie dann gnädig aus dem Verkehr. Da muß doch etwas faul sein. Aber was?

Konzepttests strotzen nur so von Mängeln. Nahezu jeder Marketingexperte und Marktforscher hat schon einmal einen (wenn nicht schon Hunderte davon) durchgeführt, aber diese Untersuchungen lassen meist mehr Fragen offen, als sie beantworten. Beispielsweise fragen sich Marketingmanager: »Ist 17 Prozent im obersten Bereich (›Werde ich bestimmt kaufen‹) ein gutes Ergebnis?«

Oder sie rätseln an einem anderen Problem: »Wir haben drei Preiskategorien untersucht. Aber wie konnten sie nur alle drei 17 Prozent im obersten Bereich schaffen? Sollten wir vielleicht noch eine *vierte* Variante ausprobieren?«

Oder sie fragen sich: »Wenn wir den Preis (oder die Zusammensetzung oder die Verpackung) ändern würden, wie stark würde dann die Zahl der Probekäufe ansteigen?«

Um uns einen klaren Überblick über die Probleme von Konzepttests zu verschaffen, wollen wir einen typischen Fall durchspielen und dabei auf Verbesserungsmöglichkeiten traditioneller Marktforschung hinweisen. Dann beschreiben wir eine neue Variante der Faktorenanalyse als Alternative zu herkömmlichen Methoden, um dann ausführlich auf ein ziemlich komplexes Beispiel einzugehen. Darin berechnet der Computer zwei Millionen Alternativen, um die einträglichste ausfindig zu machen. Diese abschließende Fallstudie ist ziemlich vertrackt, sollte aber die Anstrengung wert sein. Nach unserer festen Überzeugung läßt sich nur durch die Auswertung vieler, vieler Möglichkeiten dasjenige Konzept aufspüren, das die höchsten Umsätze und Gewinne bietet. Das Hotelbeispiel wird zeigen, warum.

Weshalb der Konzepttest nichts bringt

Einen Konzepttest traditioneller Prägung kann ein begeisterter Marketingmanager auslösen, wenn er die Frage stellt: »Was für ein Potential hat diese neue Superidee?« Hinter dieser Idee könnte sich ein neuer Kaffee verbergen, ein neuer Laptop oder – eine Brezel zum Selberbacken.

Der Marketingmanager gelangt dann zu der Feststellung, daß sich diese neue Brezel zum Selberbacken auf zwei verschiedene Arten positionieren läßt: die Brezel für Hobbybäcker, oder die Brezel für Leute, die nie backen.

Jede dieser zwei Positionen könnte einen von drei Vorzügen betonen. Brezeln sind nahrhaft, sie lassen sich schnell backen, oder das Backen von Brezeln macht Spaß. Der Marketingmanager wirft mit Vorschlägen nur so um sich und skizziert sechs verschiedene Konzepte.

Aber er weist auch sofort darauf hin, daß man jede Positionierung oder Vorzugsoption auf vier verschiedene Produkteigenschaften oder Kaufargumente stützen kann: das Salz (grobe Salzkörner oder salzfrei); das Getreidegemisch; den Vitamingehalt oder das jahrhundertealte Rezept. Mittlerweile sind wir also bei vierundzwanzig Konzepten angelangt.

Dazu kommt die schwierige Preisgestaltung. Die Erfahrungen des Unternehmens legen fünf verschiedene Preiskategorien nah, und der Manager weiß nicht so recht, für welche er sich entscheiden soll. In jedem Fall bieten sich jetzt fünf Preise für die Hobbybäcker-Brezel und weitere fünf für die Nichtbäcker-Brezel. Binnen zehn Minuten ist es dem Marketingmanager gelungen, ein Ausgangskonzept in hundertzwanzig verschiedene Ansätze zu verwandeln. Ein ganz normaler Vorgang.

Doch die meisten Unternehmen geben sich mit hundertzwanzig Kombinationen noch lange nicht zufrieden, und jede weitere Variable vervielfacht die Zahl der Möglichkeiten. Manchmal werden die Marktforscher, die die Konzepte testen sollen, von der Unmenge an Alternativen förmlich erschlagen. Tausende, Hunderttausende, ja Millionen von Konzepten kommen in Frage. Aber welches Unternehmen könnte solch einen Test bezahlen? Und selbst wenn sich ein Unternehmen auf solch ein Unterfangen einließe, wird es dabei doch zwangsläufig an die Grenzen traditioneller Konzepttests stoßen. Zu den gravierenden Mängeln dieser Marktforschungsmethode gehören:

- *Grenzen der Umfrageauswahl.* Marktforschungsunternehmen wenden sich normalerweise an kleine, fünfundsiebzig bis zweihundert Leute umfassende Zufallsgruppen. Meist handelt es sich dabei um Frauen und Männer, die zufällig gerade durch ein Einkaufszentrum schlendern und Zeit für die Beantwortung einiger Fragen haben. Für eine bestimmte Untersuchung benutzt man gewöhnlich nicht mehr als drei nichtrepräsentative Einkaufszentren oder Geschäfte. (Kaum zu fassen, aber wahr: Ein Unternehmen hat für großes Aufsehen gesorgt, weil es hundert Leute an ein und demselben Tag und in ein und derselben Stadt ohne Änderung der Reihenfolge mit bis zu zweihundert Konzepten konfrontierte und mit Hilfe der daraus gewonnenen Daten Voraussagen über das Absatzvolumen traf. So etwas ist blanker Blödsinn.)

• *Meßprobleme.* Marktforscher verwenden oft die Kaufabsicht oder andere Bewertungskriterien, deren Verläßlichkeit und Gültigkeit völlig unbekannt sind. Die Untersuchungen ergeben irreführende Resultate, weil die Forscher überhaupt nicht wissen, ob einerseits bei einer Wiederholung dieselben Zahlen herauskommen und ob andererseits die Resultate tatsächlich zu einer Klärung der betreffenden Fragestellung führen. Das ist, als wollte jemand den Intelligenzquotienten mit einem um den Kopf gelegten elastischen Band messen. Die Ergebnisse würden sich mit jeder Messung verändern und die Intelligenz ohnehin nicht anzeigen.

• *Alternative Möglichkeiten.* Die wenigsten Marktforscher sind in der Lage, »Was-wäre-wenn«-Fragen kompetent zu beantworten, die sich um Varianten von Konzeptmerkmalen und -vorzügen drehen. Was wäre, wenn die Verpackung rot wäre? Grün? Bläulich irisierend? Und was wäre, wenn das Produkt 0,99 Dollar kostete, 1,99 Dollar oder 2,99 Dollar?

• *Unbekannte Kosten.* Nach unseren Erfahrungen kennen die Marketingmanager nur selten die fixen und variablen Herstellungs- und Marketingkosten. Und die Marktforscher haben nicht die geringste Ahnung davon. Als ob die Buchhaltungsabteilung diese esoterischen Informationen für sich selbst reserviert hätte. Aber wie soll ein Marketingmanager ohne Kenntnis der Kosten die Rentabilität bestimmen?

• *Modelle mit eingeschränkter Aussagekraft.* Schließlich können nur wenige Marketingmanager ein gültiges Modell des Marketing-Mix vorweisen, mit dessen Hilfe sich die Konzeptergebnisse in Umsatz- und Gewinnprognosen umsetzen lassen. Die Marktforscher präsentieren das Abschneiden einzelner Konzepte wie Informationen, die für sich genommen schon aufschlußreich sind: »Das hier liegt mit 33 Prozent im zweitobersten Bereich, übertrifft also das Kontrollkonzept fast um das Doppelte.« Super. Aber läßt es sich auch verkaufen? Und wenn ja, auch mit Gewinn? Schweigen im Walde.

Lassen sich diese Probleme bewältigen? Auch wir kennen nicht in jedem Fall die alleinseligmachende Antwort, aber wir haben einige Ideen, die sich auf unsere Ergebnisse und die anderer Marktforscher stützen.

1. Beginnen Sie mit einer größeren und repräsentativeren Auswahlgruppe von potentiellen Käufern (drei- bis fünfhundert). Führen Sie Ihre Erhebungen an mehr Orten durch als in solchen Tests üblich. Es sollte sich um

ernsthafte Probanden handeln, die man am besten mittels zufälliger Telefonanrufe auswählt und dann an einem zentralen Ort zusammenholt – keine Zufallsbegegnungen in einem Einkaufszentrum.

2. Konfrontieren Sie diese Gruppe mit dem Gesamtkonzept, das heißt einer ausführlichen Beschreibung mit Namen, Positionierung, Verpakkung, Merkmalen und Preis des Produkts. Es ist wirklich erstaunlich, wie viele Konzepttests den Preis außer acht lassen. Präsentieren Sie das Konzept vor dem Hintergrund aktueller konkurrierender Marken mitsamt deren Preisen. Die Erfahrung lehrt, daß eine Prognose um so treffsicherer ausfällt, je besser der Test die Wirklichkeit modelliert oder widerspiegelt.

3. Bitten Sie die Verbraucher um eine Bewertung des Konzepts im Hinblick auf die Kaufwahrscheinlichkeit. Benutzen Sie dazu eine Skala, die das wahrscheinliche Kaufverhalten besser erfaßt als die traditionellen Fragenkataloge mit drei, vier oder fünf Punkten. Wir haben mit viel Erfolg auf die nachfolgend abgebildete Elf-Punkte-Skala zurückgegriffen, die der damals

Skala zur Kaufwahrscheinlichkeit

1. Werde sicher kaufen (99prozentige Wahrscheinlichkeit)
2. Werde fast sicher kaufen (90prozentige Wahrscheinlichkeit)
3. Werde sehr wahrscheinlich kaufen (80prozentige Wahrscheinlichkeit)
4. Werde wahrscheinlich kaufen (70prozentige Wahrscheinlichkeit)
5. Hohe Chance, daß ich kaufen werde (60prozentige Wahrscheinlichkeit)
6. Ziemlich hohe Chance, daß ich kaufen werde (50prozentige Wahrscheinlichkeit)
7. Gute Chance, daß ich kaufen werde (40prozentige Wahrscheinlichkeit)
8. Ziemlich geringe Chance, daß ich kaufen werde (30prozentige Wahrscheinlichkeit)
9. Geringe Chance, daß ich kaufen werde (20prozentige Wahrscheinlichkeit)
10. Sehr geringe Chance, daß ich kaufen werde (10prozentige Wahrscheinlichkeit)
11. Keine Chance, daß ich kaufen werde (0prozentige Wahrscheinlichkeit)

noch beim US-Handelsministerium beschäftigte Dr. Thomas Juster schon vor dreißig Jahren entwickelte. Die Skala verbindet Wortbedeutungen und Wahrscheinlichkeitsmessungen, um die Befragten zu ernsthafterem Nachdenken anzuregen. Durch häufigen und umfassenden Gebrauch der Skala konnten wir feststellen, daß sich mit ihrer Hilfe zuverlässigere Prognosen über das Kaufverhalten erstellen lassen, insbesondere wenn es sich um Entscheidungen handelt, die den Kunden durchschnittlich oder stark beanspruchen. Der Befragte kann einen der im Kasten aufgelisteten Wahrscheinlichkeitsgrade wählen.

Wie alle Meßverfahren des Kaufverhaltens, die sich auf Verbraucherangaben stützen, weckt auch diese Skala zu optimistische Erwartungen. Dieser übertreibende Charakter geht zum großen Teil auf die in der Marktforschung vorherrschende Annahme hundertprozentiger »Bekanntheit« und »Erhältlichkeit« des Produkts zurück. Doch kein Unternehmen der Welt kann in der Wirklichkeit auf solch eine totale Durchdringung des Marktes bauen. Die Marktforscher unterstellen einfach, daß alle potentiellen Kunden von dem Produkt erfahren und es dann auch kaufen. Beide Voraussetzungen sind illusorisch.

Selbst wenn man diese Fehlerquelle unberücksichtigt läßt, bleibt immer noch die Tatsache, daß nicht alle Leute, die eine Kaufabsicht äußern, das Produkt dann auch wirklich kaufen. Dieser Sachverhalt gilt für alle bisher von uns untersuchten Produktkategorien. Wir richteten unser besonderes Augenmerk auf das Verhältnis zwischen Verbraucherangaben und dem Kaufverhalten derer, die das Produkt kennen und auch problemlos Zugang dazu haben. Wir sahen uns diese Beziehung bei Verbrauchsgütern (abgepackte Waren) an, bei Gebrauchsgütern (langlebigen Konsumgütern) und Finanzdienstleistungen. Unter anderem untersuchten wir unter diesem Aspekt einen Mikrocomputer, ein Farbfernsehgerät, die Gebührenerhöhung einer Kreditkarte, langlebige Glühbirnen, Besuche bei Autohändlern, 24-Stunden-Botendienste, eine neue Premium-Kreditkarte, Personalcomputer für den Inlandsmarkt und einen neuen Radiowecker.

Unsere Erfahrungen weisen darauf hin, daß in aller Regel nicht mehr als 75 Prozent der von ihrem zukünftigen Kauf überzeugten Verbraucher das Produkt tatsächlich kaufen. Diese Zahl nimmt mit dem Grad der geäußerten Kaufabsicht ab, aber das Verhältnis bleibt nicht konstant. Je höher der Grad der angegebenen Kaufwahrscheinlichkeit, desto günstiger ist auch das Verhältnis zwischen der geäußerten Kaufabsicht und dem tatsächlichen Kaufverhalten. Je nach Produktkategorie und Situation wird praktisch kein Verbraucher vom unteren Ende der Skala – von »ziemlich geringe Chance, daß ich kaufen werde« abwärts – das Produkt wirklich kaufen.

Die graphische Darstellung in Abbildung 6.1 zeigt das Verhältnis zwischen tatsächlicher und angegebener Wahrscheinlichkeit.

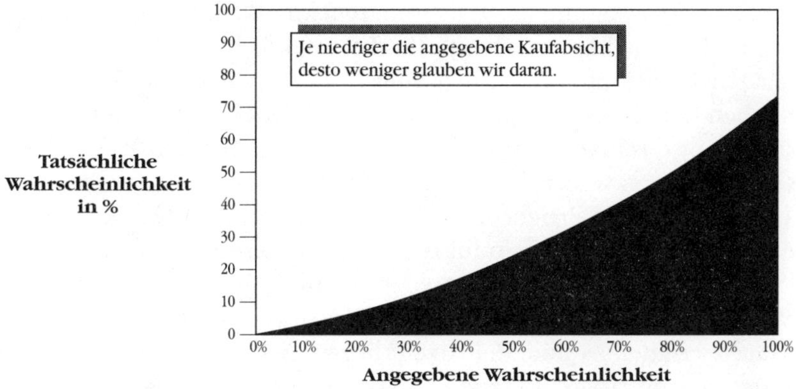

Abbildung 6.1: Verhältnis zwischen angegebener und tatsächlicher Verhaltenswahrscheinlichkeit

Daraufhin führten wir eine dreigeteilte Ordnung ein: für Kategorien mit niedrigem, mit durchschnittlichem und hohem Anspruch an die Entscheidungskraft. Nach herkömmlicher Auffassung ist die Beanspruchung durch einen Kauf auf die jeweiligen Produkte oder Dienstleistungen zurückzuführen. Je teurer, komplexer oder unbekannter das Produkt, desto länger und sorgfältiger überlegt sich der Verbraucher seinen Kauf. Ein Auto stellt nach dieser Anschauung große Anforderungen an die Entscheidungsfähigkeit des Kunden, eine Zahncreme dagegen nur geringe.

In Wirklichkeit *ist die Kaufbeanspruchung nicht auf das Produkt, sondern auf den Verbraucher zurückzuführen.* Manche Zahncremekäufer mit Neigung zur Zwangsneurose plagen sich bei der Entscheidung zwischen Marken, Größen und Verpackungen länger als einige Autokäufer, die sich ein neues Modell kaufen. Nach unseren Untersuchungsergebnissen stellt kein Produkt die Verbraucher vor solche Probleme wie die Badtapete – alles andere als ein teures, komplexes oder unbekanntes Produkt. Daher messen wir in unserer Arbeit die Beanspruchung des Verbrauchers und gehen nicht von unbewiesenen Annahmen über Produkte oder Dienstleistungen aus.

Affektive und kognitive Kriterien verbessern die Prognose

Unter Berücksichtigung der Kaufwahrscheinlichkeit und der Verbraucherbeanspruchung haben wir eine Methode entwickelt, die sich auf empirische Daten stützt und zu einer einigermaßen stichhaltigen Schätzung des tatsächlichen Umsatzes gelangt. Ermittelt wird dabei der Prozentsatz der Verbraucher, die das Produkt mindestens einmal kaufen werden. Die Resultate dieses Verfahrens waren zwar nicht schlecht, aber auch nicht sonderlich beeindruckend. Die Prognosefehler unter der Voraussetzung der Bekanntheit und Verbreitung des Produkts beliefen sich im Schnitt immer noch auf 21 Prozent. Wenn also eine Untersuchung prognostizierte, 30 Prozent der Kunden würden das Produkt kaufen, dann konnte der tatsächliche Prozentsatz zwischen 24 und 36 Prozent liegen. Mit dieser Treffsicherheit läßt sich zwar schon etwas anfangen, aber wir wollten uns damit nicht zufriedengeben. Wir erkannten, daß die Kaufabsicht als Indikator für das Konsumverhalten zwar eine wesentliche Rolle spielt, aber besonders bei Produkten, die durchschnittliche oder hohe Anforderungen an den Kunden stellen, nicht genügend Aussagekraft besitzt.

Zur Verbesserung unserer Prognosefähigkeit entwickelten wir neben der Kaufabsicht zwei weitere Kriterien, mit denen wir den affektiven und kognitiven Komponenten des Verbraucherverhaltens auf die Spur kommen wollten.

Affektive Komponenten

Darunter versteht man die emotionalen, irrationalen Eindrücke eines Verbrauchers. Zu den affektiven Kriterien zählen:

- *Erster Eindruck.* Wir stellen Fragen wie: »Was ist Ihr erster Eindruck von der Idee selbstgebackener Brezeln?« Die Sieben-Punkte-Skala reicht von »grauenhafte Idee« bis zu »grandiose Idee«.
- *Persönliche Identifizierung.* »Sie haben gerade von selbstgebackenen Brezeln gehört und gelesen. Welche Art von Leuten würde Ihrer Meinung nach dieses neue Produkt mögen?« Die Skala reicht von »ganz anders als ich« bis zu »genau wie ich«. Eine andere Frage in diesem Zusammenhang lautet: »Wenn Sie an die Mitglieder Ihres Haushalts denken, wer von ihnen hätte wohl etwas übrig für selbstgebackene Brezeln?«
- *Gebrauch und Anwendung.* »Können Sie sich besondere Gelegenheiten denken, bei denen Sie selbstgebackene Brezeln gut verwenden könnten?«

Die Palette von Wahlmöglichkeiten erstreckt sich hier von »Mir fällt keine Gelegenheit ein« bis hin zu »Ich kann mir zahlreiche Gelegenheiten vorstellen«.

- *Zuneigung und Abneigung*. »Welche der folgenden Aussagen beschreibt am besten den Grad Ihrer Zu- bzw. Abneigung zu selbstgebackenen Brezeln?« Hier liegen die Wahlmöglichkeiten zwischen »nichts daran gefällt mir« und »alles daran gefällt mir«.
- *Gesamteindruck*. »Wie würden Sie die selbstgebackenen Brezeln *insgesamt* bewerten?« Von »schrecklich« bis »ausgezeichnet«.

Kognitive Komponenten

Darunter versteht man die intellektuellen Eindrücke des Verbrauchers wie zum Beispiel:

- *Besonderheit*. »Wie würden Sie selbstgebackene Brezeln hinsichtlich ihrer Besonderheit bewerten, das heißt den Unterschied oder die Ähnlichkeit zu anderen Gebäcksorten auf dem Markt?« Von »überhaupt nichts Besonderes« bis zu »etwas ganz Besonderes«.
- *Qualität*. »Wie schneiden selbstgebackene Brezeln im Qualitätsvergleich gegenüber anderen derzeit erhältlichen Produkten ab?« Von »klar schlechter« bis »klar besser«.
- *Nützlichkeit*. »Wie nützlich können Ihrer Meinung nach selbstgebackene Brezeln für die Lösung von Problemen sein, die Ihnen vielleicht im Hinblick auf diese Sorte von Produkten öfter begegnen?« Von »überhaupt nicht nützlich für die Lösung von Problemen« bis zu »überaus nützlich für die Lösung von Problemen«.
- *Wert*. »Wie schätzen Sie den Wert von selbstgebackenen Brezeln im Sinne ihres Gegenwerts für das Geld ein?« Von »extrem geringer Wert für das Geld« bis zu »extrem hoher Wert für das Geld«.
- *Preis*. »Was halten Sie vom Preis der selbstgebackenen Brezeln?« Von «extrem hoher Preis« bis zu »extrem niedriger Preis«.
- *Klarheit*. »Welche der folgenden Aussagen beschreibt am besten, wie verwirrend Sie irgend etwas an selbstgebackenen Brezeln finden?« Von »alles daran ist verwirrend« bis zu »alles ist völlig klar«.
- *Glaubwürdigkeit*. »Finden Sie irgend etwas an selbstgebackenen Brezeln unglaubwürdig?« Von »alles daran ist unglaubwürdig« bis zu »alles ist glaubwürdig«.

Wir verglichen die Reaktionen der Befragten auf neue Produkte und Dienstleistungen mit ihrem tatsächlichen Kaufverhalten und entwickelten daraus eine dreidimensionale verhaltensprognostische Reihe mit jeweils sechs Faktoren.

Schließlich verwendeten wir eine Gleichung mit vielen Gliedern, um das tatsächliche Verhalten jedes einzelnen Befragten zu taxieren. (Weshalb wir die Aussagen jedes Befragten einzeln auswerten, haben wir bereits in Kapitel 5 erklärt.)

Dieser Ansatz verringerte die Zahl falscher Prognosen von 21 auf ungefähr 14 Prozent. Sieht also eine Untersuchung unter der Voraussetzung von Bekanntheit und Erhältlichkeit des Produkts voraus, daß 30 Prozent der Verbraucher das Produkt kaufen, so liegt der tatsächliche Absatz zwischen 26 und 34 Prozent.

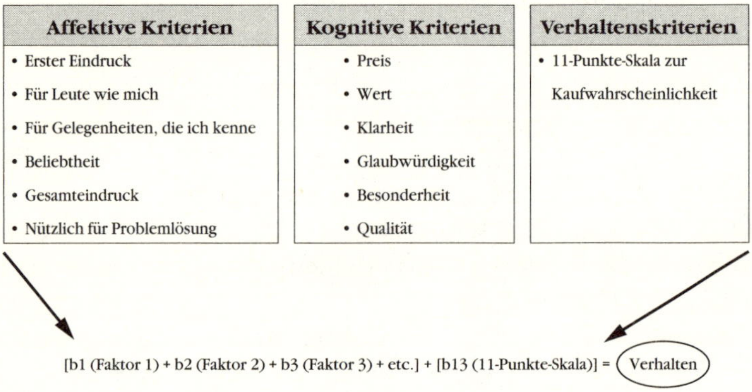

Abbildung 6.2: Eine verhaltensprognostische Reihe

Nach unserer Überzeugung ist dieser Ansatz geeignet, zutreffendere Prognosen über das tatsächliche Kaufverhalten zu stellen. Zweiundsechzig Studien, die das Verhältnis zwischen der prognostizierten Kaufquote und dem tatsächlichen Absatz überprüften, weisen die Methode zwar nicht als unfehlbar, aber doch als großen Fortschritt gegenüber branchenüblichen Marktforschungstechniken aus. Abbildung 6.3 zeigt das Abschneiden der prognostizierten Daten gegenüber den tatsächlichen.

Aber oft ist sich der Marketingmanager gar nicht sicher, welches Konzept er testen, wie er das Produkt genau beschreiben, welche Merkmale und Vorzüge er hervorheben oder welchen Preis er dafür verlangen soll. Manchmal erscheint die Zahl möglicher Produktkonfigurationen unendlich. Doch jeder Konzepttest erfordert eine relativ große Gruppe von (drei- bis fünfhundert) Befragten. Und das bedeutet Geld. Aber es gibt auch eine Alternative.

Tatsächliche Leistung	**Prognostizierte Leistung**		
	Niedrig	**Akzeptabel**	**Hoch**
Niedrig	83%	12%	10%
Akzeptabel	17%	71%	15%
Hoch	-	17%	75%

Abbildung 6.3: Überprüfungstabelle »3 × 3«

Gleichzeitige Auswertung vieler Konzepte

Seit Mitte der siebziger Jahre bahnte Professor Paul Green von der Wharton School of Business an der University of Pennsylvania einer neuen Marktforschungstechnik den Weg, die eine rationellere Auswertung vieler Konzepte gestattet. Seine Arbeit stellt zweifelsohne einen der großen wissenschaftlichen Fortschritte im Marketing der letzten zwei Jahrzehnte dar. Diese Technik mit dem Namen »Multiple Tradeoff-Analyse« erlaubt es dem Marktforscher, anhand von Ansätzen aus der Experimentalspychologie viele verschiedene Konzepte auszuwerten.

Im wesentlichen führt der Marktforscher ein Experiment durch, mit dem er zahlreiche Faktoren wie Namen, Positionierung, Hauptvorzüge, Größe, Form, Farbe, Preis und so weiter testet. Dabei kommt es darauf an, daß er den einzelnen Probanden verschiedene Kombinationen dieser Faktoren vorlegt. Mit Hilfe der Tradeoff-Analyse lassen sich die Haupteffekte von beispielsweise sieben Faktoren erfassen, obwohl man den Verbrauchern nur eine relativ kleine Gruppe von Konzepten (oft sechzehn oder weniger) zeigt.

Für die Praxis bedeutet das, daß man Tausende potentieller Konzepte zu einem Preis auswerten kann, der vergleichbar ist mit dem von vielleicht fünf traditionellen Einzelkonzepttests. Als echte Hürde für den Einsatz der Tradeoff-Analyse erweist sich erfahrungsgemäß das Unternehmensmanagement. Die Manager begreifen das Verfahren nicht und *wollen* es oft auch nicht verstehen. Tatsächlich antworteten in unserer Marketing-IQ-Umfrage 88 Prozent mit »weiß nicht« auf die Aussage: »Die ›Multiple Tradeoff-Analyse‹ ist ein nützliches Instrument der Marktforschung.«

In den späten achtziger Jahren erkannten die Marktforscher ihrerseits Probleme in Tradeoff-Analysen. Viele Prognosen zum Absatzpotential erwiesen sich im Vergleich mit den tatsächlichen Zahlen als unrealistisch. Dazu kommt, daß der Tradeoff-Analyse Grenzen gesetzt sind. Man kann damit zwar mehrere hundert Kombinationen testen, aber die Marktforscher der neunziger Jahre müssen ja Hunderttausende von Optionen überprüfen. Einer solchen Zahl ist der Standardansatz nicht gewachsen.

Ein gravierenderer Mangel der Tradeoff-Analyse liegt darin, daß sie sich zu sehr am *attraktivsten* Produkt orientiert und somit oft zu trügerischen Ergebnissen führt. Doch das attraktivste Produkt ist nie das *rentabelste*.

Weder die Skalen zur Kaufwahrscheinlichkeiit noch die Tradeoff-Analysen berücksichtigen die Schlüsselfrage: Wird das neue Produkt Gewinne in ausreichender Höhe erzielen? Und in den neunziger Jahren, in denen die meisten Produkte und Dienstleistungen schon bald nach der Einführung untergehen, sollte sich jedes gewitzte Management diese Frage stellen.

Glücklicherweise verfügen wir mit der *computergestützten Gestaltung neuer Produkte* über eine Alternative. Diese besondere Form der Tradeoff-Analyse ermöglicht die Gestaltung optimaler Produkte und Dienstleistungen. Diese Optimierungstechnik weist mehrere Kennzeichen auf. Sie prognostiziert das Kaufverhalten und den Umsatz; überprüft Millionen von Konzepten; ermittelt die einträglichsten Konzepte; gestattet dem Marketingexperten das Durchspielen von »Was-wäre-wenn«-Szenarien; und bietet Leitlinien für die Zielplanung und Positionierung. Anhand dieses Modells läßt sich der Prozentsatz von Probekäufen für mehr als zehn Millionen verschiedene Produktkonfigurationen bestimmen. Zusammen mit den Marktkenntnissen eines Unternehmens kann der Computer diese Informationen in Nachfrageberechnungen umsetzen.

Dazu gibt man die Schätzungen zur Verbrauchernachfrage in ein nichtlineares Optimierungsprogramm, das dann das »optimale« Produkt auswählt. Diese Ergebnisse sollten gegebenenfalls durch eigene Einschätzungen zum Marketingplan und zu Kostenfragen leicht korrigiert werden.

Kommen wir noch einmal auf das Beispiel der selbstgebackenen Brezeln zurück. Angenommen, wir legen den Befragten eine sorgfältig ausgewählte Reihe von sechzehn Szenarien vor und testen damit acht verschiedene Faktoren. Vier der Faktoren sind *Positionierung* (Hobbybäcker/Nichtbäcker), *Hauptvorzüge* (nahrhaft, schnell, Spaß), *Produkteigenschaften* (grobe Salzkörner, Getreidegemisch, Vitamingehalt, alterhergebrachtes Rezept) und *Preiskategorien* (1,09 Dollar, 1,19 Dollar, 1,49 Dollar, 1,79 Dollar, 1,99 Dollar).

Um die Nachfrage für die einzelnen Brezel-Kombinationen vorauszusagen, errechnete das Unternehmen die durchschnittliche Nachfrage für die sechzehn Konzepte und ermittelte so die Zahl von 22 Millionen Haushalten als potentielle Kunden für das Produkt. Die Nachfrage für jede einzelne Konfiguration ist dann gleich dem Grundstamm von 22 Millionen plus oder minus die Auswirkungen des jeweiligen Faktors, plus die Wechselwirkungen zwischen den Faktoren. (Mehr darüber gleich.) Die Zahl der an dem Produkt interessierten Haushalte multipliziert mit dem Preis ergibt dann die Gesamtnachfrage in Dollar.

Mit Hilfe der Tradeoff-Analyse können wir eine Antwort geben auf die Frage nach den Faktoren mit den weitreichendsten Auswirkungen auf das Verbraucherverhalten. Aus der Kombination der Verhaltensprognosen und der Informationen über die Herstellungskosten ermittelte der Computer das optimale Konzept für die selbstgebackene Brezel. Danach sollte man sie dem Gelegenheitsbäcker als wohlschmeckendes, schnell zubereitetes Gebäck nach einem alten Rezept anpreisen, für das der Kunde frische Milch und Eier verwendet. Außerdem sah das Konzept vor, daß man europäische Salzkörner verwendet und das Produkt in einer Packung mit acht Stück zu 1,19 Dollar anbietet. Der potentielle Marktanteil betrug 9,5 Prozent. Das Gewinnpotential belief sich auf 16 Millionen Dollar.

Die computergestützte Gestaltung neuer Produkte in der Anwendung

Im Hinblick auf die Entwicklung des einträglichsten Produkts zum »optimalen« Preis müssen wir uns über vier Dinge Klarheit verschaffen: die rationalen Merkmale des Produkts, die emotionalen Vorzüge, die Preissensibilität (auf die wir im nächsten Kapitel eingehender zu sprechen kommen) und die Rendite. Heute stellen neu entstehende Technologien im Marketing die ersten Anwendungen für computergestützte Gestaltung neuer Produkte und Dienstleistungen dar.[1] Der Computer kann alle Rohdaten schnell und billig verarbeiten, so daß das Marketinginstrument über die notwendigen Informationen verfügt, um vernünftige Entscheidungen zu treffen.

Zur Veranschaulichung ein echtes, wenn auch leicht vereinfachtes Beispiel einer Tradeoff-Analyse, die den tatsächlichen Umsatz prognostiziert.

1 Für seinen Beitrag zur Entwicklung dieser Technologie möchten sich die Autoren bedanken bei Paul Berger, Professor für Marketing und quantitative Methoden an der School of Management der Boston University.

Es handelt sich um die Idee zu einem neuen Hotel, für die wir als Berater hinzugezogen wurden.

Die Idee hatte neun Elemente, und das Unternehmensmanagement schlug folgende Möglichkeiten als »Kernkonzept« vor:

• Restaurant	Zwei Restaurants
• Bedienung	Mäßig
• Swimmingpool	Ja
• Fitneßcenter	Nein
• Zimmergröße	Klein
• Geschäftsdienste	Ja
• Badgröße	Klein
• Zubringerdienst	Nicht vorgesehen
• Zimmermiete	50 Dollar

Den Kunden standen in der Gegend drei andere Hotels zur Verfügung. Ein Days Inn, das 40 Dollar für ein Doppelzimmer und 35 Dollar für ein Einzelzimmer verlangte; ein Holiday Inn mit 60 Dollar für das Doppel- und 50 Dollar für das Einzelzimmer; und ein Hyatt mit 85 Dollar für das Doppel- und 75 Dollar für das Einzelzimmer.

Anhand des Marketingplans des Unternehmens konnten wir die Marktchancen solch eines Hotels prognostizieren. Wir führten Erhebungen bei potentiellen Kunden durch. Sie beantworteten Fragen zum Kernkonzept, das sich auf die Einschätzungen des Unternehmensmanagements stützte. Um eine realistische Übersicht zur Entscheidungsbildung zu gewinnen, wurde das Konzept den Verbrauchern in einem Wettbewerbskonzept vorgestellt. Aufgrund der Erhebungen und der Kostenangaben des Unternehmens gelangten wir zu folgenden Prognoseresultaten:

• Versuchsquote	29 %
• Marktanteil	4 %
• Umsatzerlös	1 000 000 Dollar
• Kosten	1 200 000 Dollar
• Bruttogewinnspanne	– 200 000 Dollar

Vorauszuschicken wäre, daß Erstversuchsquoten *immer* die Bekanntheit und die Erhältlichkeit des Produkts unterstellen; wenn eines von beiden nicht gegeben ist, dann kann man auch die anderen Ergebnisse vergessen. So wie es hier steht, bedarf dieses Hotelkonzept der Überarbeitung, denn es zeichnet sich ein Verlust von 200 000 Dollar im ersten Jahr ab. Außerdem sollte natürlich kein Unternehmen nur ein Konzept mit genau diesen neun Merkmalen testen. Wir können es gar nicht oft genug betonen: Man muß

Tausende von Konzepten testen, die sich aus verschiedenen Kombinationen der einzelnen Merkmale zusammensetzen. Nur wer alle Möglichkeiten auswertet, kann die gewinnträchtigste aufspüren.

Gewinnprognosen für zwei Millionen Konfigurationen

Unser Verfahren setzt bei der klassischen Tradeoff-Analyse an. In der Praxis sieht das so aus, daß wir jedem Befragten eine eigene Untergruppe von meist zwölf bis sechzehn Konzepten vorlegen, da die wenigsten Verbraucher zwischen mehr als sechzehn Möglichkeiten unterscheiden können.

Wir gestalten diese Untergruppen sehr sorgfältig, so daß jeder Proband für jeden Faktor die gleichen Optionen in gleichem Verhältnis erkennen kann und die Interviewer kein Konzept öfter präsentieren als die anderen. Anhand der Resultate können wir nicht nur die Hauptauswirkungen jedes Konzepts, sondern auch die Nachfrage nach jeder Kombination von Optionen bemessen.

Der Einfachheit halber wollen wir am Beispiel unseres neuen Hotels unterstellen, daß das Management lediglich neun Schlüsselentscheidungen zu treffen hat: Restauranttyp, Qualität der Bedienung, Angebot eines Swimmingpools und eines Fitneßcenters, Geschäftsdienste, Zimmergröße, Badgröße, Zubringerdienst und Zimmermiete.

Die Zahl von neun Variablen hat natürlich nichts Besonderes an sich. Produkte oder Dienstleistungen können mehr oder weniger aufweisen, und dem Computer ist es bei seinen Berechnungen egal, wie viele Variablen er zu bearbeiten hat. In Wirklichkeit mußten für dieses Hotelprojekt sehr viel mehr Variablen Berücksichtigung finden. Am Ende unserer Untersuchungen hatte der Computer 80 Millionen Möglichkeiten überprüft.

Unterstellen wir weiterhin, daß das Management bei jedem Faktor nur zwei Wahlmöglichkeiten hat. (In Wirklichkeit können sich zu jedem Faktor natürliche Dutzende von Optionen anbieten, aber die Wahrscheinlichkeit muß hier zugunsten der Klarheit zurücktreten.) Das Management muß also neun Entscheidungen mit jeweils zwei Wahlmöglichkeiten treffen und demzufolge (2^9 gleich) 512 Kombinationen berücksichtigen. Von diesen 512 Alternativen zeigen wir jedem Befragten sechzehn. Daraus können wir die jeweiligen primären Auswirkungen der Bedienung, eines Swimmingpools, eines Fitneßcenters und der Preise auf jeden einzelnen potentiellen Kunden entnehmen.

Aufgrund der Umfragedaten isolieren wir den »Haupteffekt« jedes Merkmals so wie in Abbildung 6.4 dargestellt.

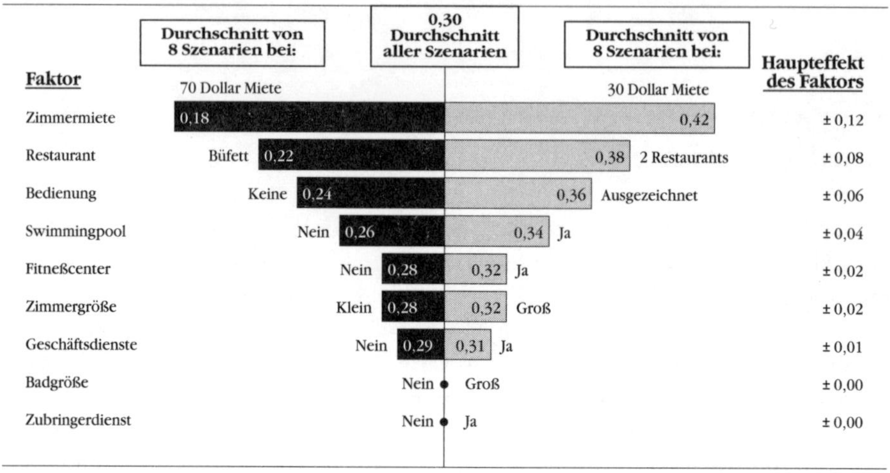

Abbildung 6.4: Haupteffekte der neun Faktoren

Im Gesamtdurchschnitt aller sechzehn Szenarien beträgt die Versuchsquoter 0,30. Das heißt also, 30 Prozent aller Verbraucher würden – Bekanntheit und Angebot vorausgesetzt – mindestens einmal in dem Hotel übernachten. Die Länge des Balkens deutet auf die Zimmermiete als den mit Abstand wichtigsten Faktor in der Verbraucherentscheidung. Der Durchschnitt von acht Szenarien bei einer Zimmermiete von 70 Dollar beläuft sich auf 0,18, wohingegen der Mittelwert bei einer Miete von 30 Dollar 0,42 beträgt. Die Zimmermiete hat also einen Effekt von plus oder minus 0,12 (von 0,30, dem Durchschnitt aller sechzehn Szenarien). Wenn also die Übernachtung 70 Dollar kostet, dann werden lediglich 18 Prozent der Verbraucher einen Versuch wagen. Bei 30 Dollar pro Nacht hingegen steigt die Quote auf 42 Prozent.

Hat das Hotel keinen Swimmingpool zu bieten, liegt der Mittelwert von acht Szenarien bei 0,26. Ist jedoch ein Pool vorhanden, beträgt er 0,34. Die Frage, ob das Hotel einen Swimmingpool hat oder nicht, wirkt sich mit plus oder minus 0,04 auf die Attraktivität des Angebots aus. Weder die Badgröße noch der Zubringerdienst beeinflussen in unserem Beispiel das Angebot in der einen oder anderen Richtung. Weshalb sollte man also für ein großes Bad oder einen Zubringerdienst Geld ausgeben?

Um die Versuchsquote aller anderen Konzepte zu ermitteln, gehen wir vom Gesamtdurchschnitt von 0,30 aus und addieren oder subtrahieren die

Effekte der einzelnen Faktoren. Der Computer leistet diese Arbeiten in Sekundenschnelle und stellt damit jedem Konzept seine Prognose.

Die Erhebung zeigt nicht nur, wie die potentiellen Kunden die einzelnen Faktoren bewerten, sondern auch das Abschneiden kombinierter Faktoren. Manchmal bleibt die Auswirkung eines Faktors nicht konstant. Sie verändert sich in der *Interaktion* mit anderen Faktoren. Die Verbraucher achten auf beide Faktoren gleichzeitig, nicht voneinander getrennt. Beispielsweise erhöht ein gemeinsames Angebot von Swimmingpool und Fitneßcenter die Versuchsquote nicht so stark, wie man es aus den Haupteffekten schließen könnte. Wären die Auswirkungen additiv, dann müßte man von einer Quote von 0,36 (0,30, der Gesamtdurchschnitt aller Szenarien, plus 0,04: der Effekt eines Swimmingpools, plus 0,02: der Effekt eines Fitneßcenters) ausgehen. Tatsächlich liegt sie jedoch wegen des Interaktionseffekts nur bei 0,34. Das Fitneßcenter wirkt sich überhaupt nur aus, wenn es keinen Pool gibt. Umgekehrt würde das völlige Fehlen eines Pools *und* eines Fitneßcenters die Quote noch stärker absinken lassen, als die reinen Zahlen vermuten lassen.

Mit diesem Ansatz kann man natürlich weit mehr als 512 Konzepte bearbeiten. Wie oben schon erwähnt, gibt es normalerweise mehr als zwei Möglichkeiten pro Faktor. Unterstellt man fünf Optionen für jeden der neun Faktoren, dann kommt man auf 5^9 gleich 1 953 125 mögliche Konzepte. Auch wenn man für jeden Faktor eine andere Zahl von Alternativen annimmt, ändert das zwar die Berechnung, aber nicht das Prinzip. Und in der Regel steht man zuletzt vor einer erschreckend hohen Zahl möglicher Konzepte.

Um mehr als zwei Möglichkeiten pro Faktor testen zu können, führen wir eine Zusatzbefragung durch. Darin bemessen wir jede Option – einschließlich der bereits getesteten, deren Haupteffekte wir schon kennen – einzeln und im Hinblick auf ihre Auswirkungen auf das Kaufinteresse.

Wenn wir als einfaches Beispiel für zwei getestete Faktoren von der Größe und Farbe einer Schachtel ausgehen, dann könnten wir eine große und eine kleine Schachtel in roter und blauer Farbe nehmen und den Befragten alle vier Kombinationen vorlegen: eine große blaue und eine kleine blaue Schachtel, eine große rote und eine kleine rote Schachtel.

Im Verlauf des Zusatzinterviews würden wir die große Schachtel hervorholen und die Befragten um eine Bewertung hinsichtlich der Kaufwahrscheinlichkeit bitten. Danach würden wir sie um eine Stellungnahme zu der kleineren Schachtel bitten. Und zu einer mittelgroßen Schachtel. Und schließlich zu einer größeren Schachtel als alle zuvor getesteten.

Wir würden die Leute also eine ganze Reihe von Schachteln bewerten lassen, unter denen sich auch die beiden aus der Tradeoff-Analyse befinden.

Ausgehend von diesen beiden prognostischen Werten der Attraktivität können wir dann auch das Abschneiden von Schachtelgrößen interpolieren oder extrapolieren, die in der Umfrage nicht erfaßt werden.

Angenommen, die Leute zeigen eine deutliche Vorliebe für die große Schachtel und deren prognostizierte Versuchsquote beträgt 30 Prozent. Die kleine Schachtel findet dagegen nur geringen Anklang, und wir sagen ihr eine Versuchsquote von 10 Prozent voraus.

Beim gleichen Interview bewertet der Befragte Smith eine große Schachtel anhand einer anderen Skala mit 5 Punkten, eine kleine Schachtel mit 3 und eine Zwischengröße mit 4. Wenn wir wissen, daß Smiths Resultat in der Tradeoff-Analyse für die große Schachtel 30 betrug und für die kleine Schachtel 10, dann verhalten sich – Linearität vorausgesetzt – 5 (die große Schachtel) zu 30 und 3 (die kleine Schachtel) zu 10 wie 4 (die Zwischengröße) zu X, also 20.

Für jeden Faktor überprüfen wir dann die spezifische Nachfragekurve. Wie nicht anders zu erwarten, fällt in unserem Hotelbeispiel – immer unter der Vorausssetzung von Bekanntheit und Verbreitung – der Marktanteil mit steigender Zimmermiete. Kann sich das Unternehmen bei einer Miete von 30 Dollar pro Übernachtung noch auf einen Marktanteil von 42 Prozent freuen, so sinkt dieser bei einer Miete von 40 Dollar auf 30 Prozent; fällt bei einer Miete von 50 Dollar auf 24 Prozent; bei einer Miete von 60 Dollar auf 21 Prozent; und bei einer Miete von 70 Dollar auf 18 Prozent.

Aufgrund dieser Daten zu den jeweiligen Auswirkungen können wir die Leistungsfähigkeit jedes Konzepts und natürlich auch des attraktivsten prognostizieren. Aber wie gesagt, wer möchte schon eine vierfache Portion Waffeleis mit Schokoladenstreuseln für einen Groschen verkaufen?

In unserem Beispiel sieht das für Verbraucher attraktivste Konzept so aus:

• Restaurant	2 Restaurants
• Bedienung	Ausgezeichnet
• Swimmingpool	Ja
• Fitneßcenter	Ja
• Zimmergröße	Groß
• Badgröße	Groß
• Zubringerdienst	Ja
• Geschäftsdienste	Ja
• Zimmermiete	30 Dollar

Solch ein Angebot würden bestimmt nicht viele Menschen ausschlagen. Anhand unserer Nachforschungen prognostizierten wir diesem Hotelkonzept folgendes Leistungsprofil:

• Versuchsquote	65 %
• Marktanteil	7,1 %
• Umsatzerlös	1 600 000 Dollar
• Kosten	3 100 000 Dollar
• Bruttogewinnspanne	– 1 500 000 Dollar

O Mann, eine Versuchsquote von 65 Prozent und ein Marktanteil von 7,1 Prozent! Hört sich wirklich gut an, bis man dann einen Blick auf die letzte Zeile wirft. Nach unseren Schätzungen läßt sich das attraktivste Hotel nur um den Preis von Jahreskosten in Höhe von 3 100 000 Dollar anbieten. Ein gewaltiger Mehraufwand im Vergleich zu den 1 200 000 Dollar des Kernkonzepts. Das attraktivste Konzept führt also zu jährlichen Verlusten in Höhe von 1 500 000 Dollar. Aber auch das Kernkonzept mit einem Jahresverlust von 200 000 Dollar wird wohl kaum ein Manager seinem Unternehmensvorstand präsentieren wollen.

Doch irgendwo in diesem Wust von Faktoren verbirgt sich eine Kombination, die dem Unternehmen tatsächlich Geld einbringt. Um ihr auf die Spur zu kommen, benötigen wir vom Klienten alle Daten über fixe und variable Kosten der einzelnen Merkmale und Optionen. Sämtliche Unternehmensziele und -zwänge müssen in die Überlegungen Eingang finden. Beispielsweise kann das Unternehmen 20 Prozent als die minimale Durchdringungsschwelle ansetzen oder von einer Preissenkung der Konkurrenz ausgehen. Der Computer verarbeitet all diese Informationen über Kosten, Verbraucherpräferenzen, Konkurrenten und sucht nach den optimalen und einträglichsten Lösungen.

In der betreffenden Gegend und zum damaligen Zeitpunkt hätte das optimale Hotel folgende Leistungen angeboten:

• Restaurant	1 Restaurant
• Bedienung	Ausgezeichnet
• Swimmingpool	Ja
• Fitneßcenter	Nein
• Zimmergröße	Mäßig
• Badgröße	Mäßig
• Zubringerdienst	Nein
• Geschäftsdienste	Nein
• Zimmermiete	60 Dollar

Nach den Daten unseres Computermodells könnte sich (Bekanntheit und Verbreitung vorausgesetzt) ein solches Hotel über folgende Gewinnresultate freuen:

- Versuchsquote 34 %
- Marktanteil 5,2 %
- Umsatzerlös 1 250 000 Dollar
- Kosten 950 000 Dollar
- Bruttogewinnspanne 300 000 Dollar

Sicherlich, dieses Hotel würde nicht so viele Menschen anlocken, die zumindest einmal übernachten, wie das attraktivste Konzept. Aber mit 34 Prozent läge die Versuchsquote immer noch 5 Prozentpunkte über der des ursprünglichen Konzepts. Auch der Marktanteil wäre mit 5,2 Prozent deutlich niedriger als der des attraktivsten Konzepts. Aber aufgrund der ungleich geringeren Kosten – auch im Vergleich zum ursprünglichen Vorschlag des Managements – können wir diesem Konzept eine günstige Gewinnprognose stellen.

Das attraktivste Konzept ist gleichzeitig das unrentabelste

In achtjähriger Arbeit konnten wir mehr Erfahrungen mit Computersimulationen sammeln, als uns lieb ist. Und immer wieder erwies sich das attraktivste Konzept, das die höchste Versuchsquote verzeichnete, gleichzeitig als das unrentabelste. Aber niemand, der dieses Buch aufmerksam liest, sollte sich darüber wundern. Zu denken geben sollte allerdings ein Ergebnis unserer Arbeit. Das vom Marketingmanagement favorisierte Konzept, das so logisch und richtig klingt, daß man es am liebsten ohne ernsthafte Marktforschungen umsetzen würde, dieses Konzept schneidet hinsichtlich der Nachfrage nur durchschnittlich und hinsichtlich der prognostizierten Rentabilität sogar unterdurchschnittlich ab (siehe Abbildung 6.5).

Die traditionelle Methode des Konzepttests ist nach wie vor die am weitesten verbreitete Technik zur Entwicklung und Überprüfung neuer Produktkonzepte. Aber das heißt nicht, daß man darin unbedingt den besten Ansatz zur Entwicklung neuer Erzeugnisse und Dienstleistungen zu erblicken hat. Auch wenn sich der Konzepttest verbessern läßt, verfügt diese Technik trotzdem nur über begrenzte Möglichkeiten, schon allein weil man mit ihr keine wirtschaftlich tragbare Überprüfung einer großen Zahl von Konzepten vornehmen kann.

Die Tradeoff-Analyse, die sich auf die Experimentalpsychologie stützt, stellt einen enormen Fortschritt gegenüber Konzepttests dar. Aber im allge-

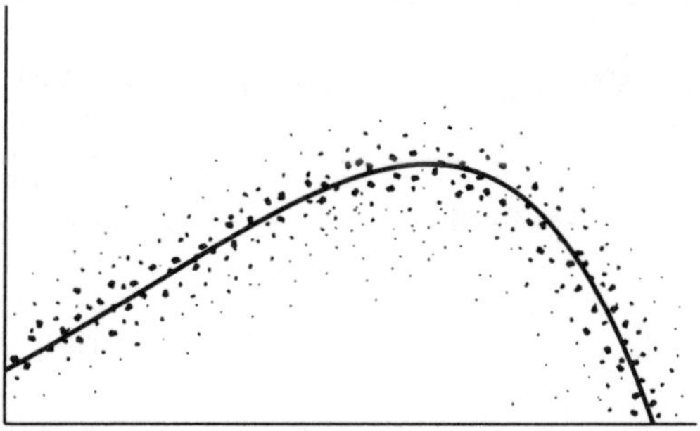

Abbildung 6.5: Das Verhältnis zwischen Attraktivität des Konzepts und Rentabilität des Produkts

meinen orientierte sich diese Technik genauso wie die herkömmlichen Konzepttests am falschen Ziel: Sie ermittelte das für die Verbraucher attraktivste Konzept mit der somit höchsten Kaufwahrscheinlichkeit.

Dies entspricht jedoch nicht den Bedürfnissen eines Unternehmens. Ein Unternehmen sucht nach dem *rentabelsten* Konzept. Nach unseren Erkenntnissen weist das wirklich optimale Konzept gegenüber dem Lieblingsprojekt des Marketingmanagements eine bis zu achtfache Überlegenheit auf. Und dieser riesige Abstand sollte den Marketingmanagern zu denken geben. Man stößt nicht einfach instinktiv und aus dem Bauch heraus auf die einträglichsten Produkte oder Dienstleistungen unter oft Millionen von möglichen Kombinationen.

Mit computergestützter Produktgestaltung können Sie diese optimale Kombination finden. Doch dazu bedarf es einer Revolution im Marketingdenken. Man muß Abschied nehmen von dem Aberglauben, daß ein Unternehmen nur die attraktivsten und qualitativ besten Produkte und Dienstleistungen anbieten darf und daß die Erfolgschancen am Markt um so besser stehen, je höher die Beliebtheit beim Verbraucher und das Qualitätsniveau sind. Ohne die nötigen Erwägungen zur Gewinnträchtigkeit und zur Rendite kann sich solch ein Erfolg sehr schnell als finanzielles Fiasko entpuppen.

Aber wie viele Unternehmen setzen für ihre Produkte einen wirklich gewinnorientierten Preis fest?

Entwicklung des optimalen Produkts

Zur Entwicklung *finanziell optimaler* Produkte oder Dienstleistungen müssen Marketingfachleute folgende Punkte genau verstanden haben:

- Das Marketingumfeld und den passenden Rahmen für das Produkt.
- Den Zielmarkt für das Produkt (wie viele Kunden gibt es, wo leben und arbeiten sie?).
- Die Positionierungsstrategie für das Produkt.
- Die Auswirkungen jedes potentiellen Vorzugs und jeder potentiellen Eigenschaft des Produkts (unter anderem des Preises) auf die erwartete Nachfrage.
- Die Kosten für alle potentiellen Vorzüge oder Eigenschaften.
- Die Umsatz- und Gewinnprognose für Tausende, wenn nicht gar Hunderttausende oder Millionen von alternativen Produkt- und Dienstleistungskonzepten.
- Das optimale Konzept, das die höchste Rendite (ROI) verspricht.

7. Ihre Preise beruhen nicht auf Strategien oder Marktforschung? Sie müssen Hellseher sein!

»Der Preis«, sagte neulich jemand, »ist ein Thermometer, das anzeigt, wie gut man seine Hausaufgaben im Marketing und Management gemacht hat.«

Und dennoch treffen die meisten Unternehmen ihre Preisentscheidungen ohne jede Strategie und ohne ernsthafte Marktforschung. Auch in unserer Studie zum Marketing-IQ bestätigten fast die Hälfte (45,8 Prozent) der Topmanager diesen Sachverhalt und stimmten der Aussage zu, daß »die meisten Preisentscheidungen ohne ernsthafte, formale Marktforschung gefällt« werden.

Wir vertreten den revolutionären Standpunkt, daß ein Unternehmen zur erfolgreichen Preisgestaltung sechs Dinge beachten muß:

1. Ständige Überprüfung des Umfelds.
2. Preisgestaltung im Hinblick auf Zielgruppe, Positionierung und Produkt.
3. Untersuchung vieler alternativer Preisstrategien.
4. Analyse der Kosten für Herstellung und Vertrieb und ihr Verhältnis zur Produktnachfrage.
5. Ernsthafte Marktforschung zur Preisgestaltung und Erstellung einer Preiselastizitätskurve, die die Umsatzveränderungen angesichts steigender oder fallender Preise zeigt.
6. Auswahl des optimalen Preises anhand der günstigsten Konstellation von Strategie, Kosten und Preiselastizitätskurve.

Wenn die Marketingmanager ihre Hausaufgaben gemacht haben, ehe sie dem Topmanagement ihren Marketingplan präsentieren, dann werden sie auch auf die Kernfragen vorbereitet sein, für die sich die Vorstandsvorsitzenden besonders interessieren.

Die Kernpunkte:
Was ein Vorstandsvorsitzender wissen will

1. Stehen unsere Preise im Einklang mit dem Umfeld?
2. Wie genau sind unsere Preise an die Zielgruppe und an unsere Positionierung gebunden?
3. Wie sieht unsere Preisstrategie aus, und wie sind wir dazu gelangt?
4. Haben wir eine Unzahl von alternativen Preiskategorien wissenschaftlich exakt ausgewertet?
5. Welche Kosten haben wir, und wie haben wir sie ermittelt?
6. Wie ändert sich unsere Gewinnprognose durch veränderte Preisgestaltung?

Strategien statt Auge mal Pi

Es geht uns gar nicht so sehr um »richtige« oder »falsche« Preisstrategien. Eine Strategie kann angemessen sein oder nicht, und ein Unternehmen kann und sollte wahrscheinlich seine Strategie im Hinblick auf neue Entwicklungen, veränderte und gereifte Produkte und Märkte umstellen.

Wir möchten jedoch unterstreichen, wie wesentlich eine Preisstrategie für jedes Unternehmen ist. Ein sorgfältig durchdachter Plan ist immer besser als eine Notlösung oder ein Vorgehen nach dem Motto »Auge mal Pi«. Doch es überrascht uns immer wieder, wenn wir beim Besuch eines amerikanischen Unternehmens feststellen müssen, daß man dort über keinerlei Preisstrategie verfügt. Schließlich weckte dieser Zustand unser Interesse, und wir stellten in kleinem Rahmen Nachforschungen an. Wir wollten herausfinden, ob der Mangel an Preisstrategien ausschließlich in den uns bekannten Unternehmen vorherrschte oder ob dieser Mißstand überall anzutreffen war.

Jedes Unternehmen paßte unseren Erkenntnissen zufolge in eine von vier Kategorien:

Die Preisgestaltungsmatrix

	Ernsthafte Strategie	*Wenig oder keine Strategie*
Ernsthafte Marktforschung	Anspruchsvolle Akteure	Radikalempiriker
Wenig oder keine Marktforschung	Spieler	Verlierer

Die Unternehmen im Bereich oben links, die anspruchsvollen Akteure, führen ernsthafte (also primäre, nicht sekundäre) Marktforschung zur Preisgestaltung durch und folgen einer durchdachten Preisstrategie. Die Verlierer unten rechts verzichten ganz oder fast ganz auf Marktforschung und Strategien.

Unsere Nachforschungen ergaben folgendes Bild:

- Nur rund 8 Prozent können als anspruchsvolle Akteure gelten, die ihre Preisstrategie auf ernsthafte Marktforschung stützen.
- Und nur circa 4 Prozent sind radikale Empiristen, die ausschließlich auf Marktforschung bauen.
- Um die 47 Prozent sind Spieler mit einer ernsthaften Preisstrategie, die sich aber nicht auf seriöse Marktforschung berufen kann.
- Bleibt ein niederschmetternder Rest von 41 Prozent aller Unternehmen, die weder in der Marktforschung noch strategisch tätig werden: die Verlierer.

Nach unseren Berechnungen verfügen also zwar mehr als die Hälfte aller amerikanischen Unternehmen über eine Preisstrategie, aber nur 12 Prozent unterstützen diese durch ernsthafte Marktforschung.

Die *Pricing Benchmark Survey* des Unternehmens McKinsey & Company stellte kürzlich den Marketingmanagern von dreihundert führenden nordamerikanischen Unternehmen folgende Frage: »Hat Ihr Unternehmen im Verlauf des letzten Jahres Nachforschungen zur Messung oder Vorhersage der Preiselastizität angestellt?« Nur ein rundes Drittel bejahte die Frage. Circa 58 Prozent verneinten, und 10 Prozent waren sich nicht sicher.

Wie uns Michael Marn, Unternehmensberater für Preisgestaltung und Leiter der Abteilung Preisgestaltung bei McKinsey, mitteilte, hatten 48 Prozent derer, die die Frage bejahen konnten, lediglich eine Analyse existierender Daten vorgenommen. Die anderen 52 Prozent (also rund 15 Prozent aller Befragten) stützten sich auf Testmarketing, auf in eigener Regie durchgeführte Umfragen, Tradeoff-Analysen und andere Marktforschungstechniken. McKinseys Daten fügen sich also fast nahtlos in unsere Ergebnisse und bestätigen, wie selten die Unternehmen primäre Marktforschung zur Preisgestaltung durchführen. (Nach unseren Erkenntnissen 12 Prozent, nach denen McKinseys 15 Prozent.)

Einige Leser wundern sich vielleicht darüber, wie es möglich sein soll, daß ein Unternehmen völlig ohne Preisstrategie und Marktforschung zur Preisgestaltung auskommt. Ein Unternehmen, das für seine Produkte einen Preis festsetzt, muß doch auch irgendeine Strategie haben.

Natürlich haben sie etwas, aber wollte man es als Strategie bezeichnen, würde man sich dem Vorwurf mißbräuchlichen Sprachgebrauchs aussetzen. Nach unserer Auffassung gestalten diese Unternehmen ihre Preise rein behelfsmäßig oder einfach Auge mal Pi. Die nächsten drei Beispiele sollen verdeutlichen, was wir damit meinen.

- *Selbstkosten plus prozentualer Aufschlag.* Bisweilen kennt ein Unternehmen seine wirklichen Kosten überhaupt nicht. Diese *tatsächlichen* Kosten machen den Marketingexperten viel Kopfzerbrechen, und deshalb kümmern sie sich auch so wenig um die Preisgestaltung. *Die Unternehmen kennen ihre Kosten nicht.* Das Gerede von Gewinnspanne, Gewinnaufschlag oder ROI hat wenig Sinn, wenn das Marketingmanagement nicht einmal über die Kosten Bescheid weiß, auf die zwecks Rendite ein prozentualer Gewinnaufschlag erhoben wird. Aber leider liegen die Dinge in allzu vielen Fällen so und nicht anders. Viele Unternehmen können einfach keine exakten Stückkosten errechnen. Andere wiederum berechnen sie erst gar nicht oder geben ihr Wissen nicht an das Marketingmanagement weiter.

  Aber selbst wenn sich die tatsächlichen Kosten nicht ermitteln lassen, so kann man doch gute Näherungswerte erstellen. Dazu bedarf es allerdings gemeinsamer Anstrengungen der Marketing- und der Finanzabteilung.

- *Mit dem Konkurrenzpreis gleichziehen.* Das Problem dieses Ansatzes liegt darin, daß sich ein Unternehmen nur auf sehr oberflächlichem Niveau, also zum Beispiel aus einem Jahresbericht, über die Gewinnsituation eines Konkurrenten informieren kann. Welches Unternehmen weiß über die Kosten seines Konkurrenten Bescheid, wenn dieser vielleicht selbst keine Ahnung davon hat? Und wenn man die Kosten nicht kennt, wie soll man dann die Rentabilität ermitteln?

- *Unterbieten oder Überbieten.* In diesem Fall setzt ein Unternehmen seine Preise niedriger oder höher als die der Konkurrenz an, weil – ja, weil es irgendwie richtig scheint. Dieses Vorgehen hat weniger Ähnlichkeit mit Poker als mit russischem Roulett.

Soweit die Ansätze ohne Strategie. Aber was wären dann Beispiele für fehlende Marktforschung? Beispiele, in denen das Unternehmensmanagement seine Entscheidungen zur Preisgestaltung nur halb bewußt oder blindlings trifft. Manager, die keine Marktforschung durchführen wollen, lassen oft Äußerungen wie die folgenden vom Stapel:

- *»Was soll das heißen, ›Marktforschung‹?«* Diese Manager können sich keine Marktforschungstechnik vorstellen, die ihnen effektivere und gewinnträchtigere Entscheidungen ermöglicht.
- *»Wir können uns Marktforschung nicht leisten.«* Der unausgesprochene Folgesatz zu dieser Bemerkung lautet: »Aber wir können es uns leisten, alles zu vermasseln.« Außerdem unterstellt diese Aussage, daß man aus der Marktforschung nichts Neues erfährt.
- *»Wir machen es einfach so wie letztes Mal. Wir brauchen keine Marktforschung.«* Die Annahme oder besser blinde Hoffnung heißt hier, daß sich der Kunde nicht verändert hat; daß sich die Konkurrenz nicht verändert hat; und daß das Unternehmen und sein Produkt immer noch über die alte Leistungsfähigkeit verfügen. Falls sich die Manager überhaupt Gedanken machen, dann geben sie zwar vielleicht zu, daß sich die Welt inzwischen ein wenig verändert hat, aber sie halten diese Entwicklungen für unbedeutend.
- *»Na gut, dann machen wir eben ein paar Fokusgruppen.«* Aber das ist, wie gesagt, eine Form von Harakiri-Marktforschung. Der unbewußte, masochistische Wunsch, die Marke, das Unternehmen, sich selbst oder alle drei zu vernichten. Aufgrund ihrer Anlage können Fokusgruppen keine verläßlichen Informationen zur Preisgestaltung liefern.
- *»Wir stellen einige Nachforschungen an, um den Wert des Produkts zu ermitteln.«* Eine weitere Form von Harakiri-Marketing, die immer größere Verbreitung findet. Deshalb wollen wir sie etwas genauer unter die Lupe nehmen.

Das weitverbreitete Multi-Eigenschaftsmodell multipliziert sämtliche Wichtigkeitspunkte einer Produktkategorie mit allen Bewertungen der Eigenschaften einer bestimmten Marke und zählt sie dann zusammen. Daraus ergibt sich dann laut Modell der »Wert« der Marke. Der Preis soll in angemessenem Verhältnis zu diesem »Wert« festgesetzt werden. Wenn also der »Wert« einer neuen Cola 90 Prozent der führenden Marke ausmacht, dann sollte auch der Preis 90 Prozent vom Preis des Marktführers betragen.

Anhand solcher Marktforschung läßt sich wie folgt eine Tabelle erstellen:

Zippy Cola im Vergleich zu Pepsi und Coca-Cola

	Bewertung			
Eigenschaft	*Wichtigkeit*	*Pepsi*	*Coke*	*Zippy*
Guter Geschmack	5	5	4	5
Richtige Menge Kohlensäure	4	4	5	5
Beliebte Marke	4	4	5	2
Nicht zu süß	3	4	2	5
Satte Farbe	2	4	5	5
Gewichtete Summe		77	76	78

Aus der Tabelle erfahren wir, daß die Befragten die wichtigste Eigenschaft, den guten Geschmack, von Pepsi und Zippy Cola mit 5 bewerteten. Multipliziert man die Wichtigkeitspunkte mit den Bewertungen und zählt das Ganze zusammen, kommt man zu der absurden Schlußfolgerung, daß man für Zippy Cola einen mit den Marktführern vergleichbaren Preis festsetzen sollte.

Zugegeben, es handelt sich hier um ein extremes Beispiel. Wir haben es mit voller Absicht gewählt, um auf den entscheidenden Mangel dieses bei vielen Unternehmen so beliebten Instruments zur Preisgestaltung hinzuweisen. Die Ergebnisse dieser Technik sind lückenhaft, weil sie völlig zu Unrecht vermuten läßt, mit ihr ließen sich rationale wie emotionale Eigenschaften erfassen.

Ebenfalls zu Unrecht unterstellt sie, man könne mit Wichtigkeitsbewertungen die Motivationskraft eines Produkts beurteilen. Als weiteren wichtigen Punkt übersieht diese Methode den Eintrittspreis in die Kategorie, den kein Unternehmen ungestraft ignoriert. Zippy Cola würde nicht nur gegen den Geschmack von Pepsi und Coca-Cola konkurrieren, sondern gegen die Auswirkungen von jahrzehntelanger Werbung.

Vom Verlierer zum anspruchsvollen Akteur

Bis vor recht kurzer Zeit war die Preisgestaltung das vernachlässigte Stiefkind des Marketing.[1] Die Marketingspezialisten kümmerten sich liebevoll um die lebhafteren und attraktiveren Kinder wie Werbung und Produktentwicklung, aber die Preisgestaltung ließen sie meist links liegen.

Alle Marketingfachleute legen Lippenbekenntnisse zu den vier Ps ab: Produkt, Preis, Plazierung und Promotion. Aber in der Praxis gestalten die meisten Unternehmen ihre Preise rein taktisch zur Unterstützung der Verkaufsförderung oder der Einführung neuer Produkte. Der Preisgestaltung als eigener Frage schenken sie keine ernsthafte Beachtung. Und falls die Preisgestaltung doch einmal in den Blickpunkt rückt, dann delegiert man das Problem an die Buchhalter, die diesem Gegenstand ein perverses Interesse entgegenzubringen scheinen.

Untersuchungen aus den fünfziger Jahren belegen, daß nahezu alle führenden amerikanischen Unternehmen die Preisgestaltung als rein finanzielle Entscheidung und völlig unabhängig vom Marketing handhabten. In einer Erhebung aus den Sechzigern hielt weniger als die Hälfte der befragten Marketingmanager die Preisgestaltung für eine wichtige Marketingaufgabe. In den Siebzigern setzte allmählich ein Gesinnungswandel ein. Deregulierung und internationale Konkurrenz lösten eine Preisentwicklung aus, die viele etablierte Unternehmenspositionen bedrohte. Doch selbst da sahen die Unternehmen die Preisgestaltung immer noch als Verteidigungstaktik statt als Angriffsstrategie.

Erst in den achtziger Jahren erkannten die Marketingexperten – wie der Prinz, der dem Aschenbrödel auf dem Ball begegnet – allmählich das Potential und die Bedeutung der Preisgestaltung als Bestandteil des Marketing. Bis zum Ende des Jahrzehnts entwickelte sich diese Wertschätzung zu einer regelrechten Faszination. In zwei aufeinanderfolgenden Untersuchungen der Fleming Associates in den Achtzigern bezeichneten die Marketingmanager die Preisgestaltung als das Problem, das ihnen am meisten auf den Nägeln brannte. Und hätten wir ein Märchen zu schreiben, dann wären wir hier am Ende unseres Buches angelangt: Der wunderschöne

---

1 Für seinen Beitrag zur Diskussion der Preisempfindlichkeit möchten sich die Autoren bedanken bei Thomas T. Nagle, Ph. D., Professor an der School of Management der Boston University und geschäftsführender Gesellschafter, The Strategic Pricing Group. Sehr viel detailliertere Darlegungen zu diesem Thema findet der interessierte Leser in seinem brillanten Buch *The Strategy and Tactics of Pricing: A Guide to Profitable Decision Making*, Englewood Cliffs, N.J., Prentice Hall, 1987.

Prinz verliebt sich in die arme Stieftochter, sie heiraten, und wenn sie nicht gestorben sind, dann leben sie noch heute.

Aber wir sprechen vom wirklichen Leben, in dem Liebe und Heirat nicht das Ende aller Probleme bedeuten. Die Probleme fangen jetzt erst so richtig an.

Die Marketingfachleute bekennen zwar inzwischen zumindest bei der Beantwortung von Fragebogen Farbe, aber wie wir gesehen haben, sind es immer noch viel zu wenige, die die Preisgestaltung wirklich ernst nehmen. Wir werden gleich näher auf Marktforschung und Strategien zur Preisgestaltung eingehen, möchten aber zuerst einmal die Elemente der Preissensibilität erörtern und damit die notwendigen Voraussetzungen abklären.

Die bestimmenden Faktoren der Preissensibilität

Ein Unternehmen, das effektive Preisentscheidungen treffen will, muß über seine Kunden und ihre Preissensibilität Bescheid wissen. Zum Beispiel zeigen sich die Kunden um so weniger preisbewußt, je mehr sie Wert legen auf besondere Eigenschaften, die ein Produkt von Konkurrenzerzeugnissen differenzieren. Also muß man sich die Frage stellen, ob das Produkt besondere rationale oder emotionale Merkmale aufweist, die es von der Konkurrenz abheben. Als Beispiel führt Tom Nagle Heinz an. Das Unternehmen entwickelte eine Geheimrezeptur für eine dickere Konsistenz seines Ketchups. Damit gelang eine effektive Differenzierung gegenüber der Konkurrenz, und man konnte folgerichtig den Marktanteil von 27 Prozent auf 48 Prozent ausbauen, ohne im Großhandel auf den 15prozentigen Preisvorteil gegenüber der Konkurrenz zu verzichten.

Darüber hinaus stellt sich die Frage, ob die Verbraucher solche besonderen Eigenschaften allein durch Beobachtung erkennen können oder ob sie das Produkt zu diesem Zweck erst einmal probieren müssen. Ist das Produkt sehr komplex, so daß nur Spezialisten differenzierende Merkmale ausmachen können? Lassen sich verschiedene Einzelhandelspreise leicht vergleichen, oder setzen die Händler die Preise im Hinblick auf verschiedene Größen und Kombinationen fest und erschweren dadurch einen Vergleich?

Die Verbraucher reagieren sensibler auf Preise, wenn sie Substitute kennen, das heißt entweder Konkurrenzprodukte oder konkurrierende Verkäufer desselben Produkts. Als die ersten No-name-Produkte auf den Markt kamen, wurden sie von manchen Supermärkten in eigenen Regalen ausgelegt. Andere plazierten sie neben die konkurrierenden Markenprodukte. Dort fiel der Umsatz von markenlosen Erzeugnissen wesentlich höher und der von Markenprodukten entsprechend geringer aus.

So wie die Preissensibilität der Verbraucher mit dem Wissen um Substitute steigt, sinkt sie, wenn sich Konkurrenzangebote schwer bewerten lassen. Hausfrauen wissen vielleicht von billigeren Waschmitteln, aber solange sie nicht wissen, ob diese auch die gleiche Waschkraft besitzen, werden sie von ihrer bevorzugten Marke nicht abrücken.

Je höher die Ausgabe in relativen wie in absoluten Zahlen, desto preisempfindlicher zeigen sich die Verbraucher. Im Normalfall verwenden sie mehr Zeit auf den Kauf eines Kühlschranks als auf den Kauf eines Bügeleisens.

Die Käufer zeigen sich auch dann besonders preisbewußt, wenn sie selbst auf die vor allem für den Verwendungszweck des Produkts ausschlaggebenden Kosten achten müssen, und besonders, wenn der Produktpreis einen großen Teil der Kosten des Endzwecks ausmacht. So kauft zum Beispiel ein Hersteller von Büromöbeln Stahlblech, um daraus Schreibtische zu fertigen. Legen die Käufer von Schreibtischen starkes Preisbewußtsein an den Tag, dann muß auch der Hersteller sein Stahlblech äußerst preissensibel einkaufen.

Die Verbraucher verhalten sich weniger preisbewußt, wenn sie tatsächlich nur für einen Bruchteil der Kosten aufkommen müssen. Das Pharmaunternehmen Boots erkannte zum Beispiel die Wirkungslosigkeit eines niedrigen Einführungspreises für sein verschreibungspflichtiges Arthritis-Medikament Rufen, weil die Versicherungen einen großen Teil des Preises erstatten. Boots umging das Problem mit einem Coupon an der Flasche, den der Käufer einschicken konnte, um einen Rabatt in Höhe von 1,50 Dollar zu erhalten. Die Folge dieser Maßnahme war, daß der Verbraucher in den vollen Genuß des niedrigen Einführungspreises kam, obwohl die Versicherung für einen Großteil der Kosten aufkam. Das Medikament hatte nach vier Monaten einen Marktanteil von 6 Prozent gewonnen, eine für diesen Markt ungewöhnlich hohe Durchdringung.

Geringere Preissensibilität zeigen die Verbraucher auch dann, wenn sie für ein Produkt, das sie langfristig benutzen wollen, einen vergleichsweise hohen Betrag ausgegeben haben. Hat sich der Kunde erst einmal einen Luxusfüllfederhalter, eine kostspielige Kamera oder einen Laserdrucker gekauft, dann spielen auch die Kosten für Tonerkassetten, Filme und Tinte keine so große Rolle mehr. Nagle weist zum Beispiel darauf hin, daß viele Unternehmen in den frühen achtziger Jahren objektiv bessere Textverarbeitungsprogramme entwickelten und die führenden Marken auch preislich unterboten. Doch die meisten hatten keinen Erfolg, weil die Unternehmen, die bereits in die Personalschulung investiert hatten, keine neuen Ausgaben dieser Art auf sich nehmen wollten.

Weniger preisbewußt reagieren die Verbraucher auch auf Produkte, deren höherer Preis höhere Qualität signalisiert. Darunter fallen imagefördernde und exklusive Produkte, aber auch Erzeugnisse mit unbekannter Qualität. Ein Mercedes kann zum Beispiel aufgrund seines Prestiges einen höheren Preis erzielen als ein vergleichbarer Wagen. Geschäftsreisende fliegen oft nur aus Prestigegründen erster Klasse und nicht, weil man mehr Platz für die Beine hat, besseres Essen bekommt und wegen des hohen Preises wahrscheinlich nicht neben einem ständig quengelnden Kind sitzen muß. Bisweilen verstehen die Verbraucher hohe Preise auch als Hinweis auf Qualität. In einem Fall wollte der Verkauf eines Autowachses nicht so recht in Schwung kommen, bis das Unternehmen den Preis von 0,69 Dollar auf 1,69 Dollar anhob.

Auf kurze Sicht preisbewußter zeigen sich die Kunden unter Umständen, wenn sie von einem Produkt Vorräte anlegen können und der Preis ihrer Ansicht nach zeitweilig niedriger liegt als in der Zukunft. Sie kaufen zum Beispiele größere Mengen von verbilligten Dosentomaten, was sie bei frischen Tomaten wohl kaum machen werden.

Preisgestaltung ist keine Wissenschaft, sondern eine Kunst

Die Preisgestaltung ist mehr als alle anderen Aufgaben im Marketing eine Kunst und ein Spiel. Ein Spiel, weil die Preisstrategien konkurrierender Unternehmen stark voneinander abhängen. Der Preis eines Unternehmens berücksichtigt zum einen die Nachfrage am Markt und zum anderen die Preispolitik der Konkurrenz. Preise sind oft eine Reaktion auf den Druck der Konkurrenz und gleichzeitig der Versuch, die Preisgestaltung der Wettbewerber zu beeinflussen.

Natürlich, auch andere Marketingbereiche gleichen einem Spiel. Wenn Nabisco als Sortimentserweiterung des erfolgreichen Teddy Grahams-Gebäcks Bearwich einführt, ein Produkt in Bärenform und in mundgerechten Bissen, dann zieht Keebler mit Elfkins nach, einem Sandwichgebäck in der Form von Miniaturelfen. Aber es kostet Zeit, ein neues Produkt zu entwickeln und damit zu kontern. Ein neuer Preis dagegen läßt sich über Nacht festsetzen.

Auch nach unserer Meinung ist die Preisgestaltung eine Kunst und ein Spiel, aber der Preis eines Produkts sollte sich in den Rahmen einer Gesamtstrategie einfügen. Und schon allein aufgrund unserer fachlichen Orientierung sehen wir den zweiten entscheidenden Faktor für wohlüberlegte Preisentscheidungen in der Marktforschung.

Aber bevor wir unsere Vorstellungen über angemessene Preisentscheidungen darlegen, möchten wir zunächst einige herkömmliche Preisstrategien skizzieren, und sei es nur, um die 45 Prozent aller amerikanischen Unternehmen, die überhaupt keine Strategie haben, auf einige Möglichkeiten aufmerksam zu machen.

- *Kostenorientierte Preisbestimmung.* Diese Form der Preisgestaltung unterstellt, daß das Unternehmen genau Bescheid weiß über die variablen Kosten, Gemeinkosten, Abschreibungen und Wartungsaufwand. Wenn man diese Zahlen kennt, läßt sich der Gewinnaufschlag leicht bestimmen. Zunächst ermittelt man die Stückkosten. Dazu addiert man die gesamten variablen zu den festen Kosten und teilt das Ergebnis durch die Gesamtzahl der Verkäufe. Davon ausgehend läßt sich der Gewinnaufschlag errechnen, indem man die Stückkosten teilt durch 1 minus den Betrag der erwünschten Rendite. Wenn also ein Stück 8 Dollar kostet und sich das Unternehmen eine Rendite von 20 Prozent vorstellt, dann beträgt der Angebotspreis 10 (8 : [1 – 0,2]) Dollar.

  Dieses Verfahren setzt natürlich voraus, daß der Anbieter seine Kosten kennt. Als wir vor einigen Jahren eine Beratertätigkeit für ein führendes Unternehmen der Finanzbranche aufnahmen, stellten wir mit Verwunderung fest, daß das Unternehmen keine genauen Angaben über den Dekkungsbeitrag einzelner Kunden machen konnte. Dem Unternehmen fehlte nämlich der Überblick über seine Kosten. Man ging einfach davon aus, daß alle Kunden in etwa gleich viel zum Gewinn beisteuerten, daß also ein Kunde, der einmal im Monat seine Kreditkarte mit 50 Dollar belastete, den gleichen Stellenwert hatte wie ein Kunde, dem man monatlich 1 000 Dollar für Flugtickets abbuchte.

  Diese Annahme erschien uns so unwahrscheinlich, daß wir den Marketingleiter um eine Erklärung baten. Er räumte ein, daß ein gleicher Gewinnbeitrag aller Kunden wenig überzeugend wirke, aber das Unternehmen verfüge nun mal über keine geeignete Methode, um den individuellen Beitrag der Kunden zu messen. Schließlich betreue man ja Millionen von Kunden.

  Daraufhin gaben wir ihm zu verstehen, wie wichtig uns solch eine Meßmethode schien. Die damit gewonnenen Erkenntnisse könnten sich sogar auf andere Marketingmaßnahmen wie Zielplanung, Werbung, neue Produkte, Positionierung und Preisgestaltung auswirken.

Der Marketingleiter versprach, sich darum zu kümmern.

Sechs Monate später setzten wir uns erneut zusammen. Die Nachforschungen bestätigten unsere Vermutungen. Zwischen den einzelnen Kunden bestanden zum Teil Riesenunterschiede. Diese Erkenntnisse zeitigten unter anderem grundlegende und weitreichende Auswirkungen auf die Preisstrategie des Unternehmens.

- *Gewinnzielkalkulation.* Die Gewinnzielkalkulation setzt ähnliche Mathematikkenntnisse aus der fünften Klasse voraus. Der angestrebte Preis errechnet sich hier mittels folgender Formel: (Gesamtstückkosten + [die erwünschte Rendite × dem investierten Kapital]) : Gesamtzahl der Verkäufe. Angenommen, das Unternehmen strebt eine 20prozentige Rendite seines investierten Kapitals von 1 Million Dollar an. Gehen wir außerdem der Einfachheit halber davon aus, daß man im Jahr 100000 Stück verkauft. Wenn die Stückkosten 8 Dollar betragen, dann beläuft sich der angestrebte Preis wiederum auf 10 Dollar. Wenn die Gesamtstückkosten 800000 Dollar betragen und die Gesamtzahl der Jahresverkäufe 100000, sieht die Formel so aus: (800000 + [0,20 × $ 1000000] : 100000).

  Die Berechnung ist denkbar einfach, aber die Kalkulation des Zuschlags und des Gewinnziels haben ein gemeinsames Problem. Beide unterstellen die Gesamtzahl der Verkäufe als feste Größe unabhängig vom Verkaufspreis. Aber die Wirklichkeit sieht leider anders aus. Außerdem stützt sich der Betrag der Produktkosten fast immer auf eine subjektive Ansicht und nicht auf objektives Zahlenmaterial, da die meisten Unternehmen ihre Kosten nicht kennen. Damit stehen der Beurteilung der Produktkosten alle Möglichkeiten offen. Man kann darunter die Vollkosten verstehen oder die Spesen. Man kann sich bei seinen Überlegungen auf Kostenfaktoren beziehen, die dem Unternehmen gerade zu schaffen machen, oder auf eine Kurve mit Erfahrungswerten. Man kann die zukünftigen Kosten schätzen oder zurückliegende für Forschung und Entwicklung berücksichtigen. Auf welche Faktoren sich das Management stützt, hängt weitgehend von dessen Marktzielen ab. Das klappt jedoch nur, solange man sich nicht mit völlig unrealistischen Kostenrechnungen selbst etwas vormacht.

- *Preisgestaltung für ein bahnbrechendes Produkt.* Für ein brandneues, bahnbrechendes Produkt bieten sich üblicherweise zwei Strategien an: Abschöpfung und Marktdurchdringung. Die Abschöpfungsstrategie besagt: »Wir haben ein einmaliges, wünschenswertes Produkt, und wir wollen soviel wie möglich damit herausschlagen.« Wie lange man so vorgehen kann, hängt natürlich von der Reaktionsschnelligkeit der Konkurrenz ab. Käufer von Naturkost ohne Zusatzstoffe und Süßstoffe zahlen bereitwillig höhere Preise als die meisten anderen Verbraucher. Die Hersteller von Naturkost können also mit einer Abschöpfungsstrategie gegenüber einer begrenzten Zielgruppe mehr verdienen als durch Preisnachlässe zur Anlockung einer größeren Zahl von Kunden.

Die Penetrationsstrategie nimmt über einen längeren Zeitraum niedrigere Gewinne in Kauf, um Marktanteile zu gewinnen oder die Konkurrenz fernzuhalten. Im Windschatten eines Marktführers mit relativ hohen Preisen können sich oft kleinere Konkurrenten auf dem Markt etablieren. Wenn man als Marktführer hingegen relativ niedrige Preise ansetzt, dann müssen die kleinen Konkurrenten ihren Schwung anderswo hernehmen. Die Fluggesellschaft People Express setzte auf eine Durchdringungsstrategie, um sich auf dem Markt für Transatlantikflüge festzusetzen. Der Einfachflug von New York nach London kostete nur 149 Dollar. Zur Vermeidung eines Preiskampfes von der Sorte, wie er Laker Airlines zum Verhängnis wurde, nahm das Unternehmen keine Reservierungen entgegen, begrenzte die Zahl der Flüge, landete in Gatwick statt im komfortableren Heathrow und bot während des Flugs nur minimalen Komfort und Service. Das machte die Flüge von People Express für die meisten Leute, die diese Route normalerweise benutzen, unattraktiv. In den Flugzeugen des Unternehmens saßen Leute, die normalerweise nicht nach Europa geflogen wären.

- *Preisgestaltung nach Produktlinie.* Dazu gehören Paketpreise, Preisgestaltung aufgrund hoher Qualität (Prämienpreispolitik) und aufgrund des Images sowie preispolitischer Ausgleich. Unter Paketpreisen versteht man, daß mehrere Artikel zusammen billiger verkauft werden als einzeln. In diese Rubrik fallen Dauerkarten, Büfetts, bei denen man ißt, soviel man kann, und Optionspakete bei Autos.

  Prämienpreispolitik schließt den Konzertagenten ein, der für die Sitze in der Nähe der Rockband mehr verlangt, und den Anbieter, der so lange einen hohen Preis für sein Produkt festsetzt, wie er an Leute verkaufen kann, denen der Preis egal ist, wenn sie nur als erste im Wohnblock mit etwas Neuem brillieren können.

  Von Imagepreisen spricht man, wenn ein Unternehmen eine identische Version eines aktuellen Produkts herausbringt, nur mit einem anderen Namen und zu einem höheren Preis. Die Hersteller setzen oft für ihre

Markenjeans, Waschmaschinen oder Vitamine einen höheren Preis fest als für die gleichen Produkte, die als Händlermarken verkauft werden. Preispolitischer Ausgleich schließlich meint eine Preisgestaltung in zwei Stufen: Das Unternehmen verschenkt seine Rasierer praktisch, um die Rasierklingen zu verkaufen. Auch Lockvogelangebote gehören hierher: Man senkt den Preis eines Markenartikels, um mehr Kunden anzulokken.

- *Wettbewerbspreisgestaltung* umfaßt unter anderem

1. *Penetrationspreise.* Der Hersteller münzt seine Größenvorteile in niedrige Preise um, um die Konkurrenz aus dem Feld zu schlagen.
2. *Kampfpreise.* Ein bereits etabliertes Unternehmen setzt seine Preise drastisch herab, um das Vordringen etwaiger Konkurrenten zu verhindern.
3. *Preise nach Erfahrungswerten.* Ähneln den Penetrationspreisen, nur daß das Unternehmen nicht seine Größenvorteile, sondern seine Erfahrung in die Waagschale wirft. Das Unternehmen unterbietet die Preise seiner Konkurrenten, um diese vom Markt zu drängen.
4. *Preissignale.* Damit gibt man den Konkurrenten zu verstehen, daß man seine Preise verteidigen will. Als Goodyear einen größeren Teil des Marktes für Gürtelreifen erobern wollte, erklärte der geschäftsführende Vorstand in zahlreichen Interviews seine Strategie und weshalb die Konkurrenz unmöglich dagegen ankommen konnte. Gleichzeitig machte Goodyear Presseführungen durch eine Reifenfabrik auf dem neuesten technischen Stand, mit der man die niedrigsten Grenzkosten der gesamten Branche erreichte. Die unterlegenen Konkurrenten von Goodyear waren der Ansicht, daß sie einem Preiskrieg gegen einen solch entschlossenen Gegner nicht bestehen konnte und zogen sich kampflos zurück.

Bessere Preispolitik durch Marktforschung

Soweit die Strategien. Welches sind nun aber die Methoden der Marktforschung, die zu besseren, wenn auch nicht »optimalen« Preisentscheidungen führen?

Im Hinblick auf die Entwicklung des einträglichsten Produkts zum optimalen Preis müssen wir vier Dinge beachten: die rationalen Merkmale des Produkts, seine emotionalen Vorteile, die Preissensibilität und die Rendite.

Nach unseren Erfahrungen versucht man es am besten mit einem experimentellen Forschungsansatz; das heißt mit einer Tradeoff-Analyse, einer computergestützten Produktgestaltung oder einer Kombination aus beidem.

Eine bei Marketingspezialisten nach wie vor sehr beliebte Technik zur Bewertung verschiedener Preise ist der Konzepttest. Und wie bereits erwähnt, hat schon fast jeder einmal einen, wenn nicht gar Hunderte von diesen Tests vorgenommen. Aber oft führen sie nicht weiter, weil sie mehr Fragen aufwerfen, als sie beantworten. Tradeoff-Analyse lautet das Stichwort zur Lösung dieser Probleme. Mit einer solchen Studie läßt sich das Marktpotential von Hunderten Konzeptvarianten taxieren, obwohl man nur eine Handvoll Konzepte wirklich testen muß.

Aber auch Tradeoff-Analysen sind nicht ohne Fehl und Tadel. Herkömmliche Modelle dieses Typs können das Umsatzpotential eines Produktkonzepts nicht stichhaltig ermitteln. Außerdem sind ihnen deutliche Grenzen gesetzt. In den neunziger Jahren stehen die Marketingfachleute nicht vor Hunderten, sondern vor Hunderttausenden von Optionen, eine Zahl, die man mit der Standardanalyse nicht mehr bewältigen kann.

Ein weiterer Nachteil traditioneller Tradeoff-Analysen liegt darin, daß sie sich am attraktivsten Produkt orientieren, das, wie wir inzwischen wissen, nie das *rentabelste* Produkt ist. Das Management braucht also eine Methode zur Maximierung der Rentabilität.

Glücklicherweise steht den Marketingexperten mit der im vorherigen Kapitel beschriebenen computergestützten Produktgestaltung eine Alternative zur Verfügung. Mit Hilfe dieses Optimierungsmodells lassen sich Kaufverhalten und Umsätze prognostizieren; es können Millionen von Konzepten ausgewertet und die einträglichsten ermittelt werden. Der Marketingfachmann kann verschiedene Szenarien als Fallstudien durchspielen, und erhält so Ansätze zur Zielplanung und Positionierung.

Vor nicht allzu langer Zeit erwog ein führendes US-Maklerbüro die Einführung eines neuen Dienstleistungsangebots, das den Kunden direkten Kontakt mit dem Unternehmen mittels Computer gestattete. Nach Ansicht des Managements waren die Kunden bereit, für den Zugang zu ihren Konten eine angemessene Gebühr zu entrichten. Aber man war sich nicht sicher, welche Merkmale solch ein Service haben und wieviel man dafür verlangen sollte. Das Kernproblem lag also darin, daß man erst einmal die optimale Kombination aus Eigenschaften und Preis finden mußte. Je mehr Merkmale man in das System integrierte, desto mehr kostete auch seine Einrichtung und Wartung. Aber je höher der Preis lag, desto weniger Anklang würde der Service bei den Kunden finden. Das Management wollte daher nur die für Kunden attraktivsten Merkmale berücksichtigen und dafür einen angemessenen Preis festsetzen, mit dem sich auch ein Gewinn erzielen ließ.

Um uns einen Überblick über die Meinung der Kunden zu verschaffen, wählten wir nach dem Zufallsprinzip fünfhundert potentielle Anwender aus der Stammdatei des Unternehmens aus, deren Investitionsaufwand mindestens 10000 Dollar betrug. In ihren eigenen vier Wänden führten wir mit diesen Kunden fünfundvierzigminütige Gespräche. Die Befragten wurden gebeten, verschiedene Kombinationen aus Eigenschaften und Preisen im Hinblick auf ihr Kaufinteresse zu bewerten. Obwohl die Zahl der Kombinationen über eine halbe Million betrug, mußte jeder Befragte nur zu sechzehn Stellung nehmen.

Diese sechzehn stellten eine sorgsam durchdachte Mischung aus sechs Faktoren dar:

- Betriebszeiten.
- Art der vom Kunden erwünschten Informationen.
- Möglichkeit zur Umbuchung des Kapitals von Konto zu Konto.
- Möglichkeit zur Auftragserteilung.
- Zugang zur persönlichen Kreditlinie.
- Monatsgebühr für den Service.

Die Interviewer baten die Befragten um eine Bewertung der einzelnen Konfigurationen im Hinblick auf affektive und kognitive Aspekte sowie auf das Kaufverhalten. Zu diesem Zweck wurden ihnen die im letzten Kapitel beschriebenen Skalen vorgelegt. (Affektive Merkmale schließen beispielsweise den ersten Eindruck ein: »Wie sieht Ihr erster Eindruck zu dieser Idee eines Maklerservice für zu Hause aus?« Zu den kognitiven Elementen gehört etwa die Besonderheit: »Wie würden Sie die Besonderheit dieses neuen Maklerservice bewerten, das heißt, sehen Sie mehr Ähnlichkeit oder mehr Unterschiede zu anderen Dienstleistungen auf dem Markt?«)

Anhand dieser Daten konnten wir ein »Mikromodell« des potentiellen Marktes erstellen. Damit ließ sich für jede der mehr als 500000 Merkmalskombinationen exakt die Zahl der Kunden ermitteln, die dieses Angebot wahrnehmen würden, sobald sie davon erfahren hätten.

Diese Tradeoff-Analyse ergab, daß der Preis das Verbraucherinteresse bestimmte. Im Schnitt aller Merkmalskombinationen sahen die Effekte des Preises folgendermaßen aus:

Einfluß des Preises auf die Versuchsquote beim Maklerservice für zu Hause

*Monatsgebühr**	*Voraussichtlicher Prozentsatz von Kunden, die das Angebot wahrnehmen würden (Bekanntheit und Gelegenheit vorausgesetzt)*
$ 5	30%
$10	21%
$15	18%
$20	14%
$25	12%
$30	5%

* In den tatsächlichen Interviews wurde nur nach den Preiskategorien 5, 15 und 25 Dollar gefragt. Die dazwischenliegenden Preisebenen konnten wir anhand eines in Kapitel 6 beschriebenen Verfahrens ermitteln. Damit vermeidet man eine übermäßige Beanspruchung der Befragten und kann die Größe der Auswahlgruppe sowie die Kosten für die Untersuchung in Grenzen halten.

Die Tabelle entspricht ziemlich genau den Erwartungen: Mit steigendem Preis sinkt die Nachfrage. Die Zahlen sind aber auch darüber hinaus noch nützlich, weil jede Preiskategorie mit dem genauen Prozentsatz des jeweiligen Umsatzes verknüpft wird.

Da der Preis für die Kunden des Maklerbüros eine so bedeutende Rolle spielte, wollte das Management für den neuen Service nur solche Merkmale berücksichtigen, die in den Augen der potentiellen Anwender einen angemessenen Gegenwert darstellten. Man achtete also besonders auf den Nutzwert der einzelnen Eigenschaften.

Nutzwert meint in unserem Zusammenhang die voraussichtliche Zu- oder Abnahme des Anteils potentieller Kunden, die das Angebot angesichts verschiedener Optionen wahrnehmen würden. Außerdem lassen sich diese Zahlen addieren oder subtrahieren und belegen so die kombinierten Auswirkungen verschiedener Faktoren.

Angenommen, der Durchschnitt aller Faktorenkombinationen zeigt, daß sich 20 Prozent aller potentiellen Kunden für diesen Service interessieren. Gegen diese Zahl lassen sich dann die einzelnen Faktoren messen. Abhängig vom jeweiligen Faktorniveau werden mehr oder weniger als 20 Prozent der potentiellen Kunden das Angebot wahrnehmen. Dieser Unterschied schlägt sich dann im Nutzwert nieder.

Nehmen wir zum Beispiel den Faktor Betriebszeiten. Das »Niveau« einer Zugangszeit von nur acht Stunden am Tag hat einen Nutzwert von

– 13. Das heißt, ein Acht-Stunden-Service würde nur rund 7 Prozent des Marktpotentials anlocken. Das Faktorniveau würde gegenüber dem Durchschnitt eine Verschlechterung um zwei Drittel bedeuten. Ein Service rund um die Uhr und an jedem Wochentag dagegen besitzt einen Nutzwert von + 8. Dieses Angebot würde demnach bei ca. 28 Prozent des Marktes auf großen Anklang stoßen.

Hier sind noch einmal die Nutzwerte im Zusammenhang mit den Betriebszeiten in tabellarischer Form:

Betriebszeiten des Maklerservice für zu Hause

Betriebszeiten	*Nutzwert**
8 Stunden, werktags (9^{00} Uhr bis 17^{00} Mo.–Fr.)	– 13
12 Stunden, werktags (8^{00} Uhr bis 20^{00} Uhr Mo.–Fr.)	+ 1
24 Stunden, werktags	+ 4
24 Stunden, jeder Wochentag	+ 8

* Die Punktzahlen für die jeweiligen Nutzwerte repräsentieren Zu- oder Abnahmen des Kundenanteils, der diesen Service (Bekanntheit und Gelegenheit vorausgesetzt) in Anspruch nehmen würde.

Die Nutzwerte im Zusammenhang mit Preisen sehen wie folgt aus:

Preise des Maklerservice für zu Hause

Monatsgebühren	*Nutzwert*
$ 5	+ 10
$15	– 2
$25	– 8

Diese Zahlen weisen also bei einem Servicepreis von 5 Dollar auf ein 30-prozentiges Kaufinteresse.

Anhand dieser Daten läßt sich belegen, daß ein zwölfstündiger Werktagsservice zu 15 Dollar für die Kunden ein wenig interessanter ist als ein achtstündiger Werktagsservice zu 5 Dollar. Die Berechnung ist ein Kinderspiel. Der Nutzwert eines Zwölf-Stunden-Tages zu 15 Dollar beträgt – 1 (man addiert + 1, den Nutzwert eines Zwölf-Stunden-Tages, zu – 2, dem

Nutzwert einer Monatsgebühr von 15 Dollar). Daher würden sich wahrscheinlich rund 19 Prozent (20 Prozent minus 1 Prozent) an einem Zwölf-Stunden-Service zu 15 Dollar interessiert zeigen.

Der Nutzwert eines Acht-Stunden-Service zu 5 Dollar liegt dagegen bei − 3 (man addiert − 13, den Nutzwert des Acht-Stunden-Service, zu + 10, dem Nutzwert einer Monatsgebühr von 5 Dollar). Diese Konfiguration würde bei 17 Prozent der potentiellen Kunden auf Anklang stoßen (20 Prozent minus 3 Prozent). Wie am Zusammenhang dieser zwei Faktoren zu erkennen, lassen sich die verschiedenen Kombinationen anhand einfacher Berechnungen miteinander vergleichen. Im übrigen beweist auch dieses Beispiel wieder einmal, daß das billigste Produkt nicht das attraktivste ist.

Die Verbraucher ziehen einen Vierundzwanzig-Stunden-Service gegenüber einem Acht- oder Zwölf-Stunden-Service vor. Aber die geringere Zunahme um drei Punkte bei einem Vierundzwanzig-Stunden-Service an Werktagen und um vier Punkte bei einem Vierundzwanzig-Stunden-Service an jedem Tag deutet darauf, daß die Kunden nur sehr ungern weitere 10 Dollar für diese Leistungen lockermachen würden.

Nutzwerte lassen sich für mehr Merkmale und Preisebenen bestimmen, als der Fragebogen tatsächlich enthält. Je mehr Punkte ein Fragebogen berücksichtigt, desto teurer die Untersuchung. Doch viele Punkte sind einfach überflüssig. In unserem Fall genügt es dem Unternehmen, die Kundenreaktionen auf die Preiskategorien 5, 15 und 25 Dollar zu kennen, um auch ihr Kaufinteresse bei den dazwischenliegenden Preisen zu ermitteln.

Aufgrund der Untersuchungsergebnisse konnte das Maklerbüro Prognosen über jede Umsatzsteigerung oder -minderung durch höhere oder niedrigere Preise erstellen, die sich aus einer Veränderung der angebotenen Merkmale ergaben. Die Auswertung von Gewinnen und Verlusten im Zusammenhang mit verschiedenen Merkmalskombinationen gestattete es dem Management, eine optimale Konfiguration nur jener Merkmale auszuwählen, deren Kosten durch einen Wertzuwachs in den Augen der Kunden gerechtfertigt schienen.

Anwendungen des simulierten Testmarketing auf die Preisgestaltung

Mit der Technik des simulierten Testmarketing lassen sich Preisalternativen überprüfen und optimale Preise ermitteln, die Umsätze und Gewinne maximieren. Darüber hinaus kann man mit dieser Methode auch die Auswirkungen der Preispolitik bei der Konkurrenz ermessen. Jedes Unternehmensmanagement wird sich darüber Gedanken machen, was geschehen würde, wenn der Konkurrent die Preise hält, senkt oder erhöht.

Aus unserer Zusammenarbeit mit einem führenden japanischen Hersteller von Unterhaltungselektronik stammt folgendes Beispiel für Preisgestaltung durch simuliertes Testmarketing. Wir haben zwar einzelne Details verändert, aber der Fall selbst beruht auf Tatsachen.

Das Unternehmen wollte Genaueres über die Auswirkungen verschiedener Werbe- und Preisstrategien auf die Nachfrage nach einem neuen multifunktionalen Produkt wissen. Dabei handelte es sich um einen hochwertigen Radiowecker, der über mehrere Besonderheiten verfügte. Der Weckmechanismus konnte entweder einen Summton, das Radio oder eine Kassette in Gang setzen. Als weiteres spezielles Merkmal verfügte das Gerät über einen Gedächtnisspeicher, in den der Benutzer bis zu fünfhundert wichtige Daten, Termine oder Kombinationen daraus eingeben konnte. Mit Hilfe dieses Systems konnte der Verbraucher schnell einen Überblick über die anstehenden Termine der nächsten Wochen oder Monate gewinnen. Er konnte aber auch einfach warten, bis am Morgen eines wichtigen Termins die eingegebene Information auf einem kleinen Bildschirm erschien.

Der Hersteller stellte zwei Schlüsselfragen. Erstens: wie sollte man das Produkt in der Fernsehwerbung positionieren: als fortschrittlichen Radiowecker oder als Tabletop-Computer zur Zeiteinteilung? Zweitens: sollte man das Gerät für 59 Dollar anbieten, um sich einen großen Anteil des gedrängten Radiomarktes zu sichern; für 79 Dollar, um hochwertigen Radiokassettengeräten Konkurrenz zu machen; oder für 99 Dollar, um die besonderen Merkmale des Produkts zu betonen und das Verbrauchersegment abzuschöpfen, das diese Merkmale am meisten schätzte?

Um eine Antwort auf diese Fragen zu finden, führten wir einen simulierten Markttest durch. In vier Märkten suchten wir uns nach dem Zufallsprinzip dreihundert potentielle weibliche und männliche Käufer über achtzehn Jahren aus. Wir luden sie unter dem Vorwand ein, sie sollten sich eine neue Fernsehserie ansehen und neue unterhaltungselektronische Produkte begutachten. Die Versuchsanordnung war sehr einfach. Die Teilnehmer wurden aufs Geratewohl in Gruppen unterteilt, die einer von zwei möglichen Positionierungen mit einem von drei möglichen Preisen begegnen sollten. Daraus ergaben sich sechs Gruppen mit je fünfzig Teilnehmern, die sich mit einer eigenen Kombination aus Positionierung und Preis konfrontiert sahen.

Zuerst durften sich die Beteiligten eine neue Fernsehserie ansehen, die von Werbung für das neue Produkt, für Konkurrenzprodukte und für Kontrollprodukte unterbrochen wurde. Danach luden wir die Testpersonen in einen angrenzenden simulierten Verkaufsraum, in dem sie das neue Produkt neben vielen Konkurrenzprodukten ausgestellt sahen. Sie konnten Fragen an die Verkäufer richten und die aufliegende Literatur zu den Produkten lesen.

Alle Produkte in dem Laden standen gegenüber dem Listenpreis stark verbilligt zum Verkauf. Rund 40 Prozent der Teilnehmer benutzten die Gelegenheit zu einem Kauf. Den Nichtkäufern stellten wir eine Reihe von Fragen, um herauszufinden, was sie – wenn überhaupt – gekauft hätten.

Die Untersuchungsergebnisse belegten deutliche Auswirkungen sowohl der Positionierung als auch des Preises auf die Nachfrage. Insgesamt hatten 14 Prozent der potentiellen Käufer das neue Produkt erworben. Je nach Positionierung und Nachfrage schwankte die Nachfrage folgendermaßen:

Prozentsatz der Käufer eines Radioweckers mit eingebautem Computer

Preis	*Fortschrittlicher Radiowecker*	*Computer zur Zeiteinteilung*
$ 59	25 %	20 %
$ 79	19 %	11 %
$ 99	8 %	1 %

Demnach kauften fast genauso viele Leute das Gerät als fortschrittlichen Radiowecker für 79 Dollar wie als Computer zur Zeiteinteilung für 59 Dollar. Und selbst wenn der Prozentsatz der Käufer eines fortschrittlichen Radioweckers bei einem Preisanstieg von 59 Dollar auf 79 Dollar um 24 Prozent abnahm, wurde dieser Verlust mit den zusätzlichen Einnahmen durch den höheren Preis mehr als wettgemacht. Und aufgrund steuerlicher Vergünstigungen wuchs die Gewinnrate sogar noch stärker als der Umsatz.

Obwohl das Management das Produkt am liebsten als Computer zur Zeiteinteilung verkauft hätte, um das Image des Unternehmens als Anbieter technisch fortgeschrittener Erzeugnisse zu unterstreichen, positionierte man es dann mit großem Erfolg als technisch überlegenen Radiowekker zu 79 Dollar.

Eins und eins kann fünf sein oder mehr

Manchmal muß ein Unternehmen jedoch mehr als nur zwei oder drei Preise einem simulierten Markttest unterziehen, und so etwas kann sehr teuer sein. Ein führender Lebensmittelhersteller aus dem mittleren Westen der USA wandte sich mit einem Preisproblem an uns. Man wollte fünf verschiedene Preise für ein neues Sortiment von Mikrowellengerichten testen. Das Spektrum bewegte sich von 1,89 Dollar pro Gericht bis hin zu 3,29 Dollar.

Ein simulierter Testmarkt (STM) mit fünf Preisen verbot sich angesichts eines Kostenpunkts von mindestens 400000 Dollar praktisch von selbst. Also kombinierten wir die Vorteile der STM-Technik und der Tradeoff-Analyse miteinander. Vereinfacht gesagt führten wir einen simulierten Markttest mit einem hohen und einem niedrigen Preis durch. Daraus konnten wir genaue Daten über die Verbrauchernachfrage an den entgegengesetzten Enden der Preiskurve entnehmen. Um die Nachfrage in den fünf Preiskategorien zu messen, durchliefen alle Befragten im Verlauf des STM-Interviews auch noch einen Tradeoff-Test.

Danach übertrugen wir die aus der Tradeoff-Analyse hergeleitete Preiselastizitätskurve auf die bereits feststehenden Endpunkte bei 1,89 Dollar und 3,29 Dollar, um zu einer Einschätzung der Versuchsquote in den drei fehlenden Preiskategorien zu gelangen. So konnten wir mit einer für das Unternehmen erschwinglichen Studie von zwei Preisen alle fünf ermitteln (siehe Abbildung 7.1).

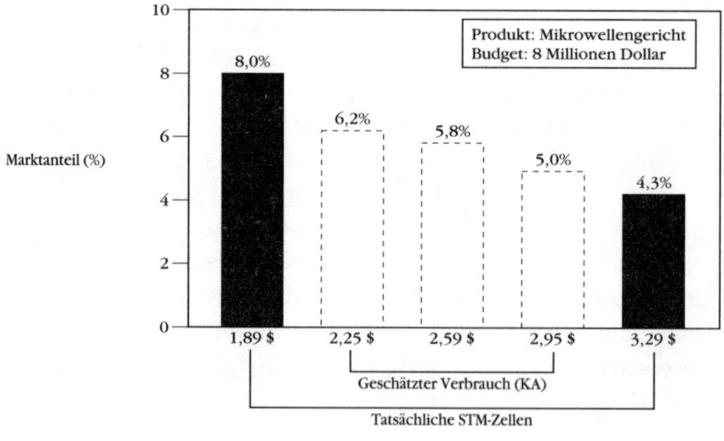

Abbildung 7.1: Preisgestaltung für abgepackte Waren mittels simulierten Testmarkts und Tradeoff-Analyse

Darüber hinaus konnten wir eine Kurve für alle fünf Preiskategorien erstellen und damit einen »optimalen« Preis bestimmen. Zur großen Freude unseres Klienten lautete dieser 2,79 Dollar.

Ihre Kostenannahmen sind ausschlaggebend

Unsere Beispiele erwecken vielleicht den Eindruck, daß sich mit ernsthafter Marktforschung der »beste« Preis ohne weiteres finden läßt. Aber auch die sorgfältigsten Untersuchungen können nur unter der Voraussetzung genauer Kostenkenntnisse etwas ausrichten. Der »rentabelste« Preis geht hervor aus der in der Untersuchung ermittelten Verbrauchernachfrage und den Kosten des Unternehmens für Herstellung und Marketing.

Gehen wir davon aus, daß wir ein kleines Heimgerät, einen Luftfilter, zu drei verschiedenen Preisen verkaufen könnten: 79, 89 und 99 Dollar. Anhand einer Studie finden wir heraus, daß das Produkt zum niedrigsten Preis einen Marktanteil von 10,1 Prozent erobern wird, zum mittleren Preis einen Anteil von 8,5 Prozent und zum höchsten Preis einen Anteil von 7,1 Prozent. Aber welches ist nun der beste Preis?

Je nach unserem Kostengefüge kann die Antwort ganz verschieden ausfallen. Die Tabelle auf Seite 200 zeigt drei verschiedene Szenarien. In allen drei Fällen unterstellen wir Marketingkosten in Höhe von 20 Millionen Dollar.

Die richtige Preisentscheidung hängt also offensichtlich von den Kostenannahmen ab. Und für all jene Marketingexperten, die über keine exakten Kostendaten verfügen, muß dies in der Tat ein alarmierender Befund sein.

In den neunziger Jahren werden sicherlich mehr Unternehmen die Verliererecke verlassen und zu den anspruchsvollen Akteuren mit ernsthafter Marktforschung und Strategie wechseln. Immer mehr Marketingmanager werden sich über die Kosten informieren, und immer mehr Topmanagements werden verlangen, daß jeder Marketingplan Schätzungen zur Gewinnträchtigkeit und Rendite enthält. Eine wachsende Zahl von Unternehmen wird die Preisgestaltung als wesentliche Marketingaufgabe behandeln.

Und das allein wird schon zu einer Marketing-Revolution führen.

Der Einfluß von Kostenannahmen auf Rentabilitätsprognosen

	Szenario 1	*Szenario 2*	*Szenario 3*
Annahmen:			
Marktgröße	10 Millionen Stück	10 Millionen Stück	10 Millionen Stück
Herstellungskosten	$ 42 pro Stück	$ 42 für erste 750 000 $ 33 für nächste 250 000 $ 30 ab 1 000 000	$ 30 000 000 für Fabrik $ 10 pro Stück
Marketingkosten	$ 20 000 000	$ 20 000 000	$ 20 000 000
Gewinnprognosen:			
Preis $ 79	$ 17 370 000*	$ 19 740 000	$ 19 690 000
Preis $ 89	$ 19 950 000	$ 20 850 000	$ 17 150 000
Preis $ 99	$ 20 470 000	$ 20 470 000	$ 13 190 000

* Die Zahlen errechnen sich wie folgt:
Zuerst berechnet man die Zahl der verkauften Stücke in jeder Preiskategorie, indem man den Gesamtmarkt multipliziert mit dem voraussichtlichen Marktanteil; z. B. 10,1 % × 10 Millionen Stück = 1,01 Millionen Stück.
Als nächstes multipliziert man die Stückzahl mit dem Preis und erhält so die Bruttoumsatzerlöse; z. B. 1 010 000 × $ 79 = $ 79 790 000.
Im nächsten Schritt errechnet man die Herstellungskosten für die Stückzahlen in jeder Preiskategorie; z. B. 1 010 000 × $ 42 = $ 42 420 000.
Zuletzt zieht man die Kosten für Herstellung und Marketing von den Bruttoumsatzerlösen ab und erhält so den Reingewinn; z. B. $ 79 790 000 – $ 42 420 000 – $ 20 000 000 = $ 17 370 000.

- In Szenario 1 mit angenommenen Stückkosten von 42 Dollar wirft die Preiskategorie 99 Dollar am meisten Gewinn ab.
- In Szenario 2, das ein variables Kostengefüge voraussetzt (42 Dollar für die ersten 750 000 Stück; 33 Dollar für die nächsten 250 000; und 30 Dollar ab 1 000 000), erweist sich der Preis von 89 Dollar am verheißungsvollsten.
- Szenario 3 schließlich unterstellt, daß das Unternehmen eine neue 30 Millionen Dollar teure Fabrik errichten muß, um das Produkt zu Stückkosten von 10 Dollar herzustellen. Unter diesen Voraussetzungen spricht alles für einen Preis von 79 Dollar.

Das Preisumfeld

- Sehen Sie sich das Marketingumfeld genau an.
- Gestalten Sie die Preise im Hinblick auf die Kenntnis des Umfelds, auf die Zielgruppe, die Positionierung und das Produkt.
- Erweisen Sie sich als anspruchsvoller Akteur. Spieler, radikale Empiriker oder Verlierer geraten ins Hintertreffen. Als anspruchsvoller Akteur müssen Sie:

1. alternative Preisstrategien erwägen und überprüfen,
2. ernsthafte Preisuntersuchungen durchführen und damit eine Preiselastizitätskurve erstellen.

- Erkunden Sie die Kosten für Herstellung und Distribution sowie deren Verbindung zur Nachfrage nach dem Produkt.
- Wählen Sie den optimalen Preis, der sich auf eine gut abgestimmte Strategie, eine dokumentierte Preiselastizitätskurve und das Kostengefüge stützt.

8. Der Scheck ist schon in der Post, ich werde dich auch morgen früh noch achten, unsere Werbung funktioniert bestens

Staatliche Behörden müssen ständig Rechenschaft ablegen über die Leistungsfähigkeit von Programmen, die der Steuerzahler finanziert. Hat die Patriot-Rakete wirklich funktioniert? Und wie steht es mit dem Stealth-Bomber? Waren beide ihr Geld wert? Welche Erfolge können bildungspolitische Maßnahmen, AIDS- und Krebsforschung sowie Umweltprogramme vorweisen? Es ist eine Selbstverständlichkeit, daß die Verantwortlichen für die Rentabilität solcher Programme geradestehen müssen.

Doch nach den in Kapitel 1 bereits angesprochenen 130 Milliarden Dollar, die im vergangenen Jahr in den USA für Werbung ausgegeben wurden, fragt niemand. *Kein Mensch* weiß, ob sich diese immensen Ausgaben lohnen. Fragt man einen Marketingleiter nach dem Ertrag seines Werbebudgets von 125 Millionen Dollar, dann wird er sich verlegen abwenden und dabei etwas vor sich hin murmeln wie: »Ich weiß schon, was ich tue.«

Nach unserer Überzeugung kann von einer »funktionierenden« Werbung nur dann die Rede sein, wenn sie einen deutlich erkennbaren Ertrag abwirft. Momentan existieren jedoch keine Beweise, die den Zusammenhang zwischen Werbeausgaben und Rendite belegen würden.

Mit einer aufsehenerregenden Anzeigenkampagne bezog sich die Werbeagentur Whittle Communications auf diese unerfreuliche Situation (siehe Abbildung 8.1).

Unseres Erachtens

- befindet sich die Werbung allgemein in einem desolaten Zustand;
- müssen die Unternehmen ihre Werbeaussagen mit den verfügbaren Instrumenten verbessern;
- birgt die Werbung viel mehr als die Verkaufsförderung ein Potential, das die Nachfrage nach einem neuen Produkt auslösen und die Gesundheit eines etablierten Produkts bewahren kann;

Die Erde ist flach.

—

Der Scheck ist schon in der Post.

—

Nachforschungen beweisen die Werbewirksamkeit des landesweiten Fernsehens.

Schon von alters her glauben die Leute gern, was sie glauben müssen.

Und Tatsachen, die diese Vorstellungen in Frage stellen, werden einfach abgelehnt. Oder ignoriert.

Und dies ist auch die einzig mögliche Erklärung für das ungebrochene Vertrauen der Werbekunden zum landesweiten Fernsehen.

Denn die nackten Tatsachen sprechen eine ganz andere Sprache.

Die Leute sehen sich diese Programme Jahr für Jahr weniger an.

Und selbst wenn sie sie einschalten, sehen sie sich doch die Reklamesendungen nicht an.

Und selbst wenn sie sie ansehen, können sich doch immer weniger Leute an sie erinnern.

Nach einem Bericht können sich bis zu 98 Prozent der Zuschauer nicht an eine Werbung erinnern, die sie am Tag vorher gesehen haben.

In einer anderen Studie konnten sich 93 Prozent nicht an einen Werbespot erinnern, den sie fünfzehn Minuten vorher gesehen hatten.

Aber das Frappierende daran ist nicht, daß manche Unternehmen weiterhin Millionen für Werbung im herkömmlichen Fernsehen ausgeben, weil sie es nicht besser wissen.

Das Frappierende daran ist, daß sie weiterhin Millionen ans herkömmliche Fernsehen verschleudern, *obwohl* sie es besser wissen.

Vielleicht sollte man endlich die Frage stellen, was es für einen Sinn hat, sich über ein erbärmlich niedriges Erinnerungsergebnis zu freuen, nur weil es über der erbärmlich niedrigen Norm liegt.

Oder wie vernünftig es ist, jedes Jahr mehr auszugeben, ohne die geringste Steigerung des Marktanteils zu erreichen.

Kein Wunder, daß die Medien vor einer umfassenden Umwälzung stehen.

Vielleicht ist die Erde ja doch nicht flach.

Aber dafür liegt das landesweite Fernsehen flach.

Abbildung 8.1: Übersetzung der Anzeige von Whittle Communications

- müssen die Unternehmen auch ihre Medienausgaben überdenken und deren Effektivität erhöhen. Sie dürfen nicht mehr in Kosten pro Tausend rechnen, sondern in *werbewirksamen* Kosten pro Tausend.

Wir können es nur immer wieder betonen: Effektivität setzt einen schonungslosen Neuanfang voraus. Die Werbeplanung muß ohne feststehende Annahmen und Vorurteile angegangen werden. *Tabula-rasa-Marketing* heißt, daß der Vorstandsvorsitzende auch zur Werbung harte Fragen stellt:

Die Kernpunkte: Was ein Vorstandsvorsitzender wissen will

1. Welchen Finanzertrag wirft unsere Werbeinvestition ab?

Lautet die Antwort, wie zu erwarten, »Ich weiß nicht«, dann folgen die nächsten sechs Fragen:

2. Besteht ein klarer Zusammenhang zwischen unserer Werbestrategie und -taktik und dem Umfeld, der Zielgruppe, der Positionierung, dem Produkt und der Preisbildung?
3. Was haben wir unternommen, um die Motivationskraft und Einprägsamkeit unserer Werbeaussage sicherzustellen?
4. Haben wir anhand von umsatzorientierten Kriterien *viele* mögliche Werbekampagnen ausgewertet?
5. Haben wir die Medien im Hinblick auf ihre *Werbewirksamkeit* ausgesucht und nicht mit Blick auf die Zahl der erreichten Leute?
6. Berücksichtigt die Medienplanung den Zusammenhang zwischen Produkttyp, Kaufhäufigkeit, Auswirkungen der Konkurrenz und anderen Faktoren, die die Umsätze beeinflussen?
7. Geht unser System zur Zurückverfolgung der Werbewirksamkeit über einfache Messungen der Bekanntheit und der Verkaufszahlen hinaus, und ermöglicht es mit echtem Marktwissen die kontinuierliche Verbesserung der laufenden Kampagne?

Was haben Bermudadreieck, Loch Ness und Werbung mit nachweislichem Ertrag gemeinsam?

Als Kevin Clancy vor über zwanzig Jahren seine Arbeit bei der Werbeagentur Batton, Barton, Durstin & Osborne (BBDO) aufnahm, erteilte ihm der geschäftsführende Vizepräsident E. E. Norris einen Spezialauftrag. Die Agentur sollte nach Norris' Plan ein Buch über hervorragende Werbemaßnahmen veröffentlichen, die zu drastischen Umsatzsteigerungen und einer klaren Rendite geführt hatten. Norris bat also Clancy, die Unternehmensakten zu durchforsten, mit Klienten zu sprechen, die wissenschaftliche und die Wirtschaftsliteratur zu studieren und sogar Konkurrenzagenturen zu interviewen. Er ging natürlich davon aus, daß sich derlei Fälle leicht finden ließen. Schließlich war es die Blütezeit der Werbung in Amerika. Sie stand im Zenit ihrer Kreativität und sorgte auf Cocktail- und Dinnerpartys für Gesprächsstoff. Einfallsreiche Agenturen wie Doyle Dane Bernbach, Leo Burnett und Ogilvy & Mather lieferten immer aufregendere Arbeiten. Strategie- und marktforschungsorientierte Häuser wie BBDO, Grey, Ted Bates und Young & Rubicam ernteten viel Lob für ihre wirkungsvollen Positionierungsstrategien. Und auch die Mega-Agenturen J. Walter Thompson und McCann Erickson arbeiteten nach wie vor auf Hochtouren.

Nach monatelangen Nachforschungen reichte Clancy einen enttäuschenden, ja erschütternden Bericht ein. Hervorragende umsatzfördernde Werbemaßnahmen ließen sich kaum finden. Es gab nur einige wenige Fälle. Clancy konnte voller Stolz auf Arbeiten von BBDO für Chiquita Bananas, Chrysler, Pepsi Cola und Schaefer-Bier verweisen, aber insgesamt waren Werbemaßnahmen mit erwiesenen Verkaufserfolgen so selten wie Rotwild in Manhattan. Das Buch wurde nicht geschrieben.

Aber seither sind zwanzig Jahre vergangen. Wie sieht es heute aus? Wie schlimm steht es um die zeitgenössische Werbung? David Ogilvy äußerte sich in einem Interview im *Adweek Magazine* vom 28. Januar 1991 zu dieser Frage.

> Neulich war ich bei einer Sitzung, bei der ich mir ungefähr hundert Fernsehwerbungen aus der ganzen Welt ansehen konnte. Ich war schockiert. In vielen Fällen verstand ich nicht einmal, was sie verkaufen wollten. Sie behielten es für sich. Sie verschwiegen auch, wozu das Produkt gut sein sollte. Sie nannten kein einziges Kaufargument.
>
> Heute sind die Leute, die für ihre Werbetexte bezahlt werden, überhaupt nicht mehr am Verkauf interessiert. Sie sehen die Werbung als Kunst. Und ständig reden sie von Kreativität. Ich bin ein Verkäufer. Mir geht es nicht um raffinierte Kunsteffekte. Ich will Produkte verkaufen, aber die Werbeleute von heute wollen Preise gewinnen. Sie benutzen die Werbung, um sich selbst ins Rampenlicht zu stellen, damit sie bessere Jobs und mehr Geld bekommen. Es ist einfach ein Skandal.

Unlängst hielt Chris Whittle eine Rede vor der Advertising Research Foundation. Er sprach davon, daß er sich in den vergangenen drei Jahren privat mit einer Reihe von Marktforschungs- und Medienleitern der US-Unternehmen mit dem höchsten Werbeaufwand und mit einigen ihrer größten Marktforschungsunternehmen unterhalten hatte. Einer wie der andere räumten sie ein, daß sie Erfolge ihrer Werbearbeit praktisch nicht mehr nachweisen konnten. Einer meinte sogar: »Wir messen nicht einmal mehr ein Medium am anderen, weil wir uns von beiden nichts erwarten.« Und ein anderer: »Wir stellen schon seit Jahren keine Nachforschungen mehr zur Effektivität von Werbemaßnahmen an.«

Whittle berichtete auch von einem Unternehmen, das sich wegen falscher Werbebehauptungen vor Gericht verantworten mußte. Die Rechtsanwälte argumentierten recht überzeugend, daß gar kein Schaden entstanden sein konnte, weil sich nicht die geringste Wirkung von Werbesendungen nachweisen ließ. Warum, möchte man da fragen, hat sich dann das Unternehmen überhaupt solche Mühe mit seinen Werbesendungen gegeben?

Heute geht nur mehr jeder dritte Dollar für Marketing in die Werbung. Der Rest fließt in die Verkaufsförderung: Coupons, Sonderverkäufe, Preisnachlässe und andere kurzfristige Aktionen. Vor zwanzig Jahren noch sah das Zahlenverhältnis genau umgekehrt aus. Die Verkaufsförderung erfreut sich vor allem deshalb so großer Beliebtheit, weil sich ein stringenter Zusammenhang zwischen Werbung und Verkaufserfolgen in den meisten Fällen nicht nachweisen ließ. Vielleicht tritt hier mit der Fortentwicklung der Marktforschungstechniken eine Wende ein. Einige Unternehmen führen schon jetzt Aufzeichnungen über die Werbesendungen, denen die Verbraucher begegnen, *und* die Produkte, die diese in Supermärkten und Gemischtwarenläden kaufen. Damit lassen sich Verbindungen zwischen Werbebegegnungen und Verkaufszahlen feststellen.

Magrid M. Abraham, Leiter für Produktentwicklung und Marketing bei Information Resources Inc., einem Chicagoer Anbieter von Einzelquellendaten (Primärdaten), und Leonard M. Lodish, Marketing-Professor an der Wharton School, berichteten in der *Harvard Business Review*, daß in 360 Tests eine Steigerung des Werbeaufwands nur in der Hälfte aller Fälle auch zu mehr Verkäufen führte.

Eine vielleicht noch wesentlichere Erkenntnis ihrer Untersuchungen lautete, daß von fünfundsechzig Verkaufsförderungsaktionen – gemessen an den Zuwachsraten des Umsatzes einzelner Marken im Einzelhandel – *nur* 16 Prozent einen Gewinn erzielten. In vielen Verkaufsaktionen kostete es mehr als einen Dollar, eine Umsatzsteigerung von einem Dollar zu erzielen. Verkaufsförderung ist also auch nicht gerade eine ideale Lösung.

1980 beschloß die Advertising Research Foundation die bis dahin größte Untersuchung der Stichhaltigkeit verschiedener Werbeforschungstechniken. Die Planer der Studie (darunter Kevin Clancy) gingen davon aus, daß man zu diesem Zweck die Ergebnisse von Werbeuntersuchungen mit den tatsächlichen Umsatzzahlen vergleichen mußte. Bei diesem Vergleich würden sich zwangsläufig die Methoden der Werbeforschung herauskristallisieren, die die Erfolge am Markt zuverlässig voraussagten.

Anfangs war die ARF der Überzeugung, es handle sich um eine leichte Aufgabe. Schließlich führten so viele Kampagnen zu angeblich je verschiedenen Leistungsergebnissen, daß sie ohne weiteres zu ermitteln sein sollten. Zuerst zeigten sich die Werbefachleute ganz sicher. Ein Großteil von ihnen verwies auf zwei Kampagnen, die beim gleichen Produkt zu ganz verschiedenen Resultaten geführt hatten. Aber als die ARF nachhakte und die Kampagnen samt Beweisen für das bessere Abschneiden der einen einsehen wollte, stand man mit einemmal vor unüberwindlichen Problemen. Nicht etwa, daß sich die Unternehmen nicht kooperativ zeigten, aber die Kampagnen existierten einfach nicht. Nach fünf Jahren intensiver Nachforschungen hatte die ARF lediglich fünf Fälle aufgespürt, in denen zwei Kampagnen für das gleiche Produkt zu wesentlich verschiedenen Umsatzergebnissen geführt hatten.

Ein wahrhaft trauriger Kommentar über den Zustand der Werbung. Wäre sie so wirkungsvoll und mächtig, wie viele Menschen glauben, dann müßten sich spielend Hunderte und Tausende von Fällen von Kampagnen mit unterschiedlichem Einfluß auf den Umsatz finden lassen.

Aber die ARF steht mit ihren schlechten Erfahrungen keineswegs allein da. Die Magazine Publisher's Association (Verband der Zeitschriftenverleger) führte monatelange Vortests von Zeitschriftenanzeigen durch, die sich für eine Studie zur Wirksamkeit von Werbung im Fernsehen und in Druckmedien verwenden ließen. Insgesamt konnte man nicht mehr als drei Werbungen ausfindig machen, die über genügend Wirkung verfügten, um *überhaupt* eine Aussage zu vermitteln. Robert Warrens, Vizepräsident und Leiter der US-Medienabteilung bei J. Walter Thompson aus Chicago, bemerkte zu der MPA-Studie:

> Wir sahen uns zurückliegende Untersuchungen an und mußten feststellen, daß sie nichts über die Werbewirksamkeit kreativer Anstrengungen aussagten. Es ging nicht aus ihnen hervor, wie gut die besonderen Eigenschaften des Produkts vermittelt wurden. Viele der Tests sind daher übersät mit Werbungen, die in Wirklichkeit überhaupt nicht funktionierten. Und Beweise für umsatzsteigernde Wirkung werden ohnehin mit keinem Wort erwähnt. Damit wir uns also nicht falsch verstehen: Wenn wir davon sprechen, daß dieses Projekt die Wirksamkeit von Werbung und die noch höhere Wirksamkeit von gemeinsamer Fernseh- und Anzeigenwerbung zeigt, dann heißt das eigentlich nur, daß *gute* Werbung funktioniert.[1]

1 Wally Wood, Fine-Tuning the Print-TV Findings, *Marketing & Media Decisions*, August 1990, S. 84.

Wir möchten in diesem Buch nicht Partei ergreifen für die Werbung und gegen die Verkaufsförderung oder umgekehrt. Wir sind davon überzeugt, daß Werbung für die Entwicklung einer Marke unabdingbar ist. Die Marketingfachleute müssen also die Werbung nicht aufgeben, zumal Werbung im Grunde genommen nichts anderes ist als Kommunikation, die zwischen Marketing und potentiellen Kunden immer nötig sein wird. Die Marketingexperten müssen jedoch einprägsamere und wirkungsvollere Werbung produzieren und sie dort plazieren, wo sie den größten Effekt erzielt. Mit den folgenden Ausführungen wollen wir unseren Beitrag dazu leisten, daß die Werbung ihr großes Potential als Marketinginstrument entfalten kann.

Zu viele Anzeigen oder zu viele langweilige Anzeigen?

Unsere Datensammlung aus zwei Jahrzehnten deutet darauf hin, daß es immer schwieriger wird, neue Produkte oder Dienstleistungen bekannt zu machen und mit ihnen den Markt zu durchdringen. Daher nimmt auch die Effizienz des Kapitaleinsatzes ab. Bekanntheit und Marktdurchdringung gehen zum großen Teil auf die Werbung zurück. Und die sinkende Aufmerksamkeit der Verbraucher gegenüber Reklamesendungen oder Anzeigen erklärt, weshalb einschlägige Tests seit über zehn Jahren ein Nachlassen der Werbewirksamkeit und Überzeugungskraft um 1 bis 2 Prozent pro Jahr feststellen. Und dies wiederum erhellt zum Teil, weshalb auch die Bekanntheit von Werbung und neuen Produkten immer mehr sinkt.

Im Jahre 1990 führten wir eine Studie durch, in der 40 Prozent der Amerikaner ihre Abneigung und 47 Prozent ihre Vorliebe für die heutige Werbung bekunden. Positive und negative Einschätzungen halten sich also mittlerweile schon fast die Waage. Die Abneigung hat im Lauf der Jahre ständig zugenommen und ist vielleicht auf die allgemeine Stimmung gegen die Wirtschaft zurückzuführen, die immer größere Teile der Bevölkerung erfaßt. Vier Fünftel aller Amerikaner meinten, es gebe heute mehr Werbung als noch vor fünf Jahren – mehr Wurfsendungen, mehr Fernseh- und Radioreklamen, mehr Anzeigen in Zeitschriften und Zeitungen. Mit 69 Prozent überschätzt eine deutliche Mehrheit den Werbeanteil an der Hauptsendezeit des Fernsehens, und 16 Prozent glauben gar, daß die Werbezeit zwanzig Minuten pro Stunde beträgt. (In Wirklichkeit sind es etwa acht Minuten.)

Die Leute meinen nicht nur, daß das Fernsehen Unmengen von Werbesendungen ausstrahlt, sie überschätzen auch die Länge der einzelnen Spots.

Mehr als zwei Drittel der Bevölkerung (70 Prozent) halten die Reklamesendungen für länger als dreißig Sekunden, und ein beträchtlicher Anteil (44 Prozent) schätzt die übliche Länge auf mehr als eine Minute. (Die meisten Werbespots dauern heute dreißig oder fünfzehn Sekunden.)

Nach unseren Untersuchungserkenntnissen sieht sich nur ein Viertel der Bevölkerung eine Reklame an, wenn sie erscheint. 14 Prozent verlassen nach eigenen Angaben das Zimmer; 27 Prozent schalten aus oder um; 30 Prozent beschäftigen sich mit etwas anderem. Die fehlenden 4 Prozent wissen oder sagen nicht, was sie machen.

In einer Studie der Roper Organization teilten im Jahr 1990 28 Prozent der Befragten dem Interviewer mit, daß sie während einer Werbesendung oft ein anderes Programm einschalten. Das ist eine Verdoppelung gegenüber dem Jahr 1985.

Die Leute reagieren ganz verschieden auf die einzelnen Reklamesendungen. Das Meinungsforschungsinstitut Pretesting Co. aus Englewood, New Jersey, fand beispielsweise heraus, daß 39 Prozent der Zielgruppe von Versicherungsgesellschaften bei Versicherungsreklamen umschalten. Dagegen wechseln nur 15 Prozent der Limonadenkunden den Sender. Daraus läßt sich vielleicht die größere Attraktivität von Soft-Drink-Werbungen entnehmen.

Auch die Anzeigenwerbung schneidet nicht besser ab. Nach den Ergebnissen unserer Studie lesen nur 11 Prozent die Zeitschriftenanzeigen. Ein gleich hoher Prozentsatz jedoch liest die Anzeigen nach eigenen Angaben nie; sie blättern *immer* um, ohne die Anzeige zu lesen. Weitere 44 Prozent überschlagen die Anzeigen meistens, und 32 Prozent überschlagen sie manchmal.

Zuletzt fragten wir die Probanden, ob sie sich durch das gesamte Werbeaufkommen, das sie lesen oder sehen, »stark« oder »ziemlich« belästigt fühlen. Eine beträchtliche Minderheit von 40 Prozent bejahte die Frage. Nur ein gutes Fünftel (22 Prozent) fühlt sich überhaupt nicht gestört, während sich der Rest von 37 Prozent ein wenig belästigt fühlt oder sich nicht sicher ist. Woran liegt's? Es gibt mehrere Gründe.

Ineffiziente, ungezielte, schwache Werbebotschaften

Ineffizienz der Medien heißt ein Problem. 1976 vereinigten die drei großen amerikanischen Fernsehgesellschaften 91 Prozent der Einschaltquoten zur Hauptsendezeit auf sich. Seither geht es stetig bergab. 1986 war die Zahl auf

74 Prozent gesunken und 1990 schon auf 61 Prozent. David F. Poltrack, Vizepräsident der Marktforschung von CBS, hatte für den Zeitraum zwischen 1990 und 1995 eine deutliche Verlangsamung dieser Entwicklung vorausgesagt. Aber laut *New York Times* sprachen die Zahlen eine ganz andere Sprache. »Wir liegen jetzt schon unter unserer Prognose für 1995«, räumte Poltrack Ende 1990 ein. »Jetzt müssen wir uns auf einen Gesamtanteil aller drei großen Anstalten von rund 55 Prozent einstellen.« Andererseits steigen die Kosten kontinuierlich an, so daß die Werbekunden für mehr Geld weniger bekommen.

Schlechte Zielplanung ist das zweite Problem. Viele Werbefachleute suchen sich ihre Zielmärkte ohne ausreichende Überlegungen aus, ein Problem, das wir in Kapitel 4 schon angesprochen haben. Es ist kaum zu glauben, daß sich die Werbespezialisten immer noch wie vor zwanzig Jahren an achtzehn- bis neunundvierzigjährigen Frauen und an starken Verbrauchern orientieren. Aber so sieht es wirklich aus. Die Werbung wird nur von Leuten innerhalb der Zielgruppe registriert. Anders gesagt, Werbung für Rasenmäher ist Geldverschwendung, wenn die Zuschauer in einer Stadtwohnung leben.

Die Werbebotschaft stellt den dritten wunden Punkt dar. Zu viele Werbungen werden heute eher ignoriert oder vergessen: Man erinnert sich nicht an sie und richtet sich nicht nach ihnen. Es handelt sich um imitierte Werbebotschaften, die keine wirklichen Bedürfnisse des Verbrauchers ansprechen und ihn natürlich auch nicht zum Kauf veranlassen können. Es ist nichts Außergewöhnliches mehr, wenn verschiedene Marken aus der gleichen Produktkategorie die gleiche, nicht einmal besonders gute Werbebotschaft verwenden. »Stay at a Holiday Inn Hotel and Drive Away with a Brand New Lincoln« (»Übernachten Sie in einem Holiday Inn-Hotel und fahren Sie in einem brandneuen Lincoln weiter«) lautete die Überschrift einer Anzeige im Frühjahr 1990. »Stay at a Red Roof Inn and drive off with a brand new Lincoln« (»Übernachten Sie in einem Red Roof Inn und fahren Sie in einem brandneuen Lincoln weg«) stand in einer Anzeige vom Januar 1991. Ein Sprecher von Red Roof meinte dazu: »Wir haben die Holiday Inn-Anzeige nie gesehen. Unsere Anzeige war das Ergebnis einer Brainstorming-Sitzung. Keiner unserer Mitarbeiter hat schon einmal für Holiday Inn gearbeitet.«

In der Theorie ist wirkungsvolle Werbung ein Kinderspiel. Man nehme eine motivierende Aussage, eine einprägsame Gestaltung und die angemessene Zielgruppe, und schon hat man eine Werbung, die einen satten Ertrag erzielt. Leider klingt das nach dem Ratschlag über gute Gewinnchancen an der Börse: Kaufen Sie nur ansteigende Aktien; wenn sie nicht ansteigen, kaufen Sie sie nicht. Aber im Gegensatz zu Aktien läßt sich das Erfolgsgeheimnis der Werbung durchaus begründen: eine wirkungsvolle, motivierende Werbebotschaft.

Da »Botschaftsstrategie« nicht für jeden Manager dasselbe bedeutet, wollen wir zunächst den Begriff klären. Der gemeinsame Nenner ist die implizite oder explizite Vorstellung, daß das Unternehmen den Käufern etwas über die Marke, das Produkt, die Dienstleistung oder das Unternehmen mitteilen will. Eine Werbebotschaft ist das grundlegende Verkaufsargument, der Grund, aus dem die Verbraucher das Produkt den anderen vorziehen sollen. Diese Besonderheit sollte das Produkt gegenüber denen der Konkurrenz eindeutig differenzieren. Eine gelungene Differenzierung ist der Auftakt für gute Umsätze. Wie kommt das Unternehmen also überhaupt zu einer Botschaftsstrategie? Und wie kann es eine gelungene Strategie entwickeln?

In groben Umrissen sieht die Aufgabe genauso aus wie in der Zielplanung, der Produktgestaltung und der Positionierung. Man untersucht Hunderte, wenn nicht Tausende von Alternativen, um die wirkungsvollste zu finden. Das Unternehmen und seine Werbeagentur entwickeln, überprüfen und bewerten zahlreiche mögliche Botschaftsstrategien, bis sie die umsatz- und gewinnträchtigste ermittelt haben.

Wir sprechen regelmäßig mit Werbefachleuten, die überzeugt sind, bereits über optimale Strategien zu verfügen. Wir sind da eher skeptisch. Tatsächlich ist der Widerspruch zwischen den Überzeugungen vieler Werbeexperten und unserer Ansicht dazu oft so eklatant, daß ein kurzer Exkurs über typische Entscheidungsprozesse zur Werbebotschaft vielleicht nicht schaden kann. Danach werden wir dann ausführlich auf bessere Lösungen zu sprechen kommen.

Befremdliche Ansätze zur Entwicklung von Werbeaussagen

Die bei den Unternehmen beliebten Ansätze zur Entwicklung von Werbeaussagen kennen wir bereits aus der Positionierung.

Fokusgruppen gehören zu den absurdesten Verfahren in diesem Zusammenhang. Aber sie erfreuen sich großer Wertschätzung, besonders wenn sie an einem interessanten Ort stattfinden. Fokusgruppen mögen als Ausgangspunkt vertretbar sein, aber leider lassen es viele Unternehmen dabei bewenden. So werden die unübertragbaren, veränderlichen Meinungen von bezahlten Informanten zur Basis einer Botschaftsstrategie.

Als abschreckendes Beispiel berichtet die Zeitschrift *Forbes* vom Fall der Firma Brown & Williamson. Das Unternehmen wollte etwas über Männer aus der Arbeiterschicht zwischen einundzwanzig und fünfunddreißig Jahren herausfinden. Dabei handelte es sich um die Zielgruppe für die neue Zigarettenmarke »Prince« mit starkem Tabak und Geschmack. Die Werbeagentur des Unternehmens sandte zwei Marktforscher nach Little Rock, Arkansas, wo die Marke im Markt getestet werden sollte.

Die beiden beauftragten einen ortsansässigen Werber damit, eine Fokusgruppe von zwölf Personen zusammenzusuchen, die, so einer der Marktforscher, »aus dem Arbeitermilieu stammen, aber zumindest so redegewandt sind, daß sie mehr sagen können als nur ›ja‹ und ›weiß nicht‹«. *Forbes* beschreibt die weitere Entwicklung der Ereignisse: »Es war nicht einfach. Das Forschungsprojekt fiel ausgerechnet mit der ersten Woche der Jagdsaison für Rotwild zusammen. Viele der Angesprochenen schlugen das Angebot von 50 Dollar für ein zwei- bis fünfstündiges Gespräch und Fotos aus und begaben sich lieber in den Wald.« Schließlich mußte man sich mit einer Runde von neun Teilnehmern begnügen.

Zurück in New York, schreibt das Magazin, folgerten die Marktforscher, daß »männliche Bewohner von Arkansas arm und sexuell frustriert waren, daß sie sich eingeengt fühlten und deshalb in Gruppen zusammenkamen und sich betranken«. Der Werbeslogan für Prince lautete folgerichtig: »Make your move« (»Du bist am Zug«). Damit wollte man die Zielgruppe wachrütteln und dazu aufrufen, wieder die Kontrolle über ihr Leben zu übernehmen.

Solch ein Projekt ist zwar schnell und billig (die Agentur gab ungefähr 10000 Dollar dafür aus), aber selbst den Marktforschern blieb die Absurdität ihres Vorgehens nicht vorborgen. *Forbes* zitiert einen der Agenturmitarbeiter: »Man hat eine Woche, also nimmt man Abkürzungen. Natürlich läßt mich das nicht einfach kalt, aber ich bin auch nicht so idealistisch, daß ich mich deswegen in mein Schwert stürze.« Brown & Williamson werden vielleicht der Ansicht sein, solch ein Ansatz reiche für einen Markttest aus; wieso sollte man einen Haufen Geld für ein Produkt ausgeben, das vielleicht gar nicht in Schwung kommt? Doch sollte Prince den landesweiten Durchbruch schaffen, dann, so merkt *Forbes* ganz richtig an, »wird die Erfolgsbotschaft aus Arkansas eine ausschlaggebende Rolle für die Werbeaussagen anderswo spielen«. Unter Umständen entscheidet also eine Fokusgruppe über eine landesweite Werbekampagne.

Nach unserer Überzeugung liegt ein Ziel von Testmarketing darin, dem Produkt die bestmögliche Marktchance zu eröffnen. Ein Unternehmen, das beim Markttest sparen will, kann noch mehr sparen, wenn es ganz auf Tests verzichtet.

Wichtigkeitsbewertungen sind die zweite absurde Technik, mit deren Hilfe Unternehmen Entscheidungen zur Positionierung und zur Werbebotschaft treffen. Man befragt Leute, die zwanzig Produkteigenschaften oder -vorzüge auf einer Fünf-Punkte-Skala bewerten sollen. Das sieht dann zum Beispiel so aus: »Für mich ist die Tatsache, daß ein Mittel gegen Sodbrennen leicht zu schlucken ist, 5. äußerst wichtig; 4. sehr wichtig; 3. mäßig wichtig; 2. nicht so wichtig; 1. nicht wichtig.« Dieser Ansatz behagt den Managern, weil die Ergebnisse so berechenbar sind. Die Antworten auf gattungsbezogene, rationale, faßliche Faktoren erweisen sich mit schöner Regelmäßigkeit als Gewinner, und wir dürfen uns bei der daraus entwickelten gattungsspezifischen, berechenbaren Werbung langweilen.

Positionierungsdiagramme erscheinen ganz besonders absurd, wenn sie von einem Unternehmen als Wegweiser für die Planung benutzt werden. Ein Positionierungsdiagramm kann, wie in Kapitel 5 bereits erwähnt, durchaus Aufschlüsse darüber geben, wie die Verbraucher ein Produkt oder eine Marke im Vergleich zu anderen einordnen. Auch wenn das Verfahren gegen ernsthafte Marktforschungsansätze verstößt, kann es doch kreativitätsfördernd wirken.

Aber wenn das Unternehmen daraus Rückschlüsse auf die Zukunft zieht, wenn etwa die Manager entscheiden, daß man versuchen sollte, ein Produkt von einem Platz im Modell auf einen anderen zuzubewegen, dann wird die Sache brenzlig. Ebensogut könnte man Aspirin gegen Krebs nehmen.

Marktlückenanalyse dürfte vermutlich die beliebteste Technik zur Ermittlung einer Botschaftsstrategie sein. Wie wir in Kapitel 5 nachgewiesen haben, kann man mit Hilfe der Marktlückenanalyse die Hälfte aller Leute übersehen, die eine Produkteigenschaft wünschen und sie bisher nicht bekommen. Diese Methode bietet nur manchmal richtige Antworten auf Fragen nach der geeigneten Positionierung oder Werbeaussage. Und leider weiß man nie, wann man damit richtig liegt. Aufgrund dieses fatalen Mangels an Präzision und der weiten Verbreitung erklären wir die Marktlückenanalyse zum verrücktesten Ansatz zur Entwicklung einer Botschaftsstrategie.

Es gibt wesentlich nüchternere Verfahren als die befremdlichen, die aber trotzdem weder effektiv noch rationell sind.

Werbekonzepttests stehen hier an oberster Stelle. Leicht durchzuführen, relativ billig für den einzelnen Test, aber zu kompliziert und teuer, wenn man viele alternative Strategien überprüfen will.

Tradeoff-Analysen verringern zwar die Ausgaben gegenüber vielen Konzepttests. Aber leider berücksichtigen die Unternehmen in einer Tradeoff-

Analyse meist nur sachliche und realistische Faktoren. So gehen die Resultate höchstens einen Schritt über Konzepttests hinaus, aber dafür meist auch einen über das Verständnis der Manager.

Ein bevorzugter Ansatz: Botschaftskonzipierung

Nach mehr als zehnjähriger Zusammenarbeit mit den verschiedensten Unternehmen sehen wir den bevorzugten Ansatz für eine effektive Botschaftsstrategie in einem dreistufigen Prozeß:

1. Erstellen einer definitiven und kreativen Liste von Produkteigenschaften und -vorzügen, die einer Botschaftsstrategie zugrunde liegen könnten. Dies ist die Untersuchungsphase, die alle denkbaren Werbebotschaften aufzeigen soll.
2. Durchsicht dieser Liste nach potentiellen starken Botschaften. Diese Auswahlphase ermittelt die verheißungsvollsten Werbebotschaften.
3. Auswertung jeder Eigenschafts- und Vorzugskombination im Hinblick auf die voraussichtliche Umsatzentwicklung.

Die Stufen 1 und 2 haben wir schon am Ende von Kapitel 5 zur Festlegung der Produktpositionierung beschritten. Ein Unternehmen, das eine Positionierungsstudie durchgeführt hat, kann bei der Gestaltung einer Werbebotschaft auf diese Ergebnisse zurückgreifen. Wenn das Management weiß, wie es das Produkt im Bewußtsein der Verbraucher positionieren möchte, dann heißt die Frage: »Wie lautet die dafür geeignete Werbebotschaft?«

Die Wiederholung der ersten beiden Stufen ist also nicht nötig, wenn die Resultate einer Positionierungsstudie bereits vorliegen. Einige Unternehmen interessieren sich jedoch mehr für eine Werbebotschaft. Für sie wollen wir alle drei Stufen durchgehen, wenn auch von einem etwas anderen Standpunkt als im Kapitel über Positionierung.

Stufe 1: Die Überprüfung der Botschaften

Hier kommt alles darauf an, eine lange Liste von Eigenschaften und Vorzügen zu erstellen, die den Grundstock für eine wirkungsvolle Werbebotschaftsstrategie bilden könnten. Um diese Eigenschaften und Vorzüge aufzudecken, kann man Analysen zur Produktkategorie, zur Persönlichkeitsstruktur der Verbraucher, zu gesellschaftlichen Werten und emotionalen Faktoren sowie auch Befragungen nach dem Kettenprinzip oder allgemeiner Natur durchführen. (Mit diesen Techniken lassen sich auch starke Positionierungsaussagen finden. Sie eignen sich für Investitionsgüter nicht weniger als für Konsumgüter, für Dienstleistungen genauso wie für Produkte.)

Eine genaue *Durchleuchtung der Produktkategorie* soll rationale und emotionale Eigenschaften und Vorzüge zutage fördern, die von den Konkurrenzmarken verwendet werden.

Allgemeine Befragungen umfassen unter anderem Fokusgruppen, eingehende Interviews und stützen sich auf Kettenverfahren, Projektionen oder andere Methoden. Die Fokusgruppen erzeugen so nicht direkt die Werbebotschaft, zumindest nicht, ehe sie Stufe 2 und 3 durchlaufen hat. Das Unternehmen kann sich also nicht einfach voller Begeisterung auf die Ergebnisse einer Fokusgruppe stürzen und sie in eine Botschaft ummünzen.

Kettenverfahren heißt der Begriff für einen Befragungsansatz, mit dem sich ausgehend von einem Stimulus die zugrundeliegenden Assoziationen aufdecken lassen. Das Interview besteht aus einer Reihe von Fragen, die aufeinander aufbauen. Man beginnt mit einer Frage wie: »Was für einen Vorteil sehen Sie in einem Mittel gegen Sodbrennen, das leicht zu schlucken ist?« Wenn der Befragte antwortet: »Ich muß nicht kauen«, dann hakt man mit der nächsten Frage nach: »Was ist der Vorteil, wenn man nicht kauen muß?« Auch hier kann der Interviewer nachhaken: »Was ist der Vorteil, wenn man das Mittel nicht schmeckt?« Das Interview endet, wenn dem Befragten keine Vorteile mehr einfallen.

Die Kettenanalyse sucht nach Ideen, Vorstellungen, Merkmalen und Bildern, die dem Befragten durch den Kopf gehen. Wenn viele Befragte starke Assoziationen äußern, interpretiert man diese üblicherweise als »natürliche« Konnotationen, auf die die Werbung aufbauen kann.

Projektionstechniken sind wie Gesellschaftsspiele. Wenn RC-Cola ein Tier wäre, welche Art von Tier wäre es dann? Wenn Mars eine Sportart wäre, welche Sportart wäre es dann? Und wenn Seven-Up ein Auto wäre, welches Auto wäre es dann? Oder erzählen Sie mir doch bitte eine Geschichte über Orange Crush. Oder wenn Sie der Präsident von Hires wären und eine Veränderung am Root-Bier des Unternehmens vornehmen könnten, um die Verbraucher glücklicher zu machen, was für eine Veränderung wäre das? Wenn Sie Präsident der Werbeagentur von Pepsi Cola wären und nur eine Sache ansprechen könnten, um die Leute zum Kauf anzuregen, was würden Sie dann ansprechen?

Auch eine Untersuchung der *Persönlichkeitsstruktur* kann hilfreich sein. Dazu analysiert man anhand primärer oder sekundärer Daten die wichtigsten Persönlichkeitsmerkmale, die dem Kaufverhalten in der Produktkategorie zugrunde liegen. Wer zum Beispiel Näheres über ein nicht verschreibungspflichtiges Medikament erfahren möchte, der sollte die Hypochonder nicht außer acht lassen, die für einen beträchtlichen Teil des Verbrauchs solcher Medikamente stehen. Und eine Studie über einen Kosmetikartikel ohne Berücksichtigung des Narzißmus wäre bestimmt ein grober Fehler. Da es buchstäblich Tausende von Persönlichkeitszügen gibt, sollte man einen Experten hinzuziehen, um die für die Produktkategorie relevanten zu ermitteln und den richtigen Maßstab für die Studie zu finden.

Gesellschaftliche Werte werden von Unternehmen weniger oft untersucht, obwohl sie ein riesiges Potential ausmachen. Der mittlerweile verstorbene Professor Milton Rokeach war ein Pionier in der Erforschung gesellschaftlicher Werte und ihres bestimmenden Einflusses auf das menschliche Verhalten. Wir haben die Arbeiten Rokeachs und anderer in acht wesentlichen Dimensionen kondensiert:

- Leistung
- Sicherheit
- Geborgenheit
- Liebe
- Erregung
- Spaß und Vergnügen
- Selbstachtung
- Gesellschaftliche Anerkennung

Es mag vielleicht als zu starke Vereinfachung empfunden werden, alle gesellschaftlichen Werte auf acht Kategorien zu reduzieren. Aber wie der Regenbogen, der alle Farbschattierungen enthält, aber nur relativ wenige deutlich zeigt, repräsentieren diese acht Werte unseres Erachtens die gemeinsamen Nenner aller Gefühlsschattierungen.

Die Relevanz der einzelnen Werte für die Verbraucher läßt sich entweder direkt durch eine Forschungsstudie oder indirekt durch das sorgfältige Studium sekundärer Quellen ermitteln. In der Überprüfungsphase orientiert man sich an diesem Netz wesentlicher gesellschaftlicher Werte und an Erkenntnissen über neueste psychographische Entwicklungen, um die für ein bestimmtes Produkt entscheidenden Werte zu finden und Ideen zu deren Bewertung zu entwickeln.

Um die Verbindungspunkte zwischen dem Wunsch nach Leistung eines Verbrauchers und seinen automobilen Bedürfnissen festzustellen, kann man beispielsweise folgende Frage stellen und verschiedene mögliche Antworten anbieten:

Wie wünschenswert ist es für Sie, daß Ihr nächstes Auto

- Ihnen das Gefühl von Wohlstand und finanziellem Erfolg gibt?
- Ihnen den Eindruck vermittelt, etwas erreicht zu haben?
- Ihre Nachbarn davon überzeugt, daß Sie es wirklich geschafft haben?

Emotionale Faktoren untersucht man, um sich ein Bild über die psychologischen Bedürfnisse der Menschen zu machen und zu erfahren, wie sie von einer bestimmten Produktkategorie erfüllt werden. Robert Plutchik, Professor für Psychiatrie an der Albert Einstein University, hat ein einflußreiches Werk über das Messen von Emotionen geschrieben, in dem er acht grundlegende verhaltenssteuernde Emotionen nachweist (siehe Abbildung 8.2):

- Freude
- Toleranz
- Angst
- Überraschung
- Trauer
- Ekel
- Zorn
- Vorfreude

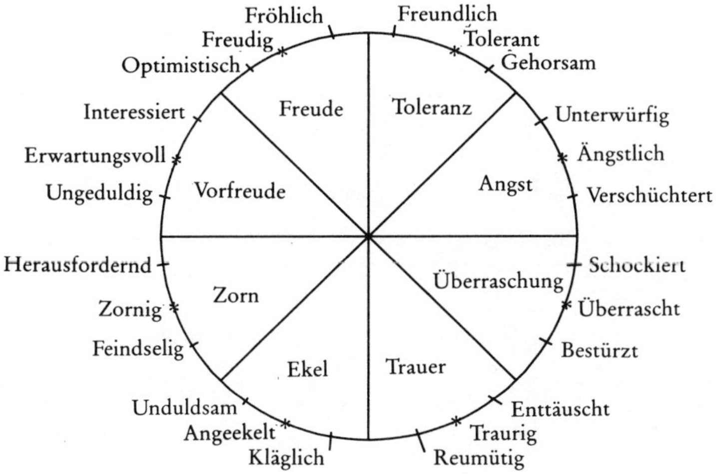

Abbildung 8.2: Das Rad der Emotionen

Das Problem besteht freilich darin, die Theorie in eine praktische Anwendung umzusetzen. Wie ließe sich zum Beispiel die Dimension der Freude im Hinblick auf die Gefühle eines Verbrauchers über ein Auto definieren?

So schwer ist die Frage gar nicht zu beantworten. Plutchiks Analyse differenziert alle acht Dimensionen in mehrere Bereiche. Ein Fragebogen, der die Freude aufspüren soll, könnte also Punkte wie die folgenden ansprechen:

Wie wünschenswert ist es für Sie, daß Ihnen Ihr nächstes Auto

- ein Gefühl der Begeisterung und der Erregung verleiht?
- ein Gefühl von Glück, Zufriedenheit und Lebensfreude gibt?
- Unterhaltung und Amüsement bietet?

Wie bereits angesprochen, ist das Ziel solcher Fragen eine erschöpfende Liste von rationalen und emotionalen Eigenschaften und Vorzügen. Dazu erstellt man eine Matrix wie die in Kapitel 5 begonnene mit einer reichhaltigen und verheißungsvollen Sammlung von Möglichkeiten, die kreative, anregende und innovative Merkmale berücksichtigt.

Eigenschaften und Vorteile eines neuen Sportwagens

	Eigenschaften	*Vorteile*
Rational	abmontierbares Verdeck	Wie zwei Autos in einem
	Fünfgangsportgetriebe	Mehr Fahrspaß
	Händler regelt alle Details, bringt Sie zur Arbeit und holt Sie wieder ab	Keine Zeitverschwendung für die Fahrt zur Werkstatt und Abholen des Autos
	Etc.	Etc.
Emotional	Hersteller bekannt für Qualität	Besseres Gefühl bei langen Fahrten
	Auto wird von erfolgreichen Leuten gekauft	Verleiht ein Image von Leistungskraft
	Bevorzugtes Auto von Leuten unter fünfunddreißig	Man fühlt sich jünger und sieht jünger aus
	Etc.	Etc.

Im Idealfall führt dieser erste Schritt zu fünfundsiebzig, hundert oder sogar mehr rationalen und emotionalen Eigenschaften und Vorzügen, aus denen sich unter Umständen eine wirkungsvolle Werbeaussage für ein Produkt bilden läßt. Im nächsten Schritt geht es darum, die Zahl auf ein leichter zu handhabendes Maß zu reduzieren.

Stufe 2: Auswahl der Botschaften

Die in Kapitel 5 ausführlich beschriebene strategische Kubenanalyse ist nach unserer Überzeugung die beste Methode zur Auswahl der Botschaft (siehe Abbildung 8.3). Der Würfel berechnet die Wirksamkeit jeder einzelnen rationalen und emotionalen Eigenschaft in drei Dimensionen: die Motivationskraft und die Verbraucherbewertung des Unternehmens sowie der Konkurrenz im Hinblick auf eine Eigenschaft. Die verheißungsvollsten Chancen für eine Werbeaussage sollten wie Positionierungen hoch motivierend und glaubhaft wirken und vom Unternehmen mit einem deutlichen Vorsprung vor der Konkurrenz realisiert werden können.

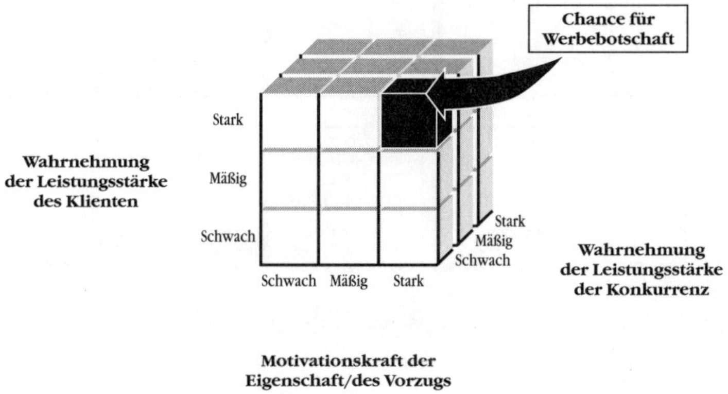

Abbildung 8.3: Der strategische Würfel

Anhand des strategischen Würfels lassen sich verschiedene Eigenschaften und Vorzüge in einer Produktkategorie untersuchen. Durch die gleichzeitige Überprüfung der Motivationskraft und der Wahrnehmungen des Produkts des Unternehmens sowie des Produkts der Konkurrenz offenbart der Würfel wirkungsvolle Botschaftsstrategien. Eigenschaften und Vorzüge mit starker Motivationskraft, die einen Wettbewerbsvorteil gegenüber der Konkurrenz bedeuten, bieten eine hervorragende Chance für eine gelungene Werbeaussage.

Wie aus Abbildung 8.4 zu ersehen, führt jeder Würfel zu einem Aktionsplan. In der linken oberen Ecke befinden sich Eigenschaften und Vorzüge, die hoch motivierend und überlegen wirken. Das bedeutet eine unmittelbare strategische Chance. Die Eigenschaften in der unteren rechten Ecke verfügen nur über schwache Motivationskraft und sind Bereiche, in denen das Unternehmen gegenüber der Konkurrenz unterlegen wirkt. Da es sich hier um Eigenschaften und Vorzüge handelt, an denen sich ein Konkurrent orientieren könnte, sollte man sich über ihren Gebrauch in den Strategien der Konkurrenz auf dem laufenden halten, aber keinesfalls selbst darauf bauen.

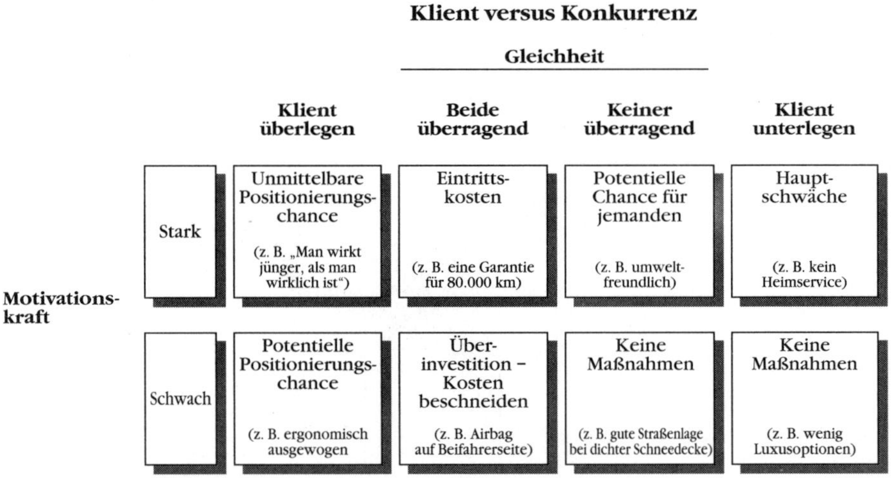

Abbildung 8.4: Ergebnisse der strategischen Kubenanalyse

Alles in allem halten wir die strategische Kubenanalyse für die beste Technik zur Ermittlung einer ausgezeichneten Positionierungsstrategie und für die Auswahl möglicher Kandidaten für eine wirkungsvolle Werbebotschaftsstrategie. Der Würfel kann dem Marketingexperten jedoch nicht sagen, wie er die motivierenden Eigenschaften und Vorzüge kombinieren und in einen fesselnden Werbetext umsetzen soll. Dazu müssen wir erst die nächste Stufe betreten.

Stufe 3: Konzipierung der Botschaft

Im letzten und wichtigsten Schritt müssen die Werbefachleute die »besten« Eigenschaften und Vorzüge kombinieren und anhand eines Meßmodells die wirkungsvollsten und motivierendsten Botschaftsstrategien ermitteln. Diesen Vorgang bezeichnen wir als *Konzipierung der Botschaft*.

Diese Technik entwickelte sich im Laufe der letzten zehn Jahre aus drei verschiedenen Quellen: der Tradeoff-Analyse, den Werbekonzepttests und dem simulierten Testmarketing.

Mit dem aus diesen verschiedenen Methoden hervorgegangenen Meßmodell lassen sich viele verschiedene Botschaftsstrategien testen und das wahrscheinliche Kaufverhalten sowie die Umsatzzahlen für jede Strategie vorhersagen. Im Gegensatz zu traditionellen Werbekonzepttests kann das Unternehmen mit diesem Verfahren Tausende verschiedener Strategien überprüfen. Der Computer spielt all diese Möglichkeiten durch und ermittelt so die beste Kombination einzelner Eigenschaften und Vorzüge – die Mischung, die die höchsten Gewinne verspricht.

Wie aber beschreitet man diese dritte Stufe? Zunächst legt man rund dreihundert Verbrauchern, die in einer Produktkategorie die Kaufentscheidungen treffen, ein Werbekonzept vor, das die Essenz der *aktuellen* Werbestrategie des Unternehmens erfaßt. Man zeigt das Konzept im Kontext der Konkurrenz mit Namen, Produktaussehen und oft auch Preisen. Das Werbekonzept ist so gestaltet, daß es Vorzüge und Eigenschaften miteinander kombiniert. Ein Konzept weist bis zu zehn verschiedene Merkmale auf.

Der folgende Text wäre zum Beispiel eine hypothetische Botschaftsstrategie für den Mazda Miata.

> Dies ist der neue Mazda Miata.
> Ein Auto mit klassischer Form und visionärer Technik.
> Es soll nicht nur die richtige Leistung bringen, sondern auch das richtige Gefühl vermitteln.
> Der Miata ist ein zweisitziges Kabrio mit echtem Hinterradantrieb und 16-Ventil-Einspritzmotor.
> Die Straßenlage des Miata profitiert von einer rennerprobten Doppelquerlenkung aller vier Räder.
> Scheibenbremsen für alle vier Räder und ein Gurtstraffsystem für den Airbag auf der Beifahrerseite gehören zur Standardausstattung.
> Sie können Ihren eigenen Miata fahren – für weniger, als Sie vielleicht glauben.
> Der Mazda Miata. Er fährt Sie nicht nur in die Zukunft, sondern er bringt Sie auch sicher wieder zurück in die Gegenwart.

In diesem Beispiel wird der Hauptvorzug eines Autos, das an die Sportwagen der Vergangenheit erinnert, von fünf spezifischen Eigenschaften unterstützt: zwei Sitze, Einspritzmotor, Lenkung, Sicherheitsausstattung und niedriger Preis.

Man kann das Konzept in der farbigen, suggestiven Sprache der Werbung abfassen oder mit nur wenigen rein sachlichen Wörtern oder Phrasen, die die Eigenschaften und Vorzüge kurz beschreiben. Das Konzept könnte also ebensogut von einem Werbetexter wie von einem Marktforscher geschrieben werden. Der Verfasser muß jedoch in jedem Fall streng darauf achten, die Zahl der Ideen, die Wortwahl und den Stil in den verschiedenen Konzepten gleichmäßig zu gestalten, um die Integrität der Studie zu gewährleisten. Wenn einige Konzepte nur aufgrund der Fähigkeiten des Texters viel besser klingen, wird sich dies natürlich in den Ergebnissen niederschlagen.

Nachdem die Verbraucher das Werbekonzept im Kontext von Beschreibungen zu drei bis acht Autos der Konkurrenz kennengelernt haben, äußern sie sich auf einer 11-Punkte-Skala zur Kaufwahrscheinlichkeit und auf einer 7-Punkte-Skala zu den jeweils sechs affektiven und kognitiven Komponenten, so wie wir das Verfahren auf S. 158 bis 165 beschrieben haben.

Im Verein mit Miatas aktueller Marketingstrategie führen diese Bewertungsdaten zu einer Prognose über die Produktbekanntheit und die Umsätze. Diese Prognose wird an den tatsächlichen Ergebnissen gemessen und bietet so die Handhabe für eine Feinabstimmung des Modells. Aber die meisten Unternehmen wollen noch mehr erfahren. Sie würden gerne Tausende und vielleicht Millionen von möglichen Werbebotschaften testen, um die wirkungsvollsten herauszufinden.

Zu diesem Zweck enthält die gerade beschriebene Verbraucherbefragung einen vollwertigen Tradeoff-Teil, der sich im Fall eines Autos auf neun Schlüsselentscheidungen zur Botschaft beziehen könnte:

- Grundlegende Positionierung
- Stil
- Fahrkomfort
- Sicherheitsausstattung
- Intellitech-Optionen (z. B. sprechender Computer)
- Leistungsmerkmale
- Wiederverkaufswert
- Motoroptionen
- Garantiefragen

Stellen wir uns vor, jede dieser neun Botschaften bietet nur zwei Alternativen. Beispielsweise vermittelt eine Positionierungsaussage automobile

Intelligenz und die andere Sex-Appeal. Damit allein kommt man schon auf 2^9, das heißt 512 Möglichkeiten. Dieses Problem löst man mit einer Versuchsanordnung, in der nur eine begrenzte Zahl der Botschaftsstrategien zum Zuge kommt. Mit Hilfe dieses Verfahrens mißt man normalerweise die Haupteffekte, das heißt alle zweiseitigen Interaktionen und dazu noch einige Interaktionen höherer Ordnung. Und dazu kommt wie gehabt für jedes Konzept die Bewertung der Kaufwahrscheinlichkeit auf einer 11-Punkte-Skala (die Bekanntheit, die Erhältlichkeit und den Kaufentschluß vorausgesetzt).

Aber angenommen, jede Botschaft bietet für jeden der neun Faktoren *fünf* Alternativen – keineswegs eine übertriebene Vorstellung. In der Rubrik »Stil« lassen sich durchaus fünf verschiedene Beschreibungen denken wie z. B. »aerodynamisch«, »klassische Form«, »hervorgegangen aus den Erfahrungen auf der Teststrecke«, »jugendlich« oder »geschmeidig und graziös«. Nimmt man 5 hoch 9, dann erreicht man die schwindelerregende Zahl von 1 953 125 möglichen Werbeaussagen. Was tun?

Eine mögliche Lösung bietet eine Zusatzbefragung der dreihundert Testpersonen, wie wir sie in Kapitel 6 beschrieben haben. Damit können wir die Umsatzentwicklung für jede Eigenschaft ermitteln, ohne die Befragten zu ermüden. Die Antworten auf diese Fragen führen zu Tabellen wie der folgenden, die die Auswirkungen angebotener bzw. nicht angebotener Vorzüge und Eigenschaften ausweisen.

Geschätzte Kaufwahrscheinlichkeit für Autoeigenschaften und -vorzüge (eine der Anschaulichkeit halber gekürzte Liste)

Botschaften	*Eigenschaft oder Vorzug*	*Geschätzte Kaufwahrscheinlichkeit*
Grundlegende Positionierungsaussage	Aggressomobil	– 6,6
	Liebesmagnet	– 2,0
	Intellitech	8,6
Stilaussagen	Aerodynamisch	– 8,5
	Klassische Form	– 2,3
	Hervorgegangen aus den Erfahrungen auf der Teststrecke	1,2
	Jugendlich	3,2
	Geschmeidig und graziös	6,4
Aussagen zum Fahrkomfort	16 Sitzeinstellungen	– 3,2
	Rückenschonende Sitze	3,2
	Ledersitze	0,0

Botschaften	*Eigenschaft oder Vorzug*	*Geschätzte Kaufwahrscheinlichkeit*
Garantieaussagen	Keine	– 8,9
	Einige	3,1
	Alle	5,8
Intellitech-aussagen	Wohnzimmerstereoanlage	–10,7
	Eingebauter Radardetektor	– 8,0
	Sprechender Sicherheitscomputer	2,4
	Automatische Türverriegelung	4,1
	Vierradantrieb	5,7
	Anzeige des momentanen Benzinverbrauchs	6,5

Die Zahlen in der dritten Rubrik zeigen den voraussichtlichen Effekt der einzelnen Eigenschaften und Vorzüge auf das Kaufverhalten. In der grundlegenden Positionierung wirkt sich eine Intellitech-Darstellung sehr viel günstiger aus als eine Präsentation als starkes, schnelles, tiefliegendes Aggressomobil oder als Liebesmagnet. Tatsächlich läßt eine Intellitech-Positionierung die Kaufwahrscheinlichkeit um 8,6 Prozent über den Durchschnitt aller getesteten Aussagen steigen. Die Präsentation als Aggressomobil hingegen *senkt* die Kaufwahrscheinlichkeit gegenüber dem Durchschnitt um 6,6 Prozent.

Eine entscheidendere Frage lautet jedoch, wie man die Eigenschaften und Vorzüge zu einer Gesamtbotschaft kombinieren soll. Die traditionelle Tradeoff-Analyse schlägt hier einfach die Addition der Effekte vor. Und das Konzept mit dem höchsten Wert gewinnt.

Viele Marketingexperten gehen tatsächlich so vor. Sie nehmen immer wieder die gleichen zwanzig oder dreißig Eigenschaften oder Vorzüge. Dann testen sie sie, um zu sehen, welche von ihnen und wie viele in die Werbung Eingang finden sollten. Die folgenden Daten beweisen, daß sich mit wachsender Zahl von Eigenschaften auch die Kaufabsicht von 26 auf 91 Prozent erhöht.

Die Beziehung zwischen der Zahl von Eigenschaften und Vorzügen und der Kaufabsicht

Zahl der Eigenschaften und Vorzüge	*Prozent »würden kaufen«*
Eine/r	26 %
Zwei	39 %
Drei	55 %
Fünf	73 %
Acht	80 %
Zwölf	86 %
Zwanzig	91 %

Ein Marketingleiter entschloß sich nach einem Blick auf diese Tabelle für eine Strategie mit acht Aussagen, die ihm am wirkungsvollsten schien. Acht Aussagen, und 80 Prozent »würden kaufen«. Klingt gut. Diese Überlegungen äußern sich in vielen Briefwerbungen. Es wimmelt nur so von Aussagen, Eigenschaften, Vorzügen, Merkmalen, die wie Kraut und Rüben durcheinandergeworfen werden. Aber das ist keine Werbung. Eher schon eine Liste mit Trümpfen, die in der Hoffnung zusammengestellt wurde, daß der eine oder andere schon stechen wird beim Verbraucher. Natürlich ist es nützlich, wenn man über die Haupteffekte der einzelnen Eigenschaften und Vorzüge Bescheid weiß. Aber wirkungsvolle Werbung verlangt mehr als bloßes Zusammenzählen dieser Haupteffekte.

Werfen wir einen Blick auf die zwei interessanten, aber widersprüchlichen Beziehungen in Abbildung 8.5. Die linke Seite des Schaubilds zeigt

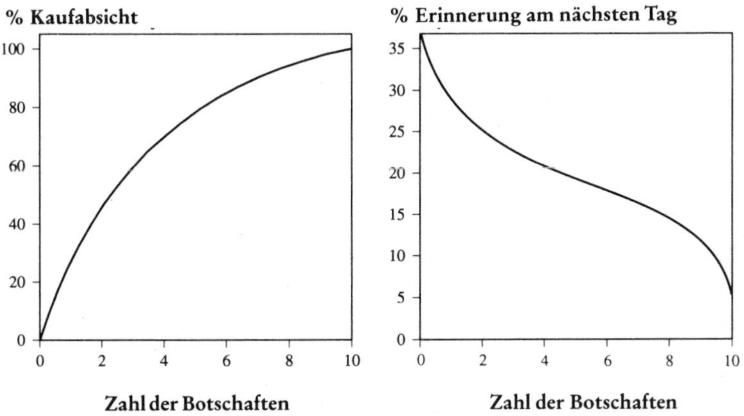

Abbildung 8.5: Zwei widersprüchliche Beziehungen

an, daß die voraussichtliche Nachfrage mit der Zahl der Aussagen eines Konzepts steigt. Dieser Sachverhalt wird von jeder Tradeoff-Analyse aufs neue bestätigt. Es sollte nicht übersehen werden, daß die Zahlen um so besser ausfallen, je mehr man dem Kunden verspricht.

Aber das rechte Diagramm zeigt einen genauso interessanten Zusammenhang. Tatsächliche Verkaufszahlen belegen, daß sich die Verbraucher um so weniger an bestimmte Aussagen und manchmal sogar an die ganze Werbung erinnern können, je mehr Aussagen hineingepackt sind. Schlichte Werbetexte sind vielleicht nicht unbedingt die überzeugendsten, aber auf jeden Fall die einprägsamsten.

Diese Kurven zeigen nebenbei bemerkt für Anzeigen und Fernsehwerbungen sowie für anspruchsvolle und weniger anspruchsvolle Kaufentscheidungen je verschiedene Verlaufsformen. Anzeigenwerbung und anspruchsvolle Entscheidungen führen im Durchschnitt zu einer stärkeren Einprägsamkeit der Botschaft als Fernsehwerbung und Entscheidungen, die den Verbraucher vor keine großen Probleme stellen.

Ein Modell zur Botschaftskonzipierung ermittelt nicht nur die wesentlichen und interaktiven Effekte aller Kombinationen der Eigenschaften und Vorzüge, sondern berücksichtigt darüber hinaus auch noch die Auswirkungen verschiedener Zahlen von Botschaften auf die Erinnerung an die Werbung (siehe Abbildung 8.6). Der Computer errechnet also für jeden Befragten und für jede Kombination die voraussichtlichen Auswirkungen der Zahl von Botschaften auf die Nachfrage in Dollar.

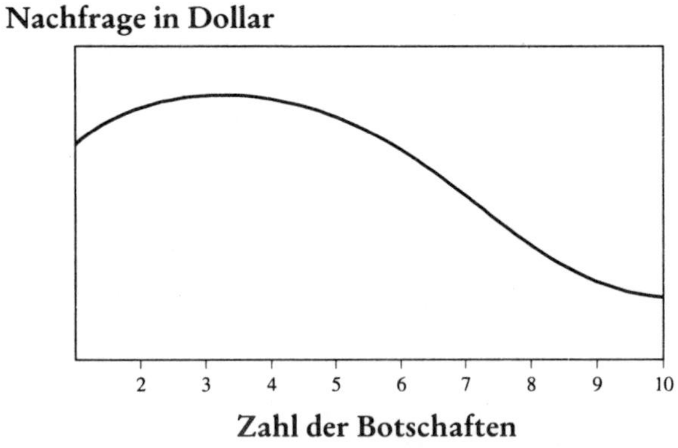

Abbildung 8.6: Das Verhältnis zwischen der Anzahl von Botschaften und der Nachfrage korrigiert im Hinblick auf die Erinnerungsfähigkeit

Je nach Ausgangslage könnte die Nachfrage schon bei drei Botschaften ihren Höhepunkt erreichen. Aber jedes Unternehmen muß seine eigenen

Kurven zeichnen. Der Verlauf der Kurve ist stark abhängig von der wesentlichen und der interaktiven Attraktivität jeder Botschaft, von der Wahl der Medien und der Anforderung, die die Kaufentscheidung an den Verbraucher stellt. Bei einem Auto sind drei Botschaften wahrscheinlich immer zuwenig. Man sollte in diesem Fall eher davon ausgehen, daß bis zu zehn Botschaften die Nachfrage maximieren, weil die Verbraucher viele Informationen wollen. Beim Kauf von Bier dagegen reichen normalerweise drei Aussagen, weil hier der Informationsbedarf geringer ist.

Das Modell durchforstet alle möglichen Botschaftsstrategien, um die profitabelste Kombination zu prognostizieren. Für den Mazda hätte es aus 1 953 125 Alternativen vielleicht folgendes Positionierungsbündel ausgewählt:

> Ein Auto mit klassischer Form und visionärer Technik... ein Kabrio... ein Zweisitzer... mit echtem Hinterradantrieb... mit einem 16-Ventil-Einspritzmotor... Fünfgang-Sportgetriebe; rennerprobte Querlenkung aller vier Räder; und Scheibenbremsen für alle vier Räder... Airbag auf Beifahrerseite... soll nicht nur die richtige Leistung bringen, sondern auch das richtige Gefühl geben.

Es handelt sich hier um eine Strategie mit dreizehn Aussagen, bestehend aus drei Vorzügen und zehn Eigenschaften.

Als letzten Schritt stellt man anhand des Umsatzes eine Prognose zur Produktbekanntheit. In fast allen Fällen zieht die vom Marketingmanagement vorgeschlagene Strategie gegenüber der Modellstrategie den kürzeren. Eine Anwendung führte beispielsweise zu den im folgenden tabellarisch wiedergegebenen voraussichtlichen Ergebnissen.

Leistungsprognose (12 Monate nach Einführung)

	Botschafts-strategie des Managements	*Botschafts-strategie des Modells*	*Verbesserungs-grad*
Bekanntheit	26,0 %	30,0 %	15,4 %
Händlerbesuche	9,0	10,5	8,6
Durchdringung	4,8	5,2	4,3

Die Empfehlung des Computermodells führt gegenüber der Ausgangsstrategie des Unternehmens zu einer um 15,4 Prozent höheren Bekanntheit, zu 8,6 Prozent mehr Händlerbesuchen und zu einer Umsatzsteigerung um 4,3 Prozent.

Das heißt, ein Unternehmen kann seine Werbung durch Berücksichtigung folgender Punkte deutlich verbessern:

- Genaue Kenntnis des Effekts aller mitgeteilten oder nicht mitgeteilten Vorzüge oder Eigenschaften auf die Verbrauchernachfrage oder die Rentabilität (oder beides).
- Verständnis für »Konzipierung«, das heißt Kombination von Vorzügen und Eigenschaften zu motivierenden Werbebotschaften.
- Ermittlung der Botschaften, die voraussichtlich die größten Umsätze erzielen.
- Prognostizierung der Bekanntheit anhand der Versuchsquote und der Umsatzzahlen für die optimale Botschaftsstrategie. Vergleich dieser Strategie mit der vom Management favorisierten.

Das Modell ist mittlerweile auf einer Computerdiskette erhältlich, so daß jeder Marketingmanager seine eigenen Botschaftsstrategien durchspielen kann. Für jede gewünschte Konfiguration ermittelt das Modell die Bekanntheit, die Kaufwahrscheinlichkeit (Bekanntheit und Erhältlichkeit vorausgesetzt), die Versuchsquote (sprich: Marktdurchdringung), die verkauften Stückzahlen, den Umsatz und den Marktanteil.

Aber nachdem man die wirkungsvollste Werbeaussage gefunden hat, für welche Ausführung soll man sich entscheiden? Wie soll die Werbung aussehen?

Je beliebter die Werbung, desto besser funktioniert sie auch

Sobald das Unternehmen seine Werbebotschaft ausgewählt hat, muß die Werbeagentur darangehen, die gewünschte Strategie auf einprägsame, überzeugende und umsatzfördernde Weise umzusetzen. Das würde zumindest die Agentur sagen. Tatsache ist leider, daß die meisten Werbungen heutzutage weder im Gedächtnis haftenbleiben noch glaubwürdig wirken. Und für die Umsatzträchtigkeit der meisten Werbekampagnen gibt es ebensowenig Beweise wie für die extraterrestrische Herkunft von Piktogrammen in Kornfeldern.

Doch es gibt inzwischen Erkenntnisse darüber, was Werbewirksamkeit ausmacht. Diese Erkenntnisse könnten für die Industrie große Tragweite besitzen. Die erste Entdeckung geht auf das Jahr 1980 zurück, als die Advertising Research Foundation einen Ausschuß zur Untersuchung von

Testverfahren für Anzeigentexte einberief. Die Professoren Kevin Clancy und Russell Haley fungierten darin als Vorsitzende des Unterausschusses für Methodik.

Im folgenden Jahr befragte der Unterausschuß 125 werbungtreibende Unternehmen. Man wollte herausfinden, wie oft zwei oder mehr Werbeausführungen getestet und später mit den tatsächlichen Ergebnissen verglichen wurden, um ihre jeweiligen Auswirkungen auf die Umsatzergebnisse zu ermitteln. Dabei ging es schlicht um die Suche nach Meßkriterien oder Techniken für Werbetests, die die genauesten Vorhersagen über die tatsächliche Umsatzentwicklung gestatten.

Anfangs stieß man bei einundachtzig Unternehmen auf 183 solcher Fälle. Aber nach jahrelangen Diskussionen und Analysen fand der Ausschuß nur fünf Paare von Werbesendungen, die den Anforderungen entsprachen. Selbst nach mehrjähriger Arbeit konnte man nur fünf Fälle vorweisen, in denen zwei verschiedene Werbungen einen Test durchlaufen und später verschiedene Umsatzträchtigkeit gezeigt hatten.

In den nächsten Jahren entwickelte der ARF-Ausschuß eine Versuchsanordnung, in der diese fünf Werbungen für abgepackte Artikel mit einer Reihe von Meßkriterien und Techniken getestet wurden. Das spezifische Ziel der Untersuchung hieß Bestimmung der Effektivität von

- Werbetests, wie sie heute durchgeführt werden, für die Ermittlung von nachweislich umsatzfördernden Werbungen;
- individuellen Meßkriterien;
- Meßkriterien (z. B. Überzeugung oder Erinnerung);
- Tests zu Fernseh-/Rundfunkwerbung und Anzeigenwerbung;
- Vorher-/Nachher-Tests und Nachher-Tests;
- Tests mit einmaliger und mit mehrmaliger Begegnung (Wiederbegegnung);
- jedem Werbetest*system* im Vergleich zu den anderen.

Als Russell Haley die Ergebnisse dieser Analyse im Januar 1990 zum ersten Mal vorstellte, sorgte er in der Industrie für große Aufregung. Alle wollten wissen, was die Studie erbracht und zu welchen Entdeckungen sie geführt hatte.

Zur Überraschung aller ergab die Untersuchung, daß *der beste Einzelindikator für Umsatzträchtigkeit die Einstellung gegenüber den Werbungen war.* Je mehr sie den Leuten gefielen, desto besser funktionierten sie auch. Die benutzte Skala reichte von »Gefiel mir sehr gut« (a5) bis zu »Gefiel mir überhaupt nicht« (a1).

Zwei diagnostische Kriterien (die Reklamesendung »Sagt viel über die Funktionsweise des Produkts aus« und »Diese Werbung ist lustig oder pfiffig«) wiesen ebenfalls mit hoher Zuverlässigkeit auf die Umsatzträchtigkeit.

Die konventionellen Maßstäbe Erinnerung und Überzeugungskraft dagegen, die meist als *der* Prüfstein für Werbetests schlechthin angesehen werden, schnitten im Mittel ziemlich schwach ab. Insgesamt gesehen wiesen sie überhaupt keinen signifikanten Zusammenhang mit dem Umsatz auf.

Einige besondere Erinnerungs- und Überzeugungskriterien schnitten allerdings recht gut ab. Der Überzeugungsmaßstab Gesamtbewertung der Marke auf einer 5-Punkte-Skala von »schwach« bis »ausgezeichnet« erwies sich als sehr aufschlußreich, und noch zuverlässiger zeigte sich die Erinnerung an den Markennamen (ohne Hilfestellung).

In ihrem Kern entlarvte die Studie die ausschließliche Orientierung an der Erinnerung und Überzeugungskraft als Irrweg der Werbeuntersuchung. Beide spielen nur eine geringfügige Rolle. Auf der anderen Seite sollte man die bisher vernachlässigten Kriterien der Einstellung und Reaktion des Verbauchers gegenüber der Werbung keinesfalls außer acht lassen. Sie sind von entscheidender Bedeutung.

Wohnzimmeratmosphäre führt zu besseren Ergebnissen

Zur Zeit der ARF-Untersuchungen beauftragte uns die Television Audience Assessment (Stelle zur Beurteilung des Fernsehpublikums) mit einer Studie über den Zusammenhang zwischem dem Grad der Auseinandersetzung der Verbraucher mit dem Programm und ihrer Reaktion auf die Werbung. Wir richteten einen Versuch ein, in dem die Leute eine Fernsehsendung mit acht verschiedenen Werbespots ansahen. Dabei gab es zwei Varianten: »die traditionelle Zwangsatmosphäre einer Versuchssituation« und »die simuliert natürliche Umgebung«.

Die Teilnehmer am traditionellen Versuch wurden in Gruppen von zwölf bis fünfzehn in einen kahlen Raum geführt, in dem Klappstühle im Halbkreis vor einem Fernsehbildschirm standen. Nachdem sie einen vorläufigen Fragebogen ausgefüllt hatten, wies man sie an, ihre Aufmerksamkeit *ausschließlich* auf den Bildschirm zu richten und nicht miteinander zu reden.

Die Testpersonen der simuliert natürlichen Fernsehumgebung wurden dagegen in einen Raum mit *Wohnzimmeratmosphäre* gebracht. In dem mit Teppichen ausgelegten Zimmer standen bequeme Sessel und Sofas, und es war mit allen anderen Annehmlichkeiten eingerichtet, die man in einer »normalen« Fernsehumgebung zu Hause antrifft. Zeitungen und Magazine lagen bereit, kleine Snacks standen auf dem Couchtisch in der Mitte des Zimmers. Kaffee und andere Getränke konnte man sich am Büfett im hinteren Teil des Raumes holen. In einer Ecke stand ein Fernsehgerät, das man von allen Sitzgelegenheiten gut sehen konnte. Nachdem auch sie den vorläufigen Fragebogen ausgefüllt hatten, wurden die Probanden *nicht angewiesen*, die Sendung anzusehen. Sie konnten zusehen, lesen, essen, sich unterhalten, einen Brief schreiben oder machen, was sie wollten.

Wir fanden heraus, daß die Untersuchung in simuliert natürlicher Umgebung einerseits zu zuverlässigeren Resultaten und andererseits zu besserem Unterscheidungsvermögen führt. Die simuliert natürliche Fernsehsituation löst Reaktionen auf die Werbung in *geringerem,* realistischerem Umfang aus als die Zwangsatmosphäre des traditionellen Tests, in der die Probanden dem einzigen Stimulus einen künstlich hohen Grad von Aufmerksamkeit entgegenbringen. Doch interessanterweise erlaubt die simuliert natürliche Umgebung dem Verbraucher eine wesentlich genauere Differenzierung zwischen den einzelnen Werbungen. Dies ist ein ganz besonders wichtiger Befund für die Werbeforschung, da das Unterscheidungsvermögen der Zuschauer den Schlüssel zur Abgrenzung wirkungsvoller von wirkungsloser Werbung liefert.

Die Tabelle zeigt die Durchschnittswertung der Reaktionen auf die Testwerbungen. Nur das Kriterium Kaufinteresse bietet keinen *statistisch* relevanten Hinweis auf eine von der Testatmosphäre herrührende Abschwächung der Reaktion.

Reaktion auf vier Testwerbungen (in verschiedener Umgebung)

	Zwangs-atmosphäre	*Simuliert natürliche Atmosphäre*
Aktive Erinnerung (ohne Erinnerungshilfen)	26,8 %	18,3 %
Passive Erinnerung (mit Erinnerungshilfen)	68,0 %	45,0 %
Glaubwürdigkeit der Werbeaussage	44,0 %	31,0 %
Kaufinteresse	16,5 %	15,6 %
Verhaltenswechsel vorher und nachher	11,3 %	6,2 %

Um die Auswirkungen der beiden Testumgebungen auf das Unterscheidungsvermögen genauer zu bestimmen, errechneten wir die Abweichungskoeffizienten der einzelnen Kriterien in der jeweiligen Umgebung. Dabei stellten wir fest, daß die Abweichung bei allen Werbesendungen im simuliert natürlichen Umfeld spürbar größer ist. Dies läßt darauf schließen, daß das bessere Unterscheidungsniveau im Test in simuliert natürlicher Umgebung bereits angelegt ist. Dieser in der Marketing- und Werbebranche bisher nicht angewandte Testansatz berechtigt nach unserem Dafürhalten zusammen mit den Ergebnissen der ARF-Studie zu der Hoffnung, daß über kurz oder lang Werbetestmethoden zur Verfügung stehen werden, die sehr präzise Rückschlüsse auf die voraussichtliche Leistungsfähigkeit im Markt erlauben.

Tragen Sie nicht zum Werbewirrwarr bei

Roddy Freeman, Vizepräsident und Mediendirektor der Werbeagentur W. B. Doner, schreibt in *Marketing & Media Decisions*, September 1990: »Vor einigen Monaten kam einer unserer Medienplaner nach einem Gespräch mit einem Klienten in meinem Büro vorbei. Wir hatten einen Plan mit Anzeigenwerbung in Magazinen entwickelt, die sehr wahrscheinlich von den starken Verbrauchern der Marke gelesen werden. Doch der Klient lehnte den Plan ab, weil die Leser der Zeitschriften die Marke bereits benutzen. Er wollte Leute erreichen, die sie noch nicht benutzen.«

Von unserem Standpunkt hatten weder der Medienplaner noch der Klient recht. Nach unserer Überzeugung sollte kein Unternehmen Zeitschriften als Werbeträger im Hinblick auf starke Verbraucher auswählen, weil diese Gruppe grundsätzlich keinen lukrativen Zielmarkt darstellt. Allerdings sollte man sich auch nicht einseitig auf Verbraucher einstellen, die die Marke überhaupt nicht verwenden.

Stark vereinfachend gesprochen jedoch versuchen die Unternehmen oder ihre Werbeagenturen mit ihren Medien, möglichst viele achtzehn- bis neunundvierzigjährige Frauen (die Fernsehstrategie) oder starke Verbraucher (die Anzeigenstrategie) zu erreichen. Bedingt durch diese einäugigen Ansätze verschleudern die Unternehmen Jahr für Jahr Hunderttausende oder Millionen von Dollar mit Botschaften, die ihr Ziel gar nicht erreichen können. Mit solchen Strategien trägt man nur zum Werbewirrwarr bei und zieht sich den steigenden Unmut der Verbraucher zu.

Die achtziger Jahre wurden bestimmt von zwei komplexen Medientrends: Fragmentierung und Erfassung. Diese Tendenz wird in den Neunzigern zweifellos anhalten. *Fragmentierung* heißt, daß die Verbraucher aus immer mehr Medienoptionen auswählen können. Dazu gehören die traditionellen Medien wie landesweite Fernsehanstalten, privates Fernsehen und Kabel-TV, Zeitschriften für Spezialinteressen, Zeitungen, Radio, Bücher und Filme. Aber zu diesem Medienangebot gehören auch Videokassetten, Laserdiscs, Heimcomputer und Videospiele. Da die Zeit begrenzt ist und jedes neue Medium die alten eher ergänzt als ersetzt, kommt es zu einer immer stärkeren Fragmentierung bei den Verbrauchern.

Die Verbraucher können aber nicht nur aus einem immer größeren Medienangebot auswählen, sie begegnen auch einer ständig wachsenden Zahl von Werbungen. Sie treffen auf Werbung im Wartezimmer des Arztes, in Klassenzimmern, auf Einkaufswagen und an der Kasse im Supermarkt, im Stadion, auf dem Sportplatz und auf der Rennbahn. Auch in der U-Bahn, an Bushaltestellen und am Flughafen sieht man sich mit Werbung konfrontiert.

Gleichzeitig verfügen die Marketingexperten über bessere Methoden zur *Erfassung* der Verbrauchergruppen, die von diesen Medien angelockt werden. A. C. Nielsen, Information Resources, Arbitron und andere Unternehmen entwickeln Techniken wie zum Beispiel Meßvorrichtungen zur Personenregistrierung und die Strichkodierung, mit denen sie genau feststellen können, wer welche Werbespots gesehen und dann was im Supermarkt gekauft hat.

Intensive Auseinandersetzung mit dem Programm: hilfreich oder hinderlich?

Welchen Einfluß hat intensive Auseinandersetzung mit dem Programm auf die Werbewirksamkeit? Wird ein Werbespot im Rahmen zweier verschiedener Sendungen bei gleichbleibendem Publikum das gleiche Interesse auslösen? Oder hängt die Reaktion auf die Werbung von der Intensität der Beschäftigung mit dem Programm ab?

Seit den sechziger Jahren haben sich zwei diametral entgegengesetzte Theorien zu diesem Fragenkomplex herausgebildet. Die eine Hypothese vermutet *negative Effekte*, die andere *positive Effekte* intensiver Auseinandersetzung mit dem Fernsehprogramm. Will man der ersten Theorie Glauben schenken, dann reagieren die Verbraucher um so weniger auf Reklame, je mehr sie eine Sendung mögen und je stärker sie davon gefesselt werden und damit in Einklang stehen. Eine Sendung, die die Zuschauer in ihren

Bann zieht, erzielt nach dieser Theorie einen »Vampireffekt«: Sie entzieht den Werbeaussagen das Leben.

Die entgegengesetzte Ansicht vertritt die andere Hypothese. Sie unterstellt, daß spannende Sendungen letztlich auch die Reaktion der Verbraucher auf Werbeaussagen günstig beeinflussen. Je mehr die Verbraucher vom Programm gefesselt sind, desto positiver gehen sie auch auf die Werbung ein.

In den letzten fünfunddreißig Jahren haben mehr als dreißig Untersuchungen, die ausdrücklich mit dem Test von Auswirkungen des Medienumfelds befaßt waren, Beweise für beide Positionen vorgelegt. Unsere eingehende Untersuchung ergab jedoch, daß in diesen Studien sehr verschiedene Methoden zum Einsatz gekommen sind. Der Befund negativer Effekte kam fast ausschließlich aufgrund einer die Studie beherrschenden Zwangsatmosphäre zustande. Es handelte sich durchweg um Untersuchungen mit künstlichem Ambiente, die anhand von kleinen, nichtrepräsentativen Auswahlgruppen – oft Studenten – durchgeführt wurden. Die Forscher schrieben den Grad der Intensität, mit der sich die Probanden mit der Sendung auseinandersetzten, allein der Sendung zu, ohne die Individualität der Testpersonen zu berücksichtigen.

Doch die Intensität der Beschäftigung hat zunächst einmal nichts mit der Kaufentscheidung, der Werbung oder dem Medium zu tun, sondern mit der Persönlichkeit des Zuschauers. Ist die *Sportschau* am Samstag eine fesselnde Fernsehsendung? Ja, aber nur, wenn man sich für Fußball interessiert.

Die Theorie positiver Effekte hingegen wird großteils von Studien mit natürlichem Umfeld untermauert, die sich auf viel größere und repräsentativere Auswahlgruppen stützen. In fast allen Studien dieses Typs suchten die Forscher die Ursache für den Grad des Interesses im Bewußtsein des Zuschauers. Sie bewerteten die Intensität der Auseinandersetzung mit Standardskalen. Beispielsweise reichte eine 5-Punkte-Skala von »erbärmliche Sendung« bis hin zu »meine Lieblingssendung«. Leider messen die meisten dieser Untersuchungen nur das Erinnerungsvermögen und nicht das ganz Spektrum von Indikatoren der Werbewirksamkeit.

Daraufhin entschlossen wir uns zu einer Studie, die all diese Hindernisse aus dem Weg räumen sollte. Wir gingen von fünf einfachen Hypothesen aus:

- Das Interesse an Fernsehsendungen läßt sich zuverlässig und gültig messen.
- Der Grad der Auseinandersetzung steht in positivem Zusammenhang mit der Werbewirksamkeit: Je größer das Interesse, desto stärkere Wirkung erzielt auch die in die Sendung integrierte Werbung.

- Innerhalb des Publikums wechselt das Interesse von Sendung zu Sendung und von Zuschauer zu Zuschauer. Der Grad der Auseinandersetzung und die Häufigkeit der Begegnungen mit einer Sendung sind nicht dasselbe. Mißt man die Sendungen am Grad des Interesses, dann erhält man eine andere Reihenfolge als anhand der Zahl der Begegnungen.
- Die Kosten pro tausend »Interessierten« unterscheiden sich von den Kosten pro tausend Leuten, die der Werbung begegnen.
- Da sich die Kosten pro Tausend (KPT) unterscheiden von den Kosten pro tausend Interessierten (KPTI), treffen die Medienplaner verschiedene Entscheidungen, je nachdem, welches der beiden Kriterien sie ansetzen.

Die Einzelheiten der Untersuchungsmethodik sind hier nicht von Belang. Doch wir versuchten alles, um den 470 nach dem Zufallsprinzip ausgewählten Hausfrauen Fernseh- und Werbesendungen in möglichst wirklichkeitsnaher Atmosphäre vorzuführen.

Unsere erste Aufgabe bestand in der Gestaltung eines Maßstabs für das Interesse an der Sendung. Anhand von dreißig Punkten erforschten wir Reaktionen kognitiver und emotionaler Art auf verschiedene Sendungen sowie deren Auswirkungen auf das Verhalten und die Stimmung. Den wichtigsten Faktor nannten wir »Unterhaltungswert«. Dazu gehörten Formulierungen wie die folgenden:

- Diese Sendung lag deutlich über dem Durchschnitt. Sie hat mich zum Nachdenken angeregt und trotzdem gut unterhalten.
- Stellenweise hat mich diese Sendung wirklich tief bewegt.
- In dieser Sendung konnte ich den Darstellern manche ihrer Emotionen richtig nachfühlen.
- Die Sendung hat mich stark beschäftigt. Schade, daß sie nicht länger gedauert hat.

Anhand einer vorher festgelegten Skala sollten sich die Testpersonen dazu äußern, ob sie mit den einzelnen Punkten einverstanden waren. Dann zählten wir die Bewertungen jedes Befragten zu allen Einzelpunkten eines Faktors zusammen.

Natürlich überprüften wir viele Dimensionen, doch als Schlüsselvariablen erwiesen sich die Erinnerung ohne Hilfestellung, die Erinnerung an einzelne Punkte der Werbung mit Hilfestellung, die Glaubwürdigkeit jeder erinnerten Botschaft, das Kaufinteresse, gemessen mit der in der Werbebranche so beliebten 5-Punkte-Skala, und die Veränderungen des Kaufverhaltens auf einer konstanten Summenskala.

Der erste wesentliche Befund unserer Untersuchung war, daß das »Interesse an der Sendung« in einer simuliert natürlichen Atmosphäre einen deutlichen positiven Effekt auf alle Kriterien der Werbewirksamkeit ausübt. Hier sind die Zahlen:

Werbewirksamkeit von vier wichtigen Werbungen (gemessen am Interesse an der Sendung)

	Interesse an der Sendung		
	Schwach	*Mäßig*	*Stark*
Erinnerung ohne Hilfestellung	18,4 %	21,0 %	22,2 %
Erinnerung mit Hilfestellung	34,0 %	48,0 %	54,0 %
Glaubwürdigkeit der Botschaft	24,0 %	37,0 %	41,0 %
Kaufinteresse	13,2 %	15,7 %	17,0 %
Veränderung des Kaufverhaltens	6,4 %	12,6 %	14,4 %

Die Zahlen belegen, daß mit steigendem Interesse an der Fernsehsendung auch die Ergebnisse aller fünf Variablen höher ausfallen. Die unterste Zeile zeigt zum Beispiel die Veränderungen des Kaufverhaltens. Leute mit geringem Interesse an der Sendung ließen sich nur zu einem Prozentsatz von durchschnittlich 6,4 zu einer Veränderung bewegen. Bei Verbrauchern mit starkem Interesse dagegen lag die Zahl mit 14,4 Prozent mehr als doppelt so hoch.

Aber welche Konsequenzen ergeben sich daraus für die Medienplanung? Wenn die Beschäftigung mit der Sendung die Werbewirksamkeit erhöht und dieses Interesse mehr sein soll als bloßes Zusehen, dann sollte man sich für die Medienauswahl nicht mehr auf die Angaben über die Kosten pro tausend Zuschauer stützen, sondern auf die Kosten pro tausend interessierten Zuschauern. Auch wenn die Marketingexperten die Kosten der Medien schon seit Jahrzehnten »pro tausend« Zuschauer oder Leser errechnen – wir sagen: Es ist ein Aberglaube, daß dieser Ansatz nützliche Resultate erzielt hat oder auch weiterhin erzielen wird.

Mittlerweise halten wir Beweise dafür in Händen, daß sich die Werbeträger im Hinblick auf das Verbraucherinteresse stark voneinander unterscheiden. Dies gilt auch, wenn man die Größe des Publikums oder die Bewertung konstant hält. Wenn also das Interesse am Medium die Werbewirksamkeit bestimmt, dann steht und fällt der Erfolg einer Werbekampagne mit der Kenntnis dieses Sachverhalts.

Die entscheidende Frage lautet, ob die Kosten pro Tausend und die Kosten pro tausend Interessierten bei unverändertem Programm in engem Zusammenhang miteinander stehen. Würde ein Unternehmen seine Medien genauso auswählen, wenn die Entscheidung nicht die Gesamtzahl, sondern nur die interessierten Zuschauer berücksichtigen würde?

Wir konnten die Werbewirksamkeit von vierzig verschiedenen Sendungen ermitteln. Es handelte sich um Beiträge zur Hauptsendezeit, um Nachrichten und um Dokumentationen zu aktuellen Ereignissen. Im Anschluß finden Sie eine vergleichende Aufstellung zu den Kosten pro Tausend und den Kosten pro tausend Interessierten der zehn Sendungen, die nach beiden Berechnungsarten am günstigsten abschnitten.

KPT und KPTI im Vergleich anhand der zehn kostengünstigsten Sendungen

Die zehn günstigsten Sendungen	*KPT*	*Indexwert*	*KPTI*	*Indexwert*
1	$10,92	0,96	$ 8,17	1,67
2	$12,07	1,08	$ 9,29	1,39
3	$12,43	0,67	$ 9,80	1,53
4	$12,78	1,08	$11,18	1,08
5	$12,91	1,39	$11,60	1,47
6	$13,19	0,99	$11,81	1,40
7	$13,51	0,67	$11,84	1,08
8	$13,67	1,67	$11,99	0,96
9	$14,08	0,90	$12,12	1,30
10	$14,52	1,16	$12,52	1,16

Die Durchschnittskosten pro Tausend für diese Sendungen betragen 13,07 Dollar; für tausend Interessierte liegen sie jedoch nur bei 11,03 Dollar, was eine deutliche Kostenersparnis von 18,5 Prozent ausmacht.

Die Tabelle zeigt, daß in sieben von zehn Fällen der KPTI-Indexwert größer ist als der KPT-Indexwert. In zwei Fällen sind die Werte identisch, und nur in einem Fall liegt der KPT-Wert höher als der KPTI-Wert.

Die Kostenzahlen pro tausend Interessierten versprechen also nicht nur niedrigere Kosten, sondern auch größere Effektivität. Aber wie läßt sich ihre potentielle Gesamtüberlegenheit gegenüber der Kostenrechnung pro Tausend beweisen? Dafür bietet es sich an, die Gesamtkosteneffizienz aufzuzeigen.

Hierzu teilten wir die durchschnittlichen Prognosewerte zur Effizienz durch die durchschnittlichen Kosten pro Tausend nach beiden Berechnungsarten. Der daraus resultierende KPT-»Effizienzquotient« betrug 8,1; der KPTI-Quotient dagegen belief sich auf 11,8 – eine Verbesserung von 46 Prozent.

Dieses Untersuchungsergebnis deutet darauf hin, daß zwischen dem Interesse an einer Fernsehsendung und der Werbewirksamkeit ein positiver Kausalzusammenhang besteht. Da sich das Interesse an einer Sendung oder die Einstellung zu ihr je nach Art stark verändern kann, sollten diese Unterschiede in Medienentscheidungen Berücksichtigung finden.

Wir haben zwar für Zeitschriften keine ähnliche Studie durchgeführt, doch nach unserer Ansicht würde solch eine Untersuchung zum gleichen Ergebnis führen. Menschen, die am Inhalt des Magazins Interesse haben, schenken auch der Werbung Beachtung. Leser von Computerzeitschriften interessieren sich auch für Computer. Leser von Unterhaltungsmagazinen interessieren sich gleichfalls für Computer – aber nur vielleicht.

Die Kosten pro Tausend und die Kosten pro tausend Interessierten sind nicht dasselbe. Unsere Voruntersuchungen deuten im Gegenteil sogar auf erhebliche Unterschiede nicht nur zwischen den Kosten, sondern auch zwischen den jeweiligen Erfolgen beider Berechnungsarten für die Medienplanung. Da das KPTI-Konzept den Unternehmen allem Anschein nach genau das zu bieten hat, was sie wollen und wofür sie zu zahlen bereit sind, sollten sich die Medienplaner der Werbeagenturen mit dem Gedanken vertraut machen, das unterschiedliche Zuschauerinteresse direkter und systematischer zu erfassen.

Der Medienplan kann vor der tatsächlichen Umsetzung getestet werden

Vor zwanzig Jahren war es keine Seltenheit, wenn die Marketingfachleute von Procter & Gamble für neue oder neu positionierte Marken eine *vorderlastige* Kampagne starteten. Damit meinen wir, daß der Großteil der Medienkosten frühzeitig und oft schon innerhalb der ersten drei Monate nach der Produkteinführung anfiel. Dadurch konnte der Markenmanager mit Sicherheit davon ausgehen, daß die Markenbekanntheit und die Marktdurchdringung ihren Höhepunkt bereits innerhalb der ersten sechs Monate erreichten.

Die Nachricht vom besonderen Wert vorderlastiger Kampagnen verbreitete sich wie eine Epidemie von Branche zu Branche. Und viele Werbefeldzüge, denen man ansonsten durchaus Überlebenschancen eingeräumt hätte, wurden so zum Opfer einer einseitig ausgerichteten Medienplanung.

Wir erforschen schon seit Jahren den Zusammenhang zwischen der Art des Medienplans (z. B. vorderlastig, intermittierend oder kontinuierlich), dem Produkt (neu oder etabliert), dem Kaufzyklus (einmal pro Woche, pro Monat, alle zwei Monate, zweimal im Jahr) und anderen Faktoren. Und die Resultate sind wirklich faszinierend. Im Hinblick auf *raschen Umsatz* und *neue* Produkte (ein bis vier oder mehr Käufe pro Monat) funktionieren anscheinend immer vorderlastige Pläne am besten. Aber für Marken mit *langsamem Umsatz* (die man nur ein-, zweimal im Jahr kauft) sind sie denkbar ungeeignet, gleich ob es sich um neue oder bereits eingeführte Produkte handelt. Der Grund ist unschwer einzusehen. Eine vorderlastige Kampagne sorgt für Bekanntheit, wenn die Verbraucher noch nicht zum Kauf bereit sind. Genausogut könnte man an einem heißen Sommertag einheizen. Wenn die Leute dann endlich wieder etwas kaufen möchten, weil sie ihre alten Bestände aufgebraucht haben, haben sie die neue Marke schon vergessen. Und wenn der Winter Einzug hält, ist die Wärme des im Sommer verheizten Brennstoffs schon längst verflogen.

Das sind natürlich nur einige wenige Beispiele. Aber leider werden Medienpläne oft ziemlich unbedacht erstellt und können sich oft nur auf Instinkt, Tradition, Aberglauben und Erfahrungen am Roulettetisch stützen.

Werbekontrolle ist inzwischen Pflicht

Die Zeiten, in denen man 20 Millionen Dollar in eine Werbekampagne investieren konnte, ohne ihre Leistung zurückzuverfolgen, sind endgültig vorbei. Immer mehr Vorstandsvorsitzende werden Verantwortlichkeit für diese Investition einfordern. Wie wir in Kapitel 10 zeigen werden, lassen sich aus geeigneten Erkundungen nicht nur die Fortschritte einer Kampagne ablesen, sondern auch ein Änderungsplan zur Verbesserung des Programms.

Umsichtige Marketingexperten fangen oft mit einem Modell wie dem in Abbildung 8.7 an, das auf unsere Arbeiten für einen Anbieter teurer langlebiger Konsum- und Investitionsgüter zurückgeht. Dieses Unternehmen geht jedem Glied in der Kette nach. Aber nicht nur für seine eigenen Produkte, sondern auch für die Konkurrenzmarken. Damit verschafft sich der Anbieter Klarheit über Fragen wie diese:

- Wie leistungsfähig erweist sich meine Werbeinvestition im Vergleich zur Konkurrenz?
- Welchen relativen Beitrag zur Werbeeinprägsamkeit und zu anderen Effektivitätskriterien leisten Werbeanteil, die absolute Zahl der Medienbegegnungen und der Reiz der Werbung?
- Welche Erinnerungskriterien erzielen die besten Ergebnisse?
- Wie vereinigen sich die diversen konventionellen Kriterien zu einem einzigen übergeordneten Maßstab der Werbeeinprägsamkeit mit der Bezeichnung *Werbedurchdringung*?
- Wie führt die Durchdringung zu Vertrautheit sowie zu Markeneinstellungen und -vorlieben?
- Wie fügen sich all diese Bestandteile zu einer Steigerung der Umsätze und letztlich auch der Gewinne zusammen?

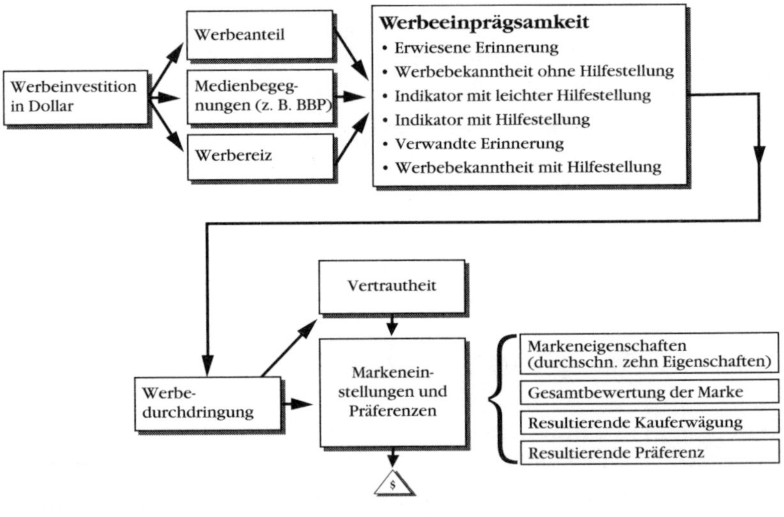

Abbildung 8.7: Modell zur Funktionsweise von Werbung für ein langlebiges, entscheidungsintensives Gebrauchsgut

Die Werbung braucht offenkundig Hilfe. Zu viele Leute hängen noch immer an dem Aberglauben, daß es nichts ausmacht, ob die Verbraucher die Werbung mögen oder nicht, und daß es nur darauf ankommt, wie einprägsam und überzeugend sie ist; daß die Werbung am besten in Märkten funktioniert, in denen eine Marke ein kümmerliches Dasein fristet und in denen die Chance zur Steigerung der Umsätze am größten ist; daß jede Werbekampagne vorderlastig sein sollte.

Der Werbung ist am besten gedient, wenn man bei Null anfängt, die nötigen Maßnahmen für einprägsame und effektive Botschaften ergreift und die Werbung dort plaziert, wo sie vom Zielmarkt auch wahrgenommen werden kann.

Diese Maßnahmen lassen sich relativ einfach in die Wege leiten, aber sie erfordern Zeit und Mühe. Zunächst muß man eine Liste aller möglichen Eigenschaften und Vorzüge zusammenstellen. Diese Liste geht man durch, um die stärksten Werbebotschaften zu ermitteln. Die Botschaften bewertet man allein und in Kombination mit anderen im Hinblick auf die voraussichtlichen Umsätze. Die daraus resultierende optimale Botschaft spielt man in einer großen Zahl von Werbeausführungen durch. Dazu benutzt man eine Methodik, die neueste Erkenntnisse über Kriterien zur Prognostizierung der Marktreaktion berücksichtigt.

Sobald man die wirkungsvollste Ausführung und Botschaft erarbeitet hat, muß man die Medien auswerten. Hierfür stützt man sich jedoch nicht auf das Gesamtpublikum, also die Kosten pro Tausend, sondern auf die Leute, die von der Botschaft tatsächlich erreicht und beeinflußt werden. Schließlich bestimmt man den bestmöglichen Medienplan.

Zentrale Punkte einer effektiveren Gestaltung der Werbung

- Ausgangspunkte sind: ein klares Verständnis des Marketingumfelds, eine gewinnträchtige Zielgruppe, eine starke Positionierung und sorgfältige Konfigurierung des Produkts und des Preises.
- *Botschaft*: Mit der Technik der Botschaftskonzipierung ermittelt man die stärkstmögliche Botschaftsstrategie.
- *Ausführung*: Aus vielen alternativen Möglichkeiten wählt man anhand von Kriterien, die die Umsätze prognostizieren, die wirkungsvollste Ausführung aus.
- *Interesse*: Man mißt das Zuschauerinteresse am Medium und an der Werbung und trifft die Medienauswahl im Hinblick auf die Kosten pro tausend Interessierten.
- *Medienplanung*: Die Werbung muß erscheinen, wenn und wo sie die größte Wirkung auf die Zielgruppe erreichen kann.
- *Werbekontrolle*: Man muß kontinuierlich die Werbebekanntheit, die Verbrauchereinstellung und das Kaufverhalten bis hin zu den Umsätzen und Gewinnen zurückverfolgen. Und wenn der Vorstandsvorsitzende das nächste Mal wieder fragt: »Was für eine Rendite wirft unsere Werbeinvestition ab?«, dann erhält er eine Antwort.

9. Perfekte Produkte und Dienstleistungen sind überflüssig

Vor nicht allzu langer Zeit schrieb eine Frau aus Yonkers an Company Store, ein Versandhaus für Bettwaren in La Crosse, Wisconsin. Sie war unzufrieden mit zwei Kissen, die sie fünf Monate vorher für 46 Dollar gekauft hatte. Die Baumwollfüllung war inzwischen verfilzt und zusammengedrückt. Sie bat das Versandhaus um eine Stellungnahme.

Die Korrespondenzabteilung antwortete ihr: »Vielen Dank für Ihren Brief. Es tut uns leid, wenn Sie mit unserer Ware nicht zufrieden sind. Wir legen Wert auf die Feststellung, daß unsere Ware von guter Qualität ist, und deshalb begrüßen wir es auch, wenn sich unsere Kunden mit begründeten Klagen über mangelnde Qualität an uns wenden. Nur so können wir nämlich die notwendigen Verbesserungen an unseren Erzeugnissen vornehmen.« Der Brief stellte es der Kundin frei, die Kissen gegen ein anderes Produkt oder einen Gutschein umzutauschen.

Zwei Monate später schickte sie schließlich ihre Kissen zurück und bestellte ein neues dafür. Als der Ersatz eintraf, konnte die Kundin einer beigelegten Mitteilung folgendes entnehmen: »Wir tun alles für Ihre andauernde Zufriedenheit.«

Hatten die Kissen einen Fehler? Wahrscheinlich nicht. Und hat die Kundin das Versandhaus übervorteilt? In gewisser Hinsicht schon. Es ist nicht das gleiche, ob ein Kissen mit Baumwolle oder mit feinen Gänsedaunen gefüllt ist, und dementsprechend sehen auch die Preise aus. Weshalb sollte also ein Händler sechs Monate nach dem Verkauf Ware zurücknehmen, die keinen Mangel aufweist und genauso aussieht, wie sie im Katalog beschrieben wird?

Vom Standpunkt der Kundin jedoch geht es nicht um Mängel oder Verantwortlichkeit. Die Kissen entsprachen einfach nicht ihren Erwartungen. Wenn sie der Händler höflich abgewiesen oder überhaupt nicht reagiert hätte, dann wäre sie machtlos gewesen. Sie hätte lediglich in Zukunft das Versandhaus Company Store boykottieren können. Schon für sie wäre solch ein Entschluß nichts Weltbewegendes gewesen. Und das Unternehmen hätte sie damit bestimmt nicht weiter beeindruckt.

Statt dessen traf Company Store eine Entscheidung, die zumindest in der Theorie bei der Kundin auf Anklang stieß und sie zur Treue und positiven Mundpropaganda anregte.

Nach unserer Auffassung hat praktisch jedes Unternehmen so viele Konkurrenten, daß es sich den Verlust eines bedeutenden Teils des Kundenstamms nicht erlauben kann. Doch nicht jedes Unternehmen hat sich der Idee verschrieben, die meisten, wenn nicht gar alle seine Kunden um jeden Preis zu halten. Und in Unternehmen, die dem Kundendienst keine besondere Bedeutung zumessen, läßt sich die Vorstellung von Betreuung und Zufriedenstellung der Kunden als vorrangiges Ziel nur schwer durchsetzen. Der Vorstand weiß zwar vielleicht, daß es nicht mehr reicht, das richtige Produkt am richtigen Ort zum richtigen Preis anzubieten. Aber auf der Ebene, wo das Unternehmen dem Käufer begegnet, kann der Begriff »Kundenbindung« immer noch ein Fremdwort sein – mit all den peinlichen Folgen für das Ansehen des Unternehmens.

Wir sind überzeugt davon, daß gedeihende Unternehmen in den neunziger Jahren nicht nur den Kundendienst großschreiben werden; sie werden darüber hinaus auch die Zufriedenheit der Kunden überwachen. Das Management wird wissen, was die Kunden wollen und fühlen, und alle nötigen Anpassungen vornehmen, um sie zufriedenzustellen. Der kluge Vorstandsvorsitzende wird zum Beispiel folgende Fragen stellen:

Die Kernpunkte: Was ein Vorstandsvorsitzender wissen will

1. Wie zufrieden sind unsere Kunden mit der Produktqualität und dem Kundendienst, besonders wenn es um die für unser Geschäft entscheidenden Faktoren geht?
2. Verfügen wir über funktionierende Bewertungssysteme, mit denen wir die Zufriedenheit der Kunden im allgemeinen und die Zufriedenheit mit dem Service im besonderen zurückverfolgen können?
3. Wie schneiden wir hinsichtlich des Kundendienstes und der Kundenzufriedenheit im Vergleich zur Konkurrenz ab?
4. Wie viele Kunden verlieren wir pro Jahr (oder Quartal) wegen mangelnder Produkt- oder Servicequalität?

5. Was würde es kosten, diese unzufriedenen Kunden zu halten, und wie sehen im Vergleich dazu die Kosten für die Gewinnung neuer Kunden aus?
6. Bedeutet die Verpflichtung zum Kundendienst und zur Kundenzufriedenheit, daß wir Produkte ohne Mängel und außerordentlichen Service bieten müssen?

Ein Qualitätsprodukt ist nur der Anfang

Heute muß *jedes* Unternehmen besonders darauf achten, seine Kunden zufriedenzustellen. Die Kunden betrachten Qualitätsprodukte als Selbstverständlichkeit. Daneben erwarten sie aber auch persönliche Beratung und rasche Antwort auf ihre Beschwerden. Sie wollen das Gefühl haben, daß man sie als Kunden gern sieht.

Wenige Unternehmen erfüllen diese Erwartungen besser als L. L. Bean in Freeport, Maine. Erst kürzlich bestellte ein Kunde aus dem fast 2000 Kilometer entfernten Atlanta drei Schlafsäcke. Er brauchte sie aber sofort. Die dreitägige Frist einer Expreßzustellung konnte er nicht abwarten. Daraufhin machte das Unternehmen eine seiner Mitarbeiterinnen ausfindig, die aus Geschäftsgründen nach Atlanta reiste. Sie nahm die Schlafsäcke mit und überreichte sie noch am selben Tag am Flughafen dem Kunden.

Noch eine weitere Anekdote illustriert die besonders ausgeprägte Auffassung von Kundendienst der Firma L. L. Bean. Ein Filmstudio rief das Unternehmen an. Man befand sich mitten in den Dreharbeiten, und einer der Schauspieler trug ein Hemd von Bean. Das Studio brauchte davon ein exaktes Duplikat in einer Sondergröße für die Aufnahmen des Stuntmans. Leider führte L. L. Bean das Hemd schon seit über einem Jahr nicht mehr und hatte auch keines mehr auf Lager. Die letzten Hemden dieses Typs hatte man an einen Liquidator in Nevada verkauft. Also rief ein Kundendienstmitarbeiter von Bean den Liquidator an, der einige der Hemden übrig hatte und eines davon in der richtigen Größe. Man arrangierte sich, und der Stuntman erhielt sein Hemd.

Ein Kollege erzählte uns eine wunderbare Geschichte über eine ähnliche Erfahrung mit Ralph Lauren. Zu ihrem ersten Hochzeitstag wollte John seine Frau mit einem ganz besonderen Abend überraschen. Da sie Opern liebte, ließ John seine Beziehungen spielen und kaufte Plätze in der zweiten Reihe für die Premiere von *Salome* in der New York Metropolitan Opera.

Am Tag vorher war er geschäftlich in Boston und sah zufällig in einem Ralph Lauren-Geschäft das »perfekte« schwarze Abendkleid für seine Frau. Er kannte zwar ihre Größe, wußte aber, daß das Kleid geändert werden mußte. Und das konnte bis zu zwei Wochen dauern. Er schilderte dem Geschäftsleiter sein Problem. Dieser rief die Änderungsabteilung der Ralph Lauren-Filiale an der Madison Avenue in New York an. Die Antwort: »Wenn Ihre Frau morgen gegen 15^{00} Uhr in unserem New Yorker Laden vorbeischaut, können wir das Kleid in zwei Stunden ändern. Bis 17^{15} Uhr bringen wir es Ihnen dann ins Hotel.« Das Kleid saß wie angegossen. Seine Frau sah wunderbar aus. Der Abend in der Oper wird beiden in Erinnerung bleiben. Und Ralph Lauren hat zwei treue Kunden gewonnen.

Schön und gut, wenn man L. L. Bean heißt oder Ralph Lauren. Aber was ist, wenn die Beziehungen des Unternehmens zu den Kunden indirekt ablaufen? Zwischen den meisten Herstellern und den Endverbrauchern agiert ein Zwischenhändler. Im Spirituosengeschäft ist der Kunde eigentlich der Großhändler. Seagram's verfügt zum Beispiel über Marketingprogramme für Großhändler und für Verbraucher. Fluggesellschaften und Hotels erreichen ihre potentiellen Kunden durch Reisebüros. Bekleidungshersteller werben unter Umständen in Modemagazinen, aber ohne den Einzelhandel kommen sie an die Verbraucher in den Läden nicht heran.

In der Vergangenheit betrachteten die Hersteller die Zwischenhändler als Absatzweg oder manchmal auch als Klotz am Bein. Auf jeden Fall mußte man sie ins Brot setzen und zum Golf einladen, um sie bei der Stange zu halten. Aber wir sehen den Handel nicht nur als Problemkind, sondern als Zielmarkt, der sich vom Verbrauchermarkt unterscheidet. Und auch die Hersteller begreifen allmählich, daß sie die Bedürfnisse der Zwischenhändler kennen, ihnen Programme auf den Leib schneidern und entsprechende Produkte entwickeln müssen.

Für die Entwicklung der StainMaster-Faser, die in Webfabriken zu Teppichen verarbeitet wird, berief Du Pont ein Komitee mit sechs Mitgliedern aus dem Marketing, der Forschung und Entwicklung und der Finanzabteilung. Man wollte eine Antwort finden auf die Frage: »Wie wirkt sich unsere Geschäftstätigkeit auf den Kunden aus?« Drei Jahre lang beriet sich das Komitee mit dem Einzelhandel und den Webereibetrieben. Man suchte nach Anregungen zur Preisgestaltung der StainMaster-Faser und zur öffentlichen Darstellung ihrer Vorzüge. Schließlich brachte Du Pont die Faser mit der größten Werbekampagne heraus, die das Unternehmen je für ein neues Produkt gestartet hatte. Die Faser belebte branchenweit den Absatz von Teppichen und brachte Du Pont über 2 Milliarden Dollar an Einnahmen ein. Tom McAndrews, Leiter der Unternehmenssparte Bodenbeläge von Du Pont, meint dazu: »Entscheidend war, daß wir die ganze Absatzkette als unsere Kunden betrachteten. Man kann sich nicht mehr einfach nur nach den Bedürfnissen des Endabnehmers richten.«

Holly Farms brachte ein fertig gekochtes Huhn auf den Markt, das zwar beim Verbraucher gut ankam, aber die Lebensmittelhändler beklagten sich darüber, daß das Haltbarkeitsdatum auf der Packung zu dicht auf den Liefertermin folgte, und wollten es deshalb nicht in ihr Sortiment übernehmen. Daraufhin verbesserte Holly Farms die Verpackung, so daß man das Haltbarkeitsdatum später ansetzen konnte, und die Umsätze verdoppelten sich. Und man hat die Lektion gelernt. Das Unternehmen macht sich Freunde durch häufige Besuche in den Fleischabteilungen der Einzelhändler und mit einem vierteljährlichen Rundschreiben unter dem Titel *Fresh News from Holly Farms*.

Der Absatzkanal ist nicht nur ein Mittel für die Auslieferung von Produkten. Es verbirgt sich auch ein bedeutender Kunde dahinter. Der Medieneinkäufer in der Werbeagentur ist nicht nur Käufer, sondern auch Leser von Publikationen. Der Handelsreisende ist auch ein Hotelgast. Und wer lange geschäftliche Ferngespräche führt, telefoniert vielleicht auch gern von zu Hause.

Wahrnehmung ist die einzige Realität

Eine grundlegende Wahrheit für den Umgang mit dem Kunden lautet, daß die Wahrnehmung die einzige Wirklichkeit ist. Es kommt also nicht auf die tatsächliche Qualität Ihres Angebots an, sondern auf die Wahrnehmungen Ihrer Kunden.

Das Management dieser Wahrnehmungen macht es erforderlich, daß man sich über das Verbraucherbewußtsein orientiert. Abhängig von den so gewonnenen Erkenntnissen muß das Unternehmen vielleicht seine Verkaufs- und Kundendienststrategie grundlegend erneuern, auch wenn dies ein schmerzlicher Prozeß ist. Doch diese Mühe lohnt sich, denn nach unseren Erfahrungen macht sich eine Erhöhung des Prozentsatzes an Dauerkunden viel mehr bezahlt als eine weitere Reduzierung der Produktionskosten um einen Pfennig pro Stück.

Die Firma Compaq bietet ein interessantes Beispiel eines Unternehmens, das Jahr für Jahr buchstäblich Millionen von Dollar für die Überwachung und ein besseres Verständnis der Kundenwahrnehmungen im Hinblick auf den Service ausgibt. Aufgrund der ursprünglichen Entscheidungen der Firmengründer steht das Unternehmen vor einer Reihe von großen Herausforderungen. Als Joseph R. Canion, der jetzige Präsident und Vorstandsvorsitzende, William Murto und James Harris das Unternehmen im Februar 1982 gründeten, trafen sie zwei weitreichende und für damalige Verhältnisse radikale Entscheidungen. Sie beschlossen die volle Kompatibilität ihrer Personalcomputer mit dem PC von IBM, der im August 1981 eingeführt worden war, und den ausschließlichen Vertrieb ihrer Produkte durch selbständige Händler.

Damals stellte diese Vertriebsentscheidung einen radikalen Schritt dar, weil praktisch die ganze Computerbranche ihre Produkte direkt an den Endanwender verkaufte. Der IBM-Verkäufer verkaufte IBM, der DEC-Verkäufer verkaufte DEC, und der Prime-Verkäufer verkaufte Prime. Und die Organisationen ihrerseits kauften im Normalfall nur bei einem Hersteller. Wenn ein Problem auftrat, dann konnten sie direkt bei diesem um Hilfe bitten.

Die Compaq-Gründer, die von Texas Instruments abstammen, gingen davon aus, daß die Verbraucher ein breites und lieferbares Angebot an Hardware und Software wollten. Und kein Hersteller – nicht einmal IBM – konnte solch ein Sortiment bieten, außer eben über einen Händler, sagt Doug Johns, der Marketingleiter von Compaq. Bei Compaq war man sich sehr wohl im klaren über das Risiko eines Verzichts auf alle anderen Verkaufsoptionen. Aber andererseits konnte man auf entstehende Händlertreue setzen, weil man der einzige Computerhersteller war (und ist), der nicht zu seinen Händlern in Konkurrenz tritt.

Diese Entscheidung löste innerhalb des Unternehmens einige Debatten aus. Hersteller und ihre Mitarbeiter, die damals den Personalcomputermarkt betraten, waren zum großen Teil auch schon im Groß- und Kleinrechnermarkt tätig gewesen, der eine ganz andere Struktur aufweist. Sie fühlten sich bei dem Gedanken an einen Exklusivvertrieb durch selbständige Händler nicht wohl in ihrer Haut.

Jedermann weiß, daß sich Compaqs Entscheidung als richtig erwies. Der Umsatz schoß von 111 Millionen Dollar 1983 auf 503 Millionen Dollar 1985, 1,2 Milliarden 1987 und 3,9 Milliarden 1990 in die Höhe. Compaq war das erste Unternehmen überhaupt, das innerhalb von fünf Jahren nach Einführung seines ersten Produkts die Umsatzgrenze von 2 Milliarden Dollar überschritt.

Die Gründer des Unternehmens erkannten schon 1982, daß angesichts der im Vergleich zu Klein- und Großrechnern niedrigen Preise für Personalcomputer und des Hilfsbedarfs bei den Endanwendern für einen optimalen Verkauf und Kundendienst vor Ort nur Händler in Frage kamen.

Die meisten Händler konnten nur wenige Marken gewissenhaft betreuen und nahmen daher auch nur diese wenigen in ihr Sortiment auf. Und weil Compaq nicht mit ihnen konkurrierte und beispielsweise auf einen Direktverkauf an Großkunden verzichtete, forcierten die Händler den Verkauf von Compaq-Produkten.

Im Gegensatz zu Direktanbietern sah sich Compaq aufgrund seiner Vertriebsentscheidung gezwungen, zwei verschiedene Kundengruppen zu berücksichtigen: die Händler und deren Kunden, die Endanwender. Dadurch gestaltete sich die Betreuung und die Zufriedenstellung der Kunden sehr viel komplizierter. Wenn die Händler glücklich waren, doch die Endanwender nicht, dann steckte Compaq in Schwierigkeiten; aber wenn sich nur die Endanwender die Hände rieben und die Händler lange Gesichter zogen, dann saß Compaq genauso in der Tinte.

Um sowohl Händler als auch Endanwender zufriedenzustellen, muß Compaq in seinen Marketingplänen auf *beide* Rücksicht nehmen. Da die Händler den einzigen Absatzweg und daher auch die einzige Einnahmequelle des Unternehmens ausmachen, muß sich Compaq um die Geschäftstätigkeit der Händler kümmern und Programme entwerfen, die dem Händler dienen und sich positiv auf dessen Gewinnsituation auswirken. Ende 1990 hob Compaq die Erstattungsrate für Garantiearbeiten um 60 Prozent an; und als erstes Unternehmen der Branche bot man den Händlern an, Ersatzteile über Nacht zu liefern.

Aber ohne richtige Funktionalität und angemessenen Preis finden die Produkte von Compaq bei den Kunden keinen Anklang. Und selbst wenn die Händler mit dem Hersteller und seiner Garantieerstattung noch so zufrieden sind, sie werden sich nicht für seine Erzeugnisse einsetzen, weil sie natürlich letzten Endes an Gewinnen interessiert sind. Aus diesem Grund müssen sich alle Produktkonzepte des Unternehmens einem rigorosen Test und einer Untersuchung zur Positionierung unterziehen. Nur so kann man sicherstellen, daß man sich mit dem richten Produkt und einer angemessenen Positionierungsstrategie an den geeigneten Markt wendet. Das Unternehmen bietet mehr als 350 Produktoptionen, wie zum Beispiel Monitore, Speicherplatinen und Festplatten. Allein 1989 führte man ungefähr 110 neue Produktoptionen ein. Nach den Ausführungen von Andrea Morgan, der Leiterin der Produkt- und Werbeforschung, kann es durchaus vorkommen, daß Compaq in die Entwicklung eines neuen Produkts groß investiert, nur um dann aus Kundenbefragungen zu erfahren, daß das Produkt nicht den Marktbedürfnissen entspricht. In diesem Fall muß man den Rotstift ansetzen und das Produkt umgestalten oder gegebenenfalls sogar ganz aufgeben. Compaq führte zwar schon achtzehn Monate vor IBM einen tragbaren Computer ein und brachte als erstes Unternehmen einen 386er-Prozessor heraus, aber mit der Einführung seines Laptop wartete das Unternehmen, bis man für die Display- und Batterietechnologie des Prototyps eine zufriedenstellende Lösung gefunden hatte. Obwohl das Compaq-Gerät erst ungefähr ein Jahr nach den anderen Laptops auf den Markt kam, entfielen 1989 in den USA 40 Prozent der Laptopverkäufe durch Händler auf den Compaq STL/286.

Kundenzufriedenheit: nicht dasselbe wie Kundendienst

Compaq trifft wie andere intelligente Anbieter auch die Schlüsselunterscheidung zwischen Kundendienst und Kundenzufriedenheit. Der Kundendienst erstreckt sich auf die faßbaren Maßnahmen des Unternehmens, mit denen man diverse Situationen positiv beeinflussen kann. Manchmal handelt es sich dabei buchstäblich um eine Dienstleistung, so zum Beispiel wenn das Produkt defekt ist und repariert werden muß. In anderen Fällen geht es um die Erhältlichkeit eines Produkts. Der Kundendienst umfaßt im Hinblick auf den Händler Lieferpläne, Ersatzteile, Schulung, Garantieerstattung, gemeinsame Werbung und vieles mehr. Diese logistischen, manchmal rein mechanischen Punkte stellen das Unternehmen vor je verschiedene Probleme, eröffnen ihm aber natürlich auch Chancen.

Diese Fragen hält das Unternehmen unter Umständen für Kleinigkeiten, deren Vernachlässigung keinen großen Schaden nach sich zieht. Was jedoch den Hersteller kaum berührt, kann sich dem Händler als Riesenproblem darstellen. Rationell denkende Händler sehen auf jeden Pfennig. Sie achten beispielsweise sehr auf die Ersatzleihcomputer von Compaq: wann sie geschickt und wann sie wieder abgeholt werden, wieviel Kredit Compaq gewährt und wie schnell die Entschädigungszahlungen erfolgen.

Den Endanwendern kommt es auf Dinge an wie Zuverlässigkeit, Aussehen, Funktionalität und Preis des Produkts. Macht es den Eindruck eines Qualitätsprodukts? Leistet es, was sich der Anwender davon erwartet? Leistet es zuverlässig, was die Werbung verspricht? Wenn es einen Defekt hat, wie sieht es mit der Reparatur aus? Werden Reparaturen schnell und zu einem vernünftigen Preis durchgeführt? Die Antworten auf all diese Fragen fallen in die Rubrik Kundendienst. In der Summe laufen sie, gemessen an den Erwartungen des Händlers oder des Endanwenders, auf die Zufriedenheit des Kunden hinaus.

Die Erwartungen des Kunden spielen in diesem Zusammenhang eine Schlüsselrolle. Doug Johns von Compaq zieht eine Parallele zu einer anderen Branche. Wenn sich ein Verbraucher mit Kameras so gut auskennt, daß er genau weiß, welche er kaufen will, dann interessieren ihn nur zwei Sachen: wieviel sie kostet und ob sie erhältlich ist. Er kann einen Direktanbieter anrufen und sich mit einer kurz angebundenen Sachbearbeiterin unterhalten, die nur möglichst schnell den Namen des Kameramodells und seine Kreditkartennummer hören will, weil auf ihrer Schalttafel schon dreißig andere Lichter blinken. Eine Woche später wird die Kamera in einer schäbigen Pappschachtel, aber sicher verpackt, zugestellt. Der Kunde kann sie bedienen oder zumindest aus der Anleitung die nötigen Hinweise entnehmen. Obwohl er von der Sachbearbeiterin nicht gerade freundlich behandelt wurde und überhaupt keine Beratung erhielt, ist dieser Kunde mit dem Unternehmen relativ zufrieden.

Wenn ein Verbraucher jedoch von Kameras nicht viel versteht und Beratung braucht, dann kann er sich in einem Fotoladen über verschiedene Modelle und Eigenschaften wie Blendeneinstellung erkundigen. Verhält sich der Verkäufer unfreundlich und die gewünschte Kamera ist erst in einer Woche erhältlich, dann ist der Kunde unzufrieden, auch wenn der Preis nicht höher liegt als bei dem Versandhaus. Die Kauferfahrung entspricht nicht den Erwartungen des Kunden.

Im vergangenen Jahrzehnt haben viele US-Unternehmen Maßnahmen zur Ermittlung der Kundenzufriedenheit ergriffen. Zum Teil im Gefolge von Tom Peters' und Robert Watermans Buch *Auf der Suche nach Spitzenleistungen* wurde die Erforschung der Serviceleistungen und der Kundenzufriedenheit zum großen Geschäft. Einige der Ermittlungstechniken sind wirklich gut. Viele davon sind jedoch problematisch. Zu den verbreiteteren Schwierigkeiten gehören folgende:

- *Briefumfragen.* Diese ergeben eine nicht repräsentative Auswahl aus dem Kundenstamm. Es überwiegen die himmelhoch jauchzenden und die zu Tode betrübten Stimmen. Das mittlere Spektrum der relativ zufriedenen oder nur leicht verstimmten Kunden meldet sich nicht zu Wort und findet daher keinen Eingang in die resultierende Datenbank.
- *Nachforschungen des Verkaufsstabs.* Einige Unternehmen – auch führende, die es eigentlich besser wissen müßten – setzen unbeschäftigtes Verkaufspersonal für Kundenkontakte und -interviews ein. Doch man kann vom Verkaufsstab keine unvoreingenommenen Nachforschungen erwarten. Das ist der sprichwörtliche Fall vom Fuchs im Hühnerstall. Oder um die Metapher zu wechseln, so etwas ist keine ernsthafte Befragung, sondern ein Fischen nach Komplimenten.

- *Erwartungsmessungen.* Im Rahmen der Zufriedenheitserkundung hat die Ermittlung der Kunden*erwartungen* große Wellen geschlagen. Ganze Bücher wurden zu diesem Thema geschrieben und Hunderte von Artikeln veröffentlicht. Berater durchstreifen das ganze Land auf der Suche nach Unternehmen, die ihre neuesten Modelle zur Erwartungsmessung verwenden wollen. Leider haben wir noch nicht viele Fälle gefunden, in denen die Erwartungen gut erfaßt wurden. Fragt man die Kunden im Zuge einer Erhebung direkt nach ihren Erwartungen, dann führt das zu keinen brauchbaren Ergebnissen, weil das Thema einfach zu kompliziert ist. Geht man indirekt mit Wichtigkeitsbewertungen vor, dann muß man auf die in Kapitel 5 angesprochenen primitiven Techniken zurückgreifen.
- *Messen im Vakuum.* Jedes Unternehmen muß seine Serviceleistungen und die Gesamtzufriedenheit der Kunden im Vergleich zu ihren Konkurrenten messen. Heutzutage haben die meisten Kunden Erfahrung mit mehreren konkurrierenden Unternehmen einer Branche. Sie haben mit mindestens zwei verschiedenen Computern gearbeitet, zwei verschiedene Autofabrikate gefahren, sind mit zwei oder mehr Fluglinien geflogen usw. Daher müssen solche Vergleiche in alle Nachforschungen zum Service und zur Zufriedenheit eingearbeitet sein.
- *Vernachlässigung der Kundenbedürfnisse.* In einer erstaunlich großen Zahl von Untersuchungen werden die Kunden um Bewertungen von Märkten und Konkurrenten zu einer Vielzahl von Kriterien gebeten, ohne zu erkennen, daß diese Kriterien die einzelnen Kunden vielleicht unterschiedlich stark motivieren. Die einen sind preisbewußt, die anderen achten auf Qualität, und wieder andere sind auf den Kundendienst fixiert. Nicht alle Bewertungskriterien haben also den gleichen Rang, und es bedarf auch keiner besonders ausgefeilten Technik, um die wichtigeren von den weniger wichtigen zu unterscheiden.
- *Harakiri-Marktforschung.* In diese Kategorie fällt das ganze wacklige Forschungsinstrumentarium, das wir im Zusammenhang mit der Positionierung und der Werbung besprochen haben. Man mißt die Kundenzufriedenheit und die Servicequalität nicht mit Fokusgruppen, Umfragen im Einkaufszentrum, Anwendergesprächen, Wichtigkeitsbewertungen, Marktlückenanalysen und dergleichen, es sei denn, *man will die falschen Schlußfolgerungen ziehen und die falschen Entscheidungen treffen.*

Wie sollte also die Zufriedenheit des Kunden erforscht werden? Selbstverständlich sollte diese Arbeit ein professionelles, vom Anbieter unabhängiges Unternehmen durchführen und dabei gemeinsam mit dem Klienten entwickelte Forschungstechniken verwenden. Aus rationellen Erwägungen wird man diese Untersuchung in den meisten Fällen von professionellen Interviewern vornehmen lassen, die mit dem branchenüblichen Sprachgebrauch vertraut sind. Die Auswahlgruppe der Befragten sollte für die Kunden des Unternehmens repräsentativ und groß genug sein, um die Stabilität der Daten zu gewährleisten.

Das Erhebungsverfahren sollte Kundenbewertungen zu zwanzig bis vierzig rationalen und emotionalen Eigenschaften und Vorzügen erfassen, die aus Pilottests zu den entscheidenden Erfolgsfaktoren des Unternehmens hervorgegangen sind. Darüber hinaus sollte sich die Studie nicht nur auf den Klienten, sondern auch auf mindestens zwei Konkurrenten erstrecken. Abschließend muß die Motivationskraft der einzelnen Eigenschaften und Vorzüge für die jeweilige Testperson ermittelt werden, um daraus den strategischen Würfel und den Strategieplan aus Kapitel 5 zu bilden.

Die Zufriedenheit muß systematisch und regelmäßig erforscht werden. Es ist ein Fehler, Nachforschungen nur dann anzustellen, wenn man vor einem Problem steht. Compaq führt zweimal pro Jahr unter 1 700 Endanwendern eine Untersuchung zur Zufriedenheit durch. Diese Größenordnung ist das Minimum des Erforderlichen, um alle entscheidenden Punkte wie Produkte, Preis, Kundendienst und Vertrieb zu erfassen. Im übrigen konnte Compaq immer wieder feststellen, daß die Händler oder Endanwender im Zuge einer Befragung zu einem bestimmten Thema ganz andere, aber für sie sehr wichtige Dinge zur Sprache bringen. Ohne regelmäßige Studien würde man diese neuen Entwicklungen vielleicht verschlafen.

In ihrem Kern sollten Nachforschungen zur Zufriedenheit jedoch immer auf die Frage zielen, wie das Unternehmen mit seinen Leistungen die Kunden besser zufriedenstellen kann.

Der Fall einer kranken Kette von Heimwerkermärkten

Eine Kette von Heimwerkermärkten sah sich mit sinkenden Umsatzzahlen konfrontiert, obwohl der Gesamtmarkt ein Wachstum zu verzeichnen hatte. Die Kunden kehrten der Kette den Rücken, besonders in Gegenden, in denen ein führender Konkurrent neue Läden eröffnete. Und die verbleibenden Kunden gaben im Durchschnitt immer weniger aus.

Die Kette bat uns um eine Untersuchung zur Zufriedenheit. Wir sollten:

- die Faktoren feststellen, die die Kundenzufriedenheit bestimmen;
- herausfinden, wie gut die Kette in den Augen der Kunden hinsichtlich dieser Faktoren abschnitt;
- die Konkurrenz im Hinblick auf die gleichen Faktoren bewerten;
- und aufbauend auf diesen Informationen eine Strategie entwickeln, mit der man die Konkurrenz in den für die Kundenzufriedenheit wichtigsten Punkten überflügeln konnte.

Wir interviewten sechshundert Heimwerker-Kunden aus den Schlüsselmärkten der Kette. Die Befragungen erforschten das Verbraucherverhalten wie zum Beispiel Häufigkeit der Besuche eines Heimwerkermarktes, Ausgaben oder andere Verpflichtungen; die Zahl und Größe von Heimwerkerprojekten; und die jeweiligen Ausgaben für bestimmte Produktkategorien in Heimwerkermärkten und anderen Läden. Schließlich erkundeten wir auch noch Wissen und Kompetenz der Verbraucher.

Dann wollten wir auch etwas über die Kundenerwartungen gegenüber Heimwerkermärkten erfahren. Wir baten die Probanden um Angaben darüber, wie erwünscht ihnen gut dreißig verschiedene Merkmale, Eigenschaften und Vorzüge von Heimwerkermärkten erschienen. Die Liste enthielt rationale und funktionale Kriterien wie Kundendienst, Umfang der Kaufberatung, Qualität der Ware, Breite des Angebots und Preise. Die Liste führte aber auch viele emotionale Faktoren auf, die nach unserer Ansicht zur Wahl des Heimwerkermarktes beitragen: Wieviel Vertrauen hat der Kunde zum Laden; wie vergnügt und streßfrei kann man dort einkaufen; und mit vieviel Respekt begegnet man dem Kunden?

Nachdem wir die relative Erwünschtheit all dieser Faktoren herausgefunden hatten, baten wir die Verbraucher um eine Bewertung der Konkurrenten im Hinblick auf diese Kriterien. Daneben ermittelten wir auch, wie sehr die Verbraucher zu einem Einkauf in den verschiedenen miteinander konkurrierenden Heimwerkermärkten neigten. Wir wollten wissen, wie die Kette im Hinblick auf die für den Verbraucher wichtigsten Kriterien gegenüber der Konkurrenz abschnitt.

Wir hofften, einen Bereich starker Verbrauchermotivation zu finden, in dem sich die Kette überlegen zeigte. Mit anderen Worten, wir suchten nach etwas im oberen linken Kasten des Aktionsplans in Abbildung 5.4 (Seite 142). Doch wir gelangten zu einer unerfreulichen Erkenntnis: Die Verbraucher sahen die Kette bei keinem der Merkmale mit der höchsten Motivationskraft im Vorteil.

Und auf der anderen Seite schätzten die Kunde die Kette im Hinblick auf Breite und Tiefe des Warensortiments deutlich schwächer ein als die Konkurrenz. Außerdem kritisierten sie die schlechte Schulung der Verkaufsangestellten. Diese Hauptschwächen wurden zu Wettbewerbsstärken der neu in den Markt drängenden Konkurrenten und hatten wesentlichen Anteil am Kundenrückgang.

Als wir dem Management unsere Ergebnisse mitteilten, erlebten wir eine große Überraschung. Man war empört. Die von den Kunden gewünschte Ware war immer erhältlich und *immer* auf Lager.

Ganz offensichtlich klaffte eine Riesenlücke zwischen den Wahrnehmungen des Managements und denen der Kunden. Also gingen wir daran, diese Lücke zu untersuchen, die so viele Kunden zu einem Wechsel zur Konkurrenz bewegte.

Wir sprachen mit Kunden in den Läden und fanden dabei heraus, daß die Warenpräsentation nicht optimal eingeteilt war und daß die schiere Größe der Läden den Blick auf das Gesuchte verstellte. Außerdem stellten wir fest, daß die Verkaufsmitarbeiter über viele vorhandene Waren nicht auf dem laufenden waren, besonders wenn es sich um Artikel aus dem Lager handelte.

Zur Behebung dieser Probleme leitete das Management mehrere Informationsprogramme für die Kunden in die Wege:

- Lagepläne am Ladeneingang mit Indexzahlen für die wichtigsten Produktgruppen.
- Etagenzeichen, die mit den Lageplänen übereinstimmten.
- Touch-Screen-Computer für Kundenfragen.
- Schulungsprogramme für Mitarbeiter zur Information von Kunden.

Der Erfolg dieser Maßnahmen? Im Lauf des nächsten Jahres nahm der Wettbewerbsnachteil ab. Die Kunden zeigten sich zufriedener und erkannten, daß in den großen Filialen des Unternehmens mehr Waren erhältlich und leichter zugänglich waren. Die veränderte Kundenperspektive führte zu stärkeren Umsätzen, größerer Kundentreue und einer Verbesserung der Gewinnsituation.

Damit es zu dieser positiven Entwicklung kommen konnte, mußten zunächst einmal einige Dinge geschehen:

- Das Management erkannte, daß dem Unternehmen die Kunden davonliefen und daß es dafür einen Grund geben mußte.
- Man erklärte sich bereit, die Leistungen des eigenen Unternehmens mit denen der Konkurrenz zu vergleichen.
- Das Management akzeptierte die Marktforschung als Mittel zur Orientierung über Kundenwahrnehmungen.

- Man behandelte die Kundenwahrnehmungen als real, unabhängig davon, wie sehr sie sich von der Realität unterschieden.
- Schließlich veränderte man die Strategie. Als Reaktion auf die Kundenwahrnehmungen führte man neue Programme ein, mit denen man den Eindruck der Kunden zum Positiven korrigieren konnte.

Vorhandene Kunden sind fünfmal soviel wert wie neue

Nach unseren Erfahrungen können die wenigsten Unternehmen den Wert eines treuen Kunden genau beziffern. Das Gros ihres Marketingbudgets und ihres Augenmerks richtet sich auf die Werbung neuer Kunden und nur zu einem relativ geringen Bruchteil auf die Bindung der alten. Aber das ist ein Fehler. Wir haben festgestellt, daß für die meisten unserer Klienten, seien es nun Anbieter abgepackter Waren, Bekleidungseinzelhändler oder Hersteller von Traktoren, die vorhandenen Kunden im allgemeinen fünfmal soviel wert sind wie neue.

Professor Philip Kotler bestätigte diese Zahlen in der *Marketing Science Institute Review* vom Frühjahr 1991: »Viele Märkte sind bereits gesättigt. Es gibt nicht mehr viele Kunden, die die Produktkategorie für sich entdekken. Im Gefolge dieser Entwicklung steigen die Kosten für die Gewinnung neuer Kunden, und auch der Konkurrenzdruck nimmt ständig zu. In diesen Märkten kostet es etwa fünfmal soviel, einen neuen Kunden anzulokken, wie einen vorhandenen bei Laune zu halten.«

Jüngst bezifferte das Magazin *Fortune* den genauen Wert eines Dauerkunden. Das Kreditkartenunternehmen MBNA Corporation berichtet, daß es im Schnitt 100 Dollar kostet, einen neuen Kreditkartenkunden zu gewinnen. Im Vergleich dazu bringt ein Kunde, der seit fünf Jahren bei MBNA ist, im Jahr 100 Dollar Gewinn. Ein Kunde, der seit zehn Jahren eine MBNA-Karte besitzt, stellt durchschnittlich einen Jahresgewinn von 300 Dollar dar. Und Stew Leonard, der Leiter eines phänomenalen Milchprodukt- und Lebensmittelhandels in Norwalk, Connecticut, schätzt, daß ein treuer Kunde in zehn Jahren einen Umsatz von 50 000 Dollar ausmacht.

Erstaunlicherweise scheinen sich im Marketing Akquisitionsprogramme zur Werbung neuer Kunden besonderer Beliebtheit zu erfreuen. Eher stiefmütterlich behandelt werden demgegenüber Bindungsprogramme, die darauf zielen, die vorhandenen Kunden zu halten, und Expansionsprogramme, die eine Steigerung des Geschäftsvolumens bei vorhandenen

Kunden anstreben. Aus den Erfahrungen unserer Beratertätigkeit schätzen wir, daß von zehn Klienten unseres Unternehmens sieben die Zahl der Erstkunden steigern wollen. Zwei oder drei fragen nach der Kundenbindung, und höchstens einer möchte den Verbrauch seiner Stammkunden erhöhen.

Diese Kurzsichtigkeit bestimmt leider nicht nur die Marketingmaßnahmen von Anbietern abgepackter Waren. Sie hat sich wie eine Epidemie in allen Branchen verbreitet.

Einer unserer Klienten hat eine Einzelhandelskette für gehobene Damenbekleidung. Er führte bei seinen »besten« Kundinnen, das heißt bei allen Frauen, die im letzten Jahr mehr als 800 Dollar in seinen Läden ausgegeben hatten, eine Umfrage durch. Es stellte sich heraus, daß nur 22 Prozent der Gesamtausgaben für Bekleidung dieser Kundengruppe auf unseren Klienten entfielen. Schlimmer noch, 12 Prozent von ihnen wurden im darauffolgenden Jahr untreu und kauften überhaupt nichts mehr in den Läden des Klienten ein. Was war geschehen? Der Bekleidungshändler hatte enorme Summen für das Direktmarketing ausgegeben in dem Bemühen, neue Kunden zu gewinnen. Nach unserem Dafürhalten vernachlässigte er sein aktuelles Kundenpotential zugunsten einer Steigerung der Umsätze und Gewinne.

Wir arbeiten auch mit einigen Autoherstellern zusammen, deren Marketinganstrengungen sich in viel stärkerem Maße an neuen Kunden orientieren als an den Stammkunden. Aber was könnte für einen Autohersteller wichtiger sein, als seine Erstkäufer als Stammkunden zu halten? Die Bindungsquoten amerikanischer Autohersteller sind im allgemeinen eher schwach und bedürfen ernsthafter Maßnahmen.

Dieses branchenweite Phänomen hat von uns die Bezeichnung *Harakiri-Paradox* erhalten. Die Unternehmen stecken unverhältnismäßig viel intellektuelles und finanzielles Kapital in Programme mit geringem Ertrag, und selbst wenn diese Programme Erfolge verzeichnen, kann das nicht über die Höhe der Endkosten hinwegtäuschen.

Das Harakiri-Paradox

Kundentyp	*Marketing-anstrengung*	*Wert für Anbieter*	*Kosten des Programms*
Neue Kunden (Akquisitionsprogramme)	Hoch	Niedrig	Hoch
Vorhandene Kunden (Bindungsprogramme)	Mäßig	Hoch	Mäßig
Vorhandene Kunden (Expansionsprogramme)	Niedrig	Mäßig	Niedrig

Eine Ausnahme sind in diesem Fall neue Käufer, die die Produktkategorie gerade für sich entdecken. Es hat zum Beispiel Hand und Fuß, wenn Nissan Motors frischen Hochschulabsolventen ein Leasingprogramm bietet, um sie für die Produkte des Unternehmens zu gewinnen. Gleiches gilt für American Express, das stark in Programme für akademische Berufsanfänger investiert. Die Überlegung läßt sich leicht nachvollziehen: Neue Kunden, die gerade den Markt betreten und ihr erstes Auto oder ihre erste Kreditkarte erwerben, können für die Unternehmen zu wertvollen Stammkunden werden. »Wenn man sie früh gewinnt, dann bleiben sie lang!« heißt der Schlachtruf für diese vernünftige Marketingstrategie.

Aber wer riesige Summen in Akquisitionsprogramme für erfahrene Käufer steckt, der betreibt Marketing nach der Harakiri-Methode. Doch darüber haben wir ja schon in Kapitel 4 ausführlich gesprochen.

Ist es wirklich so einfach, Kunden zu halten?

Ist es überhaupt möglich, die Kunden zu halten? Man kann auf jeden Fall mehr gegen die Abwanderung unternehmen, als die meisten Manager glauben. Die MBNA-Bank etwa richtete eine eigene Abteilung ein, in der achtundsechzig Servicevertreter Kunden anrufen, die ihr Konto auflösen wollen, und sie nach den Gründen fragen. Diese Vertreter sind befugt, in vernünftigem Rahmen geeignete Schritte zu ergreifen, um die Kunden zu halten. Wir könnten uns in diesem Zusammenhang vorstellen, daß man den Rechnungszyklus verändert, geringere monatliche Minimalabbuchungen verlangt oder auf die Jahresgebühr verzichtet. Laut *Fortune* wird mit solchen Gesprächen normalerweise die Hälfte der abwanderungswilligen Kunden zum Bleiben bewegt.

Fast jedes Unternehmen kann nach unseren Erfahrungen Programme entwickeln und umsetzen, um vorhandene Kunden zu halten oder ihr Umsatzvolumen zu erhöhen. Einer unserer Klienten, ein Dienstleistungsanbieter im Industriebereich, stand erst kürzlich vor dem Problem drohender Kundenverluste aufgrund einer deutlichen Preisanhebung. Die Daten aus der Vergangenheit zeigten, daß das Unternehmen nach Preiserhöhungen bis zu 12 Prozent seiner Kunden verlor. Angesichts dieser Gefahr führte man eine Tradeoff-Analyse durch, um die möglichen Maßnahmen samt Kosten zur Minimierung der Kundenabwanderung zu ermitteln. Das Unternehmen realisierte ein auf diesen Nachforschungen fußendes Programm zur Verluststeuerung und verzeichnete lediglich einen Kundenschwund von 3 Prozent, aber auf der anderen Seite eine signifikante Rentabilitätssteigerung.

Warum setzen nicht mehr Unternehmen auf Programme, mit denen man Kunden binden und ihren Produktverbrauch oder ihre Kaufhäufigkeit erhöhen kann? Wir wissen es nicht. Aber wir wissen, daß das Harakiri-Paradox in den neunziger Jahren nichts zu suchen hat.

Man braucht keine »perfekten« Produkte und Dienstleistungen

Wir hoffen, daß niemand aus unseren Ausführungen in diesem Kapitel den Schluß zieht, daß ein Unternehmen seinen Kunden unbedingt »perfekte« Produkte und Dienstleistungen bieten muß. Tatsächlich beobachteten wir in den letzten Jahren in einigen amerikanischen Unternehmen eine Kehrtwendung um 180 Grad: Sie sind jetzt darauf fixiert, dem Kunden das höchstmögliche Qualitätsniveau zu garantieren. Begriffe wie »Null Defekte« und »Maximalleistung« sind für die Unternehmen von der Ost- bis zur Westküste zu geflügelten Worten geworden. Dem liegt die Vorstellung – und der Aberglaube – zugrunde, das Angebot »perfekter« Produkte und Dienstleistungen müsse geradewegs zu maximaler Rentabilität führen.

Unsere Forschungen zeigen jedoch in einem sehr weiten Spektrum von Produktkategorien, daß man sich auf diese Wunschvorstellung nicht verlassen kann. Die Zufriedenheit der Kunden mit Produkten und Dienstleistungen erhöht zwar bis zu einem gewissen Punkt die Gewinne – schlampige Produkte zahlen sich nie aus –, aber danach sinkt die Gewinnrate wieder. Ein extrem hohes Qualitätsniveau ist oft völlig überflüssig und stellt so etwas wie Overkill dar, weil es eine exorbitante Kostensteigerung bedingt. Wenn zum Beispiel Bankkunden eine Wartezeit in der Schlange von fünf Minuten für akzeptabel halten, weshalb sollte man dann so viele Kassierer aufbieten, daß sich die Wartezeit auf dreißig Sekunden verringert? Diese zusätzlichen Kosten bringen keine einzige zusätzliche Mark ein.

Käufer von Konsum- und Investitionsgütern können oft gar nicht unterscheiden zwischen »perfekten« und nur »sehr guten« Produkten. Aber wie aus Abbildung 9.1 zu ersehen, kann der Übergang vom »ausgezeichneten« zum »perfekten« Angebot überaus kostspielig sein.

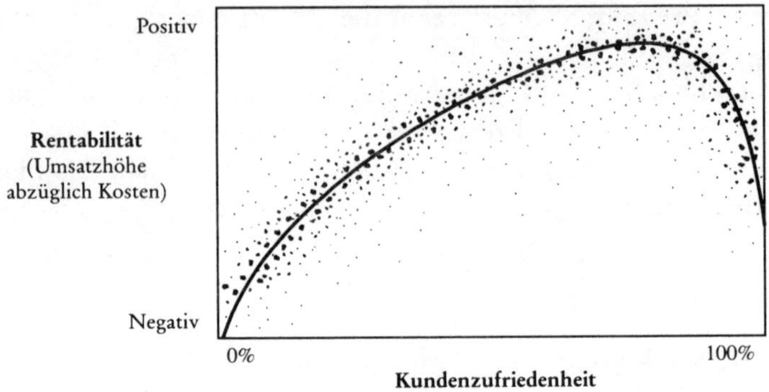

Abbildung 9.1: Der Zusammenhang zwischen Kundenzufriedenheit und der Rentabilität von Marketingprogrammen

Aus diesen Gründen stellt eine Marketinginvestition in »perfekte« Produkte und Dienstleistungen schwerlich die beste Kapitalanlage für ein Unternehmen dar. Statt dessen sollte man sich lieber um ein finanziell optimales Gleichgewicht bemühen zwischen den Bedürfnissen und Erwartungen der Kunden einerseits und den Ressourcen und Fähigkeiten des Unternehmens sowie den Umsetzungskosten andererseits.

Um dieses Gleichgewicht zu erreichen, muß man Fragen des Kundendienstes und der Kundenzufriedenheit sicher im Griff haben. Erst dann kann man den Weg nach Eldorado beschreiten.

Wegweiser nach Eldorado

- Regelmäßiger Vergleich der Unternehmensleistung mit Konkurrenten im Hinblick auf die beiden *unterschiedlichen*, aber miteinander verwandten Erfolgsfaktoren Kundendienst und Kundenzufriedenheit.
- Vermeidung aller gängigen Fußangeln der Erkundung von Service und Zufriedenheit.

1. Keine Befragungen mit der Post oder durch Vertreter, die als Interviewer fungieren.
2. Finger weg von Modellen zu Kundenerwartungen, die weder mit den Bedürfnissen noch mit den Erwartungen der Käufer viel zu tun haben.
3. Laufende Überprüfung des Service und der Zufriedenheit im Vergleich zur Konkurrenz.
4. Keine Vernachlässigung der Kundenbedürfnisse. Bevor man die eigene Leistungsfähigkeit ermittelt, sollte man erst über ihre Wünsche Bescheid wissen.
5. Vorsicht vor den vielen Versuchungen zur Harakiri-Forschung. Es gibt keine Abkürzung nach Eldorado.

- Ermittlung des Werts vorhandener Kunden und der Kosten, um sie zu halten, anstatt nach neuen zu suchen.
- Achtung vor dem Harakiri-Paradox: Nicht den Löwenanteil der Investition in eine Akquisitionsstrategie stecken, wo doch Bindungs- und Expansionsstrategien viel mehr Sinn und Gewinn ergeben.
- Nicht vergessen: »Perfekte« Produkte und Dienstleistungen können in den Ruin führen. Besser als ausgezeichnet muß man nicht sein.

10. Marketingkontrolle: Aufklärung der Gegenwart und Entscheidungshilfe für die Zukunft

Wenn die Marketingexperten ihre Hausaufgaben sorgfältig gemacht haben, dann haben sie mindestens in zehn entscheidenden Bereichen Nachforschungen angestellt und Entscheidungen getroffen:

1. Die Umfeldanalyse.
2. Marktsegmentierung und Auswahl der Zielgruppe.
3. Positionierung.
4. Produktgestaltung.
5. Preisbildung.
6. Werbung in den Massenmedien.
7. Direktmarketing.
8. Verkaufsförderung.
9. Absatzkanäle.
10. Marktaufteilung.

Wir sind jetzt bereit für einen vorläufigen Countdown. Ein gewitzter Manager sollte jetzt vielleicht mit sich selbst zu Rate gehen und sich fragen, wie zuversichtlich er sich fühlt, daß jeder Punkt gründlich erforscht und die richtige Entscheidung getroffen worden ist. Der Grad der Zuversicht könnte in einer 11-Punkte-Skala zum Ausdruck kommen, die von 0 (keinerlei Zuversicht) bis 10 (100prozentige Zuversicht) reicht. Eine 2 für Preisgestaltung würde also heißen, daß sich der Manager nur mit 20prozentiger Zuversicht auf die Richtigkeit der Entscheidung verläßt. Aus der Summe aller zehn Wertungen erhält der Manager einen »Zuversichtsfaktor« für den Marketingplan. Jeder Plan mit einem Zuversichtsfaktor von weniger als 70 sollte unbedingt nochmals überprüft werden oder gleich in den Reißwolf wandern.

Blickt der Manager mit ausreichendem Optimismus in die Zukunft, dann stehen alle Zeichen auf »Start«. Nach monatelanger Arbeit kann der Marketingplan endlich umgesetzt werden. Die Kampagne für das neue oder neu positionierte Produkt wird eröffnet. Aber was geschieht dann? Allzu häufig lehnt sich das Management zurück wie ein Stab von Militärstrategen aus dem neunzehnten Jahrhundert, der auf Berichte von den weit entfernten Schlachtfeldern wartet. Manchmal treffen die Berichte erst nach Monaten ein. Und oft gelangt man erst nach einem Jahr zu einer abschließenden Einschätzung über den Erfolg der Kampagne. Und dann heißt es nicht selten, daß die Kampagne ihre Ziele nicht erreicht hat.

Wie viele Manager würden einen Großteil ihres persönlichen Vermögens anlegen und dann ein Jahr warten, um herauszufinden, was aus der Investition geworden ist? Wie viele Manager würden auf eigene Rechnung eine Investition tätigen, wenn sie wüßten, daß sie damit ein großes Risiko eingehen? Und wie viele würden es auch bei geringem Risiko versäumen, die Entwicklung der Investition zu überwachen? Leider scheint ein solcher Mangel an kritischem Denken besonders dann weit verbreitet, wenn ansonsten risikoscheue Menschen verantwortungsvolle Positionen in einem Großunternehmen bekleiden. Sie benehmen sich, als könnte die Vermögenssituation des Unternehmens den einen oder anderen Riesenverlust ohne weiteres verschmerzen. Es ist kein Geheimnis, daß so manches Unternehmen regelmäßig Marketingprogramme für 1 Million, 20 Millionen oder sogar 100 Millionen Dollar startet, noch ehe man ein System zur Kontrolle, Bewertung und Verbesserung der Leistung dieser Kampagne installiert hat. Vorstandsvorsitzende der neunziger Jahre werden einen solch schludrigen Umgang mit riesigen Investitionen nicht mehr dulden. Sie werden viele kritische Fragen stellen:

Die Kernpunkte: Was ein Vorstandsvorsitzender wissen will

1. Wir kennen den Ertrag (ROI) unserer Pensionsfonds und unserer Investitionen. Wie sieht der ROI für unsere Marketingausgaben aus?
2. Wie zuversichtlich sind wir, daß das Marketingprogramm Erfolg haben und die gesteckten Ziele erreichen wird?
3. Verfügen wir über ein funktionierendes System zur Bewertung der Marketingleistung?

   Solch ein System dient der Überwachung und Kontrolle:

- der Durchdringung durch die Kampagne;
- der Einstellung und des Verhaltens der Verbraucher;

- der Kundenzufriedenheit;
- des Markenwerts;
- der Umsätze;
- der Gewinne.

4. Liefert uns unser Bewertungssystem regelmäßig Berichte über unsere Marketingleistungen gemessen an denen der Konkurrenz?
5. Ist unser System mehr als eine bloße Buchführung? Können wir ihm auch Entscheidungshilfen entnehmen – einen Aktionsplan?
6. Was machen wir heute aufgrund der Anregungen durch das Bewertungssystem anders als noch vor Jahresfrist?

Wer nichts von einer Krankheit des Produkts weiß, kann auch nicht nach einem Heilmittel suchen

Wir haben wiederholte Male darauf hingewiesen: Die meisten neuen abgepackten Artikel, die meisten neuen Kampagnen für eingeführte Produkte und die meisten Dienstleistungskampagnen sind Fehlschläge. Und zwar aus den bereits skizzierten Gründen: falsche Zielgruppe, Positionierung, Botschaft, Preisgestaltung und so weiter. Traurig, aber wahr: oft sterben sie nur deshalb, weil das Management nichts von ihrer Krankheit wußte, bis jede Hilfe zu spät kam. Mit geeigneten Nachforschungen hätte man sie durchaus retten können.

Diese Marketingkontrolle steht ebenso im Ruf der Langeweile, Monotonie und Phantasielosigkeit wie diejenigen, die sie anstellen. »Erbsenzähler« nennt man sie herablassend und ihre Tätigkeit »Erbsenzählerei«. Einige Unternehmen sehen für solche Nachforschungen keinen Budgetposten vor, weil sie nicht einsehen, wie sie damit ihre Marketingstrategie verbessern können. Und manche halten sie einfach für zu teuer. »Wenn das Marketingprogramm funktioniert, dann funktioniert es, und wir wissen es auch. Wenn es nicht klappt, dann eben nicht, und das wissen wir auch. Warum sollten wir also auch nur einen zusätzlichen Pfennig für Nachforschungen verschwenden?«

Aber die Marketingkontrolle kann für die Marketingabteilung das sein, was eine Frühwarnkette für die Landesverteidigung ist. Nehmen wir zum Beispiel »den Tod der High Roller-Kreditkarte«. Diesen Fall haben wir wirklich erlebt und nur die Details geändert, um das Unternehmen zu schützen.

Die Geschichte beginnt mit einem führenden Kreditkarteninstitut, das sich entschlossen hat, eine Premium-Kreditkarte für wohlhabende Verbraucher einzuführen, die mehr als 75000 Dollar im Jahr verdienen. Für eine Jahresgebühr von 300 Dollar sollte sie in Restaurants und Hotels der ganzen Welt akzeptiert werden. Besonders wichtig jedoch für den betuchten Kunden: die Karte würde die Türen zu privaten Golf-, Tennis- und Gesellschaftsclubs von New York bis Tokio öffnen und dem Karteninhaber persönliche Bedienung in allen bedeutenden Ländern garantieren. Der Anbieter beauftragte eine bekannte Marktforschungsagentur (nicht uns) mit einem elaborierten und ausgefeilten Konzepttest. Dieser ergab, daß 15 Prozent der potentiellen Kunden die Dienstleistung in Anspruch nehmen würden.

Das Topmanagement des Kreditkarteninstituts wäre schon über einen Marktanteil von 10 Prozent hoch erfreut gewesen. Selbst bei einem Anteil von 5 Prozent würde die Dienstleistung bereits im ersten Jahr alle Kosten wieder einspielen. Doch mit einem 15prozentigen Marktanteil würde man die Erfolgsgeschichte des Jahrzehnts schreiben. Berauscht von diesen ungeahnten Perspektiven richtete der Anbieter sein Dienstleistungssystem ein, engagierte eine Werbeagentur, entwickelte eine Briefkampagne und brachte die neue Kreditkarte auf den Markt. Die Gesamtkosten für diese Maßnahmen betrugen 10 Millionen Dollar.

Schon nach einem halben Jahr wußte das Management, daß die Kampagne zu einem Fiasko geführt hatte. Es waren nicht 15 Prozent der potentiellen Kunden, die die Kreditkarte haben wollten. Es waren auch nicht 10 Prozent oder 5 Prozent. Die tatsächliche Zahl bewegte sich eher bei 0,5 Prozent.

Anfangs reagierte das Management ziemlich ungehalten: »Natürlich, die Marktforschung hat mal wieder alles vermasselt. Die haben schlampig recherchiert und dadurch die Attraktivität des Konzepts völlig übertrieben dargestellt.« Und wirklich deutete alles darauf hin. Die Forscher hatten sich ungefähr um das Dreißigfache verschätzt.

Die meisten Unternehmen begraben ihre Irrtümer so stillschweigend wie möglich. Das Kreditkarteninstitut jedoch entschloß sich zu einem ungewöhnlichen Schritt. Man zog uns hinzu, um herauszufinden, was schiefgelaufen war. Wir sollten eine *Autopsie* vornehmen.

Zunächst führten wir eine Erkundungsstudie durch, mit der wir dem Zusammenhang zwischen verschiedenen Faktoren – wie der Zahl der abgesandten Prospekte, der Zahl der Leute, die sich noch an den Erhalt des Prospekts erinnerten, und so weiter – nachspüren wollten, um die Ursache für das Debakel herauszufinden. Nur 60 Prozent der Zielgruppe gaben an, den

Werbeprospekt für die neue Finanzdienstleistung des Unternehmens erhalten zu haben. Knapp die Hälfte derer, die sich tatsächlich an den Erhalt des Briefes erinnerten, oder 28 Prozent aller potentiellen Kunden lasen den Prospekt nach eigenem Bekunden zum großen Teil oder ganz.

Aber nur 71 Prozent derer, die den Brief gelesen hatten, war das neue Angebot bekannt. 71 Prozent von 28 Prozent! Anders ausgedrückt, nur 20 Prozent aller potentiellen Kunden wußten von der neuen Kreditkarte.

Ein weiterer Punkt war der Werbeprospekt. Er erschien uns sehr verwirrend. Auch nach zweifacher Lektüre waren uns die besonderen Eigenschaften und Vorzüge der neuen Dienstleistung noch nicht klar. Es fiel uns schwer, ihre Vorteile im Vergleich zu ähnlichen Angeboten zu beschreiben, mit denen wir bereits vertraut waren. Und mit dieser Meinung standen wir auch nicht allein. Als wir nachforschten, wie viele der angeschriebenen Kunden den Umfang des Angebots wirklich verstanden hatten, fanden wir uns bestätigt. Nur ein Viertel der potentiellen Kunden, die von der neuen Kreditkarte wußten, hatten deren Vorteile tatsächlich begriffen. 25 Prozent von 20 Prozent macht ein Verständnisniveau von 5 Prozent.

Als sich die Nachforschungen schließlich auf die Leute konzentrierten, die von der neuen Dienstleistung wußten *und* sie auch begriffen hatten, stellte sich heraus, daß 16 Prozent dieser Gruppe das Angebot bereits wahrnahmen und noch mehr kurz davorstanden. 16 Prozent von 5 Prozent ist weniger als 1 Prozent aller potentiellen Kunden. Die Erkenntnisse der Erkundungsstudie deckten sich im wesentlichen mit den tatsächlichen Ergebnissen der Kampagne. Es lag also eine weitgehende Konvergenz der Resultate vor.

Zur Verdeutlichung wollen wir einen Blick auf die Tabelle werfen. In der rechten Spalte stehen die Zahlen, von denen das Management ausgegangen sein muß, wenn man allen Ernstes eine Eins-zu-Eins-Entsprechung zwischen den Ergebnissen des Konzepttests und dem tatsächlichen Erfolg der Kreditkarte erwartete.

Nur in der hochartifiziellen Zwangsatmosphäre eines Konzepttests kann man von 100 Prozent »erhalten«, 100 Prozent »gelesen«, 100 Prozent »Bekanntheit« und meist auch 100 Prozent »Verständnis« ausgehen. Die fehlerhafte Umsatzprognose, auf die sich die landesweite Kampagne stützte, kam also dadurch zustande, daß der Anbieter die Käuferquote von 15 Prozent (die sich im nachhinein als ziemlich genau erwies) einfach mit 100 Prozent multiplizierte.

Zwar hätte die vorläufige Diagnose vielleicht lauten können: »Tod durch Übertreibung der Marktforschung«, aber die wahre Ursache für das Fiasko war ein erbärmlicher Marketingplan, der nicht für genügend Bekanntheit

Zielerreichungskontrolle einer Kreditkarte für Wohlhabende

	Erreicht	*Angenommen*
Post erhalten	60 %	100 %
Prospekt gelesen	28 %	100 %
Bekanntheit	20 %	100 %
Verständnis	5 %	100 %
Quote der Käufer	16[a] %	15[b] %
Umsatz	0,5 %	15 %

[a] 16 Prozent von 5 Prozent.
[b] Die geschätzte Quote des Konzepttests.

und Verständnis sorgte. Aber ohne Kontrollstudie hätte das Unternehmen das nie herausgefunden. Es hätte nur gewußt, daß seine verheißungsvolle neue Kreditkarte gescheitert ist.

Gedeiht das Produkt, oder siecht es dahin?

Die Todesursache zu kennen ist besser als nichts, aber eine Marketingkontrollstudie kann und sollte zu weitergehenden Erkenntnissen führen. Anhand solcher Nachforschungen kann ein Unternehmen erfahren, ob sich sein Produkt bester Gesundheit erfreut, ob es ihm mittelprächtig geht oder ob es krank ist und im Sterben liegt. Eine gute Studie kann sogar ein Produkt von den Toten auferwecken. Um ein erfolgreiches Programm zur Bewertung der Zielerreichung zu erstellen, muß ein Unternehmen vier Phasen durchlaufen:

1. Das Unternehmen muß die Ziele und Absichten der Kampagne offenlegen. Alle Leute in der Wirtschaft werfen mit den Wörtern *Ziel* und *Absicht* um sich, aber die Vorstellungen des einen Managers zu diesen Begriffen können sich ganz gewaltig von denen eines anderen unterscheiden. Und unter Umständen nützen beide nichts.
2. Das Unternehmen muß sein Konzeptmodell zum Input-Output-Prozeß deutlich machen. Das Modell sollte die Punkte von der Marketinginvestition bis hin zum Umsatz und zum Gewinn Schritt für Schritt festlegen.

Anbieter von abgepackten Waren müssen in diesem Prozeß die Markenbekanntheit, die Versuchsquote, die Wiederholungskäufe und den Marktanteil berücksichtigen. Finanzdienstleister müssen Bekanntheit, Einstellung und Wahrnehmungen, Gesamtbewertung, Kaufverhalten und Marktanteil beachten.
3. Das Unternehmen muß bald nach der Einführung des Produkts in einen Test-Markt, einen regionalen oder landesweiten Markt eine Kontrollstudie zur Überprüfung der Parameter des Konzeptmodells durchführen.
4. Zuletzt müssen alle Phasen in einem mathematischen Modell zusammengefaßt werden, um die geplanten Maßnahmen mit den voraussichtlichen Ergebnissen zu verknüpfen. Anhand des Modells sollten Prognosen für ein Glied der Kette, wie zum Beispiel den Umsatz, möglich sein, die sich aus einer früheren Phase, wie zum Beispiel der Werbeinvestition, ergeben.

Was wäre ein Beispiel für ein geeignetes Ziel? Im Fall der Kreditkarte für Wohlhabende könnte das Ziel heißen, die Zahl der Kartenbesitzer innerhalb von vier Monaten um 30 Prozent zu erhöhen. Für den Nissan Infiniti könnte ein Ziel lauten, innerhalb von sechs Monaten 15 000 potentielle Kunden in die Verkaufsräume der Händler zu locken.

Ein Ziel muß realistisch, spezifisch und meßbar sein. Verschwommene und vergeistigte Absichtsäußerungen führen zu nichts. Nur zwei Beispiele solcher inhaltsloser Phrasen: »Unser Ziel ist es, die Zahl der Leute zu erhöhen, die unserem Unternehmen und seinem neuen Produkt wohlwollend gegenüberstehen«; und das beliebteste Ziel aller Zeiten: »Unser Plan ist es, die Bekanntheit zu steigern.« Eine Bank kann sich zum Beispiel »eine zehnprozentige Erhöhung des Anteils von Kunden, die bis zum 15. April ein steuerbegünstigtes Konto eröffnen«, zum Ziel setzen. Ein Maklerbüro könnte »innerhalb von neunzig Tagen achthundert neue Interessenten für Verkaufsgepräche im Staat New York« anstreben. All diese Vorhaben sind realistisch, spezifisch und meßbar, aber im Zuge unserer Arbeit treffen wir regelmäßig auf Marketingziele, die eine dieser drei Voraussetzungen nicht erfüllen. Und manchmal erfüllen sie nicht eine einzige davon.

Aber mit welchen Schritten läßt sich das Ziel erreichen? Die Kreditkarte für Wohlhabende mußte fünf Phasen durchlaufen. Es galt, (1) die potentiellen Kunden zu erreichen; (2) sie zum Lesen der Briefwerbung zu veranlassen; (3) die Bekanntheit des Angebots zu fördern; (4) das Verständnis sicherzustellen; und (5) Verkäufe abzuschließen.

Diesen Prozeß sollte das Unternehmen in einem Schaubild darstellen und für jedes Stadium ein Ziel formulieren. Ohne solch ein Modell und die

Beispiele für Ziele von Marketingkampagnen

	Ziel
Abgepackte Waren	8 % durchschnittlicher Marktanteil (in Dollar) im ersten Jahr
Sparkasse	20 % Steigerung des Prozentsatzes von Kunden, die bis zum 15. April 1993 ein steuerbegünstigtes Konto eröffnen
Maklerbüro	Innerhalb von 90 Tagen 800 neue Interessenten für Verkaufsgespräche im Staat New York
Computerunternehmen	15prozentige Steigerung der Zahl von Warenwirtschaftsmanagern, die sich bis Ende des Jahres für die Marke entscheiden

angestrebten Ziele hat das Unternehmen keine Ahnung, wie und warum sich eine Kampagne bewährt oder nicht. Ein bestimmtes Marktziel läßt sich mit einem Marketingprogramm nämlich aus sehr verschiedenen Gründen erreichen oder verfehlen.

Im folgenden stellen wir ein einfaches Modell mit den Zielvorgaben des Marketingmanagers für einen langlebigen Konsumartikel dar. Das Modell reicht von der Bekanntheit über die Erwägung bis zum Kauf. Das Ziel der Kampagne besteht darin, die Zahl der Käufe von aktuellen 20 auf 22 Prozent, also um 10 Prozent, zu steigern.

Bekanntheit → Erwägung → Kauf → Umsatz $

	Aktuelles Niveau	*Geplantes Niveau*
Bekanntheit	60 %	70 % (Einzelziel)
Erwägung	40 %	45 % (Einzelziel)
Kauf	20 %	22 % (Gesamtziel)

Nach seiner Erstellung muß jede Stufe des Modells durch Nachforschungen überprüft und abgestützt werden. Eine typische Studie umfaßt drei- bis fünfhundert Telefoninterviews. Dabei wird normalerweise eine Umfrage vor der Kampagne durchgeführt, und zwei bis vier weitere folgen im ersten Jahr des Marketingprogramms. Die Kontrollkriterien beziehen sich auf die Einzel- und Gesamtziele des Modells und der Kampagne.

Wie bereits erwähnt, kann ein Unternehmen eine solche Untersuchung aus den verschiedensten Gründen vornehmen, nicht nur um herauszufinden, weshalb ein Produkt gescheitert ist. Solche Erkundungen kann man mit viel größerer Berechtigung durchführen, um eine brauchbare Prognose über die Entwicklung des Produkts zu erhalten, sozusagen um die Erkältung zu diagnostizieren, ehe sie sich zu einer Lungenentzündung auswächst. So kann das Unternehmen zum Beispiel anhand einiger weniger schon bald nach Beginn der Kampagne gesammelter Daten mit relativ hoher Genauigkeit voraussagen, wie sich die Kampagne nach Ablauf eines Jahres bewähren wird.

Die Kurve in Abbildung 10.1 prognostiziert die Durchdringung der Kampagne in einem authentischen Fall. Das heißt, das Schaubild zeigt den Anteil potentieller Kunden, denen die Besonderheit einer neuen Dienstleistung bekannt war. Während der ersten dreizehn Wochen nach Beginn der Kampagne unternahmen wir drei Kontrolluntersuchungen und prognostizierten daraufhin die weiteren Ergebnisse im ersten Jahr. Die durchgezogene Linie zeigt die gegenwärtigen Daten, die gestrichelte die Prognose. Da in diesem Fall die Prognosezahlen deutlich unter den Zielvorstellungen lagen, löste das Schaubild in der Firmenzentrale einen Alarm aus.

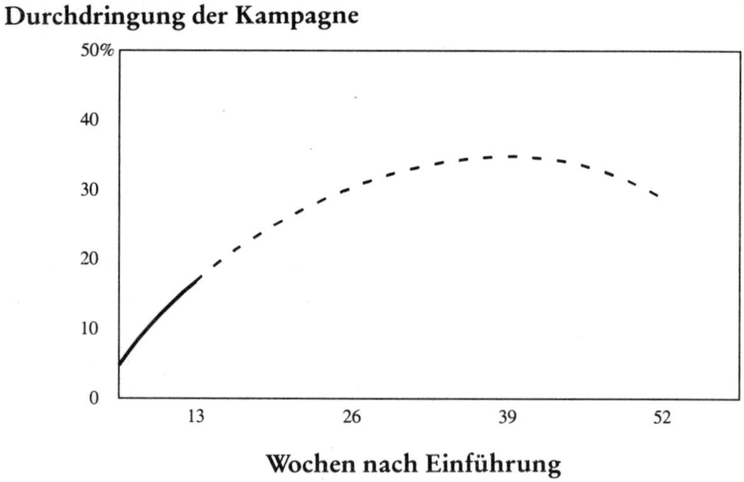

Abbildung 10.1: Prognose bis zum Ende des ersten Jahres aufgrund von drei Kontrolluntersuchungen

Eine solche Prognose stützt sich auf ein mathematisches Modell, das die Variablen des Marketingeinsatzes mit den Kriterien der Marktreaktion verknüpft. Zu den Einsatzfaktoren gehören alle Einzelheiten des Marketingplans wie

- Grundlegende Informationen über die Produktkategorie
- Schaubild zum Medienfluß
- Schaubild zur Briefwerbung
- Berichte über Werbetests
- Pläne zur Öffentlichkeitsarbeit
- Monatliche Vertriebspläne
- Marktaufteilungsplan
- Kosten für Marketing und Produktion

Sowie durch Untersuchungen abgestützte Prognosen

- zur jeweiligen Konversionsquote zwischen Bekanntheit und Erstversuch, die auf Werbung, Verkaufsgespräche, Öffentlichkeitsarbeit und direkte Briefwerbung zurückgeht
- zu Wiederholungskäufen
- zum Umfang der Erstversuche und Käufe bei unterschiedlichen Optionen zur Positionierung, zum Produkt und zur Preisgestaltung

Dies ist das weiter oben auf Seite 268 als Phase 4 beschriebene Modell. Anhand dieser Daten und dieses mathematischen Modells kann das Unternehmen zu jedem Schritt seines Konzeptmodells Prognosen erstellen und sie mit den Jahreszielen vergleichen. Ein Beispiel:

Zielerreichung nach Ablauf eines Jahres

	Nach 13 Wochen prognostizierte Zielerreichung	*Einzelziele und Gesamtziel*
Bekanntheit	37 %	53 %
Kauferwägung	15 %	22 %
Käuferanteil	3,2 %	4,7 %
Umsatzanteil in Dollar	1,6 %	2,4 %

In diesem Fall prognostizierte der Anbieter nach dreizehn Wochen, daß man nur 67 Prozent des geplanten Umsatzanteils erreichen würde (1,6 Prozent versus 2,4 Prozent). Diese Diskrepanz ergab sich aus der Schwäche der Werbekampagne im Bereich Bekanntheit. Das Ziel lag bei 53 Prozent Bekanntheit nach einem Jahr. Die Untersuchung prognostizierte jedoch, daß diese Quote angesichts des aktuellen Verlaufs der Kampagne nur 37 Prozent betragen würde. Eine Bewältigung dieses Problems würde die Wahrscheinlichkeit einer Einhaltung des Gesamtziels beträchtlich erhöhen.

Wenn das Management solch eine Prognose in Händen hält, muß es diagnostisch vorgehen und alle Gründe für den Fehlschlag auf der Bekanntheitsebene analysieren. Als mögliche Gründe kommen in Frage: ineffiziente Medienauswahl; Werbung, die keine Aufmerksamkeit erregt und nicht im Gedächtnis haftenbleibt; unzureichende Werbung am Verkaufsort bei den einzelnen Händlern; oder geringe Wirkung des Direktmarketing-progamms. In diesem Fall diagnostizierte der Anbieter schwache Werbung als das Problem. Die Werbeagentur entwickelte daraufhin eine neue Kampagne, die im weiteren Verlauf des Jahres getestet wurde und die Wende für das kränkelnde Produkt einläutete.

Eines unserer Lieblingsbeispiele für umsichtige Marketingkontrolle liegt schon zwanzig Jahre zurück. Coca-Cola dominierte damals den Limonadenmarkt, und Pepsi lag weit abgeschlagen an zweiter Stelle. Beide Unternehmen hatten neue Werbekampagnen entwickelt und starteten sie zufällig nur mit einer Woche Abstand voneinander. Die Kampagne von Coca-Cola lief unter dem Motto: »It's the real thing« (»das einzig Wahre«), und Pepsi warb mit dem Slogan: »You've got a lot to live and Pepsi's got a lot to give« (»Ihr könnt noch viel erleben, und Pepsi hat euch viel zu geben«). Mit einer stärker emotionalen und natürlichen sowie intimeren Färbung als all ihre Vorläuferinnen sprach die neue Pepsi-Kampagne Image und gesellschaftliches Umfeld einer reifer werdenden Pepsi-Generation an. Die ausdrückliche Betonung lag immer noch auf dem jungen Verbraucher, aber die technologisch fortschrittliche Dimension einer mobilen und aktiven Jugend wurde vom Bild einer offeneren, kontaktfreudigen und natürlichen Jugend zurückgedrängt. In der Werbung wurde kein einziges Wort gesprochen, die gesamte Botschaft zu dramatischer Orchesterbegleitung gesungen.[1]

Schon nach sechs Wochen hatte Pepsi gegenüber Coca-Cola einen uneinholbaren Vorsprung im Hinblick auf die Durchdringung der Kampagne herausgeholt. In Zahlen ausgedrückt erinnerten sich 30 Prozent der Colatrinker an etwas aus der Pespi-Werbung, aber nur 18 Prozent an ein Detail aus der Coca-Cola-Werbung. Und das, obwohl Coca-Cola mehr Geld für die Kampagne ausgab. Nach sechs Monaten, als Pepsi seinen Abstand immer noch vergrößerte, waren viele Brancheninsider davon überzeugt,

---

1 J. C. Louis und Harvey Yazijian, *The Cola Wars*, New York, Everest House Publishers, 1980, S. 246.

daß Coca-Cola einen Fehler begangen hatte, als man den Slogan »Things go better with Coke« (»Mit Coke läuft alles besser«) zugunsten von »It's the real thing« aufgab. Prognosen, die sich auf Marketingkontrollstudien stützten, deuteten auf einen so durchschlagenden Erfolg der Pepsi-Kampagne, daß die Pepsi-Umsätze in Lebensmittelläden – nur dort können die Verbraucher zwischen den beiden Cola-Riesen wählen – die von Coca-Cola bald überholen würden. Und eine Zeitlang erwiesen sich diese Prognosen auch als richtig. Pepsi konnte Coca-Cola im Hinblick auf die Werbeerinnerung und das Verbraucherverhalten im Markt vorübergehend von der ersten Stelle verdrängen.

Ein Leben nach dem Tode: Marketingkontrolle dient der Verbesserung von Marketingprogrammen

Eine Marketingkontrollstudie läßt sich auch effektiv zur Messung der Zielerreichung der einzelnen Modellstadien im Vergleich zur Konkurrenz durchführen. Nehmen wir das Beispiel Produktbekanntheit. Die Bekanntheit wächst exponentiell im Verhältnis zu den Marketingausgaben. Demzufolge kann ein Unternehmen mit Daten aus einer Kontrollstudie die Leistung seines Produkts im Vergleich zu Konkurrenzangeboten darstellen. Es kommt hier jedoch nicht so sehr darauf an, wie die Visa Card im Vergleich zur MasterCard abschneidet, Coca Cola im Vergleich zu Pepsi oder Ford im Vergleich zu Chrysler, sondern eher, wie Visa Card und MasterCard, Coca Cola und Pepsi sowie Ford und Chrysler gemessen am Umfang ihrer Marketinginvestition dastehen.

Abbildung 10.2 zeigt eine fiktive Verteilung. Aus rechtlichen Gründen können wir leider die tatsächlichen Daten nicht wiedergeben. Aber gehen wir für einen Augenblick davon aus, daß es sich um reale Zahlen handelt. Je mehr Geld die Unternehmen in das Marketing investieren, desto mehr steigt auch die Bekanntheit bei den Verbrauchern – ganz wie man sich das vorstellt. Der Computer errechnet die beste Lösung zu allen Daten und erstellt daraus eine Kurve, so wie sie im Diagramm gezeigt wird. Ein Unternehmen genau auf der gezogenen Linie läge genau im Durchschnitt. Unternehmen oberhalb der Kurve erfreuen sich größerer Bekanntheit, als es die Marketinginvestition erwarten läßt. Die Unternehmen unterhalb der Linie bleiben hinter den Erwartungen zurück. Das hypothetische Diagramm besagt also, daß American Express zwar am meisten Geld ausgibt, daß aber Visa Card gemessen an den Ausgaben bekannter ist. MasterCard, das in unserem fiktiven Beispiel fast genausoviel ausgegeben hat wie Visa, liegt nicht gut im Rennen. Sähe die Sache wirklich so aus, dann müßte man sich bei MasterCard um die Entwicklung und den Test alternativer Werbestrategien oder -durchführungen kümmern.

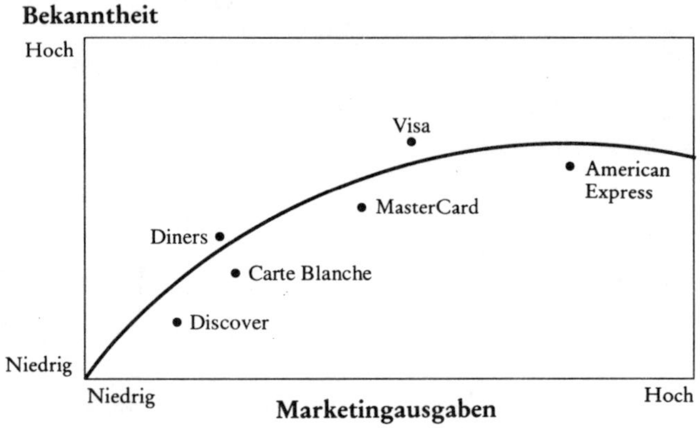

Abbildung 10.2: Kreditkarten

Auf die gleiche Weise kann man jede Kombinationsmöglichkeit des hypothetischen Modells in einer bestimmten Produktkategorie messen. Das Verhältnis zwischen Bekanntheit und Kauferwägung beispielsweise ist in der Regel linear. In den meisten Dienstleistungskategorien muß man erst ein gewisses Maß an Bekanntheit erreichen, ehe man damit rechnen kann, daß die Verbraucher einen Kauf in Erwägung ziehen. Bei einem Artikel, der spontan gekauft wird, spielt die Bekanntheit eine viel geringere Rolle.

Abbildung 10.3 mit verschlüsselten Daten aus der Versicherungsbranche illustriert unsere Ausführungen zur Linearität und zum hohen Maß erforderlicher Bekanntheit. In diesem Fall scheint Northwest Mutual mehr Kauferwägungen auszulösen, als es die Bekanntheitszahlen vermuten lassen. John Hancock dagegen bleibt hinter den Erwartungen zurück. Je größer der Abstand über der Linie, desto größer der Wettbewerbsvorteil des Unternehmens. Und je tiefer ein Unternehmen unter die Linie rutscht, desto schwächer ist seine Stellung im Wettbewerb.

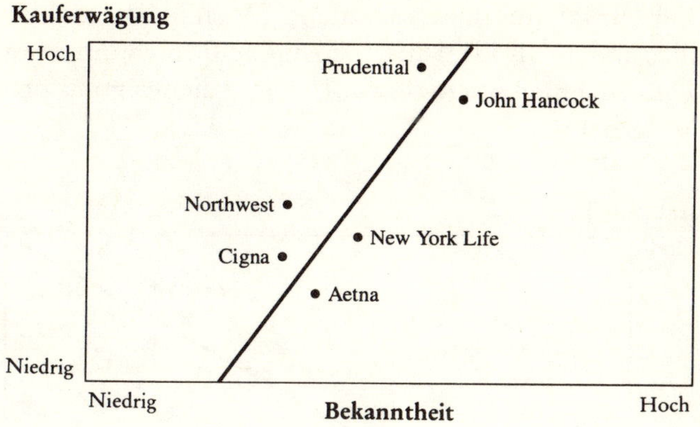

Abbildung 10.3: Versicherungen

Das nächste Glied in der Kette könnte die Umsetzung der Kauferwägung in das tatsächliche Kaufverhalten sein, das am Kundenanteil gemessen wird (Abbildung 10.4). Auch hier können wir die Daten in einem Schaubild darstellen, eine die Durchschnittsleistung bezeichnende Linie zwischen den verschiedenen Punkten ziehen und sofort erkennen, welche Unternehmen einen größeren und welche einen kleineren Anteil potentieller Kunden zu tatsächlichen Kunden machen können.

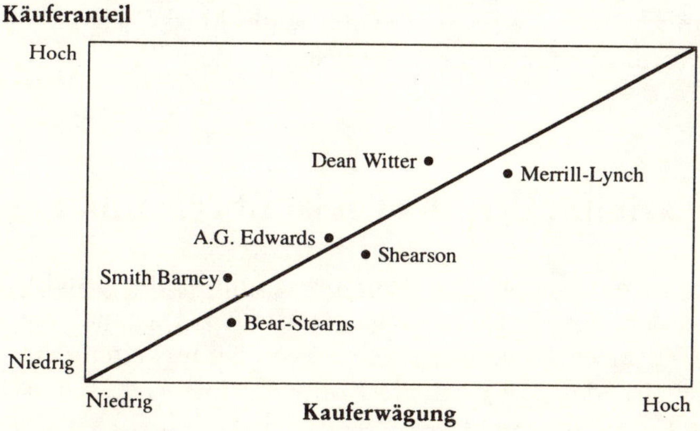

Abbildung 10.4: Makler

Schließlich gibt es noch die Verbindung zwischen Käuferanteil und Umsatzanteil. Im Idealfall zeigt sich hier eine 45-Grad-Linie, auf der sich alle Unternehmen befinden. Mit dem wachsenden Anteil von Käufern steigt auch der Umsatz des Unternehmens. Doch in Wirklichkeit sieht das Verhältnis alles andere als ideal aus, weil einige Firmen umsatzstärker sind als andere. Unternehmen oberhalb der Linie verdienen mehr pro Kunde als die Firmen unterhalb.

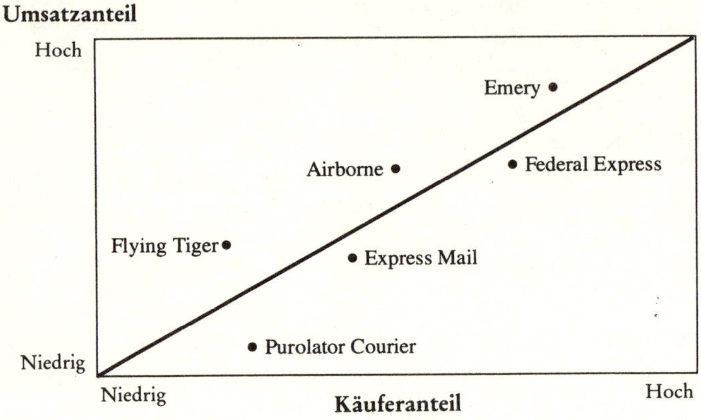

Abbildung 10.5: Paketzustelldienste

Wenn man weiß, wie das Unternehmen in den verschiedenen Stadien des Marketingmodells im Vergleich zur Konkurrenz abschneidet, dann kennt man auch die Stärken und Schwächen des Marketingprogramms. Bisweilen läßt sich mit solchem Wissen eine sterbende Marke wiederbeleben oder sogar eine tote wieder zum Leben erwecken.

Die Effektivität der Medien ist überprüfbar

Eine Frage wird in diesem Zusammenhang sehr häufig gestellt: Kann man den Beitrag der einzelnen Werbeträger feststellen? Darf man von Druckmedien mehr erwarten als vom Fernsehen, von landesweiten Anstalten mehr als von Kabelsendern? Ausgefeilte Kontroll- und Analysemethoden können solche Fragen beantworten.

Wir empfehlen Fragebogen zur Marktkontrolle, die Meßkriterien für Begegnungen mit jedem wichtigen Medium des Marketingprogramms enthalten. In der anschließenden Analyse kann das Unternehmen dann die Wirksamkeit der einzelnen Werbeträger ermitteln. Abbildung 10.6 zeigt zum Beispiel, daß sich für einen führenden Anbieter von Kopiergeräten, der sowohl an Industriebetriebe als auch an wohlhabende Privatkunden verkauft, eine Werbeinvestition in Zeitschriften und insbesondere in Wirtschafts- und Nachrichtenmagazinen mit Abstand am meisten auszahlt. Die Bekanntheit der Werbung stieg bei Käufern aus dem gewerblichen Sektor, die viele Wirtschaftsblätter lesen, um 63 Prozent, und bei solchen, die nur wenige lesen, um 11 Prozent. Im Gegensatz dazu ließ sich zwischen Käufern, die viel, und solchen, die kaum Werbung in landesweiten Fernsehanstalten sehen, kein nennenswerter Unterschied erkennen.

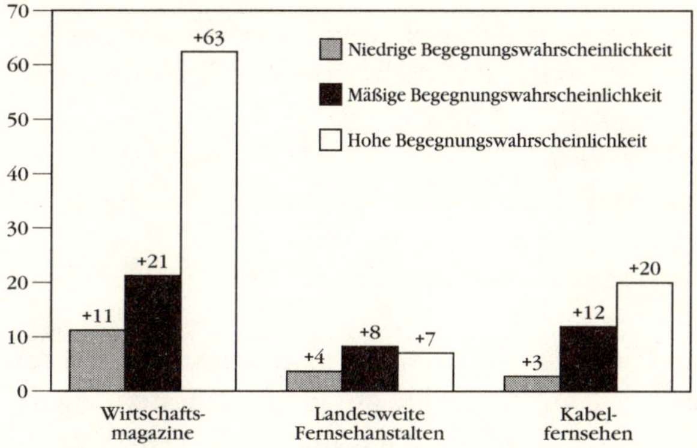

Abbildung 10.6: Die Auswirkungen von Medienbegegnungen auf die Werbedurchdringung bei Kopiergeräten

Ganz anders dagegen die Limonadenbranche. Hier sorgten die landesweiten Fernsehanstalten für einen drastischen Anstieg der Markenbekanntheit und der Erstversuchsquote, und die Printmedien schnitten nur mittelmäßig ab.

Wir wollen hier also nicht die Überlegenheit des einen Mediums gegenüber dem anderen beweisen, sondern zeigen, daß man die Effektivität der Medien erkunden und gegebenenfalls eine Diagnose zur Verbesserung der Kampagne stellen kann.

Von der Buchführung zum Aktionsplan

Alles in allem kann der Marketingexperte anhand umsichtiger Zielerreichungskontrolle nicht nur über die Leistungen des Marketingprogramms Buch führen, sondern er erhält auch einen Aktionsplan für die Zukunft.

Die Buchführung enthält die zugrundeliegenden Zahlen. Wie schneidet das Unternehmen im Hinblick auf die wichtigsten Erfolgsindikatoren gemessen an der Konkurrenz und über einen längeren Zeitraum hinweg ab? Die Antwort auf diese Frage ist zwar wesentlich, aber sie reicht als Information nicht aus. Nur mit Marketingintelligenz kann man sich über die Möglichkeiten orientieren, mit denen das Marketingprogramm so verbessert werden kann, daß es eine noch größere Rendite abwirft. Mit einer guten Marketingkontrolle und -analyse kann man sich dieses Wissen verschaffen und Fragen wie die folgenden beantworten:

- Erreichen wir unsere Einzelziele und unser Gesamtziel?
- Geben wir nicht zuviel und nicht zuwenig Geld für die Werbung und andere Komponenten des Marketingmix aus?
- Wie bewähren sich die Werbung in Massenmedien und die Öffentlichkeitsarbeit im Vergleich zu den Anstrengungen der Konkurrenz? Wie können wir ihre Wirkung verbessern?
- Welche Werbeträger verzeichnen den größten Erfolg? Welche den geringsten?
- Sind wir im Hinblick auf die Kundenwahrnehmungen und -einstellungen und die Leistungsfähigkeit auf dem neuesten Stand? Wenn nein, warum nicht? Wenn ja, können wir uns noch verbessern?
- Zu guter Letzt: Wirft unser Programm satte Gewinne ab, oder sollten wir unser Geld lieber einem Anlageberater anvertrauen? Wenn die Rendite nicht so überragend ist, wie können wir sie auf Vordermann bringen?

Die Marketingrevision: eine umfassende Jahresprüfung

Mit der Zielerreichungskontrolle erhält man auch eine unschätzbare Datenbank für die jährliche Marketingrevision, auf die kein Unternehmen verzichten sollte.

Diese Revision ist für die Marketingabteilung das, was die Rechnungsprüfung für die Buchhaltung ist. Das Marketingumfeld des Unternehmens, seine Marketingziele, die Strategien und sämtliche Aktivitäten werden einer umfassenden Revision unterzogen. So lassen sich Stärken und Schwächen im Ablauf ermitteln und Verbesserungsvorschläge für die Marketingpläne und -programme entwickeln (ein Grund, weshalb Marketingexperten von solch einer Revision wenig halten). Eine sorgfältig gestaltete Marketingrevision durchleuchtet die Effektivität der Marketingorganisation, die Produktivität der Marketingmaßnahmen und alle fachlichen Zusammenhänge innerhalb der Marketingorganisation.

Wegen ihrer umfassenden Anlage sollte eine solche Revision so systematisch wie möglich vorgenommen werden. Bevor die Prüfer das erste Dokument inspizieren und den ersten Mitarbeiter, Kunden oder Zulieferer befragen, muß das Unternehmen einen detaillierten Revisionsplan vorlegen. Dieser enthält alle wichtigen zu untersuchenden Bereiche und die notwendigen Fragen und Anhaltspunkte für die gewünschten Informationen. Jede Revision sollte zehn zentrale Punkte anpacken:

1. Eine Bestandsaufnahme der Schlüsselfaktoren, die sich im Lauf des vergangenen Jahres positiv oder negativ auf die Geschäftsleistungen ausgewirkt haben. Dabei sollten besonders die »Marketingüberraschungen« Berücksichtigung finden: die unvorhergesehenen Aktionen der Konkurrenz oder Veränderungen im Marketingklima, die die Leistungsfähigkeit der Marketingprogramme beeinflußt haben.
2. Eine Bewertung der Kundenzufriedenheit, gestützt auf Befragungen von wesentlichen Zielgruppen.
3. Eine Bestandsaufnahme zur Zufriedenheit der Händler, die auf Gespräche mit den wesentlichen Interessengruppen zurückgeht.
4. Eine Überprüfung der Kenntnisse, Einstellungen und Zufriedenheit aller Mitarbeiter in der Marketingabteilung.
5. Eine Untersuchung der Frage, wieweit sich das Topmanagement, die Marketingfachleute und die Mitarbeiter anderer Abteilungen für das Marketingprogramm engagiert haben.
6. Eine Bestandsaufnahme zur relativen Richtigkeit, sprich Gewinnorientierung, einzelner Entscheidungen im Marketingmix wie Zielplanung, Positionierung, Preisgestaltung, Werbung usw. nach Auswertung vieler Alternativen.
7. Eine Überprüfung zur Leistungsfähigkeit der Werbung, der Verkaufsförderung, des Verkaufsstabs und der Marktforschungsprogramme mit besonderer Betonung auf Fragen der Rentabilität.
8. Überaus wichtig: die Gesamteinschätzung zu der Frage, ob der Marketingplan seine ausgesprochenen finanziellen und nichtfinanziellen Ziele erreicht hat.
9. Eine Autopsie all jener Aspekte des Plans, die die Zielvorgaben nicht einhalten konnten, mit spezifischen Empfehlungen im Hinblick auf eine Leistungsverbesserung im nächsten Jahr.
10. Eine Einschätzung des aktuellen Markenwerts für jede Marke im Produktbestand.

Weitere Fragen beziehen sich auf den Zielmarkt (hat das Unternehmen die wichtigsten Marktsegmente ermittelt und überprüft?), auf die Konkurrenten (wer sind die wesentlichen Wettbewerber, wie sieht ihre Marktstellung aus und wie ihre Entwicklung?), Preisgestaltung (welche aktuelle Preisstrategie verfolgt das Unternehmen?), Absatzkanäle (welche Trends herrschen im Distributionsbereich vor?), Vertriebsapparat (werden die Vertriebskosten geplant und kontrolliert?), Werbung (wie mißt das Unternehmen die Effektivität der Medien?) und Verkaufsförderung (unterstützen die verkaufsfördernden Maßnahmen ein Marketingziel?). Darüber hinaus ist es üblich, spezifische Fachbereiche anhand von gesonderten Revisionen zu überprüfen. Für solche Maßnahmen kommen vor allem das Produktmanagement und die Marketingabteilung in Frage.

Genauso wie man eine selbständige Firma zur Revision der Bücher hinzuzieht, sollte man eine von der Marketingabteilung unabhängige Person oder Organisation mit der Marketingüberprüfung betrauen. Doch eine Revision durch Dritte ist nicht in jedem Fall möglich, weil es Außenstehenden vielleicht an den nötigen Kenntnissen fehlt. Dann muß das Unternehmen die Revision von internen Mitarbeitern vornehmen lassen. Obwohl das Topmanagement von Unternehmensangestellten natürlich keine hundertprozentige Neutralität erwarten kann, haben wir dennoch schon des öfteren Fälle beobachtet, in denen eine Revision von einer internen Arbeitsgruppe professionell und objektiv durchgeführt wurde.

Nach unserer Überzeugung sollte jedes Unternehmen regelmäßig – im allgemeinen einmal pro Jahr – Marketingrevisionen ansetzen. Solche periodisch wiederkehrenden Prüfungen schützen das Unternehmen weitgehend vor unangenehmen Überraschungen und ermöglichen es ihm, Mängel zu korrigieren, bevor sie sich zu einer ernsthaften Krise auswachsen. Wenn das Unternehmen erst eine Krise abwartet, ehe es eine Marketingrevision in die Wege leitet, dann kann es leicht sein, daß die unerquicklichen Überraschungen dem Management bereits über den Kopf gewachsen sind.

Die Marketingrevision ist ein Planungsinstrument, das über die alltäglichen Kontrollaktivitäten des Managements hinausgeht. Sie gibt Aufklärung nicht nur über die Leistungsfähigkeit des Unternehmens in seinem derzeitigen Wirkungsbereich, sondern auch darüber, ob es sich überhaupt um den richtigen Wirkungsbereich handelt. Angesichts der Ergebnisse verschlägt es dem Topmanagement manchmal richtiggehend die Sprache, besonders wenn das Unternehmen eine solche Revision zum ersten Mal durchführt. Wir kennen so manchen Fall, in dem die Revision eklatante Widersprüche zwischen Wirklichkeit und Anspruch des Unternehmensmanagements enthüllte. Aber es ist immer noch besser, das Unternehmen erfährt von seinen Unzulänglichkeiten durch einen neutralen Prüfer als durch einen verärgerten Kunden oder gar durch einen aggressiven Konkurrenten.

Im Zuge der momentan stattfindenden Marketing-Revolution müssen die Unternehmen Veränderungen am Markt erkennen und sich blitzschnell darauf einstellen. Sie müssen ihre Marketinganstrengungen überwachen und den Marketingprozeß regelmäßigen Revisionen unterziehen. So verfügen sie über die nötigen Informationen zur Behebung kleinerer Probleme, bevor sich diese zu ernsthaften Krisen ausweiten. Nur so können die Unternehmen den Übergang vom Harakiri-Marketing zur Marketingintelligenz vollziehen.

Leistungsbewertung des Marketingprogramms

- Führen Sie schon lange vor dem Start des Marketingprogramms eine »Zuversichtsanalyse« für zehn Erfolgsfaktoren durch.
- Setzen Sie sich spezifische, realistische und meßbare Einzel- und Gesamtziele.
- Richten Sie ein ausgefeiltes Zielerreichungskontrollsystem ein, mit dem Sie die Leistungen laufend an den Zielvorgaben messen können.
- Sorgen Sie dafür, daß Sie mit Hilfe dieses Systems die Erfolge Ihres Marketingprogramms mit denen der Konkurrenz vergleichen können.
- Gestalten Sie das System so, daß es nicht nur zum Erbsenzählen dient. Buchführung allein reicht nicht. Für eine Verbesserung des Programms müssen Sie auf Marketingintelligenz rechnen können.
- Genauso wichtig ist die jährliche Marketingrevision. Sie sollte mit der gleichen Sorgfalt und Ernsthaftigkeit vorgenommen werden wie die jährliche Buchprüfung.
- Beantworten Sie sich am Ende des ersten Jahres folgende Frage: Wirft Ihre Marketinginvestition eine akzeptable Rendite ab?

11. Mikromarketing: viele Märkte in einem

Eins-zu-eins-Marketing ist die logische Fortsetzung der Zielplanung. Im Zuge der Zielplanung sucht man nach den Leuten, die sich am meisten für die Produkte oder Dienstleistungen des Unternehmens interessieren. Man ermittelt also Gruppen, die als potentielle Kunden in Frage kommen.

Doch allgemein zugängliche Informationen über aktuelle und potentielle Kunden ermöglichen mittlerweile auch kosteneffizientes Marketing gegenüber Einzelpersonen. Dies kann als Sonderform des Direktmarketing betrachtet werden, aber diese Form des Marketing büßt in ihrer konventionellen und inzwischen auch sehr beliebten Spielart immer mehr an Effizienz ein. Die Zahl der Kundenkontakte steigt, und gleichzeitig nimmt die Zahl der Antworten pro Angebot ab. Schon äußert sich die Versandhausbranche besorgt darüber, daß eine Flut von Katalogen die Verbraucher eher abstößt als anlockt.

Wir sind überzeugt davon, daß sich das Direktmarketing mit effizientem Einsatz von Zielplanungsmethoden und Datenbanken erheblich verbessern läßt. Neueste Entwicklungen gestatten es dem Marketingspezialisten, Namen und Adressen der für das Unternehmen optimalen potentiellen Kunden abzurufen.

Damit sind konventionelle demographische Kodierungsmodelle überholt, mit deren Hilfe der Marketingexperte Gegenden oder Bevölkerungsgruppen mit einem hohen Anteil potentieller Kunden ermittelt. Letzten Endes geht die neue Technik über die Zielplanung hinaus und erlaubt die Gestaltung und Verwirklichung individueller Marketingprogramme vergleichbar der Computerdarstellung eines weltweiten Kriegs in dem Film *The Wargame*.

Im Vorfeld dieser Revolution in der Zielmarktplanung muß der Vorstandsvorsitzende einige Schlüsselfragen zu den aktuellen Bemühungen des Unternehmens im Direktmarketing stellen:

Die Kernpunkte:
Was ein Vorstandsvorsitzender wissen will

1. Wie bewähren sich unsere Direktmarketingprogramme? Wächst ihre Leistungsfähigkeit, oder nimmt sie wie die der meisten Programme ab?
2. Sind unsere Systeme zur Kundenselektion auf dem neuesten Stand, oder benutzen wir konventionelle Ansätze wie Adressenlisten oder demographische Standardsysteme?
3. Berücksichtigt unser System zur Kundenselektion die jüngsten Entwicklungen in der Methodik der Marktforschung?
4. Führt unser System der Kundenselektion zu einer Liste mit den Namen und Adressen von Leuten, die unsere Produkte oder Dienstleistungen mit Sicherheit wollen?
5. Haben wir im Hinblick auf die Realisierung eines Direktmarketingprogramms schon einmal an die Entwicklung eines automatisierten Systems gedacht, das über die bloße Erstellung einer Namenliste hinausgeht?

Eine Kostprobe des Eins-zu-eins-Marketing

Der Tag ist nicht mehr fern, an dem Sie vielleicht vom besten Kaufhaus am Ort einen Brief wie den folgenden erhalten:

Sehr geehrter Herr Gilfeather,

haben Sie auch nicht den Geburtstag Ihrer Frau Maureen in zwei Wochen am 27. Februar vergessen? Wir hätten das ideale Geschenk für sie auf Lager.

Sie wissen ja, wie sehr sie die Kleidung von Escada liebt, und wir freuen uns, Ihnen ein wirklich wunderbares Kostüm in ihrer Lieblingsfarbe Rot und in ihrer Größe anbieten zu können. Bei einem Preis von 1250 Dollar sparen Sie gegenüber dem üblichen Einzelhandelspreis 250 Dollar.

Wenn Sie es wünschen, kann ich das Kostüm ohne zusätzliche Kosten als Geschenk verpacken und Ihnen nächste Woche mit der Post zustellen lassen, damit Sie es auf jeden Fall rechtzeitig bekommen. Wir können das Kostüm aber auch für Sie zurücklegen, wenn Sie es lieber selbst abholen möchten. Vielleicht können Sie mir in den nächsten zwei Tagen telefonisch mitteilen, wie Sie sich entschieden haben.

In jedem Falle freuen wir uns, Sie auch weiterhin als Stammkunden unseres Hause betreuen zu dürfen, und hoffen, bald von Ihnen zu hören.

Mit freundlichen Grüßen
Kathy Lester
Geschäftsführerin

Wir betonen es noch einmal: Die Märkte spalten sich auf, die Medienlandschaft wird immer vielfältiger, und eine immer größere Zahl von Produkten überschwemmt den Markt. Welchen Artikel kann man heute noch als Massenmarktprodukt bezeichnen? Coca-Cola? Möglich. Vielleicht aber auch nicht, wenn man an Coke denkt, an Coke Classic, Cherry Coke, Coca-Cola Light, koffeinfreies Coke, koffeinfreies Coke Classic, koffeinfreies Coca-Cola Light, die alle in 0,33-Liter-Dosen, 1-Liter- und 2-Liter-Flaschen erhältlich sind.

Louis W. Stern, Marketingprofessor an der J. L. Kellogg Graduate School of Management der Northwestern University, schreibt zu diesem Thema: »Im Marketing der neunziger Jahre wird es um jeden Quadratzentimeter Boden heftige Grabenkämpfe geben.« Und Joel D. Weiner, geschäftsführender Vizepräsident der Marketingabteilung von Kraft, USA, ergänzt: »Das einheitliche Amerika aus der Sage ist verschwunden. Wir setzen uns aus einem Mosaik von Minderheiten zusammen. Alle Unternehmen müssen sich mit ihren Marketingprogrammen stärker an Schichten, Nischen oder besonderen Kundenwünschen orientieren.«

Noch einige Beispiele. Waldenbooks unterhält ein Sonderprogramm für seine bevorzugten Leser. Dieses sieht vor, daß den besten Kunden Bücher ihres Interessenbereiches in einem persönlichen Brief und zu herabgesetzten Preisen angeboten werden. In der Hotelkette »Vier Jahreszeiten« begrüßt die Belegschaft die Gäste mit ihrem Namen und erinnert sich an ihre individuellen Wünsche. Und Merrill Lynch brachte erst jüngst ein Investitionsangebot heraus und sandte zu diesem Zweck allen Kunden eine persönliche Analyse ihrer Kapitalanlagen, aus der ihre persönliche Rendite für den Fall hervorging, daß sie das neue Angebot wahrnehmen würden.

Umstrukturierung der Unternehmen

Aber der Trend zum Eins-zu-eins-Marketing erfaßt nicht nur den Kontakt der Unternehmen zum Kunden, sondern auch die Unternehmen selbst.

Herbert M. Baum, Präsident von Campbell USA, erklärt, daß das Topmanagement des Unternehmens bereits Mitte der achtziger Jahre erkannte, daß die Vereinigten Staaten kein Massenmarkt für Konsumgüter mehr waren, sondern eine Reihe von regionalen Märkten. Campbell zog die Konsequenzen aus dieser Erkenntnis und teilte seine Verkaufsorganisation in einundzwanzig zum großen Teil autonome regionale Unternehmensbereiche auf, die alle für die regionale Marktplanung und die zugehörigen Ausgaben zuständig sind. Die Verantwortung im Unternehmen wanderte in der Hierarchie nach unten zu den Außendienstmitarbeitern, die in Markenverkaufsmanager umbenannt wurden. Diese Leute verfügten kaum über Marketingerfahrung, hatten aber die volle Verantwortung für das Marketingbudget. Die Wende brachte für Campbell einige Probleme mit sich, und Baum mußte wochenlang herumreisen, um die Betroffenen zu beschwichtigen: »Ich nahm an Diskussionsrunden teil und setzte Verkäufern und Kunden die Vorteile der Regionalisierung auseinander.« Doch gleichzeitig stiegen Umsatz, verkaufte Stückzahlen und Gewinne. »Wir sind felsenfest davon überzeugt, daß es geklappt hat. Wir hatten noch nie so hohe Umsatzzahlen«, meinte Baum.

1988 teilte General Foods nach einem Test in Denver das Land in Regionen auf und bildete einzelne Niederlassungen, die direkt an die verschiedenen Einzelhändler verkauften. Die Manager von General Foods können anhand der Computerdaten des Einzelhandels bestimmen, welche und wie viele Produkte die jeweiligen Läden führen sollten.

Es fällt nicht schwer, regionale Präferenzen im Lebensmittelverbrauch zu verstehen und sich darauf einzustellen. Campbell verkauft im Südwesten mehr Chili als in New England. Und daher ist es auch ohne weiteres einzusehen, weshalb die Manager in lokalen Märkten über die Autorität und die Mittel verfügen müssen, um auf Schachzüge der Konkurrenz zu reagieren oder plötzlich sich ergebende Marktchancen auszunutzen.

Weniger leicht fällt es dagegen, das Schrumpfen oder Auseinanderbrechen traditioneller Massenmärkte zu begreifen und angemessen darauf zu reagieren. Massenmarketing konnte sich durchsetzen, weil es den herkömmlichen Absatzstrategien überlegen war. Der Supermarkt arbeitet effizienter als die altmodische Gemischtwarenhandlung, weil der Einzelhändler viele Tätigkeiten an andere delegiert. Früher mußte der Verkäufer Mehl, Zucker, Gebäck, Kaffee und andere Massengüter selbst verpacken. Diese Funktionen hat der Hersteller mittlerweile längst übernommen und mechanisiert. Früher mußte der Verkäufer alle Artikel selbst aus dem Regal holen, heute bedienen sich die Kunden selbst. Und die Effizienz der Supermärkte kann auch weiterhin gesteigert werden. Besonders geschäftstüchtige Ketten arbeiten mit sogenannten *Gangmanagern*. Das heißt, ein Manager ist für die Gewinne in einem Gang eines Ladens verantwortlich, wobei man sich einen Gang einfach als eine Gruppe verwandter Produkte vorzustellen hat.

Die Massenmedien wuchsen – zuerst die Zeitschriften, dann das Radio und schließlich das Fernsehen –, weil man so die Leute mit der Werbung leichter und in größerer Zahl erreichen konnte. Mit jedem neuen Medium wuchs die Werbewirksamkeit. Das Radio brachte Geräusche und Musik, das Fernsehen Bewegung und Farbe. Doch auch abgesehen von den medienimmanenten Unterschieden sanken die Kosten für das Erreichen eines einzelnen potentiellen Kunden von Medium zu Medium. Auch wenn man mit diesen Ressourcen verschwenderisch umging, war die Werbung auf den einzelnen umgelegt so billig, daß sich niemand daran störte. (»Ich weiß, daß die Hälfte meiner Werbung hinausgeworfenes Geld ist«, soll John Wanamaker einmal gesagt haben, »ich weiß bloß nicht, welche Hälfte.«) Aber heute mit der zunehmenden Fragmentierung der Märkte nehmen Verschwendung und damit Kosten immer mehr überhand.

Vielleicht lohnt sich die Werbung in landesweiten Fernsehanstalten, wenn die Hälfte der Zuschauer potentielle Kunden sind. Vielleicht lohnt sie sich auch noch, wenn nur ein Viertel der Zuschauer als Kunden in Frage kommt. Und vielleicht lohnt sie sich sogar noch, wenn nur 10 Prozent der Zuschauer potentielle Kunden sind. Aber dennoch sinkt die Effizienz des Mediums immer stärker, je weniger potentielle Kunden im Publikum sitzen. Und ab einem gewissen Punkt spielt der aufmerksame Manager mit dem Gedanken an eine Alternative.

Natürlich kommt es pro Kopf gerechnet teurer, weniger Leute zu erreichen und zu motivieren, als wenn man ein Massenpublikum anspricht. Aber nicht nur wir haben ja schon wiederholt darauf hingewiesen, daß es so etwas wie das traditionelle Massenpublikum nicht mehr gibt. Die Käufergruppen sind nicht nur zusammengeschrumpft, sie haben sich auch aufgespalten. Wie das Coca-Cola-Beispiel veranschaulicht, bedeuten neue Konkurrenten, Produkte, Marken, Markenerweiterungen nichts anderes, als daß es kaum mehr eine Produktkategorie gibt, in der die Anbieter nicht um die Dominanz über relativ kleine Märkte ringen.

Als Reaktion auf diese Entwicklung greifen die Marketing- und Werbespezialisten auf Datenbankmodelle und Mikromarketing zurück, um ihr Zielpublikum kosteneffizienter und wirksamer zu erreichen.

Datenbanken sind eigentlich nur elektronische Aktenschränke

Bevor wir genauer erklären können, was sich hinter der Vorstellung eines elektronischen Aktenschranks verbirgt, brauchen wir zunächst einige Definitionen. Eine Datenbank ist nur eine Ansammlung von Informationen. Die Rollkartei auf dem Schreibtisch der Sekretärin ist eine Datenbank. Das Telefonbuch ist eine Datenbank. Und auch ein von Verkaufsbelegen überquellender Aktenschrank ist eine Datenbank.

Der Computer brachte zwei Entwicklungen. All diese Informationen können elektronisch gespeichert werden, und es ist möglich, diese Daten automatisch nach allen Punkten zu durchforsten, die mittels bestimmter Kriterien gekennzeichnet sind. Man könnte beispielsweise ein Telefonbuch von Manhattan dazu benutzen, um nach allen Leuten zu suchen, die in der West 79th Street wohnen. Es würde eine Weile dauern, aber möglich ist es. Gäbe es das Manhattan-Telefonbuch aber auf einem Computer, dann könnte das Gerät jeden Bewohner der West 79th Street in Sekundenschnelle ermitteln.

Datenbankmodelle verwenden individuelle Verbrauchermerkmale wie Alter, Einkommen, Interessen, Immobilienbesitz und Hunderte mehr und schreiben ihnen einen Zahlenwert zu. Diese aus einer Formel errechneten Zahlenbewertungen können sich für ein Unternehmen als sehr aussagekräftig erweisen. Kreditinstitute etwa, die ähnliche, wenn auch viel einfachere Bewertungssysteme benutzen, können die Wahrscheinlichkeit berechnen, mit der ein Kunde seinen Zahlungsverpflichtungen aus einem Kredit nicht nachkommt. Sie schreiben dem Einkommen, der bisherigen Länge des Arbeitsverhältnisses, dem Typ und dem Umfang der Kreditaußenstände, dem Immobilienbesitz, dem Beruf, den Bankkonten und den vergangenen Zahlungsmodalitäten und so weiter des Betreffenden je einen Zahlenwert zu. Daraus bilden sie eine Formel und erhalten aus dem Vergleich mit einschlägigen Erfahrungen des Kreditgeschäfts die statistische Wahrscheinlichkeit, mit der der Betreffende seinen Kredit ordnungsgemäß zurückzahlt.

Ein Unternehmen kann nicht von vornherein wissen, was einen potentiellen Kunden zum Kauf bewegt. Aber wenn ein Unternehmen genug über seine Kunden weiß und andere Leute finden könnte, die ähnliche Merkmale aufweisen, dann hätte es die besten potentiellen Kunden aufgespürt. Verbraucher, die für einen Kauf am ehesten in Betracht kommen, sollten sich ermitteln lassen. Neue Verbindungen zur Informationstechnologie lassen aus dem Wunsch, anhand von Datenbankmodellen die Vielfalt der Verbraucher in den Griff zu bekommen, Wirklichkeit werden.

Aber die Informationstechnologie für sich genommen ist nur eine Gelegenheit und noch keine Lösung. Nur wer neue Systeme zur Datensammlung, umfassende Datenbanken über Einzelpersonen und Haushalte sowie einfallsreiche Berichtssysteme entwickelt, darf hier auf Erfolge hoffen. Im Augenblick bietet die Informationstechnologie in erster Linie noch ein Instrumentarium zur Aufspürung von Marktbedürfnissen und möglichen Anwendungen.

Eine solche Gelegenheit besteht im Bedürfnis des Marketingspezialisten, die potentiellen Kunden effizient von den Nichtkunden zu unterscheiden. Da der Prozentsatz wahrscheinlicher Käufer in der Gesamtbevölkerung bei sehr vielen Produkten und Dienstleistungen oft bei weniger als 1 Prozent liegt, kommt dieses Unterfangen der berühmten Suche nach der Stecknadel im Heuhaufen gleich.

Nehmen wir ein einfaches, aber sehr typisches Beispiel. Der potentielle Markt besteht aus 50 Millionen Menschen bei sehr geringer Marktdurchdringung (also fast nur Nichtkunden); die Akquisitionskosten betragen 49 Dollar, und der durchschnittliche Lebenszeitwert pro Kunde beträgt 225 Dollar. Welche potentiellen Kunden lassen sich in diesem Fall am besten erreichen, und wie kann der Anbieter sie am günstigsten erreichen?

Natürlich wollen wir die wahrscheinlichen Käufer unserer Produkte finden und erfahren, *wie* wahrscheinlich wir mit ihrem Kauf rechnen können. Ist die Wahrscheinlichkeit *sehr* hoch oder nicht so hoch? Liegt die Kaufwahrscheinlichkeit bei 0,9 (kaufe fast mit Sicherheit) oder eher bei 0,1? Die Statistik sieht hier folgendermaßen aus: Von zehn Leuten mit einer Kaufwahrscheinlichkeit von 0,9 kaufen neun das fragliche Produkt, wenn sie im Laden sind. Nur einer wird den Laden mit leeren Händen verlassen. Aber man kann nicht wissen, welche neun kaufen werden. Man weiß nur, daß neun von zehn das Produkt erwerben. Ganz ähnlich wird von zehn Leuten mit einer Kaufwahrscheinlichkeit von 0,1 nur einer das Produkt kaufen. Und wieder kann man unmöglich vorhersagen, wer von den zehn das sein wird. Freilich hätten die Anbieter, ganz zu schweigen von den Einzelhändlern, den Laden lieber voller 0,9-Kunden.

Wir gehen also von einer Marktgröße von 50 Millionen Leuten aus. Weiterhin unterstellen wir einen Anteil von Interessenten von 1 Prozent, also 500 000 Käufer, und einen durchschnittlichen Lebenszeitwert von 225 Dollar pro Person. Wenn die Produktkosten pro Person 171 Dollar ausmachen, dann stellen diese Käufer eine Nettoeinnahme von 27 Millionen Dollar (Umsatz minus Produktkosten) dar. Durchschnittliche Werbekosten von 49 Dollar pro Kopf für Akquisition und Bindung der Kunden vorausgesetzt, beläuft sich der Reingewinn des Unternehmens angesichts dieser Käuferschaft auf 2 500 000 Dollar.

Aber man darf nicht vergessen, daß zwar der Anteil von Interessenten *durchschnittlich* bei 1 Prozent liegt, daß es aber bei dem einen oder anderen prospektiven Kunden durchaus mehr kosten kann, ihn zu überzeugen. Die Akquisition von Kunden stellt man sich am besten als Kontinuum vor. Auf der einen Seite reagieren die potentiellen Kunden sofort auf das Angebot des Unternehmens, und auf der anderen Seite bedarf es großer Werbeanstrengungen und mühevoller Überzeugungsarbeit.

In unserem Beispiel gehen wir also davon aus, daß es nur 46 Dollar kostet, die interessierteren Kunden zu erreichen und zu binden. Diese Gruppe macht drei Viertel der gesamten potentiellen Kundschaft aus. Für die 25 Prozent potentieller Kunden, die sich am schwersten aus der Reserve locken lassen, liegen die Akquisitionskosten dementsprechend bei 58 Dollar pro Kopf. Angenommen nun, es wäre möglich, alle 500 000 Verbraucher der Zielgruppe in der Reihenfolge ihres Interesses aufzugliedern: oben die 375 000 Käufer mit stärkerem Interesse, und unten die 125 000, die sich bitten lassen.

Mit diesem Wissen könnte sich ein Unternehmen zunächst an die interessiertere Kundschaft wenden und seine Bemühungen nach den ersten 375 000 erreichten Kunden einstellen. So würde das Unternehmen mit 75 Prozent des Marktes mehr verdienen als mit dem ganzen Markt. Die Marketingkosten im letzten Viertel des Marktes steigen nämlich über 54 Dollar pro Kopf an und liegen damit über den Grenzkosten des Unternehmens.

Ein Unternehmen muß nicht unbedingt danach streben, möglichst viele Kunden zu gewinnen. *Tatsächlich kann man sehr viel mehr verdienen, wenn man weniger potentielle Kunden auf effiziente Weise erreicht.* Natürlich kommt alles darauf an, ob man diese potentiellen Kunden findet und erreicht.

Und damit wären wir wieder beim Eins-zu-eins-Marketing. Dem Marketingspezialisten ist es heute möglich, genaue Angaben über Namen und Adressen jener Verbraucher zu erhalten, die am wahrscheinlichsten als Kunden für bestimmte Produkte oder Dienstleistungen in Frage kommen. Porsche könnte also zum Beispiel eine Videokassette nur an die Leute schikken, die am ehesten den Kauf eines Porsche in Betracht ziehen. Und Panasonic könnte den Versand seiner Prospekte auf Personen eingrenzen, die mit großer Wahrscheinlichkeit am Kauf eines Fernsehgerätes mit einem 100-cm-Bildschirm interessiert sind.

Aber die Anwendungsmöglichkeiten solcher Datenbankmodelle sind nicht auf exklusive Produkte und kleine Märkte beschränkt. Auch Anbieter abgepackter Waren können das System benutzen. Zum Beispiel liegt die eigentliche Schwierigkeit mancher neuer Waschmittel, Shampoos, Zahncremes oder Zigaretten darin, die Verbraucher zu einem ersten Versuch zu bewegen. Wenn sie das Produkt erst einmal ausprobiert haben, dann kaufen sie es auch wieder. Weiß das Unternehmen jedoch nicht von Anfang an, an welcher Zielgruppe es sich orientieren muß, dann steigen die Kosten für die Kostprobenverteilung unter Umständen ins Unermeßliche. Hier hängt der Erfolg davon ab, ob man die Verbraucher findet, die dem Produkt nach einem ersten Versuch die Treue halten. Anhand von Datenbankmodellen lassen sich diese Verbraucher ohne weiteres ermitteln.

Wir fänden gern die Stecknadel im Heuhaufen, haben uns aber auf dem Weg zum Bauern verlaufen

Welche Wege beschreiten die Marketingexperten, um eine wirksame und rationelle Suche nach der Stecknadel zu gewährleisten? Wir sind zwar bereits in Kapitel 4 ausführlich auf die Zielplanung zu sprechen gekommen, möchten das Thema aber hier noch einmal aus einer etwas anderen Perspektive durchleuchten, um die neue Technologie auch in diesem Kontext zu würdigen.

Trotz aller Unterschiede von Unternehmen zu Unternehmen und von Branche zu Branche wird doch im allgemeinen einer von vier Ansätzen zur Zielplanung beherzigt:

1. *Systematisch: »Versuch und Irrtum«.* Dieser Ansatz ist besonders bei Versandhäusern verbreitet. Das Unternehmen testet und vergleicht verschiedene Kombinationen aus Positionierung, Preis, Verpackung und Kundenadressen. Eine Auswahlgruppe von Kunden wird angeschrieben, um herauszufinden, welche Kombination auf den größten Anklang stößt. Mit dieser Methode ermittelt das Unternehmen die verheißungsvollste Kombination, die dann an sämtliche Kunden versandt werden kann. Solche Tests können einem jedoch sehr schnell über den Kopf wachsen. Zwei Positionierungen, drei Preise, drei Verpackungen und vier Adressenlisten ergeben zusammen schon zweiundsiebzig Kombinationen. Das Management testet jedoch nur selten alle Möglichkeiten und wählt statt dessen gezielt die nach seiner Erfahrung und Meinung besten Alternativen aus. Wenn die Manager über die erforderliche Kompetenz verfügen, reduzieren sie die Zahl der für die Tests nötigen Kombinationen anhand einer Versuchsanordnung.

Doch neben dem zeitlichen und finanziellen Aufwand für den Test verschiedener Kombinationen tut sich noch ein weiteres Problem auf. Angenommen, das Unternehmen findet heraus, daß die Abonnentenliste des *Fortune* im Vergleich zu den Listen von *Forbes*, *Business Week* und *Wall Street Journal* die günstigste Entwicklung verspricht. Aber wenn das Unternehmen die *Fortune*-Liste bereits ausgeschöpft hat, was dann? Dann muß man die ganzen Testreihen noch einmal veranstalten, weil man nicht ohne weiteres unterstellen kann, daß die bei *Fortune*-Abonnenten erfolgreichste Kombination auch die *Wall Street Journal*-Abonnenten in Begeisterung versetzt. Die Ergebnisse für eine Klientel lassen sich nicht auf eine andere übertragen. Das Unternehmen weiß zwar, welche Kombination bei einer bestimmten Kundenliste die größten Erfolge verzeichnet, aber es weiß nicht, warum, und kann seine Erfahrung daher auch nicht auf andere Listen ausdehnen. Als Ausweg versuchen es die Direktanbieter mit Listen, die sich überschneiden. Aber damit reduziert man natürlich wieder die neuen Listen, weil man ja die Verbraucher abziehen muß, die die Kombination bereits gesehen haben.

2. *Modell »bester Kunde«*. Ausgehend von hausinternen Daten trifft man mit diesem Ansatz Vorhersagen über das Interesse aktueller Kunden auf gezielte Marketingmaßnahmen. Das heißt, das Unternehmen richtet eine Datenbank ein und ermittelt damit die »besten Kunden«. Darauf aufbauend erstellt man ein Modell der Merkmale bester Kunden. Dieses wendet man auf die gesamte Datenbank an, die man so in der Reihenfolge des voraussichtlichen Kundeninteresses ordnen kann.

Diese Methode hat leider zwei kleine Schönheitsfehler. Zum einen ist die Liste begrenzt, und zum anderen *könnten die aktuellen Kunden für ein neues Produkt die allerschlechtesten Kunden sein*. Die Gründe dafür können fast in jedem Element des Marketingmix liegen: im Vertriebsnetz, in der Werbung, in der Kommunikation. Dies ist ein überaus wichtiger Punkt. Ein sehr weit verbreiteter Aberglaube besagt, daß die besten potentiellen Kunden eines Unternehmens seinen aktuellen Kunden aufs Haar gleichen müssen. Anbieter von Investitions- und Konsumgütern gleichermaßen hängen diesem Irrglauben an.

So manches Unternehmen muß sich stark ins Zeug legen, um eine nicht gerade optimale Gruppe von Kunden zu gewinnen. Beispielsweise könnte ein Unternehmen seine derzeitigen Kunden nur deshalb haben, weil es sein Produkt anfangs hauptsächlich von gehobenen Einzelhändlern vertreiben ließ. Die Käufer des Produkts sind die Wohlhabenden, die solche Läden aufsuchen. Hätte das Unternehmen zu Beginn mit seinem Produkt einen anderen Absatzweg beschritten, dann hätte es vielleicht einen fünfmal größeren Markt erschlossen, der sich mit halbem finanziellen Einsatz erreichen läßt. Für einen völligen Neubeginn wären die derzeitigen Kunden bestimmt nicht die beste Zielgruppe und für neue Produkte oder Dienstleistungen erst recht nicht.

3. *Geodemographische Clustersysteme.* Diese Systeme halten sich an das Prinzip »gleich und gleich gesellt sich gern«. Reiche Leute leben normalerweise in einer Gegend, in der auch andere Wohlhabende leben, und ethnische Minderheiten leben in der Nachbarschaft von Menschen ähnlicher Herkunft. Die allgemeine Voraussetzung heißt also Homogenität der Wohngegend. Der geodemographische Ansatz kombiniert Daten über geographische Einheiten wie Postbezirke, Volkszählungsgebiete, Blockbewohner etc. mit Informationen über die gemeinsamen demographischen Merkmale der Gruppen. Clustersysteme wie Prizm, Vision und Cluster Plus folgen diesem Muster in denkbar einfacher Form.

Nehmen wir zum Beispiel einen der über 46000 Postbezirke der USA, und wir erfahren, daß das Durchschnittsalter bei vierunddreißig und das Durchschnittseinkommen pro Haushalt bei 37000 Dollar liegt und daß sich der durchschnittliche Wert der eigenen vier Wände auf 182000 Dollar beläuft. Aus den Volksbefragungsdaten erfahren wir auch die Rassenzugehörigkeit, die Verteilung der Geschlechter, das durchschnittliche Bildungsniveau und die für einen Postbezirk typischen Berufe. Solche Informationen können sehr interessant und oft auch nützlich sein, wenn man damit umgehen kann.

Die Grenzen geodemographischer Daten – und die Grenzen der meisten Clustersysteme, selbst wenn noch psychographische Daten hinzukommen – liegen darin, daß die Ergebnisse unweigerlich nur in Sammeleinheiten wie Volkszählungsgebieten oder Postbezirken ausgedrückt werden.

Und der Haken an Sammeleinheiten? Angenommen, wir führen eine psychographische Kreuztabellierung unserer Kunden durch und finden heraus, daß sie zum großen Teil zu den »Erfolgreichen« (eine der VALS-Gruppen) gehören. Daraufhin ermitteln wir eine Liste der über 46000 Postbezirke, die nach Erfolgreichen geordnet sind. Demzufolge konzentrieren wir unsere Bemühungen auf die Postbezirke mit den meisten Erfolgreichen und vernachlässigen die Gegenden mit den wenigsten Erfolgsmenschen. (Wohlgemerkt: Es muß sich hier nicht um eine psychographische Kreuztabellierung der Erfolgreichen handeln; genausogut könnte die Rede sein von Leuten mit Geld, mit großer Familie und so weiter).

Aber die Betrachtung von Postbezirken im Hinblick auf Erfolgsmenschen ist alles andere als effizient, weil es in jeder Gegend viele Menschen dieses Typs gibt, aber auch viele, die das genaue Gegenteil sind und daher auch für unser Angebot nicht in Betracht kommen. Warum sollte man sich also an Sammeleinheiten halten, wenn doch der direkte Umgang mit Einzelpersonen ungleich lukrativere Geschäfte verspricht?

Ein weiteres Beispiel. Wir arbeiten in der Automobilbranche und bitten R. L. Polk in Detroit um eine Namens- und Adressenliste von 3 000 zufällig ausgewählten Menschen, die im vergangenen Jahr einen BMW gekauft haben. Damit haben wir bereits die Postbezirke, in denen die Betreffenden wohnen. Wir beauftragen unser Marktforschungsinstitut mit der Erstellung eines demographischen Profils nicht der Einzelpersonen, sondern der Postbezirke. Danach entwickeln wir eine Gleichung, die aus den Postbezirksmerkmalen BMW-Käufer prognostiziert.

Was finden wir heraus? BMW-Käufer wohnen vorwiegend in Postbezirken der Ost- oder Westküste, in wohlhabenderen Postbezirken, in Postbezirken mit vielen Einzelhaushalten, in Postbezirken mit vielen Einwohnern unter fünfundvierzig und so weiter. Danach lassen wir ein Programm ablaufen, um Postbezirke mit solchen Einwohnern zu ermitteln. Und damit sind wir wieder beim Ausgangsproblem angelangt. BMW-Käufer in den USA machen vielleicht 0,5 Prozent der Autokäufer aus, und selbst in den besten Wohngegenden kommen sie kaum über 7 Prozent hinaus. Über 90 Prozent der Verbraucher kaufen also etwas anderes. Da wäre es doch denkbar ineffizient, sich an den ganzen Postbezirk zu wenden, um BMW-Käufer zu erreichen. Diese Methode mag angehen für die Suche nach einem Standort für eine BMW-Handelsniederlassung. Aber für eine Briefkampagne ist es nicht gerade ein Zeichen von Treffsicherheit, wenn neun von zehn Anschreiben keinen potentiellen Kunden erreichen.

4. *Ermittlung erstklassiger potentieller Kunden.* In diesem Ansatz wird die Zielplanung um eine Ebene quantitativer Marktforschung und wissenschaftlicher Methodik ergänzt. Die Marktforscher führen eine Auswahlbefragung durch, um die Merkmale der am Produkt Interessierten zu ermitteln. Diese Erhebung kann psychographische Segmente erfassen, Eigenschafts- und Vorzugselemente, Verbraucher, die in einem bestimmten Trend oder einer bestimmten Dimension eine hohe Wertung erzielen, oder Leute, die eine starke Kaufabsicht vermuten lassen. Wie in Kapitel 4 beschrieben, lassen sich die besten potentiellen Kunden in der Bevölkerung durchaus ermitteln.

Aber früher oder später muß das Unternehmen mit seinen Informationen über die potentiellen Kunden, die man erreichen möchte, zu einer

Medienagentur gehen. Und dann werden all die sorgsam definierten Daten zu Einzelkonsumenten und Merkmalsprofile potentieller Kunden auf einige Standardkriterien der Medienselektion reduziert: »männlich, vierunddreißig bis fünfundvierzig, Hochschulausbildung, Einkommen über 50000 Dollar«; oder noch schlimmer: »weiblich, achtzehn bis neunundvierzig«. Damit hat das Unternehmen den Wert seiner individuellen Erkenntnisse eingebüßt, weil es Medien für die Werbung aufgrund der nächstliegenden Kriterien auswählen muß, die man eigentlich nicht als naheliegend bezeichnen kann. Das Verfahren der Auswahlbefragung bricht zusammen wie ein Kartenhaus, sobald die Einzeldaten im Hinblick auf die Medienselektion und die Zielplanung in kollektive Gesamtkriterien überführt werden.

Alle vier Ansätze zeigen deutliche Schwächen. Sowohl der »Versuch-und-Irrtum«-Ansatz als auch das Verfahren der Auswahlbefragung lassen sich zwar auf Nichtkunden übertragen, aber sie beziehen sich nicht auf eine große Gruppe potentieller Kunden und verwenden auch keine Bewertungsmodelle zur Einschätzung von Einzelpersonen.

Das Modell »bester Kunde« berücksichtigt zwar den Einzelkunden, stützt sich aber nicht auf eine große Gruppe potentieller Kunden und läßt sich auch nicht auf Nichtkunden übertragen.

Geodemographische Clustersysteme berücksichtigen zwar eine breite Gruppe potentieller Kunden und lassen sich auch auf Nichtkunden übertragen, verfügen aber nicht über Modelle zur Bewertung von Einzelpersonen. Angesichts der Fortschritte in der Computertechnologie und der rapide sinkenden Kosten in der Datenverarbeitung ist es inzwischen möglich, ein System zu gestalten, das all diese Schwächen behebt. Lange genug hatten wir uns auf dem Weg zum Bauern verlaufen, aber jetzt können wir den kürzesten Weg zu ihm einschlagen.

Mit Technologie des Weltraumzeitalters findet man die Stecknadel

Wir setzen bei den Verbraucherdatenbanken an, die von zahlreichen Unternehmen angeboten werden. Diese Anbieter bringen ihre Daten laufend auf den neuesten Stand. Erfaßt wird alles – von Kreditkarten und Kfz-Zulassungen bis hin zu Bestellungen bei Versandhäusern, Lebensstil und Aktivitäten – um nur einige Möglichkeiten zu nennen. Die Datenbanken enthalten umfassende und relativ präzise Informationen über mehr als 170 Millionen amerikanische Verbraucher und fast alle US-Haushalte. Direktanbieter nutzen viele dieser Informationen schon seit Jahren. Der Zugang ist relativ einfach. Die meisten Anbieter sind nicht an geschützte Analysetechniken gebunden. Sie tragen grundlegende Daten zusammen.

Aus einer solchen Datenbank erfahren wir, wo die Leute wohnen, wer sie sind, und zahllose andere Fakten über jeden einzelnen. Und wir entnehmen diese Informationen nicht einfach ihrer Wohngegend oder ihrer Zugehörigkeit zu einem psychographischen Cluster. Wir können uns auf klare Angaben über Einzelpersonen oder Haushalte stützen. Aber wie lassen sich diese Kenntnisse für die Suche nach einem geeigneten Zielmarkt verwenden?

Gehen wir von einem Unternehmen aus, das Faxgeräte verkauft. Dieses Produkt könnte praktisch von der gesamten Bevölkerung benutzt werden, hat aber vorerst nur eine geringe Marktdurchdringung und relativ niedrige Umsätze zu verzeichnen. Glücklicherweise muß man nicht viele Geräte verkaufen, um Geld zu verdienen, aber der Einsatz von Massenmarkttechniken wie etwa Werbung im staatlichen Fernsehen könnte zu exorbitanten Kosten führen.

Als letzten Schritt in der Entwicklung des Marketingplans für das neue Faxgerät führt das Unternehmen eine Studie zur Produktgestaltung durch, wie wir sie in Kapitel 6 beschrieben haben. Befragt werden nicht die üblichen vier- oder fünfhundert, sondern tausend Testpersonen. Das Unternehmen interviewt diese qualifizierten potentiellen Kunden im direkten Gespräch in ihren eigenen vier Wänden und landesweit. Man legt ihnen zusammen mit Beschreibungen von Konkurrenzerzeugnissen eine Beschreibung des neuen Faxgerätes vor und erforscht ihr Verhalten mit einer verhaltensprognostischen Reihe, die affektive, kognitive und verhaltensmäßige Kriterien berücksichtigt. Diese Informationen lassen sich sodann in eine Prognose zur Kaufwahrscheinlichkeit jedes einzelnen Befragten umsetzen.

Danach weiß das Unternehmen ganz genau, wer für einen Kauf des Produkts in Frage kommt. Es kennt die Gründe und hat einen tiefen Einblick in die Motivation der Kunden gewonnen. Schließlich hat man mindestens eine Stunde lang ein direktes Gespräch mit den potentiellen Kunden geführt und soviel wie möglich über sie erfahren. Selbst wenn das Unternehmen an diesem Punkt seine Bemühungen einstellen würde, müßte man es doch als außergewöhnlich gut unterrichtet bezeichnen. Man verfügt über Daten zur jeweiligen Kaufwahrscheinlichkeit und über Informationen, aus denen man anhand von Modellen die voraussichtliche Zahl verkaufter Faxgeräte ermitteln kann. Und in einigen Fällen reichen die Informationen sogar für die Feinabstimmung einer Werbekampagne oder eine Anpassung des Marketingplans. Doch wir wollen noch einen Schritt weiter in unserem Beispiel gehen.

Über die voraussichtlichen Käufer des Produkts sind wir also aufgrund unserer Nachforschungen bereits wohlinformiert. Diese kleine Gruppe von Ausgangsdaten geben wir nun zusammen mit der viel größeren Datenbank über die US-Verbraucher in den Computer ein. Wir vergleichen die Aufzeichnungen und vermerken alle Informationen aus der Datenbank, die über unsere bisherigen Erkenntnisse hinausgehen. Es gilt besonders, unsere vorhandenen Daten nicht nur um Informationen über die Käufergruppe zu ergänzen, sondern auch um Angaben über die anderen 170 Millionen Verbraucher in der Datenbank. So schlagen wir eine Brücke von unserer kleinen Auswahl von Käufern und Nichtkäufern zum gesamten amerikanischen Verbrauchermarkt (siehe Abbildung 11.1).

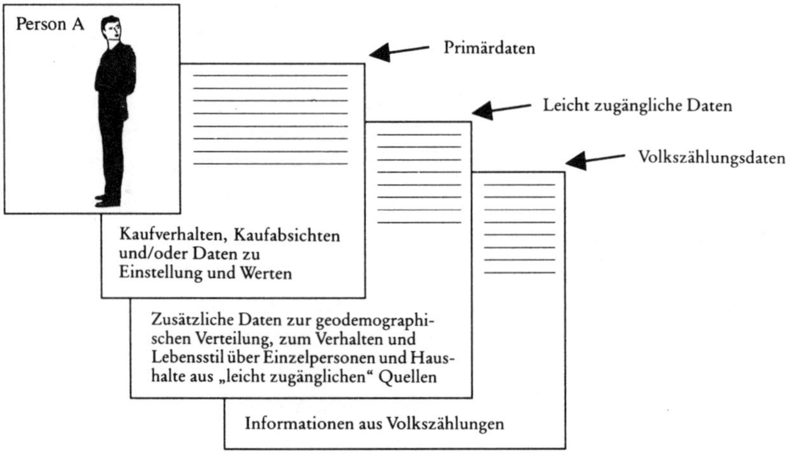

Abbildung 11.1: Verknüpfung leicht zugänglicher Daten mit eigenen Primärdaten (zu Einzelpersonen)

Auch wir verwenden demographische Daten, aber nicht um Gruppen zusammenzufassen, sondern für jeden Verbraucher einzeln. Demographische Angaben stellen einen wichtigen Hinweis dar und bilden einen Teil der Verbindung zwischen den einzelnen Testpersonen und dem wahrscheinlichen Kaufverhalten der Einzelverbraucher im Markt. Zur Abstützung und Ergänzung dieser Verbindung kann man auch andere Speicherdaten aus dem Rechner hinzunehmen. Dieser Schritt bedeutet in manchen Fällen lediglich, daß man aus früheren Studien bereits weiß, ob die Abonnenten bestimmter Zeitschriften oder die Besitzer besonderer Autos als günstige Zielgruppe in Betracht kommen. Manchmal kann das Unternehmen anhand der Verknüpfung diverser Informationen in seiner Datenbank komplexe, multivariante statistische Modelle erstellen und damit die gleichzeitigen Auswirkungen zahlreicher Variablen auf eine abhängige Variable wie Kaufinteresse oder Markentreue eruieren. Nach unseren Erfahrungen verfügen viele Unternehmen bereits über eine riesige Zahl von Daten, die sich als sehr nützlich erweisen können. Die ständig wachsenden Kapazitäten und gleichzeitig sinkenden Kosten der Computertechnologie eröffnen einen auch wirtschaftlich tragbaren Zugang zu den notwendigen Daten.

Im Grunde genommen sprechen wir von nichts anderem als von einer Optimierung der Adressenliste für Direktmarketing. Und dabei dürfte es sich wohl kaum um eine revolutionäre Idee handeln, zumal Direktanbieter dieses Verfahren schon seit Jahren anwenden. Der einzige Unterschied liegt darin, daß wir das Konzept in wesentlich größere Dimensionen übertragen.

Aus der gerade beschriebenen Forschungsarbeit kann das Unternehmen genau entnehmen, wer das neue Faxgerät kaufen wird. Also nicht nur, daß im ersten Jahr (Bekanntheit und Erhältlichkeit vorausgesetzt) 2,7 Prozent das Produkt kaufen werden, daß ihr Einkommen tendenziell höher liegt als 30000 Dollar oder daß es sich meist um Hochschulabsolventen handelt. Wir sprechen von bestimmten Personen. Wenn wir die Brücke vom Test zum Markt richtig geschlagen haben, wird der Computer Namen und Adressen von 4680000 sehr gut erreichbaren Verbrauchern ausdrucken (siehe Abbildung 11.2). Es ist hier nicht die Rede von einer aufgeblähten Gesamtzahl, die sowohl wahrscheinliche als auch unwahrscheinliche Käu-

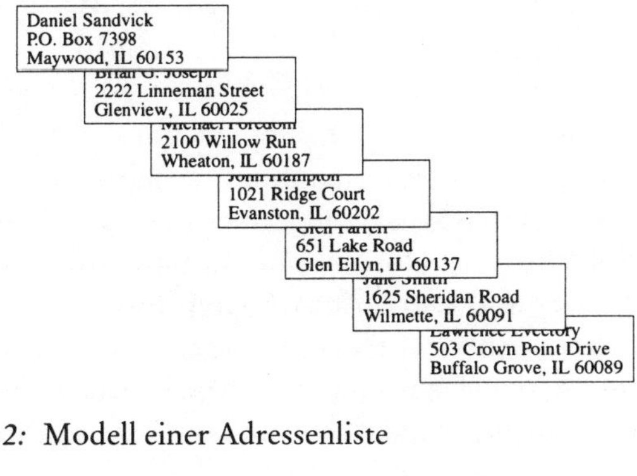

Abbildung 11.2: Modell einer Adressenliste

fer enthält. Nein, dies sind exakt die Leute, von denen man erwarten kann, daß sie das Produkt kaufen, wenn man sie darauf aufmerksam und es ihnen durch geeignete Distribution zugänglich macht.

Für dieses besondere Verbraucherprodukt der oberen Preisklasse schlagen wir also keineswegs eine landesweite Einführung mit Werbung im landesweiten Fernsehen und Coupons in Zeitungsbeilagen vor. Die Zahl der potentiellen Kunden wäre für ein solches Vorgehen zu gering. Aber für ein neues Faxgerät und viele andere Produkte existieren mehr als genug potentielle Käufer, die eine Direktmarketingkampagne oder eine traditionellere Kampagne mit Komponenten aus dem Direktmarketing rechtfertigen.

Sobald der Computer Namen und Adressen der fraglichen Personen ausgedruckt hat, kann das Unternehmen die Informationen im Hinblick auf spezifische Anwendungen aufbereiten. Denkbar ist hier so ziemlich alles von einer Bemusterung oder einer Verteilung von Coupons bis hin zu einer Sonderkodierung bestimmter Kunden, die man noch zusätzlich befragen, überprüfen oder deren Kaufverhalten man zurückverfolgen will. Das Management kann sich vom Computer wunderschöne Landkarten mit Farbkodierung zeichen lassen, auf die man unter anderem für die Einführungsstrategie, die Auswahl des Testmarktes, die Überprüfung von Einzelhandelsstandorten und die regionale Medienplanung zurückgreifen kann.

Gleiches gilt für das Marketing von Investitionsgütern

Warum sollte man nicht auch im Marketing von Investitionsgütern so verfahren? Viele Unternehmen, die an die Industrie verkaufen, wissen sehr viel über ihre Kunden. Sie wissen Bescheid über das Alter des betreffenden Unternehmens, die Größe, den Umsatz, die Zahl der Beschäftigten, den Wachstumstrend, den Kaufzyklus, das Kaufverhalten, die Entscheidungsträger, die Medienselektion und vieles mehr. Aus diesen Kenntnissen sollte sich ein Modell zur Ermittlung ähnlicher Unternehmen erstellen lassen.

Möglich wäre es, aber über die Wirtschaftsunternehmen existieren noch keine solch umfassenden Datenbanken wie über die Verbraucher. Freilich gibt es einige Datenbanken über Unternehmen. Und einige Anbieter nutzen diese Chance, füllen die Informationslücken durch Projektionen aus und verkaufen ihre Erkenntnisse an Dritte.

So können sich zum Beispiel Banken und andere Interessenten Namen und Adressen von Bekleidungsherstellern verschaffen, die in Manhattan angesiedelt sind, einen Jahresumsatz von mehr als 50 Millionen Dollar erzielen, mehr als zweihundert Mitarbeiter beschäftigen und seit mehr als drei Jahren in der Branche tätig sind. Sicherlich ein Fortschritt gegenüber dem Nachschlagen aller Namen in der Rubrik »Bekleidung – Großhandel und Hersteller« in den gelben Seiten. Aber kein großer. Ein Software-Unternehmen, das sein ausgefeiltes Programm für statistische Analysen an Medienforscher in der Werbebranche verkauft, kann auf diese Weise zum Beispiel nicht in Erfahrung bringen, daß sich Laborchemiker, die vor ganz ähnlichen Problemen stehen, über ein solches Angebot ebenfalls freuen würden.

Wenn man die von einem Unternehmen gekauften Produkte und Dienstleistungen erkunden könnte, so wie man anhand der Kreditkarte eines Verbrauchers zum Beispiel einen Autokauf zurückverfolgt, dann könnten sich diese Informationen als überaus interessant und nützlich erweisen. Was erfährt man zum Beispiel über ein Unternehmen, das Compaq-Computer kauft statt Produkte von IBM oder Apple? Zusammen mit anderen Informationen könnte man Rückschlüsse auf die Philosophie des Unternehmens ziehen: seine Werte, seine Prioritäten, seine Risikobereitschaft.

Die Marketing-Revolution bewegt die Anbieter dazu, bestehende Informationslücken zu schließen. Heute sammelt man Daten über Unternehmen. So wie man vor Jahren erstmals Informationen über Verbraucher zusammentrug, fängt man heute an, Datenbanken über Unternehmen zusammenzustellen. Angesichts der Kosten für ein Verkaufsgespräch und selbst für Telemarketing ist der Anreiz für eine Verbesserung des Marketing von Investitionsgütern mindestens genauso groß wie im Verbrauchermarketing. Man muß nur daran denken, was ein Unternehmen mit Informationen anfangen könnte, die sich nicht nur auf die Zahl von 5000 potentiellen Kunden beschränken, sondern diese auch in der Reihenfolge ihres Umsatzpotentials und ihrer Kaufbereitschaft ausweisen. Es wäre beispielsweise ein unschätzbarer Vorteil, zu wissen, daß man mit dem Verkauf an die ersten 1362 Unternehmen auf der Liste am meisten Geld verdienen kann.

Automatische Umsatzstimulierung: Technologie aus dem Jahr 2010

Plus Business Systems (PBS) heißt ein weiterer Ansatz, der jeden Verbraucher einzeln berücksichtigt. Dieses System, das wir in der Zusammenarbeit mit einem unserer Klienten benutzten, wendet sich an Einzelhändler mit wohlhabenden Kunden. Da die Gewinnspannen im Einzelhandel unter starkem Druck durch Kosten und Konkurrenz stehen, kommt alles darauf an, den Umsatz schneller zu steigern als die Kosten. Jedes Unternehmen, dessen variable Kosten schneller wachsen als sein Umsatz, wird bald das Handtuch werfen müssen. Doch die Voraussetzung für eine ausreichende Umsatzsteigerung ist, daß man die Bedürfnisse und Wünsche der Kunden mit dem Geschäftsbestand in Einklang bringt.

PBS ist darauf ausgelegt, die Verkaufs- und Gewinnzahlen im Einzelhandel zu steigern. Das System verwendet eine Technologie automatisierter Intelligenz, die die besten Qualitäten eines »perfekten Verkäufers« mit denen einer »perfekten Werbeagentur« vereinigt, um am Computer hochmotivierende, individuell auf bestimmte Kunden abgestimmte Marketingprogramme zu entwerfen und zu realisieren.

Wenn sich die Kundenbedürfnisse und der Ladenbestand decken, bietet sich dem Einzelhändler eine Verkaufsgelegenheit, und er wird sich seinen potentiellen Kunden gegenüber dementsprechend äußern. Das gehört natürlich zum Einmaleins des Einzelhandels. Praktisch jeder Einzelhändler kennt seinen Bestand. Doch die wenigsten können von ihren Kunden das gleiche sagen. Das Besondere an diesem System liegt darin, daß der Computer automatisch den Ladenbestand auf ein bestimmtes Kundenprofil beziehen und einen persönlichen Brief entwerfen kann. Keinen Standardbrief, sondern ein Anschreiben, das dem am Anfang dieses Kapitels gleicht und den Kunden auf besondere Gelegenheiten aufmerksam macht.

Das Kundenprofil enthält

- Name, Wohnanschrift und Telefonnummer;
- demographische Angaben wie Geschlecht, Geburtsdatum, Bildungsniveau, persönliches und Familieneinkommen, finanzielle Lage, Haus-/Wohnungsbesitz und Wert desselben;
- psychographische Merkmale wie Einstellung zum Einkaufen, Hobbys, Interessen und Aktivitäten;
- soziographische Daten wie die Einkaufsrolle, sozioökonomischer Status, Berufsstand, Ehestand und Name des/der Gatten/in;
- persönliche Geheimnisse wie Gesichts- und Körperform, Größe, Hautfarbe, Stil- und Herstellerpräferenzen, Kleidergröße, Lieblingsfarben;
- wichtige Daten wie zum Beispiel Geburtstag der Kinder und Eltern, Jahrestage, anstehende (Hoch-)Schulabschlüsse, Konfirmationen und dergleichen, günstige Entwicklungen;
- Bekleidungsbedürfnisse, Annahmen und Präferenzen, die sich auf das Kaufverhalten auswirken; Ausgaben insgesamt und pro Laden; bevor-

zugte Läden, bevorzugter Stil; Annahmen zu einzelnen Läden und wesentliche Neuanschaffungen in den nächsten sechs Monaten.

Kunden, die auf Reklamekarten reagieren, sich an einem Programm für Vorzugskunden beteiligen oder im Laden einkaufen, werden von dem Programm erfaßt. Der Einzelhändler kann eine Reihe von Teilnahmeanreizen bieten: Vorankündigungen anstehender Verkaufsaktionen oder neuer Ware, Sonderrabatte oder Sonderbehandlung zu bestimmten Zeiten, einen Abend in der Oper, abgestufte Prämien für den jeweiligen Umfang der Einkäufe.

Tabelle 11.1 auf den Seiten 302 und 303 zeigt die Schlüsselunterschiede zwischen einem konventionellen Ansatz zum Direktmarketing und diesem kundenspezifischen Verfahren der Zielplanung und Postwerbung.

- Der von den meisten Einzelhändlern befolgte konventionelle Ansatz sieht als Zielgruppe alle Inhaber einer Kreditkarte des Ladens. In dem neuen System gehören der Zielgruppe sämtliche Kunden und all ihre Familienmitglieder ab sechzehn Jahren an.
- Ein konventionelles Verfahren verfügt normalerweise über keine oder nur geringe Kenntnisse der Zielgruppe, die der Entwicklung des Programms förderlich sein könnten. Das neue System hingegen wartet mit umfassenden Informationen auf: von den Bedürfnissen bis hin zu psychographischen, demographischen und soziographischen Merkmalen des Kunden und seiner Familie.
- Ein konventioneller Ansatz sieht den halb- bis vierteljährlichen Versand eines Standardkatalogs an die Zielgruppe vor. Mit Hilfe des neuen Systems kann man jeden Monat spezifische Briefe und Angebote an den Kunden schicken. In einem normalen Rahmen werden die Entscheidungen des Managements von saisonalen Faktoren bestimmt. Postsendungen an den Kunden beruhen auf dem Wunsch des Managements, bestimmte Waren loszuschlagen. Im neuen System dagegen werden die Entscheidungen automatisch ausgelöst durch Kundenbedürfnisse, durch wichtige Daten oder Anlässe im Leben des Kunden oder seiner Familie, durch jüngste Käufe bestimmter Waren und den Wunsch des Managements, bestimmte Waren zu verkaufen.
- Konventionelles Direktmarketing bietet jedem die gleiche Ware an. Das neue System jedoch bietet den einzelnen Kunden je verschiedene Waren an. Wenn ein Unternehmen 50 000 Kunden hat, dann ist es ohne weiteres denkbar, daß das PBS-System ebenso viele kundenspezifische Briefe verschicken würde. Keine zwei Briefe würden sich zur selben Ware auf die gleiche Art und Weise äußern.

Tabelle 11.1: Schlüsselunterschiede zwischen einem konventionellen Ansatz zum Direktmarketing und dem Plus Business Systems-Verfahren

	Direktmarketing 1990	*Automatisches Plus Business-System*
		Zielplanung
Zielgruppe	Alle Besitzer einer Ladenkreditkarte	Alle Kunden (mit und ohne Kreditkarte) und alle Familienmitglieder ab sechzehn Jahren
Informationen über Zielgruppe, die die Entwicklung des Programms fördern können	Keine oder unbedeutend	Umfassend; alles von Warenbedürfnissen bis hin zu psycho-, demo- und soziographischen Daten des Kunden und seiner Familie
		Postsendungen
Material	Standardkatalog 2- bis 4mal im Jahr	Monatliche Sendungen mit kundenspezifischen Briefen und Angeboten
Auslösemechanismus	Managemententscheidungen, die abhängen von saisonalen Faktoren und dem Wunsch des Managements, bestimmte Waren loszuschlagen	Automatische Entscheidungen, die abhängen von Kundenbedürfnissen, Schlüsseldaten/-anlässen des Kunden und seiner Familie, jüngsten Käufen bestimmter Ware, Fragen des Bestands und dem Wunsch des Managements, bestimmte Waren loszuschlagen
Produktangebot	Gleiches Angebot für alle	Unterschiedliche Angebote für einzelne Leute

- Das System arbeitet also überaus kundenspezifisch – jeder Brief an einen Kunden ist ein Unikat. Darüber hinaus kann ein konventionelles Verfahren keine Verbindung zu der vom Kunden früher gekauften Ware herstellen, wohingegen sich die Postsendungen des neuen Systems zu einem großen Teil auf solche Kenntnisse stützen. Auch das Wissen über die Kundenbedürfnisse kann man im konventionellen Verfahren im Grunde genommen vernachlässigen, während das neue System über diese Bedürfnisse genauestens Bescheid weiß. Ebensowenig kann das konventionelle System mit Auskünften über die Familie des Kunden dienen, die im neuen System durchaus Berücksichtigung findet.

Fortsetzung Tabelle 11.1

	Direktmarketing 1990	*Automatisches Plus Business-System*
	Kundenspezifische Arbeit	
Postsendung	Keine; jeder erhält die gleiche Sendung	Stark; sehr verschiedene Sendungen an die einzelnen Kunden
Verbindung zu früher vom Kunden gekaufter Ware	Keine	Beträchtlich; die Postsendungen werden zum großen Teil von diesem Wissen bestimmt
Verbindung zu Wissen über Kundenbedürfnisse	Unbedeutend	Beträchtlich; die Bedürfnisse aller Kunden sind bekannt
Verbindung zu Wissen über die Familie des Kunden	Keine	Beträchtlich; die Bedürfnisse der Familie des Kunden sind bekannt
Fähigkeit, mit einem Familienmitglied über die Bedürfnisse eines anderen zu sprechen	Keine	Beträchtlich; ein wesentliches Ziel dieses Systems
	Erfolge	
Leistung	Gewinnsteigerung unter 10 %	Umsatz- und Gewinnsteigerung über 20 %

- Last, but not least kennt das konventionelle Verfahren kein Gespräch mit einem Familienmitglied über die Bedürfnisse eines anderen. Das neue System faßt dieses Gespräch jedoch als wesentliches Ziel auf. Der Brief am Anfang dieses Kapitels stellt ein Beispiel einer Werbemitteilung dar, so wie sie aus diesem neuen System hervorgehen könnte. Das Schreiben ist an den Ehemann gerichtet, bezieht sich aber auf den Geburtstag seiner Frau. Da der Laden die Größe der Frau, ihre bevorzugte Kleidung und Farbe und das ungefähre Einkommen der Familie kennt, kann er ein passendes Geschenk vorschlagen.

Dieses Eins-zu-eins-Marketingsystem verfolgt mehrere Interessen. Gesteigert werden sollen nicht nur die Umsätze und Gewinne des Einzelhändlers durch ausgewählte Kunden, sondern auch die Zahl der Käufe pro Kunde und der durchschnittliche Umfang der einzelnen Käufe. Außerdem geht es darum, die vom Kunden erwünschten Waren zu ermitteln und auch andere Mitglieder aus dem Haushalt des Kunden als treue Kunden zu gewinnen. Und zu guter Letzt soll das System auch die Optimierung des Bestandsumschlags und die Aussonderung von Restbeständen gewährleisten.

Darüber hinaus verteilt das System die Verkäufe gleichmäßiger über verschiedene Perioden wie Wochentage und Monate, so daß für eine optimalere Auslastung des Verkaufspersonals gesorgt ist. Es erhöht den Anteil des Einzelhändlers an den Gesamteinkäufen des Verbrauchers. Dazu formuliert es Berichte, aus denen der Einzelhändler Informationen über den Produktumsatz, das Kundenprofil und die Kundenzufriedenheit entnehmen kann. Damit wird es für den Einzelhändler zum integralen Bestandteil der Datenerfassung an der Kasse.

Immer mehr Organisationen erfassen und speichern Daten über Verbraucher. Sie registrieren ihren Gebrauch der Kreditkarte, die Einkaufsgewohnheiten, demographische Informationen, die Interessen und Hobbys, sogar die Filme, die sie ansehen (anhand der ausgeliehenen Videos), und die Bücher, die sie lesen (durch die fortschreitende Automatisierung von Leihbibliotheken). Aus all diesen Daten läßt sich ein facettenreiches Profil des einzelnen Verbrauchers erstellen. Und mit solch einem Profil kann man die Wahrscheinlichkeit vorhersagen, mit der der Verbraucher bestimmte Produkte oder Dienstleistungen kaufen wird.

Natürlich wird ein Unternehmen nie wissen, ob ein bestimmter Verbraucher tatsächlich kaufen wird. Aber wenn es 10000 Leuten mit einer Kaufwahrscheinlichkeit von 0,9 ein Angebot unterbreitet, dann kann es mit Sicherheit davon ausgehen, rund 9000 Produkte zu verkaufen. Und das ist ein Riesenfortschritt gegenüber einem Angebot an 10000 Menschen, bei dem man nicht die geringste Ahnung hat, ob man 9000 oder vielleicht nur 900 Produkte absetzen kann.

Die Marketing-Revolution bedeutet also zumindest, daß die Unternehmen in der Auswahl ihrer Produkte und Kunden effizienter arbeiten werden. Werbung ist nur eine störende Ablenkung, wenn man kein Interesse an dem Angebot hat. Und wer die Produkte nicht braucht, für den ist ein Katalog nichts weiter als Altpapier, das von der Post zugestellt wird.

Für einen ernsthaften Interessenten hingegen kann Werbung wertvolle Hinweise enthalten. Jeder hat an sich selbst schon festgestellt, wie es ist, wenn eine bestimmte Produktkategorie den eigenen Neigungen entgegenkommt. Man will in einen Golfklub eintreten oder sich ein Auto, einen Anzug, einen Camcorder anschaffen, und schon sieht man überall die einschlägige Werbung. Die Anzeigen und Werbespots waren auch vorher schon da, aber man hat sie nicht wahrgenommen.

Als Anbieter will man genau die Menschen erreichen, die die Produkte oder Dienstleistungen wollen und brauchen. Niemand möchte eigentlich Werbesendungen ausstrahlen, die von den Leuten sofort abgeschaltet werden, oder die Briefkästen mit Prospekten vollstopfen, die ungelesen in den Müll wandern. Mit der wachsenden Fähigkeit, Informationen über immer mehr Leute kosteneffizient zu gewinnen, zu verwalten und zu analysieren, bewegen wir uns immer schneller auf eine Zeit zu, in der man sich nur noch an die besten potentiellen Kunden wendet und die anderen in Ruhe läßt.

Worum es im Eins-zu-eins-Marketing geht

- Direktmarketing spielt für viele Produkte und Dienstleistungen eine wichtige Rolle im Marketingmix. Aber die Kosteneffizienz des Direktmarketing sinkt immer stärker.
- Zu den Gründen dafür gehören konventionelle Verfahren der Zielplanung. Da sie sich im wesentlichen auf Merkmale von Gesamtgruppen wie Postbezirke oder Volkszählungsgebiete stützen, stoßen ihre Postsendungen bei den meisten Adressaten auf Desinteresse.
- Eins-zu-eins-Marketing ist die logische Fortführung der Zielplanung.
- Angesichts des zunehmenden Umfangs von Informationen über aktuelle und potentielle Kunden wird das Marketing gegenüber Einzelpersonen immer kostengünstiger.
- Neue Technologien ermöglichen es dem Anbieter, sich eine Liste mit Namen und Adressen von Leuten zu verschaffen, die für einen Kauf besonders in Betracht kommen.
- Ein Software-System bringt das Mikromarketing auf den neuesten Stand. Mit Hilfe dieses Systems kann man kundenspezifische Werbebotschaften an einzelne Verbraucher richten. Keine zwei Leute erhalten den gleichen Brief oder Katalog.
- Eine sich heute bereits abzeichnende Automatisierungstechnologie aus dem Jahr 2010 kann kundenspezifische Programme entwikkeln und *realisieren*: computergestütztes Marketing, ein unbezahlbarer Vorteil im Wettbewerb.

12. Computerkapazität: die Marketingabteilung im Aktenkoffer

In den vergangenen zwanzig Jahren konzentrierten sich die Marketingexperten und Marktforscher ganz auf das Sammeln von Daten. Die Datenberge wuchsen ihnen schließlich immer mehr über den Kopf, bis sie zu einer Form intellektueller Umweltverschmutzung wurden.

Doch in den neunziger Jahren wird eine neue »Krieg der Sterne«-Technologie die Verarbeitung der Daten und damit das Marketing revolutionieren.

Anhand von künstlicher Intelligenz, ausgefeilten Forschungsmodellen und Datenbanksystemen werden die Computer sämtliche Aufgaben übernehmen. Sie werden Marktforschungsberichte schreiben, Werbungen, Medienpläne, Produkte und Dienstleistungen entwerfen und schließlich ganze Marketingprogramme umsetzen. Es ist ein Aberglaube, daß künstliche Intelligenz im Marketing und in der Werbung auf kurze Sicht wenig Hilfe verspricht. Vor dem Jahr 2010 noch wird man Geräte bauen, die Marketing- und Werbemanager ersetzen können. Schon jetzt erleben wir Vorläufer solcher Geräte in Form von Computerprogrammen, die mit der zersplitterten Medienlandschaft zurechtkommen und die Flut von Marketinginformationen verarbeiten.

Aus diesem Grund muß der Vorstandsvorsitzende dem Marketingleiter die richtigen Fragen zu diesen Entwicklungen stellen:

Die Kernpunkte: Was ein Vorstandsvorsitzender wissen will

1. Was wissen wir über Anwendungen von automatisierter und künstlicher Intelligenz in Gebieten wie Medizin, geologischer Forschung und Warenproduktion?

2. Wir werden heute überschwemmt von bedeutungslosen Marketingdaten. Wäre uns nicht mit einem System künstlicher oder automatisierter Intelligenz gedient, das die nützlichen Erkenntnisse aus diesem Datenberg herausfiltert?
3. Haben wir uns schon überlegt, in einem Expertensystem die Genialität und Erfahrung von Marketingexperten zu erfassen, um die Medienwirkung, die Kosten und die Arbeitszeit effizienter zu gestalten und damit die Rentabilität des Marketingprogramms zu erhöhen?
4. Haben wir bereits an Systeme zur Ergänzung, wenn nicht Ablösung, von Marketingmanagern gedacht?

Man hört so oft den Gemeinplatz, daß sich die Welt schneller verändert, als es die meisten begreifen. In diesem Kapitel wollen wir auf die aktuellen und unmittelbar bevorstehenden Veränderungen in der Welt des Marketing verweisen und sie erklären.

Die Aufgabe eines Expertensystems im Marketing

Vor nicht allzu langer Zeit sprach sich das System »Litmus« gegen den Medienplan einer Werbeagentur aus, der als Teil der Einführungskampagne für ein neues Produkt Ausgaben in Höhe von 11 Millionen Dollar für Werbung im Privatfernsehen vorsah.

Litmus ist ein in der Entwicklung befindliches, ausgeklügeltes Expertensystem, das eine Technik simulierter Markttests und fein abgestimmter mathematischer Modelle vereinigt, um die Bewertung und Entwicklung von Marketingplänen zu erleichtern. Die Werbeagentur ist eine der größten der Welt und beschäftigt einige der kreativsten und wachsten Köpfe der nordamerikanischen Werbe- und Marktforschungsbranche. Diese Leute waren ob der Empfehlung des Programms leicht verdattert. Der Ausdruck »wie vor den Kopf gestoßen« wird der Reaktion der Agentur vielleicht noch mehr gerecht.

Die Experten der Agentur und der Computerexperte stellten Überlegungen zum gleichen Problem an. Die Agentur schlug Werbung im Privatfernsehen vor, aber Litmus gab folgende Punkte zu bedenken:

- Zwischen den Zuschauern von Privatfernsehen und solchen, die kein Privatfernsehen verfolgten, bestand kein Unterschied hinsichtlich der Werbewirksamkeit, so wie sie in simulierten Markttests ermittelt worden war.

- Die Produktanwendung lag bei Privatfernsehzuschauern um 30 Prozent höher als bei anderen, aber die Kosten für Werbung im Privatfernsehen betrugen pro Bruttobewertungspunkt um 40 Prozent mehr als für Werbung im landesweiten Fernsehen.

Daher sprach sich Litmus vernünftigerweise gegen das Privatfernsehen als Werbeträger aus und empfahl statt dessen das landesweite Fernsehen. Kopfschüttelnd sahen sich die Agentur und ihr Klient die Daten immer wieder an.

Aber schließlich mußten sie dem Computer recht geben.

In den Neunzigern gibt die Marketingtechnologie den Ton an

Litmus ist zwar gemessen an heutigen Standards ein sehr anspruchsvolles System, aber im Vergleich zu dem, was die Marketingfachleute bis zur Jahrtausendwende routinemäßig benutzen werden, kann man es nur als primitiv bezeichnen.

Wir sind überzeugt, daß in den neunziger Jahren viele Unternehmen die in den vorangegangenen Kapiteln aufgezeigten Techniken und Ansätze realisieren werden. Sie werden Hunderttausende von potentiellen Kunden im Hinblick auf ihre Rentabilität durchleuchten; sie werden sich in der Positionierung auf hohe Attraktivität gegenüber besonderen Kunden(gruppen) konzentrieren; und sie werden Strategien zur Werbebotschaft entwickeln, die höchste Wirksamkeit entfalten. Ausgehend von Computerlösungen zur optimalen Kombination von Attraktivität und Gewinnträchtigkeit wird man neue Produkte anhand von computergesteuertem Design konzipieren.

Und wir sind gleichfalls davon überzeugt, daß Unternehmen, die diese Techniken nutzen, größere Erfolge verbuchen werden als ihre weniger fortschrittlichen und technologieorientierten Konkurrenten. Aus diesem Grunde sehen wir bis zum Jahre 2010 eine immer stärkere Konzentration der Marketingmacht in den Händen weniger Unternehmen voraus. So wie das Wesen der Kriegsführung zwischen dem Konflikt in Vietnam und dem Golfkrieg durch technologische Entwicklungen einen entscheidenden Wandel erlebt hat, so wird sich auch das Marketing im Verlauf der neunziger Jahre grundlegend verändern.

Die Marketingexperten stehen heute am Beginn einer Einschätzung der Beziehungen zwischen Medienbegegnungen des einzelnen Verbrauchers, Couponaktionen und dem Kaufverhalten. Doch ist bereits heute abzusehen, daß Marktforschungsinstitute wie Nielsen Market Research und Information Resources Inc. solche Informationen eines Tages nicht mehr nur für eine kleine, nicht repräsentative Zahl von Märkten aufzeichnen werden, sondern landesweit. Die Marketingmanager werden sich die Daten über diese Wechselbeziehungen ansehen und Fragen stellen können wie zum Beispiel:

- Was würde passieren, wenn wir unseren Preise von 1,79 Dollar auf 2,09 Dollar anheben würden?
- Was würde passieren, wenn wir in einer Fernsehkampagne tausend Bruttobewertungspunkte erreichen würden?
- Was wäre, wenn wir den Nennwert eines Coupons von 25 Cents auf 75 Cents anheben würden?
- Was wäre, wenn wir unseren Anteil von Warenpräsentationen in vorderster Reihe von 20 Prozent auf 35 Prozent steigern würden?

Bis heute können solche Fragen nur schleppend und mit primitivsten Mitteln beantwortet werden. Doch bis zum Ende des Jahrzehnts werden sehr viel treffendere Antworten für jeden Markt eine reine Routineangelegenheit sein.

Aber die Computertechnologie wird unseres Erachtens noch weit grundlegendere Fragen beantworten. Heute glauben die meisten Marketingexperten an die Macht der Werbung besonders für eingeführte Produkte, so wie viele Leute an einen persönlichen Gott oder eine kapitalistische Wirtschaft glauben. Daß die Werbung funktioniert, ist eine Glaubensfrage, aber wir wissen nicht, ob sie tatsächlich etwas bewirkt. Es liegen keine zwingenden Beweise dafür vor, daß die Werbung für irgendein Produkt eine Rendite abwirft. Zur Zeit existieren noch keine ausreichend sensiblen Methoden zur Messung der Werbewirksamkeit. Doch bis zum Ende der neunziger Jahre wird man anhand neuer Techniken der Datensammlung die nötigen Nachweise führen können.

Drei umfassende, dramatische Entwicklungen werden nach unserer Auffassung das Marketing in den neunziger Jahren kontinuierlich und sogar in immer stärkerem Maße bestimmen: (1) neue oder veränderte Medien (Fernsehen, Zeitschriften, Zeitungen und andere); (2) neue oder verbesserte Methoden zur Sammlung unverarbeiteter Marketingdaten; und (3) neue Techniken – Expertensysteme – zur Kanalisierung und nutzbringenden Umsetzung der Datenflut.

Mehr Macht für den einzelnen in den Medien

Die Fragmentierung der Medien geht weiter, und es ist noch kein Ende abzusehen. Es entwickeln sich neue Medien wie Prodigy, der Computer-Informationsdienst von Sears/IBM. Aber die Aufspaltung der Medien erschwert nicht nur dem Marketingexperten seine Aufgabe, den Kunden zu erreichen, sondern sie bringt auch eine stärkere Faszination des Verbrauchers gegenüber dem einzelnen Medium mit sich.

Ein Beispiel: Wo soll man für Golfklubs werben? Im Magazin *Golf* und während der Fernsehübertragung von Golfmeisterschaften? Oder in *Newsweek* und während der Abendnachrichten im landesweiten Fernsehen? Das Wochenmagazin und die Nachrichtensendungen haben bestimmt ein größeres Publikum und erreichen unter Umständen sogar mehr Golfspieler als Spezialzeitschriften und die Übertragung der Golfmeisterschaften. Aber ein Golfspieler, der *Golf* liest oder einen Golfwettbewerb im Fernsehen verfolgt, denkt auch an Golf. Die Werbung muß ihn also nicht erst von nationalen Angelegenheiten oder ähnlichem ablenken.

Mit der zunehmenden Fragmentierung der Medien nimmt auch die Aufgabe, den Kunden mit Werbebotschaften zu erreichen, immer komplexere Formen an. Das Medienlabor des Massachusetts Institute of Technology (MIT) widmet sich der Suche nach neuen Anwendungsmöglichkeiten für Computer, mit denen sich die Massenmedien wie Fernsehen, Druckerzeugnisse und Filme stärker am Geschmack einzelner Verbraucher orientieren können. Nach Angaben von Gordon Link, des weltweiten Werbedirektors von McCann-Erickson (des einzigen MIT-Sponsors aus der Werbebranche), besteht der Leitgedanke dieses Forschungsunternehmens darin, daß alle Medien vor einem grundlegenden Wandel stehen und daß es gilt, die Lebensqualität im elektronischen Zeitalter zu verbessern.

Eine Möglichkeit zur Verbesserung der Lebensqualität liegt zum Beispiel in der Verminderung des Werbewirrwarrs. Angesichts der entscheidenden Rolle der Medien für das Marketing müssen die Marketingfachleute Veränderungen der Medien voraussehen können. Nach unserer Überzeugung, aber auch nach der der Agenturen Backer Spielvogel Bates und McCann-Erickson, müssen wir uns in den nächsten Jahren auf mehrere Entwicklungen gefaßt machen.

Hochauflösendes Fernsehen

Hochauflösendes Fernsehen verfügt über das klare und facettenreiche Bild eines Kinofilms. HDTV-(High-definition TV) Bilder haben 1000 bis 1200 horizontale Zeilen und bauen fünfzig bis sechzig Teilbilder pro Sekunde auf. Das herkömmliche Fernsehen bringt es dagegen nur auf 525 horizontale Zeilen und dreißig Teilbilder pro Sekunde. Das bedeutet, daß ein Hundert-Zentimeter-HDTV-Bild genauso gestochen scharf erscheint wie ein 22-Zentimeter-Bild. Die HDTV-Signale übertragen normalerweise viermal so viele Informationen wie konventionelle Signale und bieten die Klangqualität einer Compact Disc. Damit erreichen sie ein tontechnisches Niveau, das bei Fernsehmodellen aktueller Bauart ausgeschlossen ist.

Aber HDTV hat auch mit Problemen zu kämpfen. Ein hochauflösendes Signal benötigt 50 bis 100 Prozent mehr Bandbreite als ein herkömmliches Signal. Deshalb befürchten die Sender, daß man nicht alle hochauflösenden Fernsehstationen unterbringen kann. Aber die Ingenieure arbeiten derzeit an zwei Lösungen: neue Verstärker und Verdichtung des Signals. Und die Medienabteilung von Backer Spielvogel Bates sieht in ihrer Publikation *BSB Projections 2000* bis zur Jahrhundertwende eine Fülle von Optionen mit höherer Bandbreite voraus, die dem HDTV den Weg ebnen und auch der Kabelbranche mehr Kanalkapazitäten eröffnen werden. Letzteres bedeutet natürlich Kabelsender mit kleinerem Ausstrahlungsbereich und damit ein noch größeres Programmangebot für den Verbraucher.

Mehr Kabelstationen bringen natürlich auch mehr Werbemöglichkeiten mit sich. Außerdem bieten diese auf einen engeren Einzugsbereich konzentrierten Kabelsender den Anbietern die Chance, ein spezifisches Publikum mit größerer Zielgenauigkeit anzusprechen, als das heute möglich scheint. Die Kabelstationen werden in ihrer Ausrichtung an einer genau abgegrenzten Zielgruppe dem Beispiel des Rundfunks und der Zeitschriften folgen, und auch die Werbetexte werden weniger allgemein gehalten sein und sich an ein bestimmtes Publikum richten.

Während sich jedoch die Fernsehingenieure auf eine Verbesserung der Bildqualität und eine Steigerung der Bandbreitenkapazität konzentrieren, tüfteln die Videoingenieure bereits eine Technik zur automatischen Löschung von Werbesendungen aus. In Japan verkauft ein Hersteller einen Videorecorder, der die Aufzeichnung eines Films in Werbepausen unterbricht und sie erst bei seiner Fortsetzung wiederaufnimmt. In den Vereinigten Staaten funktioniert dieses System jedoch nicht, weil die verwendete Sendetechnologie eine andere ist. Der japanische Videorecorder erkennt ein spezielles Signal, das unmittelbar vor der Werbung gesendet wird. Aber es dürfte nur eine Frage der Zeit sein, bis eine entsprechende Technik auch in den USA ausgereift und so billig ist, daß sie in Geräten für den Verbrauchermarkt eingesetzt werden kann. Und wenn diese Technik legal verfügbar wäre, könnten die Hersteller auch in Fernsehgeräte ein System einbauen, das Werbesendungen automatisch löscht, so daß sie der Zuschauer nicht zu Gesicht bekommt.

Anfang Januar 1991 schlug die Federal Communications Commission vor, eine eigene Sendefrequenz zur Bestellung von Gütern und Dienstleistungen per Fernsehgerät zur Verfügung zu stellen. Bestelldienste könnten ihr Programm durch Übermittlung von Katalogen im Fernsehen ergänzen und sie jeden Tag mit neuen Angeboten auffrischen. Universitäten könnten ihre Studenten per Fernsehen prüfen, und lokale Pizzerias könnten täglich Sonderangebote offerieren, die die Zuschauer mittels einer kleinen am Fernsehgerät angebrachten Vorrichtung bestellen würden.

Die Idee interaktiven Fernsehens ist natürlich schon seit Jahren im Gespräch. In den späten siebziger Jahren scheiterte der Kabelsender Qube in Columbus, Ohio, an der schwer handhabbaren Technologie und an den hohen Kosten. Aber angesichts verbesserter Technologie und niedrigerer Kosten zeichnet sich bereits heute eine weitverbreitete Interaktion zwischen Fernsehzuschauer und Fernsehanbietern ab. Die Werbeagentur Lintas: USA prognostiziert, daß im Jahr 2000 40 Prozent aller US-Haushalte über interaktives Fernsehen verfügen werden.

Der *Economist* machte 1989 die größte Bedrohung für das durch Werbung finanzierte Fernsehen in Kabelsendern aus, die eigens bezahlte Programme ausstrahlen. Im Augenblick besitzen rund 10 Millionen amerikanische Haushalte Konverter. Diese Sender werben mit einem Programm, das sich der Zuschauer nach eigenem Geschmack und zu dem von ihm bestimmten Zeitpunkt zusammenstellen kann. Noch ist es zwar nicht ganz soweit, aber es wird wohl nicht mehr lange dauern, bis sich der Kabelkunde seinen Lieblingsfilm, eine alte Show, einen Dokumentarfilm oder was ihm gerade einfällt aus einer zentralen, auf CD-Rom gespeicherten und durch Glasfaserkabel übermittelten »Filmothek« aussuchen kann, so wie sich schon heute ein Hotelgast Filme nach Wahl ansieht. Derzeit hapert es noch daran, daß die Technik der Übermittlung desselben Programms an mehr als einige hundert Haushalte nicht gewachsen ist.

Aber die Kabelstationen sind nicht die einzigen, die diese technischen Möglichkeiten ausloten. Auch Telefongesellschaften wollen die Glasfasertechnologie für den Verkauf von Programmen nutzen. Es scheint nur noch eine Frage der Zeit, ehe die Amerikaner über ihre Fernsehprogramme genauso freie Auswahl haben wie über ihre Zeitschriften.

Rundfunk

Die Rundfunksender ABC und CBS haben eine gemeinsame Entwicklung und Umsetzung eines neuen Satellitenverteilungssystems angekündigt, das die Klangqualität verbessern und die Programmkapazitäten der vorhandenen Systeme steigern soll. Das neue System wird drei 20-kHz-Kanäle in einem Frequenzbereich ausstrahlen, der derzeit nur einem kHz-Kanal Platz bietet. Backer Spielvogel Bates merkt dazu an, daß die erweiterten Kapazitäten im Verein mit der nächsten Generation digitaler Tonwiedergabe ein großes Plus für die Rundfunkstationen bedeuten, weil sie bei geringen Kosten deutlich verbesserte Leistungen erbringen können.

Aber Radiosignale müssen ebensowenig über den Äther kommen wie Fernsehsignale. Nach zweijähriger Testphase suchen derzeit Digital Music Express, Digital Planet und Digital Cable Radio nach Abonnenten, die bereit sind, eine Monatsgebühr für ein werbe- und in manchen Fällen sogar discjockeyfreies Radioprogramm zu bezahlen. Der Tuner von Music Express bietet eine Digitalanzeige des Songtitels, des Musikers, des Albumtitels, der Plattenfirma und der Bestellnummer. Digital Planet plant die Ausstrahlung von Radioprogrammen aus aller Welt.

Zeitschriften

Backer Spielvogel vermutet, daß Zeitschriften eines Tages via Personalcomputer übermittelt werden. Diese Entwicklung könnte durch mehrere Faktoren begünstigt werden:

- Angesichts steigender Postgebühren sehen sich die Verlage nach alternativen Distributionsmethoden um. Und Computer bieten eine relativ kostengünstige Möglichkeit der Datenübermittlung. Aber auch für die traditionelle Zeitschrift ist man auf der Suche nach Alternativen zur Postzustellung und zum Zeitungsstand. Die Meredith Corporation beispielsweise hat 400000 ihrer Zeitschriften durch einen Vertragsauslieferer direkt an die Leser zugestellt. Auch das Magazin *People* sucht nach anderen Möglichkeiten für den Vertrieb. Dies bleibt nicht ohne Folgen für das Marketing. Da die Zeitschriften in einer Plastikumhüllung stecken, können die Verlage Warenproben, Coupons, Broschüren und andere Werbematerialien beilegen, die von aktuellen Postbestimmungen nicht geduldet werden.
- Umweltschützer und auch Normalverbraucher zeigen sich in steigendem Maße besorgt über Papierknappheit und wachsende Müllberge. Da die

Zeitschriftenverlage an beidem wesentlichen Anteil haben und sich immer mehr Leute über die Zukunftsentwicklung der Erde Gedanken machen, werden die Verlage von Zeitschriften und anderen Publikationen (wie zum Beispiel den Gelben Seiten) möglicherweise vom Papier als Informationsträger abrücken.

- Mit On-line-Computerdiensten wie Prodigy, GEnie, CompuServe und Knowledge Index stehen den Verbrauchern in den eigenen vier Wänden eine Reihe von Leistungen zur Verfügung. Banktransaktionen, Lebensmitteleinkäufe, Investitionen, Buchungen für Reisen und Spiele können heute allesamt vom Computer aus erledigt bzw. abgerufen werden. Und die zunehmende Verbreitung von Computern wird dafür sorgen, daß die Verbraucher mehr On-line-Daten wünschen und weniger Zeit zum Lesen von Zeitschriften oder zum Fernsehen haben. Letzten Endes wird es wahrscheinlich möglich sein, nur die interessanten Artikel abzurufen und das eigene Magazin nach persönlichen Vorstellungen am Computerterminal zusammenzustellen.

Gleichzeitig verbessern die Verlagshäuser die Druck- und Bindetechnik und können so in eine Zeitschrift oder eine Gruppe von Zeitschriften leichter und kostengünstiger spezielle Anzeigen einfügen, die sich nur an eine Auswahl von Abonnenten richten – an die Kunden, die die größte Ähnlichkeit mit der Zielgruppe aufweisen. Mit Hilfe von Tintenstrahltechnologie können die werbenden Unternehmen in Zeitschriften persönliche Botschaften an einzelne Abonnenten richten. Die Technologie gestattet es dem Anbieter, persönliche Rückantworten zu gestalten, die Kunden durch Preisanreize wie persönliche Coupons zu einem Produktversuch zu bewegen, Lotterien und Wettbewerbsangebote zu forcieren und kooperative Programme mit lokalen Einzelhändlern durchzuführen. Darüber hinaus können sie mit speziellen Ausgaben auch besondere Kundensegmente wie neu Hinzugezogene, wohlhabende Senioren oder regelmäßige Bestellkunden erreichen. Verlage und Anzeigenkunden können ihre Datenbanken miteinander kurzschließen, um kundenspezifische Magazine für wichtige Zielgruppen zusammenzustellen.

Mit der fortschreitenden Segmentierung der Märkte und der Verbesserung selektiver Bindetechnik können die Verlage ihren Anzeigenkunden gezieltere und kundenspezifischere Ausgaben ihrer Zeitschriften bieten. Diese auf besondere Nischenmärkte zugeschnittenen Ausgaben werden sich auch auf den redaktionellen Teil der Zeitschrift auswirken. Beispielsweise könnte das *Time*-Magazin mehrere redaktionell voneinander abweichende Ausgaben herausbringen, die noch über die derzeitige Anpassung an regionale und internationale Märkte hinausgehen und den Bedürfnissen je verschiedener Leserkreise entgegenkommen.

Die elektronische Zeitung

Zeitungszustellung per Faxgerät ist keine Utopie mehr. Sowohl die *New York Times* als auch die *Los Angeles Times* versenden mehrseitige Zusammenfassungen der wichtigen Tagesereignisse an Unternehmen in Japan und Rußland. Andere Zeitungen bieten diese Dienstleistung örtlichen Unternehmen. Das *Wall Street Journal* hat das Erscheinen von »Journal Fax« angekündigt, einer eine Seite umfassenden Zusammenfassung wesentlicher Nachrichten über den Markt und die Wirtschaft. Angesichts der wachsenden Übermittlungsgeschwindigkeit von Faxgeräten und der sinkenden Kosten für verbesserte Normalpapierversionen mag diese Option auch für den Normalverbraucher zunehmend an Reiz gewinnen.

Über hundert Zeitungen bieten derzeit einen Telefondienst, der die Kunden täglich mit Informationen versorgt: vom Verkehrsbericht bis zur neuesten Fernsehserie und von der Kreuzworträtsellösung bis zum Bekleidungssonderangebot. Die Zeitungen benutzen im Normalfall 900-Nummern (davon gleich mehr), und die Anrufe kosten den Kunden durchschnittlich 75 Cents pro Minute.

Das Medienlabor MIT hat eine persönliche Computerzeitung mit dem Namen *Newspeek* vorgeführt, die Nachrichten von Nachrichtensendern und Fernsehanstalten enthält. McCann-Erickson beschreibt das Erscheinungsbild von *Newspeek* als das den Zeitungslesern bekannte Format: Der Computerbildschirm zeigt eine Titelseite mit acht oder neun Artikeln in Spalten, Überschriften in Großdruck und Farbfotos. Wenn der Leser einen Artikel weiterlesen oder zugehörige Artikel einsehen möchte, bewegt er den Finger über den betreffenden Abschnitt. Mit einer bloßen Berührung kann sich der Leser Zugang zu Fernsehnachrichten, Landkarten, Fotos und vorangegangenen Artikeln verschaffen. Verweilt man auf einem Wort wie *Coca-Cola* oder *Bush*, wird es, falls vorhanden, in allen anderen Artikeln hervorgehoben. Der Computer erinnert sich an Fragen und Befehle und widmet am nächsten Tag den Themen, die den Leser besonders interessierten, zusätzliche Aufmerksamkeit. Wenn jemand immer nur das Feuilleton liest und sich nie beim Sportteil aufhält, dann erscheinen die Sportberichte nur noch in einem kleinen Kasten, während die Zahl der Artikel über Kunstereignisse zunimmt.

Ladenmedien

Einige der technologischen Entwicklungen, die momentan das Aussehen der Erzeuger- und Kommunikationsbranche verändern, werden bis Ende der neunziger Jahre auch die Ladenmedien erfassen. Bis zur Jahrhundertwende werden nationale, internationale und lokale Programme und Werbesendungen via Satellit auf Videoempfängern in angeschlossenen Supermärkten ausgestrahlt, die dann zweifelsohne mit hochauflösenden Bildschirmen ausgerüstet sein werden.

Marktforscher schätzen, daß der Durchschnittsamerikaner der achtziger Jahre täglich hundertfünfzig Werbungen in vier Medien begegnete: Fernsehen, Radio, Zeitschriften und Zeitungen. Mit der Zunahme alternativer Medien wird sich diese Zahl vielleicht sogar verdoppeln, auch wenn die Verbraucher immer mehr dazu übergehen, Fernsehwerbung abzuschalten. Bisher nicht geläufige Medien werden einen beträchtlichen Anteil des Zuwachses ausmachen.

Folgende Beispiele neuer Medien waren allesamt zum Zeitpunkt der Niederschrift unseres Buchs bereits im Einsatz:

- Channel M, eine Videowand mit vier Bildschirmen in Aladdin's Castle Video Arcades, die Musikvideos der Top 40, Werbung und Informationen präsentiert. Zielgruppe sind die Zwölf- bis Vierundzwanzigjährigen männlichen Geschlechts.
- Check-out Channel, ein Fernsehschirm an Supermarktkassen mit dem Programm CNN und Nachrichten neben der Werbung. Wendet sich vorwiegend an weibliche Besucher von Lebensmittelläden.
- Concierge, ein Programm interaktiver Kiosks in Flughäfen, die Reise- und Unterhaltungsreservierungen sowie Geschenkbestellungen entgegennehmen. Zielgruppe sind hier Erwachsene zwischen fünfundzwanzig und neunundvierzig Jahren, die im Jahr mehr als zwölf Flugreisen unternehmen.
- Diamond Vision, Zeichen in Stadien, auf Baseballplätzen und Rennbahnen. Orientiert sich in erster Linie an männlichen Sportfans.
- Health Club-Fernsehen, Fernsehmonitore in Fitneßcentern, die die Trainierenden unterhalten und informieren. Wendet sich an Achtzehn- bis Neunundvierzigjährige mit einem Einkommen von 36000 Dollar oder mehr.
- MallVision, eine Videowand mit neun Bildschirmen meist im Zentrum oder Mittelhof eines Einkaufszentrums. Zur Zielgruppe gehören alle Käufer einschließlich Teenager.

- Metro Vision, hochauflösende Videomonitore in U-Bahnen, Bushaltestellen und Flughäfen, bereitet allgemein interessante Themen auf und bietet Reiseinformationen. Zielgruppe sind Berufstätige und Vierzehn- bis Vierunddreißigjährige besonders weiblichen Geschlechts.
- Patients Movie Network bietet überarbeitete Fernsehprogramme für zugelassene Krankenhauspatienten. Wendet sich an gesundheitsbewußte Erwachsene.
- VideOcart, ein Abkömmling der Information Resources Inc., stellt Einkaufswagen mit Videobildschirmen her. Der Monitor zeigt den Käufern die zu den Supermarktauslagen passenden Werbungen und weitere Informationen wie Sonderangebote, neue Produkte und dergleichen mehr.
- Whittle Communications vermehrt die Zahl der Medien mit Nachrichtenanschlägen bei Ärzten und Zahnärzten, die spezielle Werbung präsentieren. Des weiteren führt das Unternehmen besondere Fernsehprogramme in Schulen und Büros ein. Diese Programme sind auf die jeweilige Zielgruppe zugeschnitten und präsentieren auch Werbung.

Telefone

Als Reaktion auf Anfragen von Fernsehanstalten zur Durchführung von Blitzumfragen bei Fernsehzuschauern entwickelte AT&T die sogenannten 900-Nummern. NBC benutzte während der Präsidentschaftsdebatte im Jahr 1980 die erste solche Nummer. Zwei Jahre später bat die NASA AT&T um eine 900-Nummer, damit die Reporter die Gespräche zwischen der Flugkontrolle und den Astronauten in einem Space-Shuttle mitverfolgen konnten. Später gab die NASA diese Nummer auch öffentlich bekannt. Bis April 1985 verdiente nur AT&T an den Anrufen – 50 Cents für die erste Minute, 35 für jede weitere –, aber danach ließ man die betreffenden Unternehmen abhängig vom Umsatz mit bis zu 5 Cents an einem Anruf partizipieren, um das Geschäftsaufkommen zu erhöhen. 1987 erlaubte AT&T den Unternehmen, bis zu 2 Dollar für die erste Minute zu berechnen und 1,30 Dollar davon zu behalten. Innerhalb weniger Monate hatten die Firmen alle verfügbaren 900-Nummern aufgekauft.

Wenn die Verbraucher eine 900-Nummer anwählen, wird automatisch ihre Telefonnummer festgestellt. Dadurch gelangen die Anbieter ohne Wissen des Kunden zu umfassenden Informationen über ihn. Durch eine Verknüpfung dieser Angaben mit Marketingdaten erfahren die Anbieter zum Beispiel, ob der Anrufer als potentieller Kunde für bestimmte Versandangebote in Frage kommt.

Backer Spielvogel Bates prognostiziert für die mittleren bis späten neunziger Jahre, daß die Anbieter anhand neuester technologischer Entwicklungen des automatischen Systems zur Nummernidentifizierung imstande sein werden, die Telefonnummer und Adresse eines Anrufers mit anderen Datenbanken kurzzuschließen. Durch dieses Verfahren erhalten sie Informationen, die weit über Angaben zur Haushaltsgröße, zur Zahl der Kinder, zum Ehestand, zum Haushaltseinkommen und zum Autobesitz hinausgehen. Die Telefonnummer wird so zur Hauptquelle für die Erstellung von Listen potentieller Kunden.

Bis zum Ende des Jahrzehnts wird die Technik so ausgereift sein, daß sie weit mehr als die gegenwärtig möglichen 30000 Anrufe gleichzeitig entgegennehmen und die Anfragen mit Computerstimmen beantworten kann.

Der Große Bruder beobachtet uns wirklich

Im letzten Jahrzehnt brach eine wahre Lawine vielfältigster Marketingdaten auf die Unternehmen herein, die damit begannen, Aufzeichnungen über die Fernseh- und Einkaufsgewohnheiten der Verbraucher, über die Benutzung von Kreditkarten und Coupons und über den Produktumschlag zu führen. Die neuen Medien, von den sich aufspaltenden alten ganz zu schweigen, machen eine neue Meßtechnik erforderlich.

Das von 1200 Leuten geführte Tagebuch, mit dem A. C. Nielsen die Fernsehgewohnheiten testete, war vielleicht in einer Zeit ausreichend, als sich das Fernsehangebot auf die Programme der drei landesweiten Sender beschränkte. Doch mit der wachsenden Zahl von Kabelstationen und dem steigenden Interesse der Anbieter an kleineren Bevölkerungssegmenten wie wohlhabenden Zuschauern oder arbeitenden Frauen büßte das Tagebuch seine Aussagekraft ein. Als Reaktion auf diese Entwicklungen führte Nielsen 1987 den sogenannten People-meter (Volksmesser) ein. Diese in rund 4000 Haushalten installierte Vorrichtung müssen die Zuschauer lediglich per Knopfdruck betätigen, um anzuzeigen, welches Programm sie gerade eingeschaltet haben.

Doch auch den People-meters sind Grenzen gesetzt. Sie können die Fernsehgewohnheiten von Kindern, Teenagern oder auch das Fernsehen außer Haus nicht ausreichend erfassen. Kinder und Teenager sind in der Aufzeichnung weniger zuverlässig als Erwachsene. Und einige Testpersonen verlieren einfach die Lust, jedesmal wenn sie ein Programm ansehen, auf den Knopf zu drücken. Auch das Fernsehen außer Haus bleibt natürlich unberücksichtigt, da die Fernsehgeräte in Bars, Hotels oder bei Freunden nicht mit einer Meßvorrichtung ausgerüstet sind.

Im Hinblick auf die ersten beiden Probleme entwickeln Ingenieure derzeit einen passiven People-meter, ein Gerät, das die Gesichtszüge der Haushaltsmitglieder elektronisch »erkennt« und aufzeichnet, welche Programme sie anschauen. Solch eine Vorrichtung kann nicht nur die Fernsehgewohnheiten von Kindern und Teenagern aufzeichnen, sondern wahrscheinlich auch bis auf die Sekunde genau angeben, wer welches Programm verfolgt. Damit erhalten die Anbieter Werte für die Wirksamkeit einzelner Werbesendungen. Unter den Tisch fällt bei diesem Verfahren jedoch weiterhin das Fernsehen außer Haus. Eine mögliche Lösung bietet hier ein elektronisches Tagebuch, das Aufzeichnungen über jedes Fernsehgerät führen könnte.

Eine Vorreiterrolle spielt in diesem Zusammenhang die Erfassung des Radiopublikums. Derzeit verwenden der Lokalsender Birch und der landesweite Sender RADAR eine Telefonerinnerungsmethode zur Ermittlung der Zuhörerquote. Arbitron Radio benutzt ein selbstverwaltetes Tagebuch und testet bereits ein elektronisches Tagebuch in Form eines handlichen Computers, der einem Taschenrechner gleicht. Die Zuhörer wählen eine Kennummer, die von der Vorrichtung auf unkorrekte Einträge überprüft wird. Nach Angaben von Arbitron könnte man das elektronische Tagebuch letztlich auf die Größe einer Kreditkarte verkleinern und die Informationen täglich abrufen.

Nachforschungen zur Leserschaft von Zeitschriften stützen sich im Augenblick auf persönliche Interviews und das Lesergedächtnis. Das Marktforschungsinstitut Simmons benutzt eine gekürzte Fassung einer Magazinausgabe, um das Gedächtnis der Testpersonen auf die Probe zu stellen. Mediamark Research verwendet Karten mit Schriftzügen von Zeitschriften. Beide Ansätze können jedoch nur eine begrenzte Anzahl von Zeitschriften testen und hängen vom Erinnerungsvermögen der Befragten ab.

Die Pretesting Company entwickelt derzeit ein Gerät zur passiven Aufzeichnung des Medienkonsums – eine entsprechend ausgerüstete Armbanduhr. Bei Druckerzeugnissen kann man mit der Druckerschwärze einen speziellen Mikrochip auf der Seite anbringen. Dieser Chip gibt elektronische Signale an die Armbanduhr, die so die Lektüre jeder Seite einer Zeitschrift oder Zeitung festhält. Bei Fernsehen und Rundfunk könnte die Anstalt Sendungen und Werbungen mit einem Signal ausstatten, das von der Uhr automatisch aufgenommen wird. Zumindest theoretisch könnte diese Uhr also den gesamten Medienkonsum aufzeichnen.

Darüber hinaus könnten auch Registrierkassen in Läden mit einem elektronischen Signal zur Interaktion mit der Armbanduhr ausgerüstet werden. Damit wären die Anbieter in der Lage, die Einkäufe der Testpersonen aufzuzeichnen und sie direkt mit ihren Mediengewohnheiten in Verbindung zu bringen. Die Probanden müßten sich als einzige Bedingung lediglich dazu verpflichten, die Uhr ständig zu tragen (was unter Umständen ein großes Hindernis sein kann) – abgesehen davon natürlich, daß sie die Uhr regelmäßig an die Pretesting Company zurückgeben müssen, damit die Daten abgerufen werden können.

Ob die Verlagshäuser, Sendeanstalten und Wirtschaftsunternehmen nun diese Uhrentechnologie übernehmen oder etwas anderes – in jedem Fall scheint man immer deutlicher den Wert der Erfassung des Medienkonsums und der Produktkäufe im Hinblick auf deren wechselseitige Beeinflussung zu erkennen.

Weil die Anbieter wissen möchten, ob und wann ihre Werbung erscheint, setzt man heute bereits eine Erkennungstechnologie ein, die Fernsehwerbungen und -sendungen ermittelt und mißt. Das Gerät zeichnet spezielle elektronische Sendemuster auf und vergleicht sie mit der Datenbank früher aufgenommener und identifizierter Muster. Wenn der Computer das Sendemuster nicht findet, zeichnet er es zur späteren Ermittlung auf und trägt so zum Entstehen einer nach verschiedenen Märkten geordneten Datenbank bei, die Werbungen und Sendungen mit dem jeweiligen Sendetermin enthält. Eine abgewandelte Form dieser Technik könnten die Ingenieure von Videorecordern benutzen, um Werbesendungen auszublenden, die der Verbraucher bereits gesehen hat.

Die Strichkodierung von Waren aller Art rationalisierte die Kassentätigkeit in Supermärkten. Die Kassenkräfte müssen die Produkte nur noch über einen Scanner bewegen, und gleichzeitig registriert man Informationen über die Kaufgewohnheiten einzelner Haushalte. Eine Reihe von Unternehmen – am bekanntesten vielleicht Citicorp POS – bemüht sich darum, die so gewonnenen Informationen für den Aufbau einer Datenbank zu verwenden, die nicht nur das Kaufverhalten der Verbraucher dokumentiert, sondern auch ihren demographischen, psychographischen und sozioökonomischen Status. Im Citicorp-System legen die Käufer an der Kasse eine spezielle Kennkarte vor, die von der Kassenkraft mittels Scanner zusammen mit den Einkäufen eingelesen wird. Ein anderes System sieht vor, daß eine ausgewählte Käufergruppe ihre Einkäufe selbst einliest. Mit beiden Methoden können die Anbieter Einkäufe zurückverfolgen und das Kaufverhalten einzelner Haushalte feststellen.

Weshalb sollten nicht andere auch so wie Kraft/General Foods, Campbell oder ConAgra die Käufe der Verbraucher im Supermarkt aufzeichnen können? Diese Techniken zur Sammlung und Auswertung von Daten werden sich nach unserer Überzeugung von abgepackten Waren auch auf andere Bereiche ausdehnen, und zwar wesentlich rascher, als das in der Vergangenheit bei der Übertragung neuer technologischer Ansätze der Fall war. In den fünfziger Jahren dauerte es wahrscheinlich zehn Jahre, bis die anderen Unternehmen die Anbieter abgepackter Waren eingeholt hatten. In den neunziger Jahren wird sich diese Umstellung ungleich schneller vollziehen.

Aber nicht nur der Medienkonsum und das Kaufverhalten werden Gegenstand der Forschung sein, sondern auch die herkömmliche Marktforschung wird sich weiterentwickeln. Persönliche Interviews werden vermutlich immer mehr in den Hintergrund treten und Telefongesprächen weichen. Man wird verstärkt auf interaktive Forschung setzen. Beispielsweise könnten die Forscher Leute anrufen und sie bitten, am Abend Channel 45 einzuschalten. Diese Zuschauer müßten dann am gleichen Abend einen elektronischen Fragebogen durchgehen und die Fragen durch Knopfdruck beantworten. Am Ende des Interviews drücken sie dann auf den »Ende«-Knopf, und die Kombination aus Hardware und Software neben dem Videorecorder oder dem Kabelanschlußkasten kann die Antworten automatisch per Telefon an das Forschungsinstitut weiterleiten. Damit könnten die Antworten auf eine landesweite Erhebung praktisch über Nacht auf dem Tisch liegen.

Aber mit den neuen Medienoptionen und der neuen Meßtechnologie tauchen am Horizont noch größere Probleme für die Umwandlung von Daten in verwertbare Informationen auf.

Expertensysteme: einfallsreiche, verläßliche und billige Berater

Auch wenn Unternehmen wie Nielsen Marketing Research, Arbitron und Information Resources schon heute eine ungeheure Fülle von potentiell nützlicheren Daten als je zuvor anbieten, greifen die wenigsten Anbieter darauf zurück, weil sie sich von der Menge der Informationen erschlagen fühlen. Die Unternehmen brauchen dringend Systeme zur Verwaltung und Verarbeitung der Datenlawine, Systeme, die die Spreu vom Weizen trennen und so das Wesentliche auf eine verständliche Aussage reduzieren.

Die einzige Handhabe für Marktforscher und Marketingmanager zur Bewältigung der Datenschwemme in den neunziger Jahre bieten Expertensysteme. Darunter versteht man interaktive Computerprogramme, die eine Reihe von Wissenselementen wie Tatsachen, Regeln und Modelle anwenden, um die Problemlösung in spezifischen Gebieten zu unterstützen und voranzutreiben. Fachexperten sprechen auch von Systemen mit *Wissensbasis*, weil deren Leistungen davon abhängen, wie repräsentativ ihr Wissen ist und wie sie es verarbeiten.

Zur Veranschaulichung ihrer Funktionsweise kann man an das Diagnoseverfahren eines Arztes denken. Er verwendet seine gesamten Kenntnisse selektiv und in einem Versuch-Irrtum-Prozeß. Nacheinander überprüft er die Möglichkeiten und verwirft sie, wenn sie sich als falsch erweisen. Aufgrund seiner Berufserfahrung stellt er dem Patienten Fragen, führt die naheliegenden Tests durch, berät sich mit Kollegen und schlägt auch in Fachbüchern nach, um auf weitere Informationen zu stoßen. Daraus entsteht die Diagnose.

Expertensysteme folgen einem ganz ähnlichen Verlauf. Die Systeme stellen Wissen in symbolischer Form dar. Zahlenwerte stehen für die subjektive Wahrscheinlichkeit oder Richtigkeit der Informationen. Die allgemeineren Denkstrategien, das heißt die sogenannte Inferenzmaschine des Expertensystems sind streng getrennt von der domänenspezifischen Wissensbasis, die mit Versuch-Irrtum, Modellen und Fakten operiert. Das domänenspezifische Wissen enthält eine Kombination aus Fakten (»Alle Lieferungen nach Europa werden von unserer New Yorker Niederlassung getätigt«), Regeln (»Wenn das Marketingziel in der Stimulierung der Erstnachfrage liegt, dann besteht das Werbeziel in der Stimulierung der Nachfrage nach der Produktkategorie«) und Modellen sowie ihren Wechselbeziehungen (»Zur Errechnung von Koeffizienten für die Umsatzentwicklung muß erst der Umsatzrückgang angesichts verschiedener Marketingvariablen ermittelt werden«).

Diese Trennung zwischen Inferenz und Wissen gestattet es dem System, sein Wissen auf ganz verschiedene Weise einzusetzen. Es kann spezifische Elemente der Wissensbasis heranziehen und zusätzliche Informationen anfordern, um ein Problem zu lösen. Ein Expertensystem kann die Überlegungen hinter seinen Fragen und Empfehlungen erklären, da es die Tests und Fakten meldet, mit denen es seine Hypothesen aufgestellt und Schlußfolgerungen gezogen hat.

Wir sind überzeugt davon, daß die Expertensysteme zu einer wesentlichen Steigerung des Marketingwissens beitragen und letzten Endes zu herausragenden Marketingprogrammen führen werden. Mit einem Expertensystem fühlt man sich wie mit einem Berater am Schreibtisch. Aber einer, der klüger ist als die meisten Berater und mehr Fachwissen mitbringt, und einer, der für seine Dienste nicht 3 000 Dollar am Tag berechnet. Vielleicht das bekannteste, wenn auch rein fiktive Beispiel eines Expertensystems ist HAL, der Bordcomputer in Stanley Kubricks Film *2001: Odyssee im Weltraum*.

Expertensysteme verwenden künstliche Intelligenz (KI) oder automatisierte Intelligenz. Unter *KI* versteht man Computer oder Computerprogramme, die denken oder anscheinend denken wie Menschen. Unter *Expertensystemen* verstehen wir Programme, die das Wissen, die Erfahrung und die Entscheidungsfähigkeit eines Experten in einem bestimmten Fachgebiet imitieren oder zu imitieren scheinen. Dazu auch Abbildung 12.1.

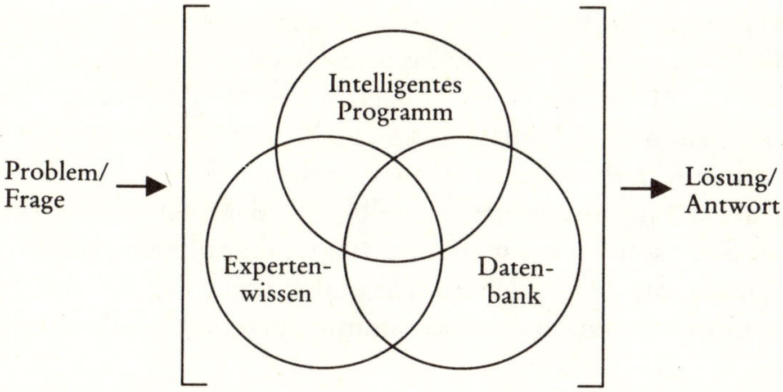

Abbildung 12.1: Ein Expertensystem

Den Unterschied zwischen beiden kann man sich am besten so klarmachen, daß man KI als allgemeine Intelligenz betrachtet und Expertensysteme als Spezialwissen in einem Gebiet wie Geologie, Neurologie, Philosophie – oder Marketing. Ein Expertensystem hängt von einem Subsystem künstlicher Intelligenz ab. Aber auch das KI-Subsystem, das wir in der Abbildung als intelligentes Programm bezeichnen, muß in das Expertenwissen und oft auch in spezielle Datenbanken integriert sein. Eine ganz neue Klasse von Ingenieuren mit dem klangvollen Namen »Knowledge Engineers« befaßt sich mit dem Wissen des Experten. Aufgabe dieser Ingenieure ist es, die Kenntnisse, Erfahrungen, Faustregeln, Einsichten und Urteile eines Fachexperten in ein Computerprogramm umzusetzen.

Ein gutes Expertensystem durchdenkt auf der Arbeitsgrundlage eines intelligenten Programms, eines umfassenden Fachwissens und einer Datenbank ein Problem oder eine Frage, um zu einer Lösung oder sogar zu einer Entscheidung zu gelangen. Mit Expertensystemen verhält es sich nicht anders als im wirklichen Leben: Je größer die Intelligenz und das Wissen des Experten und je ausgereifter die verfügbare Datenbank, desto besser wird auch die Antwort oder die Entscheidung ausfallen.

Solch ein System kann sich auf zwei Formen von Intelligenz stützen: die bisher dominierende Form der *künstlichen Intelligenz* und die *automatisierte Intelligenz*. Letzteren Begriff haben wir selbst geprägt, um einen eigenständigen Ansatz abzugrenzen. Der Unterschied zwischen beiden gleicht der gängigen ethologischen Trennung zwischen menschlichem und tierischem Denken. Bis in die jüngste Vergangenheit waren sich die Fachgelehrten einig, daß nur der Mensch kreativ denkt. Wir denken logisch und vernünftig. Wir treffen Entscheidungen. Tiere dagegen stellen sich den Herausforderungen ihrer Umwelt, indem sie genetisch festgelegten Verhaltensanweisungen folgen. Die Menschen denken, so lautet diese Unterscheidung; die Tiere jedoch folgen komplexen Befehlsstrukturen.

KI-Programme arbeiten wie menschliche Denkprozesse. Sie denken scheinbar logisch. Zur Verarbeitung von Wörtern und Sätzen in Programmiersprachen wie »Lisp« und »Prolog« folgen sie logischen Regeln.

Programme automatisierter Intelligenz dagegen folgen komplexen Befehlen. Sie machen, was man ihnen sagt. Aber ohne eigenständiges logisches Denken. Sie bearbeiten Zahlen und stützen sich dabei auf Algorithmen und Gleichungen, die in Programmiersprachen wie PL-1 oder C abgefaßt sind.

Unterschiede zwischen künstlicher und automatisierter Intelligenz

Kennzeichen	*Künstliche Intelligenz*	*Automatisierte Intelligenz*
Simuliert	Kreatives Denken	Flexibles Reagieren
Bearbeitet	Nichtnumerische Symbole	Numerische Werte
Stützt sich auf	Logische Regeln	Algorithmen Gleichungen
Programmiersprachen	Natürliche KI-Sprachen	Zeitgenössische Sprachen

Obwohl die Marketingfachleute großes Interesse an Expertensystemen bekundet haben, gibt es zur Stunde noch sehr wenige Beispiele dafür. Aber es existieren bereits einige schlaue Programme, die sich auf automatisierte Intelligenz stützen und dem Marktforscher das Leben erleichtern. Solch ein Programm hilft dem Forscher beispielsweise beim Entwurf einer Trade-off-Analyse oder bei der Durchführung von Interviews und deren anschließender Auswertung. Die heute verfügbaren Programme dieser Art erledigen ihre Aufgaben kompetent und zeigen dabei sogar einen bescheidenen Grad von Intelligenz. Aber sie verfügen über kein Marketingwissen. Es sind keine Expertensysteme.

1985 entwickelten wir ein Programm namens »Robot Researcher«, das auf einem IBM-Großrechner lief und sich auf eine Datenbank mit Marktforschungsergebnissen stützte. Das Programm sollte den Erstentwurf eines Forschungsberichts schreiben, dessen Abfassung normalerweise nur zäh und voller Wiederholungen vonstatten geht. In Frage kommen dafür zum Beispiel Berichte über eine Erkundungsstudie zur Bekanntheit, ein Werbetest oder eine Umsatzanalyse. Robot Researcher wählt das geeignete statistische Modell, verknüpft es mit einem vorprogrammierten Text, dessen Wortwahl und Sätze nach menschlichem Vorbild beliebig modifiziert sind, und druckt den Bericht mit Hilfe eines Textverarbeitungsprogramms aus. Robot Researcher erstellt solch einen Bericht binnen weniger Stunden. Marktforschungsabteilungen brauchen dafür normalerweise zwischen sechs und fünfzehn Tagen.

1988 führte Information Resources Inc. (IRI) ein Software-Produkt namens »CoverStory« (»TitelGeschichte«) ein, das den Marketingmanagern von Anbietern abgepackter Waren hilft, die zusammengefaßten Scanner-Daten von IRI zu untersuchen, auszuwerten und darzustellen. CoverStory analysiert die Daten und schreibt einen Kurzbericht wie zum Beispiel: »In den vier Wochen bis zum 26. Juni 1988 belief sich der Gesamtumsatz in der Produktkategorie gefrorene Pizza auf 31,1 Millionen Stück. Das bedeutet eine Steigerung um 0,7 Prozent gegenüber dem Vorjahr. Der Marktanteil von Pillsbury in der Kategorie lag bei 29,1 Prozent, was gegenüber dem Vorjahr einen Zuwachs von 5,7 Prozentpunkten bedeutet, aber gegenüber der letzten Meßperiode einen Rückgang um 3,1 Prozent.«

Das von Professor John Little vom MIT und Professor Leonard Lodish von der Wharton School of Business entwickelte Programm extrahiert die im Urteil des Verbrauchers wichtigsten Informationen aus der IRI-Datenbank und erstellt daraus Kurzberichte, die mit Tabellen und graphischen Darstellungen untermauert sind. Je nach der betreffenden Produktkategorie verfaßt CoverStory Schlagzeilen zum Gesamtumsatz und zu Trends, schildert das Abschneiden der Unternehmensmarken im Hinblick auf Umsatz und Marktanteil und stellt außerdem große geographische Unterschiede des Markenerfolgs dar. Das Programm ermittelt Fluktuationen im Preis, im Verkauf und im Handel, die mit einem Anstieg oder Rückgang des Marktanteils in Zusammenhang stehen. Auch die Anteilsgewinne und -verluste der Konkurrenz werden registriert.

Nach Angaben von Professor Little kaufen die Hersteller abgepackter Waren mittlerweile tausendmal so viele Sammeldaten wie zuvor. Computersprachen der vierten Generation und leistungsfähige Software für Mikrocomputer ermöglichen zwar das leichte Auffinden und die Analyse von Informationen und lösen damit Grundprobleme. Aber CoverStory ist die erste Software, die automatisch nach den Schlüsselnachrichten in einer Scanner-Datenbank sucht, sie leicht faßlich auf dem Bildschirm darstellt und sie als präsentationstauglichen Text formuliert. Die Berichte dieses Programms bieten ein in sich geschlossenes Bild über die Marktentwicklung: wer verliert, wer gewinnt, wo und warum.

Nielsen Market Research will in naher Zukunft ein ähnliches Programm auf den Markt bringen. Es wird sich dabei um eine aktualisierte Fassung von ScanFact handeln, das innerhalb weniger Minuten spezifische Informationen über Umsatz und Marketing von 3000 Läden in fünfzig Märkten bietet, aber diese Daten im Gegensatz zu CoverStory nicht analysiert. Ein Anwender merkte an: »Mit ScanFact kann man die Daten nur abrufen, es wird nichts vorsortiert oder interpretiert wie bei CoverStory. Es sind einfach nur Zahlen auf dem Bildschirm.«

Vermutlich wird sich das neue Programm dieser Einwände annehmen. Nach Darstellung von Nielsen werden Benutzeroberfläche und Berichte auf einem Personalcomputer angeboten, während sich die Speicherung der Daten und die Berechnungen im Großrechner abspielen. Das Programm mit dem Namen »Performance Exception Review« soll ein echtes Expertensystem sein und eine Inferenzmaschine verwenden. Es bewertet die Leistungsfähigkeit eines Produkts mit logischen Begründungen, meldet den Gesamtumsatz der Produktkategorie, ermittelt und erklärt außerordentliche Marktleistungen und meldet Segmentfluktuationen (zum Beispiel Größen und Geschmacksrichtungen) im Hinblick auf das Produkt und die Kategorie. Das neue Programm beurteilt die Leistungsfähigkeit des Produkts im Vergleich zu Erzeugnissen der Konkurrenz und zieht verallgemeinernde Schlußfolgerungen über die Erfolge des Produkts in allen oder in ähnlichen Märkten. Die Befunde werden mit einer Kombination aus Text, graphischen Darstellungen und Tabellen veranschaulicht.

Wir vermuten, daß sich die meisten Marketingsysteme der neunziger Jahre auf automatisierte Intelligenz stützen werden. Wirklich überzeugende Anwendungen der traditionellen künstlichen Intelligenz haben immer noch Seltenheitswert. Und das ist auch der Grund, weshalb viele der in den achtziger Jahren gegründeten KI-Unternehmen aufgeben mußten oder dahinsiechen. Sie konnten für ihr Produkt weder eine Anwendung noch einen Markt finden. Ganz anders steht es dagegen mit der automatisierten Intelligenz. In jedem Gebiet, auf dem Fachexperten unter hohem Zeitaufwand an einem Problem arbeiten, verspricht der Einsatz von Expertensystemen eine Lösung.

Natürlich werden einige Felder menschlicher Tätigkeit bleiben, in denen diese Technologie überhaupt nicht funktioniert – wie zum Beispiel Kreativität. Wird man je ein Expertensystem zur Schaffung einer wirkungsvollen Fernsehreklame oder zur Abfassung einer überzeugenden Anzeige einsetzen können? Es spricht wenig dafür, wenn auch zwei Professoren der Wharton School of Business schon seit einigen Jahren an einem System arbeiten, das bei der Gestaltung von Werbetexten helfen soll.

Unter anderem erleichtert dieses System der Werbeagentur oder dem Unternehmen die Beantwortung folgender Fragen: Sollte sich die Werbung auf Ihr Produkt beschränken oder einen Vergleich zur Konkurrenz ziehen? Sollten Sie auf einseitige oder eine zweiseitige Präsentation setzen? Sollte die Werbung an die Gefühle oder an den Verstand appellieren? Darüber hinaus verarbeitet das Programm Forschungsergebnisse und kann somit wahrscheinlich Anregungen zur Botschaftsstrategie und zu ihrer Umsetzung geben. Zum Beispiel: Benutzen Sie eine berühmte Persönlichkeit als Fürsprecher in Ihrer Fernsehwerbung; diese soll über das neue Sicherheitsmodell der Automarke sprechen, ohne den Vergleich zu Vorgängermodellen oder zu Wagen der Konkurrenz zu ziehen.

Aber auch wenn ein Expertensystem nie kreative Entscheidungen treffen wird, so kann es doch außerordentliche Hilfeleistungen für alle regelmäßigen Entscheidungen von Marketingexperten erbringen, als da sind: Überprüfung des Umfelds, Zielplanung, Positionierung, Produktgestaltung, Preisbildung und Werbung. Man kann sich schon heute vorstellen, daß die Marketingspezialisten gegen Ende des Jahrzehnts im Hinblick auf Marketingentscheidungen routinemäßig auf Expertensysteme zurückgreifen werden.

Ob Expertensystem oder nicht, unterstützt das System die Entscheidungsbildung?

Kürzlich wohnten wir der Sitzung eines Unternehmens bei, deren Gegenstand die Planung der Medienwerbung war. Es war beängstigend. Das

Unternehmen besaß keine gesicherten Erkenntnisse darüber, ob seine Zielgruppe, Manager in der High-Tech-Branche, fernsah oder die Fachblätter der Branche las. Die Werbeagentur verfügte über grobe Schätzungen, wie viele Mitglieder dieser Gruppe man durch Kabelsender und landesweites Fernsehen erreichen konnte. Aber für die zwanzig in Frage kommenden wichtigen Branchenblätter konnte sie nur mit Auflagenzahlen aufwarten, nicht aber mit Angaben zur Leserschaft. Halbwegs vergleichbare Daten zur Leserschaft konnte man nur zu *Business Week* und zu einigen Zeitschriften für ein allgemeines Lesepublikum wie *Time*, *Esquire* und *GQ* vorlegen. Mit anderen Worten waren die Daten insgesamt unvollständig und nicht miteinander vergleichbar.

Wir fanden es erschreckend, daß die Manager einer führenden Werbeagentur im Jahre 1991 in Forschungsbüchern mit losen Seiten herumblätterten, um Durchschnittswerte der Medienbegegnungen von High-Tech-Managern über vierzig herauszufinden. Mittlerweile sollte es wirklich möglich sein, daß man sich vor den Computer setzt und ihm mitteilt: »Mein Budget beträgt 25 Millionen Dollar. Mein Zielmarkt besteht aus diesen und jenen Leuten. Ich brauche ein Profil der Medien, die von diesen Leuten verfolgt werden bzw. denen sie begegnen.« Dann sollte man die Fragen des Computers beantworten: »Wie oft im Monat müssen Sie eine Person erreichen, um Erfolg zu haben? Läuft bereits die eine oder andere Kampagne?«

Anhand der Antworten auf diese Fragen kann der Computer seine Datenbanken überprüfen und eine Empfehlung aussprechen. Schon ein vergleichsweise primitives Expertensystem würde solch eine Aufgabe bewältigen. Aber wenn sich die Unternehmen bei ihrer Medienauswahl weiterhin auf achtzehn- bis neunundvierzigjährige Frauen oder starke Konsumenten festlegen, statt sich auf etwas subtilere Art an Verbrauchern zu orientieren, die am stärksten auf die Marketinganstrengungen des Unternehmenes reagieren, dann schießt wahrscheinlich auch ein primitives Expertensystem weit übers Ziel hinaus.

Die letzten fünf Jahre verzeichneten ein ungeheures Wachstum in der Entwicklung von Computersystemen zur Unterstützung von Marketingentscheidungen. Diese Systeme sind aus den Verkaufsdatenbanken der Unternehmen hervorgegangen. Die neueste Technologie kommt einer Echtzeit-Verkaufserkundung schon sehr nahe. Das heißt, daß die Marketingmanager anhand von ausgefeilten Marktmodellen schon kurz nach dem Verkauf die Daten auf dem Bildschirm haben. Zum ersten Mal kann man den Zusammenhang von Marketingmaßnahmen und Marketingerfolgen eingehend unter die Lupe nehmen.

Die meisten Praktiker, die sich um die Realisierung eines solchen Systems bemühen, beklagen sich über eine wahre Flut von Daten, aus der sie keine verwertbaren Informationen herausholen können. Deshalb richten manche Unternehmen Expertensysteme mit künstlicher oder automatisierter Intelligenz ein und verknüpfen sie mit den Systemen zur Unterstützung von Marketingentscheidungen. So läßt sich die über die Unternehmen hereinbrechende Datenlawine auffangen und nach wesentlichen Trends und Auswirkungen der Werbung auf den Umsatz sortieren. Die so gewonnenen Erkenntnisse können dann in geeignete Maßnahmen umgesetzt werden.

Im Hinblick auf ihre Komplexität unterscheiden sich die derzeit existierenden Instrumente sehr stark voneinander. Ein System, das eine Flut von Daten aufnimmt und analysiert, um die Schlüsselergebnisse aufzuspüren, stellt nur eine primitive Version automatisierter Intelligenz dar. Aber das macht diese Technologie noch lange nicht uninteressant. Auch technologisch anspruchslose Systeme können sich als überaus nützlich erweisen.

Die fortschrittlichsten Programme vereinigen das Gedankengut inspirierter Analytiker mit der unermüdlichen Geduld des Computers. In naher Zukunft werden sich diese Systeme auf ausgefeilte Modelle und Entscheidungsregeln stützen, um Marktchancen wie etwa die Anfälligkeit lokaler Konkurrenz, langfristige Aussichten auf einen wachsenden Marktanteil oder optimale Preis- und Handelstaktiken zu ermitteln.

In der Entwicklung befindliche Expertensysteme wie Litmus werden schon heute auf experimenteller Basis und mit großem Erfolg zur Erstellung von Marketingplänen für neue Verbrauchsgüter eingesetzt. Die Arbeit mit solchen Systemen läßt sich sehr verheißungsvoll an, zumal die mittels Modellierung entwickelten Pläne die von Marketingmanagern ausgearbeiteten Programme regelmäßig um mindestens 15 Prozent schlagen. Die folgende Tabelle zeigt einen Fall, in dem ein Marketingplan des Systems mit einem Budget von 19 Millionen Dollar mehr als den gleichen Marktanteil erreichte wie das Programm des Managers mit einem Budget von 27 Millionen Dollar.

Optimierung eines Nahrungsmittelprodukts

	Plan des Managers	*»Optimaler« Plan des Modells*
Kosten für den Plan	$ 27 Millionen	$ 19 Millionen
Voraussichtlicher Marktanteil	13,7 %	14,2 %
Erwarteter Gewinn/Verlust (am Ende des 1. Jahres)	– 7,9 Millionen	+ 2 Millionen
Amortisationsdauer	38 Monate	16 Monate

Schon in naher Zukunft wird man bei den meisten Marken die Auswirkungen kurzfristiger Verkaufsaktionen und der Maßnahmen lokaler Einzelhändler zergliedern und somit auch die kurzfristige Wirksamkeit von Werbung ermitteln können. Für eine Perspektive mit längerem Atem bieten Paneldaten aus einzelnen Primärquellen die Möglichkeit, langfristige Auswirkungen der Werbung auf die Kundentreue und die Sensibilität gegenüber dem Handel zu dokumentieren.

Aber diese Expertensysteme bearbeiten nicht nur existierende Daten, sondern sie gestatten den Managern auch einen Einblick in mögliche Welten. Sie können Modelle aus der Marktforschung, automatisierte Intelligenz, frühere Marktverhältnisse und Marketingmix-Modelle integrieren. So verschmelzen die Systeme die Zahlenkolonnen mit Marketingwissen: mit den Erfahrungen, Faustregeln und Geistesblitzen kundiger Marketingpraktiker.

Verwertbare Daten aus einer Einzelquelle verbinden Hinweise auf die Medienbegegnungen eines Haushalts mit Informationen über die Einkäufe dieses Haushalts. Solche Daten treten immer stärker in den Vordergrund. Und viele Unternehmen gliedern diese neue Datenquelle in ihr System zur Bewertung der Werbeleistung ein und krempeln es dadurch völlig um.

Einige Marketingleute wollen jedoch nichts davon hören und stecken den Kopf in den Sand: »Na und? Ich brauche nicht noch mehr Daten und will sie auch nicht schneller zur Verfügung haben. Ich kann sowieso nichts damit anfangen.« Wenn sie nichts damit anfangen können und wenn sie auch nicht dazulernen wollen, dann haben sie recht. Sie brauchen keine weiteren Daten; sie brauchen unser Mitleid.

Wenn ein Unternehmen einfallsreich, scharfsinnig und aggressiv im Wettbewerb ist und wenn sich die Manager Zeit nehmen, um die neuen Informationssysteme zu begreifen und anzuwenden, dann kann es einen riesigen Vorsprung gewinnen – besonders wenn sich die Konkurrenten auf ihren Lorbeeren ausruhen und den neuen Möglichkeiten die kalte Schulter zeigen.

Bei unserer Arbeit mit Litmus und vor allem in Übungen zur Optimierung eines Marketingplans stellten wir fest, daß die Überlegenheit der »Maschine« gegenüber dem »Manager« sinkt. Je mehr die Leute das System benutzen, desto schlauer werden sie. Je öfter sie das Expertensystem benutzen, desto mehr werden sie selbst zu Experten auf ihrem Gebiet.

Wir glauben also nicht wirklich, daß eines Tages ein Computer zur Marketingabteilung im Aktenkoffer werden kann. Die Welt, die Menschen, die Wirklichkeit – sie werden auch weiterhin zu komplex bleiben.

Wir glauben allerdings sehr wohl, daß ein von einem Expertensystem geleiteter erfahrener Manager einen nicht zu unterschätzenden Konkurrenten abgibt. Unternehmen, die sich diese im Entstehen begriffene Technologie frühzeitig aneignen, kommen in den Genuß eines deutlichen Wettbewerbsvorteils, den die Konkurrenz kaum ausgleichen kann. Vielleicht werden die Quoten scheiternder Produkte im Schnitt die gleichen bleien. Aber bestimmt werden sie in Unternehmen sinken, die auf einfallsreiche Manager und Expertensysteme bauen. Und in Firmen, die dies versäumen, werden sie genauso sicher steigen.

Kein Zweifel, das Zeitalter denkender Maschinen wirft seine Schatten voraus, und die Zeit für Expertensysteme im Marketing ist reif.

Was aktuelle schlaue Systeme leisten

- Sie schreiben kurze Untersuchungsberichte schneller und genauer als Marktforscher.
- Sie analysieren Scannerdaten und erstellen Memos, Tabellen und Diagramme.
- Sie berichten über Ausnahmen und bewerten die Produkterfolge.
- Sie liefern Daten und einige Informationen, aber zeigen keine große Intelligenz.

Was die Expertensysteme der Zukunft leisten werden

- Das gesammelte Wissen von Marketingexperten steht dem Marketingmanager jederzeit zur Verfügung.
- Sie organisieren den Berg zugänglicher Verbraucherinformationen in eine Datenbank, um Empfehlungen zu folgenden Punkten aussprechen zu können:

1. Überprüfung des Marketingumfelds.
2. Auswertung von Hunderttausenden potentieller Kunden im Hinblick auf ihre Rentabilität.
3. Unterstützung bei der Ausarbeitung von Werbeaussagen und der Beurteilung der Werbewirksamkeit.
4. Entwurf neuer Produkte mit computergestütztem Design.
5. Simulation von Marketingplänen, um Fragen zur Mediengewichtung und -planung, Preisgestaltung, zu Couponaktionen, Warenpräsentation und so weiter zu beantworten.
6. Letzten Endes die Gestaltung, Einführung und Leistungskontrolle ganzer Marketingprogramme.

13. Die Marketing-Revolution ist da

Die materiellen Voraussetzungen für die Revolution sind gegeben. Die Verbraucher verändern sich. Die Unternehmen stehen unter Hochdruck. Und die Instrumente stehen zur Verfügung.

Lebensstil und Wertvorstellungen der Verbraucher machen einen radikalen Wandel durch. Die Menschen streben nach einer rationalen Lebensgestaltung und nach einer Verminderung der Risiken. Sie ziehen die Unternehmen für deren Fehler zur Verantwortung. Sie ordnen ihre Ausgabenprioritäten völlig neu, und das bedeutet, daß vieles von dem, was man noch vor fünf Jahren über Marktsegmente wußte (oder zu wissen glaubte), heute nicht mehr gilt.

Die Verbraucher stehen vor einem überwältigenden Warenangebot. Die US-Anbieter von Getreidegerichten führten in den achtziger Jahren hundertfünfzig neue Marken ein. Allein im Jahr 1990 brachten die US-Unternehmen 1239 neue Backprodukte auf den Markt. Gibt es noch einen Verbraucher, dem man zu wenige Pizzerias, Hotels, Schuhgeschäfte oder Tankstellen bietet? Und welcher Konsument hätte gern eine noch größere Auswahl von Shampoos, Computern, Zahncremes, Autos, Papierhandtüchern, Mikrowellengerichten, Limonaden, Suppen oder Nüssen? Ein Schrumpfungsprozeß scheint unvermeidlich.

Deshalb stehen die Unternehmen unter Hochdruck. Sie verfügen nicht über genügend Zeit, Geld und Leute, um alle Aufgaben zu bewältigen. Sie werfen neue Produkte auf den Markt und sehen zu, wie sie untergehen. Sie positionieren die gescheiterten Produkte neu und sehen von neuem zu, wie sie in Vergessenheit geraten.

Auch auch die Anbieter von Investitionsgütern müssen zittern. Der Verbraucherkonsum ist der Motor. Und wenn der gedrosselt wird, spüren auch die Zulieferer und Dienstleister der Industrie die Ausläufer. Die neuen Werte wie Maßhalten und Prioritätenwandel können auch die Einkäufer von Investitionsgütern nicht einfach so abschütteln.

Und dennoch bleiben Innovationen für weiteres Wachstum unverzichtbar. Die Unternehmen müssen neue Produkte und Dienstleistungen entwickeln und die etablierten neu positionieren und orientieren, wenn sie Erfolg haben wollen. Und vor allem müssen sie ihre Marketingausgaben voller Besonnenheit planen. Aktienbesitzer, Firmenvorstände und das Topmanagement werden in den neunziger Jahren nicht tatenlos zusehen, wenn Millionen und manchmal sogar Milliarden von Dollar mit hirnverbrannten Marketing- und Werbeprojekten zum Fenster hinausgeworfen werden. Sie werden fordern, daß die Marketingmanager Rechenschaft über ihre Tätigkeit ablegen und die Rentabilität ihrer Investitionen nachweisen, so wie das bei jeder anderen Investition auch üblich ist. Sie werden verlangen, daß das Harakiri-Marketing ein Ende nimmt.

Harakiri-Marketing betreibt, wie weiter oben bereits erwähnt, ein Manager, der vom geheimen Wunsch erfüllt ist, eine Marke, ein Produkt, eine Dienstleistung oder sogar ein ganzes Unternehmen zugrunde zu richten. Marketing dieser Art stützt sich auf Aberglauben und Unwissen.

Für uns drängt sich bei der Diskussion dieses Themas der Vergleich mit den Wissenschaftlern des frühen zwanzigsten Jahrhunderts auf, die die physikalische Äthertheorie widerlegten. Der Begriff des Äthers (auch Lichtäther genannt, um Verwechslungen mit dem chemischen Gemisch gleichen Namens zu vermeiden) geht ursprünglich auf die Griechen zurück. Er fand aber erst im frühen neunzehnten Jahrhundert größte Beachtung, als französische und englische Physiker die Wellentheorie des Lichts vorstellten. Wenn jedoch das Licht aus Wellen bestand, dann mußte es als selbstverständlich gelten, daß das Licht – so wie der Schall von der Luft und mechanische Bewegung von fester Materie – von etwas getragen wurde. Der Weltraum mußte also von etwas erfüllt sein: vom gewichtlosen, durchsichtigen, reibungslosen, chemisch wie physikalisch nicht feststellbaren Äther, der alle Materie buchstäblich durchdringt.

Bis zum Ende des letzten Jahrhunderts glaubte praktisch jeder gebildete Wissenschaftler an den Äther, auch wenn die Theorie in immer größeren Widerspruch zu Ergebnissen der Experimentalphysik geriet. Beispielsweise zeigte das berühmte Michelson-Morley-Experiment von 1881, das die Bewegung der Erde durch den Äther nachweisen sollte, daß solch eine Bewegung nicht existierte. Nach der Veröffentlichung von Einsteins erster Abhandlung über die spezielle Relativitätstheorie im Jahre 1905 brach das Ätherkonzept schließlich wie ein Kartenhaus zusammen. Gleichwohl schrieben Physiker und naturwissenschaftliche Autoren noch bis weit in die zwanziger Jahre hinein über den Äther. Dieser war eben leichter verständlich als Einsteins Theorie. Vielleicht gibt es ja immer noch Leute, die an den Äther glauben, so wie es auch noch immer Menschen geben soll, die glauben, die Erde sei flach.

Und auch in der Welt des Marketing drängen sich noch abergläubische Leute, die daran glauben, daß die starken Verbraucher die beste Zielgruppe für die meisten Marketingprogramme einschließlich Investitionsgüter darstellen. Oder sie meinen, wie viele Anbieter von Investitionsgütern, daß die besten potentiellen Kunden den besten aktuellen Kunden gleichen wie ein Ei dem anderen.

Solche abergläubischen Vorstellungen haben nichts mit der Wirklichkeit zu tun. Das haben wir im Verlauf unseres Buches zu zeigen versucht. Aber genau diese Annahmen kosten die Unternehmen Jahr für Jahr Milliarden von Dollar.

Äther gibt es nicht. Die Sonne dreht sich nicht um die Erde. Die Erde ist nicht flach. Und viele abergläubische Vorstellungen über das Marketing entsprechen nicht den Tatsachen. Und dazu gehört leider auch die Annahme, daß die meisten Marketing- und Werbeprogramme eine Rendite erzielen.

Schluß mit Harakiri-Marketing

Es gibt eine Alternative zum Harakiri-Marketing: Marketingintelligenz. Wer über Marketingintelligenz verfügt, erkennt abergläubische Vorstellungen. Er verläßt sich nicht ausschließlich auf sein Urteil, richtet sich in seinen Maßnahmen nicht einfach nach der Konkurrenz und strebt nicht nach kurzfristigen Erfolgen um jeden Preis. Er kennt die Herstellungskosten und versteht die Zusammenhänge zwischen Gesamtkosten, Einnahmen und Ertrag.

Wer als Topmanager in den überaus komplexen neunziger Jahren eine erfreuliche Entwicklung seines Unternehmens erleben möchte, muß seinen Mitarbeitern unangenehme Fragen stellen. Er wird dem Aberglauben im Marketing zu Leibe rücken, wo immer er sich zeigt. Und gedankenlose Sätze wie die folgenden werden bestimmt nicht unwidersprochen hingenommen: »IBM- und Apple-kompatibel, ein Superkonzept, das in der Bewertung am besten abgeschnitten hat; das sollten wir unbedingt machen!«, oder: »Aus unserer Arbeit mit Fokusgruppen wissen wir, daß das die bestmögliche Positionierung ist.«

Die Ära des Unwissens und Aberglaubens im Marketing wird – und muß – zu Ende gehen.

Gleich, was die Praktiker vergangener Tage dachten – Marketing ist eher eine Wissenschaft als eine Kunst. Es ist nicht mehr notwendig, sich auf Ahnungen, Hoffnungen, Aberglauben und Erfahrung oder auf kreative Durchbrüche und göttliche Eingebungen zu verlassen. Die Daten und das Instrumentarium für eine deutliche Verbesserung von Marketingprogrammen neuer und etablierter Produkte und Dienstleistungen existieren bereits. Man muß nur die Bereitschaft zeigen, sie anzuwenden.

Und wir geben zu, daß dazu eine Revolution im Managementdenken erforderlich ist. Dazu sind Topmanager gefragt, die es als ihre Aufgabe verstehen, über Marketingbelange Bescheid zu wissen, und die den Mut aufbringen, unbequeme Fragen zu stellen. Der Vorstandsvorsitzende muß deshalb noch kein Marketingexperte sein. Aber er muß wissen, ob ein Produkt wirklich rote oder schwarze Zahlen schreibt.

Er muß nicht verstehen, wie eine Tradeoff-Analyse genau funktioniert, um zu wissen, daß diese Form der Marktforschung zu *weit nützlicheren* Ergebnissen führt als Fokusgruppen, Marktlückenanalyse und Konzepttests. Das Topmanagement muß keine Schulungskurse zu wissenschaftlichen Auswahlverfahren besuchen, aber es muß erkennen, daß *kleine Zufallsgruppen von Leuten, die durch ein Einkaufszentrum schlendern, einen denkbar schlechten Ausgangspunkt für Millioneninvestitionen bieten.* Die Topmanager müssen nicht unbedingt genau wissen, weshalb so viele Marktforschungstechniken abwegig sind (obwohl es auch nicht schaden kann), wenn sie nur imstande sind, die plausiblen Argumente zur Stützung eines Marketingplans zu erkennen.

Nach unseren Erfahrungen müssen sich viel zu viele Maßnahmen im Marketingbereich keinen vernünftigen Zwängen beugen. Doch die Leistungsfähigkeit der Marketingarbeit läßt sich messen, und sie läßt sich auch an klaren Zielvorgaben messen. Aber darunter darf man nicht Aussagen verstehen wie: »Wir wollen unsere passive Markenbekanntheit verbessern«, oder: »Wir versprechen uns von dieser Kampagne, daß die Versuchsquote deutlich ansteigt.« Beispiele einer klaren Zielvorgabe wären: »Wir wollen unseren Marktanteil in den kommenden zwölf Monaten um zwei Prozentpunkte steigern«; »ein geographisch gleichmäßig verteilter Umsatzanstieg von 15 Prozent«; »wir wollen jeden Saturn verkaufen, den wir in den nächsten Tagen in die Schauräume stellen«; oder noch besser: »Verbesserung des Endergebnisses von Clorox um 20 Prozent im Laufe des nächsten Jahres.«

Ziele sollten spezifisch, realistisch und meßbar sein. Man sollte nicht mehr versprechen, als man halten kann, und man weiß, wenn man seine Versprechen gehalten hat. Entscheidungsträger im Marketing sollten ihre

Stellung so lange innehaben, bis man sie für ihre Erfolge belohnen oder für ihre Mißerfolge zur Rechenschaft ziehen kann.

Wirkungsvolles Marketing braucht Zeit. Und wenn sich die Welt noch so schnell verändert, ein Unternehmen muß alle von uns beschriebenen Phasen durchlaufen. *Wer die Marketing-Revolution kommen sieht und sich darauf einstellt, der wird sich die von uns in Kapitel 2 angesprochene Vorstellung des Tabula-rasa-Marketing aneignen.* Ehe auch nur ein einziger Dollar in die jährlichen Marketingprogramme fließt, müssen die Marketingmanager Rede und Antwort stehen. Sie müssen die Gewinnorientierung jeder wesentlichen Entscheidung des Plans und den voraussichtlichen Ertrag des Gesamtprogramms nachweisen können. Der Plan muß bei Null anfangen und dann das Umfeld, die Zielgruppe, die Positionierung, die Produktgestaltung, die Preisstrategie, die Werbung, die Markttests und die begleitende Erfolgskontrolle der Kampagne analysieren und rechtfertigen. Wer auch nur einen Schritt ausläßt oder abkürzt, gefährdet das ganze Projekt.

Marketing braucht zwar seine Zeit, aber der Computer kann die Erledigung vieler Routineaufgaben im Marketing drastisch beschleunigen. Er kann Milliarden von Alternativen überprüfen und den optimalen Plan ermitteln, bevor es für jeden Plan zu spät ist.

Man darf nicht vergessen, daß jede Entscheidung im Marketingmix viele Alternativen bietet – in manchen Fällen Tausende, Hunderttausende und sogar Millionen von Möglichkeiten. *Und jede dieser Alternativen kann und sollte im Hinblick auf ihre Gewinnträchtigkeit durchleuchtet werden.*

Die Zeiten, als man sich einfach für eine der folgenden Möglichkeiten entscheiden konnte, sind endgültig vorbei:

- Zielgruppen, weil es sich um häufige Käufer handelt;
- Positionierungsstrategien, die sich auf nichtssagende »Marktlücken« oder noch bedeutungslosere Fokusgruppen stützen;
- Produktdesign, das bei den potentiellen Kunden auf den allergrößten Anklang stößt;
- Werbeausführungen, die bei vielen im Gedächtnis haftenbleiben;
- Botschaftsstrategien, die eine Unmenge von Eigenschaften und Vorzügen vermitteln;
- Medienpläne, die sich auf Erfahrungen am Roulettisch stützen;
- Preisgestaltung, die weder auf Strategie noch auf Nachforschungen aufbaut;
- Kundendienste, die jeden Wunsch erfüllen möchten;
- Marketingpläne, die angesichts von 14 Milliarden Möglichkeiten einfach aus dem Hut gezaubert und gestartet werden, nur damit man sie scheitern sieht.

Die amerikanische Industrie kann eine solche Verschwendung ökonomischer Ressourcen nicht länger verkraften. Sie wird nicht mehr einfach zur Tagesordnung übergehen, wenn die Marketingabteilung wieder einmal einen Millionenbetrag in den Sand setzt.

Wir brauchen eine jährliche Marketingrevision

Ein Zeichen für die Marketing-Revolution wird man darin erblicken können, daß die Topmanager in ihren Unternehmen eine jährliche Marketingrevision einführen werden. Diese Überprüfung gleicht in ihrem Potential zur Diagnose und Prognose der Leistungsfähigkeit des Unternehmens einer Rechnungsprüfung oder den Untersuchungen der Kundendienstqualität, die sich in dem landesweiten Wettbewerb um den Baldrige Award niederschlagen. Folgende Punkte muß die Marketingrevision berücksichtigen:

1. Eine Bestandsaufnahme der Schlüsselfaktoren, die sich im Lauf des vergangenen Jahres positiv oder negativ auf die Geschäftsleistungen ausgewirkt haben. Dabei sollten besonders die »Marketingüberraschungen« Berücksichtigung finden: die unvorhergesehenen Aktionen der Konkurrenz oder Veränderungen im Marketingklima, die die Leistungsfähigkeit der Marketingprogramme beeinflußt haben.
2. Eine Bewertung der Kundenzufriedenheit, gestützt auf Befragungen von wesentlichen Zielgruppen.
3. Eine Bestandsaufnahme zur Zufriedenheit der Händler, die auf Gespräche mit den wesentlichen Interessengruppen zurückgeht.
4. Eine Überprüfung der Kenntnisse, Einstellungen und Zufriedenheit aller Mitarbeiter in der Marketingabteilung.
5. Eine Untersuchung der Frage, wieweit sich das Topmanagement, die Marketingfachleute und die Mitarbeiter anderer Abteilungen für das Marketingprogramm engagiert haben.
6. Eine Bestandsaufnahme zur relativen Richtigkeit, sprich Gewinnorientierung, einzelner Entscheidungen im Marketingmix wie Zielplanung, Positionierung, Preisgestaltung, Werbung usw. nach Auswertung vieler Alternativen.
7. Eine Überprüfung zur Leistungsfähigkeit der Werbung, der Verkaufsförderung, des Verkaufsstabs und der Marktforschungsprogramme mit besonderer Betonung auf Fragen der Rentabilität.

8. Überaus wichtig: die Gesamteinschätzung zu der Frage, ob der Marketingplan seine ausgesprochenen finanziellen und nichtfinanziellen Ziele erreicht hat.
9. Eine Autopsie aller Aspekte des Plans, die die Zielvorgaben nicht einhalten konnten, mit spezifischen Empfehlungen im Hinblick auf eine Leistungsverbesserung im nächsten Jahr.
10. Eine Einschätzung des aktuellen Markenwerts für jede Marke im Produktbestand.

Mit Hilfe dieser Marketingrevision wird das Verantwortlichkeitsprinzip auch in der Marketingabteilung Fuß fassen. Und damit ist der Grundstein gelegt für einen völligen Neubeginn, der unverzichtbar ist, wenn man das Marketing generalüberholen will.

Schlußbetrachtung

Die amerikanische Industrie steckt in Schwierigkeiten. Die Märkte wachsen nur langsam, und die Unternehmen werden von ausländischer Konkurrenz immer stärker bedrängt. Kapitaltransaktionen, Geschick in der Produktion, die Suche nach der göttlichen Eingebung unter dem Schleier »kreativer Freiheiten« oder der »Urteilsfähigkeit im Management«, die Zufriedenheit der Mitarbeiter und makellose Produkte – all diese Zielvorstellungen durften bereits im Rampenlicht stehen. Jetzt ist es an der Zeit, daß die Unternehmensvorstände das alles umspannende Potential des Marketing erkennen. Wie Peter Drucker schreibt, führt der Weg zum Wachstum nur über das Marketing: »Ein Geschäftsunternehmen verfolgt das Ziel, einen Kundenstamm zu bilden, und deshalb hat es nur zwei wesentliche Funktionen zu erfüllen: Marketing und Innovation. Marketing und Innovation führen zu Erfolgen, alles übrige sind ›Kosten‹.«

Der Übergang dieses Potentials in die Realität wird sich während der kommenden Revolution im Marketing vollziehen. Das Topmanagement wird allmählich die ganze Tragweite der Marketingarbeit für die Zukunft des Unternehmens begreifen und dieses neue Denken im eigenen Haus durchsetzen. Wir sind fest davon überzeugt, daß die Befürworter der Marketing-Revolution das Marktgeschehen der Neunziger beherrschen werden. Und wegen des bestehenden Überangebots, aber auch weil sie von anderen überrundet werden, werden manche Firmen von der Bildfläche verschwinden.

Der grundlegende Wandel im Marketing wird auch das Industriegefüge durcheinanderwirbeln. Die Grenzen des Wissens und dessen, was wir wissen wollen, werden weiter hinausgeschoben, Sieger von Verlierern geschieden. Nur der wird ein exzellenter Anbieter sein, der mit diesen Entwicklungen Schritt hält, neue Gedanken und Entdeckungen ausnutzt und sich seine eigenen Grenzen setzt. Hervorragende Arbeit leisten nur jene Topmanager und Marketingexperten, die über diese Entwicklungen, Trends und Ideen nicht nur Bescheid wissen, sondern bei ihrer Realisierung eine führende Rolle spielen. Und das logische Ergebnis hervorragender Manager, die ein exzellentes Unternehmen leiten, sind außerordentliche Marketingprogramme – Programme, mit denen man Geschichte schreibt und keine roten Zahlen.

Register